人　工　智　能　应　用　丛　书
高等院校人工智能系列“十四五”规划教材

智能新社区

——基层治理数字化转型

周　芸◎编著

中国铁道出版社有限公司
CHINA RAILWAY PUBLISHING HOUSE CO., LTD.

内容简介

本书立足于“人工智能+社区治理”，探讨人工智能技术在基层社区创新治理中的应用，从基本概念及其内在关联开始讲解，分析社区人工智能应用和社区数字化转型，结合基层社区的实践案例，引出并追踪基层社区治理领域从信息化到数字化再到结合人工智能的新一代数字化的发展和演进，以及从数据到信息再到知识应用的变化和发展，着重分析大数据和人工智能等技术对创新社区治理的影响。书中通过分析在社区创新治理主要领域的典型应用，探索社区治理精细化和智能化模式。最后探讨这一领域的未来发展趋势以及对中国基层社会创新发展的影响和推进。

本书重点与创新之处在于：社区治理属于社会学范畴；而数字社区与人工智能应用属于科技领域范畴，是新一代数字技术的应用。通过“人工智能+社区治理”的跨领域探讨并结合应用分析，推进智能新社区建设和基层治理数字化转型，是本书探讨的重点，也是本书的创新之处。

本书适合作为高等院校计算机、人工智能、行政管理、社会学等专业的实践类或辅助类教材，也可作为基层治理、数字化社区及智慧社区领域从业人员的参考书。

图书在版编目（CIP）数据

智能新社区：基层治理数字化转型/周芸编著. —北京：
中国铁道出版社有限公司，2024.8
（人工智能应用丛书）
高等院校人工智能系列“十四五”规划教材
ISBN 978-7-113-31252-7

Ⅰ.①智… Ⅱ.①周… Ⅲ.①数字技术-应用-社区管理-
中国-高等学校-教材 Ⅳ.①D669.3-39

中国国家版本馆CIP数据核字（2024）第099916号

书　　名：智能新社区——基层治理数字化转型
作　　者：周　芸

策　　划：刘丽丽　　**编辑部电话：**（010）51873202
责任编辑：刘丽丽　彭立辉
封面设计：尚明龙
责任校对：刘　畅
责任印制：樊启鹏

出版发行：中国铁道出版社有限公司（100054，北京市西城区右安门西街8号）
网　　址：https://www.tdpress.com/51eds/
印　　刷：河北京平诚乾印刷有限公司
版　　次：2024年8月第1版　2024年8月第1次印刷
开　　本：787 mm × 1 092 mm 1/16　**印张：**18.5　**字数：**457千
书　　号：ISBN 978-7-113-31252-7
定　　价：59.80元

编委会

章节简明逻辑关系和思维导图

章节简明逻辑关系和思维导图

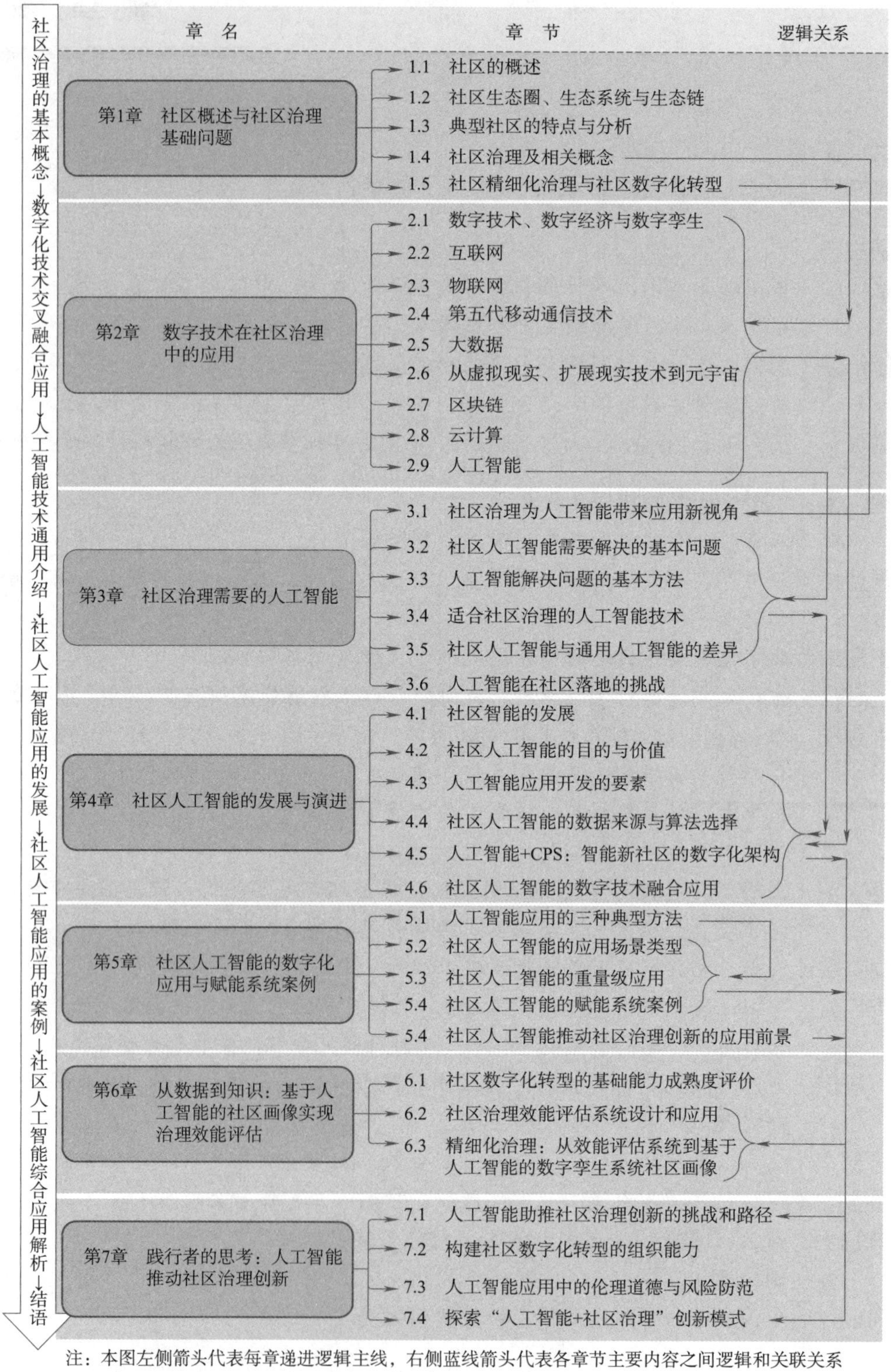

注：本图左侧箭头代表每章递进逻辑主线，右侧蓝线箭头代表各章节主要内容之间逻辑和关联关系

序　言

自 2016 年 AlphaGo 问世以来，全球掀起了人工智能的高潮，人工智能学科也进入第三次发展时期。由于它的技术先进性与应用性，人工智能在我国也迅速发展，党和政府高度重视。2017 年，中国共产党第十九次全国代表大会报告明确指出“加快建设制造强国，加快发展先进制造业，推动互联网、大数据、人工智能和实体经济深度融合”。此后，国家多次对发展人工智能做出重要指示。人工智能已列入我国战略性发展学科中，并在众多学科发展中起到“头雁”的作用。

人工智能作为应用技术，在我国已取得了重大的进展，在人脸识别、自动驾驶汽车、机器翻译、智能机器人、智能客服等多个应用领域取得突破性进展，这标志着新的人工智能时代已经来临。

由于人工智能应用是人工智能生存与发展的根本，习近平总书记指出，人工智能必须“以产业应用为目标”，这说明应用在人工智能发展中的重要性。

为了响应党和政府的号召，发展新兴产业，同时满足读者对人工智能及其应用的认识需要，中国铁道出版社有限公司组织并推出“人工智能应用丛书”。本丛书内容突出应用，以应用为驱动，以应用带动理论、反映最新发展趋势作为主要编写方针，大胆创新、力求务实，在内容选取上努力将理论与实践相结合，尽可能反映人工智能领域的最新发展；在文字表达上力求由浅入深、深入浅出；在体例架构上力求科学、合理、严密和完整，具有较强的系统性和实用性。

“人工智能应用丛书”自 2017 年问世以来，受到广大读者的欢迎。为满足读者的要求，丛书编委会在 2019 年组织了两次大型活动：2019 年 1 月在上海召开了丛书发布会与人工智能应用技术研讨会，同年 8 月在北京举办了人工智能应用技术宣讲与培训班。

2019 年是关键的一年，随着人工智能研究、产业与应用的迅速发展，人工智能人才培养已迫在眉睫，教育部已于 2018 年批准 35 所高校开设人工智能专业，同时有 78 所高校开设与人工智能应用相关的智能机器人专业，以及 128 所高校开设智能医学、智能交通等跨界融合型应用专业。2019 年教育部又批准 178 所高校开设人工智能专业，2020 年教育部又批准了 131 所高校开设人工智能专业，同时还批准了多个人工智能应用相关专业。人工智能及相关应用人才的培养在教育领域已掀起高潮。

面对这种形势，人工智能专业的课程设置、教材编写成为当务之急，为此，中国铁道出版社有限公司在原有应用丛书的基础上，又策划组织了“高等院校人工智能系列‘十四五’规划教材”，以编写人工智能应用型专业教材为主。

《中共中央关于制定国民经济和社会发展第十四个五年规划和二〇三五年远景目标纲要》将人工智能列为首位的国家发展战略支撑项目，是具有前瞻性、战略性的国家重大科技项目。因此，在“十四五”规划教材中我们将更加努力，精心打造与国家要求相一致的精品教材。其特色表现为以下两方面：

（1）应用性：人工智能学科培养“研究型”与“应用型”两类人才，目前最紧缺的是应用型本科人才。因此本丛书突出应用型本科人才培养。

（2）体系性：人才培养需要有完整的知识体系。在人工智能应用人才培养中须包括基础理论、应用技术、应用开发及实验教材等。本丛中共设置16本教材，全面包括了上述知识体系。

这两套丛书适合作为普通高等院校人工智能相关专业、计算机专业及相关融合型专业及高校人工智能公共课程的教材及教学参考材料，也可作为人工智能产品开发和应用人员的自学材料，还可供对人工智能领域感兴趣的读者阅读。

丛书在出版过程中得到了人工智能领域、计算机领域以及其他多个领域相关专家的支持和指导，同时也得到了广大读者的支持，在此一并致谢。

人工智能是一个日新月异、不断发展的领域，许多理论与应用问题尚在探索和研究之中，观点的不同、体系的差异在所难免，如有不当之处，恳请专家及读者批评指正。

“人工智能应用丛书”
“高等院校人工智能系列‘十四五’规划教材” 编委会

2022年10月

前　言

近年来，数字中国的建设不断推进和发展，已成为“十四五”期间的主要目标之一，《中华人民共和国国民经济和社会发展第十四个五年规划和2035年远景目标纲要》中第五篇为“加快数字化发展，建设数字中国”，并在该篇内提出“加快建设数字经济、数字社会、数字政府，以数字化转型整体驱动生产方式、生活方式和治理方式变革。”，即从数字经济、数字社会、数字政府三个方面全面推进建设数字中国。2023年，国务院印发了《数字中国建设整体布局规划》，提出要“促进数字经济和实体经济深度融合，以数字化驱动生产生活和治理方式变革”。

党的二十大报告中明确指出要“加快建设制造强国、质量强国、航天强国、交通强国、网络强国、数字中国”，并要“完善社会治理体系。健全共建共治共享的社会治理制度，提升社会治理效能”“完善网格化管理、精细化服务、信息化支撑的基层治理平台，健全城乡社区治理体系”“建设人人有责、人人尽责、人人享有的社会治理共同体”。城市是国家和社会的市域单元，而社区则是基础单元，是基层社会。社区是城市居民生活和发展的载体，也是数字中国建设和城市数字化转型的基础单元，是城市数字化和智能化水平的集中体现。随着传统智慧社区建设向人工智能社区的发展和演进，以数据为驱动的决策机制可以根据实时数据和各类信息的知识图谱及智能分析，综合调配和调控公共资源，实现运作效率最优的智能新社区，最终实现社区治理精细化、科学化和现代化。

随着经济的飞速发展，社会分工的逐渐细化，城市治理趋于社区化，大量社会事务正在回归基层社区。同时，人们对社区的服务、管理、居住环境、文化娱乐、医疗卫生等方面提出多层次、多样化的要求，传统服务模式显然已难以满足人们的新需求。

在当前社会面临大发展和大变革时期，社区作为社会的基本单元，作为社会转型过程中多元参与主体之所在、多元需求和亟须解决矛盾的交汇之所在，社区治理受到政府及社会方方面面的高度关注及重视。社区虽小，却千头万绪，一直以来是推进人工智能应用和数字化转型的难点。首先，社区人口及数据海量且复杂，涉及的治理范围十分多元，传统管理方式难以实现社区精细化和科学化治理；其次，社区治理与民生服务息息相关，这不仅要求治理方面的技术升级，更强调社区智能和社区人文的结合，为社区居民提供良好的公共服务，提升社区居民的生活幸福感；再次，也更需要深入研究如何将社区作为一种生态系统，用数字化的思路进行整体调控和治理。

2022年，民政部等九部门印发的《关于深入推进智慧社区建设的意见》提出，“到2025年，基本构建起网格化管理、精细化服务、信息化支撑、开放共享的智慧社区服务平台，初步打造成智慧共享、和睦共治的新型数字社区，社区治理和服务智能化水平显著提高，更好感知社会态势、畅通沟通渠道、辅助决策施政、方便群众办事”。

可见，智慧社区是智慧城市建设的基础和重要组成部分，也是加强基层治理智能化建设的重要内容。建设“群众满意”的新型智慧社区和数字社区需要数智化的平台作为支撑。本书所介绍的智能新社区，即指新型数字社区、新型智慧社区。

当前，人民更加注重生活质量的提升，包括生活幸福感的增强、公共服务质量的优化以及生活便利度的提高等。因此，建设融合智能化与人文化元素的新型数字社区，已成为当前中国社会治理创新的重要方向。这不仅要求社区治理在技术上实现智能化，同时也需要注重人文关怀，实现技术与人文的和谐统一。构建以数字平台为底座的基层社区治理和服务体系日益成为中国社会治理创新的重要任务。

而新一代人工智能的蓬勃发展，推动着社会从互联时代进入智能时代，给人们的生产生活方式带来颠覆性改变。2024 年 3 月中华人民共和国第十四届全国人民代表大会第二次会议和中国人民政治协商会议第十四届全国委员会第二次会议（简称全国两会）上的政府工作报告中首次提出了“人工智能 +”行动。人工智能及新一代数字技术与经济社会的深度融合，将给人类社会发展进步带来强大的新动能，实现创新式发展，也将推动社区治理创新。

目前，在边界清晰、规则明确、任务规范的特定应用场景下，应用人工智能技术所设计出的智能体或智能产品表现出较好的专业领域的智能性，如象棋机器人、人脸识别仪、语音识别等。未来，人工智能的发展将从单项智能产品走向通用人工智能，再逐步发展到特定领域的专用人工智能、人机共存智能等，通过“人工智能 +”在各领域应用，实现交叉创新和融合应用。本书通过对基层社区治理领域的深入研究，提出了基于“人工智能 +”的多种社区应用，以实现精细化和科学化的社区治理。结合新一代数字技术，讨论如何将社区内人、事物和环境状态的信息实现从数据采集到知识学习再到决策分析。尝试解决社区治理中“人力所不能及、人力所无法及、人力所没有及”的问题，通过数字化转型实现智能新社区，提高社区治理的精细度，通过创新破解治理难题。

本书作为人工智能应用丛书之一，从物联网、大数据、人工智能等新一代数字技术交叉融合应用出发，提出了基于“人工智能 +CPS”的智能新社区的数字化架构，并结合社区“共建共治共享”等理念，赋能基层治理数字化转型，为“多元化主体参与，精细化治理和全要素服务”等基层治理核心理念的实践和应用提供创新途径与深度赋能，也将为基于创新治理的新型数字社区建设和人工智能应用提供新范式，打造有温度的智能新社区。

本书研究智能新社区的目标在于：

（1）通过智能化和智能控制等研究思路，探讨当前的基层治理方法和创新应用。

（2）将数字化治理和多元协同治理等理念引入社区治理关联分析中，拓展了基层治理理论的应用范围。

（3）基于从数据到知识的应用，研究基于“人工智能 +CPS”的智能新社区的数字化架构，并研究分析社区治理效能评估体系和基于人工智能的社区画像数字孪生应用。

本书写作思路：第 1 章从介绍社区治理的基本概念开篇，到第 2 章介绍数字化技术的交叉融合创新及在社区治理中的应用；而后第 3 章进行人工智能技术的通用介绍，对比通用人工智能和社区人工智能的异同之处；再到第 4 章进一步介绍社区人工智能应用的发展和算法选择等；基于前 4 章介绍，第 5 章介绍社区人工智能的具体应用案例；第 6 章则进一步综合前 4 章介绍和第 5 章案例，进行了社区人工智能综合应用在社区精细化治理上的大案例解析；第 7 章是结语。

为方便读者阅读理解，本书特别提供各章节简明逻辑关系和思维导图。各章节主要内容如下：

第 1 章作为基本概念开篇，介绍了社区的相关概念与社区治理的基础问题。简单回顾了传统社区信息化的建设情况后，介绍数字中国建设的目的和内容，进一步细化到数字社区的概念，并辨析了智慧社区和数字社区之间的关系，介绍了打造新型数字社区六类重点任务。

第 2 章从数字技术的交叉应用与创新角度介绍相关内容。由于目前各类数字技术的专业书籍很多，因此本章并没有详细和系统地介绍每种技术，而是从各类数字技术的交叉融合应用出发，介绍打造新型数字社区所需要的相关数字技术，并重点介绍在社区治理中应用创新的方向。在第 2.9 节还对人工智能的概念和学派做了基本介绍。

第 3 章从人们需要什么样的社区人工智能开始引申问题，从社区治理的角度为人工智能带来新视角。讨论了人工智能解决问题的基本方法，以及社区人工智能需要解决的基本问题；并进一步讨论了什么样的人工智能技术更适合社区治理。帮助相关非专业技术出身的社区从业人员更加容易学习和理解人工智能的各类概念。在介绍人工智能相关内容后，对比了社区人工智能和通用人工智能的相同和差异之处，并探讨了人工智能在社区落地的挑战。

如果读者是非技术专业出身的社会工作者或社区从业人员，作者推荐仔细阅读第 2 章和第 3 章中关于人工智能的基础概念和系统介绍。

第 4 章从社区人工智能的目的与意义出发，介绍了社区人工智能的发展和演进。首先，针对社区智能化的硬件基础设施建设进行介绍；其次，介绍了人工智能应用开发的三大要素，并结合第 3 章中介绍的人工智能基础技术，探讨社区应该选择怎样的算法以及分析社区大数据的来源等；再次，讨论了实现智能新社区的“人工智能 +CPS”数字化架构，以及基于该架构的应用案例分析，并详细介绍了社区人工智能的数字技术融合应用。

第 5 章先简单介绍了人工智能应用的三种典型学派和方法，所有应用基本都是这三种方法的结合或拓展。然后，围绕社区治理核心价值和创新领域，介绍了社区治理中“人工智能 +”六大场景的重量级应用，并将逐渐诞生适合多元场景、应用协同和跨领域的社区智能应用系统，从而推进社区数字化转型。本章通过不同案例进行介绍和佐证，共介绍了八个具体案例，所选案例比较全面地覆盖了社区治理各个领域，并进一步展望了社区人工智能的应用前景。

第 6 章是在前 4 章介绍和第 5 章具体应用案例的基础上，介绍人工智能在社区治理中的综合性创新应用。基于实现社区精细化治理的创新目标，从社区治理效能评估系统到社区画像进行应用设计和探讨。本章可以认为是第 1~4 章技术内容和第 5 章具体案例介绍的深度整合应用，也是从数据到信息再到知识和学习应用的过程，体现了社区中人工智能的发展和演变。

第 7 章既是全书的收官篇章，也是延展章节，基于前 6 章的介绍，本章对未来的社区发展进行展望。从践行者的角度进行思考，展望和讨论人工智能如何推动社区治理创新。

本书理论介绍和案例实践介绍篇幅各占百分之五十左右，因此，并不是一本纯理论书籍，也不是生硬的案例堆砌。本书基于作者近三十年的行业工作经历进行介绍和总结，可以说是从理论到实践再到理论的反向验证和学习过程，也是作者自身的一次深度学习和自省过程。

社区治理属于社会学范畴，而数字社区与人工智能应用属于科技领域范畴，是新一代数字技术的应用。通过“人工智能＋社区治理”的跨领域探讨并结合应用分析，推进智能新社区建设和基层治理数字化转型，是本书探讨的重点，也是本书的创新之处。

本书适合作为高等院校计算机、人工智能、行政管理、社会学等专业的实践类或辅助类教材，也可作为基层治理、数字化社区及智慧社区领域从业人员的参考读物和工具书。

本书中有大量前沿技术和概念介绍，涉及技术专有名词及简称的中英文互译，在正文中已标注。同时，也在本书最后设有中英文名称和简称的对照汇总表，以方便读者查阅。

本书由周芸编著，南京大学徐洁磐教授审稿。本书还得到上海市经信委城市数字化转型专项的项目（项目编号为 202201026）支持。

特别要说明的是，无论是人工智能还是社区治理领域，都在不断发展，很多理论和实践还在研究和试点过程中，也存在多种不同观点和体系发展，本书内容仅是人工智能及社区治理之浩瀚应用领域中的沧海一粟，在此抛砖引玉，希望可以进行更为深入的研究和探讨。同时，也由于作者水平有限，难免存在疏漏与不足之处，恳请读者海涵批评，不吝赐教，联系方式：ashley.zhou@kinglongiot.com。

编　者

2024 年 4 月

目 录

第1章 社区概述与社区治理基础问题

在社会治理的完整谱系中，社区即通常所说的基层社会。社区是社会中非常重要的一个组成部分和基础粒子，也是社会形态的根基和重点。完善基层社区治理对维护整个社会的安定有序，促进社会发展起着重要的基础性作用。

随着城镇化、市场化及社会转型的深入，居民以及多元化主体参与社区治理与建设的意识增强，而传统基层社区目前的治理成本高而效果不佳，因此，如何走出一条新型基层社区治理之路成为社会各界和地方政府共同关注的重要议题。

本章从基层社会，即社区的定义与概念出发，介绍了广义社区和狭义社区的区分法；研究了社区人文生态和环境生态的现状及未来走势，并剖析了几种典型的社区：居民社区、校园社区、产业社区、虚拟网络社区等；接着，阐述和辨析了社区治理范畴下常见的社区建设、社区服务、社区管理等不同概念；最后，还厘清了社区治理与人工智能应用、数字社区、智慧社区之间的关系，回顾了传统社区信息化的历史，分析了传统社区信息化的现状与问题，介绍了数字中国与数字社区。

本章作为开篇第1章，对社区和社区治理的相关概念做了界定和阐述。本章主要面向智慧社区与人工智能应用领域的从业人员或学习者，进行理论性的社区概念普及和功能介绍，不进行社会科学属性的探讨。

本章的目的主要是为后面几章基于数字化和智能化的新型智慧社区和人工智能应用的介绍和详述奠定基础并普及社区领域专业知识。

1.1 社区的概述

人们经常在日常沟通和交流中提到社区，也有很多企业和工程师从事智慧社区建设工作，但大部分企业和个人往往并不知道社区的确切含义，也不知道社区治理和社区建设的相关概念。

在大部分智慧社区的著作和文章中，都是以基础设施和设备的硬件投入和系统建设为主。为了帮助读者更好地理解本书，在探讨智能新社区建设和人工智能应用之前，首先介绍社区的定义，了解社区的内涵和组成。

1.1.1 社区的概念

社区是以一定的地理区域为基础，由具有相互联系、共同交往、共同利益的社会群体、社会组织所构成的一个社会实体。

从构造上看，社区内的人们组成社会组织和社会群体，并有相应的管理架构和管理组织单元；社区包括人们的经济生活，还包括人们的政治文化生活；社区关系中包括经济关系和社会关系等；社区具有地域性且包括人们赖以生存的劳动生产资料和进行社会活动的生活资料。社区囊括了社会有机体的最基本内容，是宏观社会的缩影。

历史上，斐迪南·滕尼斯在其《共同体与社会：纯粹社会学的基本概念》（1887）一书中对社区（community）进行了界定："共同体"和"社会"是个体实现集体生活的基本理想类型，对比"共同体"与"社会"，"共同体"（社区）指以亲属为基础的血缘关系和地缘关系自然而然形成的兴趣和习俗趋同、人际关系密切的社会联合体，是基于地缘、情感等具有人情气息概念的社会生活的共同体。

滕尼斯着重指出，社区是自然经济条件下人伦观念和等级关系的社会人际关系，社会则是市场经济中的等价交换和契约精神的社会人际关系。前者重点在于共同体产生的归属感与认同感，表达了其中紧密的情感联系。

除滕尼斯外，社会学家帕克（Park）将社区特点总结为具有一定的区域性、相关性和互动性。社区内人们依靠组织在不同程度上以该区域为活动范围，开展生活生产，并在生产劳动的过程中形成互动，产生相互依赖性。

一般而言，社区可以按地域性或功能性进行划分和理解。

在地域性层面，社区是在同一个地域内共同生活的有组织、有制度的社会群体，这些社会群体具有相同的认同感和归属感。即传统定义的居民社区或大型企业园区及厂区等，是基层社会的基础，可称之为狭义上的社区。

目前所说的社区是以一定的地理区域为基础，有着共同利益、频繁互动和关联的社会交往的社会群体和社会组织所构成的社会实体。

城市社区（urban community）是指城市一定地理区域范围内的聚居居民所组成的社会生活共同体，这个地理区域通常指在社区体制改革后做了规模调整的居民委员会管辖区。城市社区是政府向基层民众提供服务、向需要帮助的人群提供救济的渠道，同时也是加强城市基层治理，实现和谐社会、平安城市的重要载体。

地域性社区是功能性社区的基础。无论任何个人处于任何虚拟社区内或网上参与任何活动，个人首先都有一个居住社区，有户口所在或居住所在，地域性社区是基层社会的物理组成。

在社会系统和社会功能性层面，社区由享有共同目标和利益关系的社会团体所构成；随着社会的发展，互联网的普及，就像地球村的概念，更倾向于一种虚拟链接的社区，包括某种共同爱好成员组成的兴趣社区、网络论坛、精神社区等，可称之为广义上的社区。因此社区常称为功能性社区，广义而言是指超出某些边界线、地区或领域发生作用的社会关系，它可以指实际的地理区域，或者在某区域以外发生的社会关系，或者指存在较抽象的、思想上的关系。

功能性社区可以理解为关联型社区，表示一个有相互关系的网络；这种社区具有一种特殊的社会关系，包含社区精神（community spirit）或社区情感（community feeling）。

有些功能性社区本身就存在于一个地域性社区中，如某个地域性社区中的书法爱好者协会，或者两种概念兼而有之，如学校校园、大型产业园区或厂区等，既有严格的地域性概念，也为了实现某种功能，拥有共同目标或利益关系。

1.1.2　社区的分类

按照不同的研究目标或研究方式，社区可细分为多种类型。

①按地理位置：可划分为农村社区、集镇社区和城市社区等。

②按功能：可划分为经济型社区、文化型社区、旅游型社区等。

③按社区发育成熟度：可划分为初型社区、成熟型社区等。

④按社区的发展水平：可划分为传统社区、发展中社区和现代社区等。

⑤按社区形成方式或按社区的空间特征是否明显：可划分为自然社区、法定社区（如行政区域或居民社区）、专能社区（如校园或产业社区）、虚拟社区（包括虚拟网络社区）等。

以上划分方法中，比较常用的是最后两种，按社区发展水平划分或按形成方式划分。

1. 按社区发展水平划分

按社区发展水平划分，也可称为纵向分划。

①传统社区：指历史上以传统的或落后的生产和生活方式为主的社区形态。

②发展中社区：是由传统社区向现代社区发展的一种中间形式，此类社区兼具传统社区和现代社区的特点。

③现代社区：是具有发达的生产和生活方式的地区，发达国家社区多属此类。现代社区具有明显的地域性，而传统社区则没有。

2. 按社区形成方式划分

按社区形成方式划分，也可称为横向划分。

①法定社区：即地方行政区，是为了实施行政管理而人为划定的，有明确的界限，并以法律的形式规定下来。例如，本书中所指的居民社区，是一种按行政区域划分的法定社区。

②自然社区：即人类在生产和生活中自然形成的聚落。

③专能社区：即人们从事某种专门的活动而形成的一定地域空间上的聚集区，如高校、产业园等。校园是社区的一种，既属于法定社区也属于专能社区。产业园或称产业社区，也既属于法定社区又属于专能社区。

④虚拟社区：通过计算机网络沟通的人群，相互之间有某种程度的认识，分享某种程度的信息和知识，在很大程度上如同对待朋友般彼此关怀，从而形成的群体。因此，网络社区属于虚拟社区的一种。

1.1.3　社区的构成要素

社区是一个“地理区域性的社会生活共同体”。大部分社区具有行政区域的属性，即社区是社会的基层单元，因此，社区有时也被称为基层社区，且具备以下要素：

1. 社区拥有一定数量的人

社区是一种特殊的人类群体，必须由相当数量的人构成。一般而言，社区是比家庭、初级群体等更庞大、更复杂的一个人类群体，包含更多人。

构成社区的人口主体的不同，人口的数量和结构也不同，将极大地影响社区的类别和特点。

2. 社区中的成员有社会交往和互动

有了相当数量的人，并不必然意味着他们组成为了一个社区。社区不仅是一群人的集合，而且是这些人构成的一个“社会生活共同体”。

这些复杂多样的人之间要有比较密切的相互交往和社会互动、彼此影响，才能构成为真正的社区。是否具备这个要素，可以通过观察和了解人们之间接触和交往的频率与范围来确定。同样，一个社区中人们社会交往和互动的情形、内容、模式等也不同，也对社区的具体类型及特点有重大影响。

3. 社区成员之间具有心理的纽带联系

一个特定的人群要能够称为“社区”，还有一个不可缺少的要素，即人们之间具有心理上的纽带联系。这种心理的纽带联系，既表现为群体的成员间有多少彼此认同感，也表现为成员把自己的身份同这个群体相联系，表现出对群体的归属感，还表现为某些时候对群体及群体中其他成员的某种担当意识和共同责任感。心理纽带的强弱及种类，也是影响社区具体类型和特点的重要因素。心理纽带最直观的表现，是同一社区的居民彼此之间的一种“熟悉感”和“大家庭感受”。

4. 一定的地域条件

构成特定地域社区的，是它所处的一个特定的地域范围和地域基础。社区可看作特定人群与一定的地域条件相结合而形成的社会实体。

这个地域的自然地理的和其他地理的状况、位置、特点，对整个社区有着重要的含义，也是分析一个具体社区时需要重视的地方。

5. 社区内拥有共享的设施

地域社区常常拥有一些基本的共同文化、商业、生活等设施，以满足人们共同生活及活动的需要。在这个意义上，社区就是区别于正规工作场所的日常生活空间，它必须有起码的供社区成员共用的生活设施。而这种设施的条件和状况，也是影响社区其他许多特点的一个因素。

在有些书籍或文章中，也会根据上下文所指将社区称为基层社区。

本书大部分章节所指的社区均指代基层社区。除非特别指出，如1.3节中介绍的校园社区、产业社区、虚拟社区等不属于基层社区，其他均指代基层社区。

1.1.4 社区与社会的区别与联系

前文介绍了社区的不同类型及社区的构成要素。本节所指社区主要指基层社区。

社区与社会既有关联又有区别。

1. 社区与社会的关联

社区，即基层社会，社区是社会中非常重要的一个组成部分和基础粒子，也是社会形态的根基和重点。

每一个社区都可以说是一个小社会，从而社区中有社会；反之，一个社会又由多个社区组成，社会中包含非常多个社区。社区是组成社会的基本粒子，社区治理是基层社会治理的重要组成部分。

2. 社区与社会的区别

第一，社区一般强调地域限制，城市社区的概念便由此而来；而社会则没有地域限制，不看重地域的概念。

第二，社区的约束性通常是内在的，而社会的约束性则一般来自强制的和外在的。

第三，社区强调共同的社区文化和共同的社区意识；而社会不强调“共同”，具有更大的多样性。

第四，社区中的各种关系更加紧密；第五，社区的功能更加明确和专门化。

所以，社区是聚集在一定地域范围内的具有某种互动关系和共同文化关联的人类群体，是一个地理区域性的社会生活共同体。

从概念起源来看，社区本意是指居住在一定地域范围内、互相认可而自发或非自觉形成的一种利益共同体。

社区成员具有一种自下而上的自组织行为，对社区发展形成责任共同承当和成果共享；而我国当下推行的社区概念是为适应社区变革的需要发展而来的，是一种自上而下的行政推动，作为一种与传统计划经济区分开的空间和组织载体，为国家、社会和个人提供一个共同运作的平台。

传统意义上，社区表示一种由具有共同文化习俗和价值观念的同质人口所组成的、有密切关系、互相守望、存在一种富有人情气息和密切社会关系的社会团体，人们加入这一团体是因为人们生活或成长在这个团体。

1.2　社区生态圈、生态系统与生态链

基于上一节讨论的社区构成要素，可以明确地知道，一个成熟的社区是一个地理区域性社会生活共同体，所以，会形成特定的生态圈、生态系统和生态链。这三个概念最早应用于动植物与环境体系，逐步扩展到商业和产业的相关概念。一般来说，生态圈是各种生态系统的综合体，生态系统又是生态链的集合。

1.2.1　社区生态圈与生态系统

生态圈原指生物圈（biosphere），是指地球上出现并感受到生命活动影响的地区，是地表有机体包括微生物及其自下而上环境的总称，是行星地球特有的圈层，也是人类诞生和生存的空间。生物圈是地球上最大的生态系统。

生态系统（ecosystem，ECO）是指在自然界的一定空间内，生物与环境构成的统一整体。在这个统一整体中，生物与环境之间相互影响、相互制约，并在一定时期内处于相对稳定的动态平衡状态。

随着社会的发展，生态圈、生态系统和生态链等概念逐步应用到商业、产业、互联网等领域。在社区治理领域，也开始提出社区生态圈等概念。社区的生态圈大致可以分为可持续发展生态、环境生态、人文生态等，共同形成社区生态系统。图1-1所示为可实现的社区生态系统示意图。

1. 社区的可持续发展生态

社会生态圈最早是由互联网行业人员提出，从互联网行业而言，建立社区生态圈的目的是通过信息和网络技术等手段解决“在几公里内解决生活基本所需”，在做好住宅项目配套供应商的基础上，使居民在社区内不出户解决衣、食、住、行、学、乐等基本需求。

随着社区可持续发展生态的理念增强，越来越多的社区研究者、工作者和参与者提出了社

区的可持续发展的生态原则，包括基层自发、民主自治、多元参与、社区合作、全面规划、可持续发展等各类生态原则等。

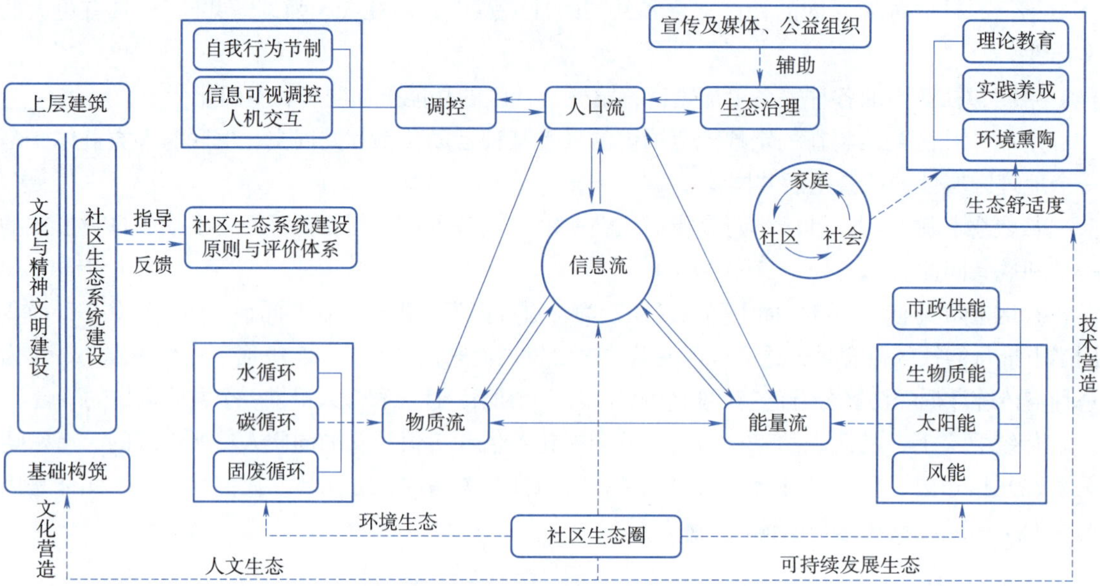

图 1-1　可实现的社区生态系统示意图

社区的可持续发展，必须基于居民的自治参与和社区多元化合作方的参与。同样，也不能忽视新技术新科技在社区可持续发展中的作用。

2. 社区的环境生态

众所周知，为了应对气候变化，我国提出了2030年实现碳达峰、2060年实现碳中和的目标，即“3060”双碳目标。

该目标的提出标志着我国开启了双碳目标引领下的高质量绿色发展新征程。因此，基于“3060”双碳目标以及社区的自身发展要求，社区环境生态越来越成为重中之重，绿色社区成为基层社区治理的重点之一。

居民在生产生活过程中对社区环境生态的影响，包括对自然生态的利用、保持自然生态的平衡和对人文生态的利用。

在基层社区治理中，鼓励社区民众自治和自发地参与环境保护工作，养成低碳生活习惯、建设共同保护社区环境的能力，营造健康、安全、舒适的生活环境，落实环保理念与垃圾分类政策，利用数字化手段和环境治理的高科技方法，实现社区的绿色可持续发展。

生态环境是绿色社区的重要指标。绿色社区提倡良好且可循环的生态体系，倡导居民建立健康的低碳的社区消费文化。绿色社区正是以环境保护为基础，以人与大自然和睦相处为依托，来创建美好家园的理想生活模式。

3. 社区的人文生态

社区人文生态是社区生态圈的重要内容之一。社区人文生态包括适应时代发展的社区文化建设，持续改善社区居民们的文化设施，组织开展各式各样的教育、文体、科普、娱乐等活动，提倡科学文明健康的沟通和生活模式，营造积极、和谐、文明的社区人文环境。

社区人文生态的表现就是居民们对社区的文化认可，以及社区本身形成了独特的人文生态，具有强烈的可辨识度。

社区人文生态对社区各方面都能起到正面积极作用并具备重要的意义，可以满足社区居民们日渐增高的物质文化生活需要，加强社区居民的归属感、获得感和认可感，形成和睦的人文气场，提高人们的文化素养和伦理品格等。

社区人文生态包含社区文化、社区教育、社区精神文明的长期投入和建设。

从广义上讲，社区文化是指社区居民在一定的地域内通过长期的实践而创造出的物质文化和精神文化的总和。

从狭义上讲，社区文化是指特定区域内的社会共同体所反映处理的有关人的行为模式、社会习俗、生活方式、价值观念、思维定向等文化现象的总和，以及提高社区成员素质，满足社区成员精神要求，活跃社区成员文化生活的社会性、公益性文化活动。

社区文化包括社区的群体意识、价值观念、风俗习惯、生活方式、历史传统、行为规范等内容，其中价值观念是社区文化的核心，社区文化建设直接关系到人们的文化生活治理，也关系到整个社会的文明程度。

社区文化一定是以某种形态而存在，这种形式既可以是物质的、精神的，也可以是物质与精神的结合，从而构成一个社区的人文生态系统。此外，还需要重视社区教育和社区精神文明的长期投入和建设等。

社区人文生态和社区文化具有明显的地区性、群众性、共享性和多样性特征。

4. 社区生态圈对社区治理的影响和作用

每一个社区基于自身的基因会形成独特的社区生态圈，无论是环境生态还是人文文化生态，都无法复制也不可能重样。因此，社区生态圈对社区治理会产生深远的影响和作用。

在社区治理中，既要因势利导，从人文和文化出发，发挥出社区生态圈的自身独特优势，也需要通过一定的技术和管理手段，以新基建引进数字化技术，通过大数据和智能化实现精细化和常态化治理。

（1）社区生态圈助力打造社区文化

社区的人文和文化生态，既培养社区居民和现实环境及居民之间的协调平衡，也引领居民追求高尚的理想和奋斗里程碑。

社区居民在经常的互动中形成良好的人际关系，逐步形成了共同的奋斗目标、风土人情、价值观、归属感、信任感，也就是培育了一种共通的社区文化。

（2）为提升社区综合软实力营造和谐生态

良好的社区生态可以为社区竞争力提供原动力：社区文娱活动和社区教育提高了社区居民的素养，为社区软实力提供才智的支撑。

例如，文化娱乐业、影像短视频行业、新闻出版业、景观旅游业，以及一些休闲娱乐方面的餐饮、时尚艺术、运动等社区文化产业为社区全面提升软实力提供了客观的物质价值。

社区文化就是社区的内涵和精神，优秀的社区文化打造良好的社区形象，社区文化是社区软实力的综合体现。绿色家园的环境生态建设则为居民提供了良好的生活环境和空间。

（3）提升社区居民的综合素养

社区生态中的教育领域，在提高社区居民综合素养方面起着不可忽视的作用。除校园教育和职业教育以外，还包括社会自我教育和文化教育，是持续向社区输送科学文化知识和渗透传播的能力实现。

针对各种服务目标，开展丰富的教育活动并因材施教，如传授科技文化知识、开设各类职业和技能培训班（如书画、烹饪、艺术、运动、摄影等），既可以提高居民的文化水平，包括社会科学类和自然科技类的知识学习，又可以帮助居民掌握各种生活技巧。同时，国家的方针政策、法律法规的宣传和群众性的娱乐活动，可以提升居民的精神层面，而社区的医疗、卫生保健等常识性宣传、相关服务的提供则可加强社区居民的健康理念，有助于居民身体健康方面的提升。换言之，社区文化有助于社区居民的身心健康，提升居民的整体素质。

（4）社区生态圈是建设美丽中国的生态基石

社区需要可持续性发展，实现“美丽中国”建设，包括法制社区建设、平安社区建设和创建绿色社区等。

法治化要求在居民伙伴中建立以法制规则为基石的文化，也要通过建立保持社区和谐发展的道德体系，以创建社区有序环境。

和谐的社区关系和社区生态圈，有助于居民伙伴间的相互交流、理解并制约，从而减少冲突降低犯罪率等。

1.2.2　社区生态链

基层社区作为一个“地理区域性社会生活共同体”，形成了独特的社区生态圈，产生了多元的社区生态系统，并包含各种基本的构成要素，包括人、社交、心理、地域、设施等。生活在社区里的人有着各不相同的基本需求，与社区基本要素一起，形成了多元化和全要素组成的社区生态链，与生态圈共存共依，并存在互相交叉的复杂情形。

从社区的角度来说，社区生态链是社区生态系统中储存于基本要素中的各类关系在生态系统中层层传导。通俗地讲，是多元化参与方通过一系列或紧密或松散的关系彼此联系起来的序列，可以称之为社区生态链。

各个参与方以社区为基础和纽带，实现跨领域垂直整合下的价值链重构，形成基于社区的开放式闭环共享生态系统，通过跨界创新、跨领域合作，创造全新用户价值和社区经济、文化价值的下一代社区治理形态。

新型的基层社区治理通过社区价值重构、开放共享自制以及多元化参与，最终形成由垂直闭环的生态链和横向开放的生态圈构成的完整社区生态系统，与全社区的居民、参与方、合作方共赢共享，提供与众不同的生活体验和更高的文化及经济价值，不断改变人们的生活方式，持续改善社区的生存环境。

1.2.3　社区生态圈和生态链中的参与角色和活动空间

人群和地域是构成社区的最基本要素。在此基础之上，生活服务设施、文化背景及生活方式、生活制度及管理机构是社区人群相互联系的纽带，也是社区生态圈的系统组成部分。其中，社区居民、社区服务者、社区教育者、社区管理者、个人家庭等成为社区生态链的各个参与角色，在不同环节中发挥作用；社区活动空间、社区服务空间、文化场所、社区商店等公共空间又为社区生态圈提供了丰富的活动空间。

1. 社区居民

社区居民以一定社会关系为基础组织起来的、进行共同生活的人群，是社区生活及其物质财富和精神财富的创造者，是社区的主体，也是构成社区的第一要素。

2. 社区服务者

社区服务者提供社区服务的主体。基于“三位一体”社区治理服务新模式，引领多元化服务提供方参与。新三位一体则是指物业等商业组织、居委会等自治组织和党委互补并行的社区服务体系。在该体系中，党委将充分发挥引领的作用，引导社区活动的价值导向；物业方等服务提供者则提供各类服务，引入商品、满足需求；而社区居委会等自治和公益组织则是社区活动的组织者，充分调动社区能人及意见领袖的参与，使社区活动更生动，导入文化并最终形成社区情感交流的纽带。

3. 社区教育者

起初，社区教育作为学校教育的补充，辅助社区内的青少年学生在德育及动手能力方面有更大的发展。目前，社区教育成为教育社会化的重要因素，同时营造学习型社区成为社区教育的主要模式。早期的社区教育，是指以社区的学校为中心，借助学校和社区其他文化机构的物力、人力，根据社区的实际和群众的需要，为社区全体居民进行文化知识、科学技术和道德修养的广泛教育活动。同时，强调社区教育为社区的文化、福利建设和社区发展服务。现代的社区教育，则由社区中心学校发展为普遍的社区初级学院这种教育机构，并且由大学教授或社区教育专家率领学生，协助居民从事调查、规划及举办社区的发展与教育活动。

4. 社区管理者

社区是一个有组织、有秩序的社会实体，其中存在着许多人际关系和民间纠纷需要调解，存在着许多公共事务需要处理，从而使得或大或小、或多或少的管理机构成了社区不可或缺的要素之一。社区服务空间一般承载着以下主要功能：一是行为约束的功能，也就是社区管理机构运用社会力量对社区成员的行为实行制约和限制，使之与既定的社会规范保持一致；二是社会动员的功能，也就是社区管理机构发挥着动员、督促社区成员参加各种集体活动的作用；三是根据社区成员的共同愿望和社区发展需要，管理、支配社区公共资源和公共财产；四是承担着制定、实施社区规划，领导社区建设的责任；五是发挥着贯彻执行党和政府的方针政策的作用等。没有一定的管理机构，任何社区都不可能成为一个有序化的社会生活共同体。

5. 个人家庭

个人家庭是组成社区乃至整个社会的基本单元。每个家庭都是社区的一部分，每个个人既是家庭成员，也是社区参与者。

6. 社区活动空间

一个社区居民的主要活动大都集中在某一个特定的空间，是社区的地域要素，为社区成员提供了生产和生活的部分资源。此外，还包括社区各种自然地理条件的综合，如气候、土壤、山脉、水面、矿藏以及植物和动物等，它们是社区成员赖以进行生产、生活的自然条件。

7. 社区服务空间

社区是人们参与社会生活的基本场所，是人们从事多种活动的基本舞台，而人们的活动总是依赖于一定的设施进行的，因此，一定的生产和生活设施是构成社区的重要因素。作为社区构成要素的生产、生活设施主要包括：社区成员赖以进行生产经营活动的厂房、机器、能源、道路、仓库和生产资料等；社区成员赖以进行日常生活的房屋、家具、交通工具、日用品商店等；社区成员赖以进行文化、教育、医疗卫生活动的基本设施，如学习、社区文化和活动中心、医院（卫生院、医疗所）等；社区成员赖以参加管理活动和政治活动的基本设施，如会议中心、管理与服务机构办公室等。

多元化和全要素组成的社区生态链和生态圈，催生智慧社区和人工智能应用的变革与创新。

1.3 典型社区的特点与分析

在1.1.3中已经介绍了社区的类型，社区按不同划分方式可分为多种，本节对几种典型社区的特点进行介绍和分析。

1.3.1 居民社区

典型的居民社区是按经济结构、人口密度、人口聚集规模多元标准来划分的，包括农村社区和城市社区。

1. 农村社区

农村社区是指以从事农业活动为主的人们所组成的地域性社会生活共同体，并以村落形式为聚居格局的社会单位。农村社区是我国社会中最基本的一种社区形式。

农村社区的特征：人口密度低，同质性强，较少流动；经济活动简单；风俗习惯和生活方式受传统势力影响较大；组织结构简单，职业分工没有城市社区复杂；家庭在生活中起着重要作用，有很浓的血缘关系，人际关系密切。

2. 城市社区

城市又称都市，是指大量异质性居民聚居、以非农业职业为主、具有综合功能的社会共同体。都市中有较多的、集中居住的、不同职业身份的居民，大部分居民从事非农业劳动，某些居民具有专业生产技能。

在我国古代，“城”是指帝王或一地之主居住的地方，一般要用起防御作用的墙围起来；而“市”则是指进行商品交易的特定地点。

城市社区是指从事非农业劳动为主的人口集中的社会区域单位。人们是由社会分工组合在一起的，彼此之间有彼此依存的关系。

与农村社区的特征相对而言，城市社区的特征有：人口集中，异质性强；经济和其他活动频繁；具有各种复杂的制度、语言和多样化的生活方式；具有结构复杂的各种群体和组织；家庭的规模和职能集中，血缘关系比较淡薄，人际关系不紧凑；思想、政治、文化相对发达。

1.3.2 校园社区

1. 校园是一种典型的社区模式

美丽的校园是一个非常典型的社区模式，不同于城市或农村社区，它是一种融合了地域性和功能性的社区。

根据功能性不同，一般校园社区又可以分为大学校园模式和中小学校园模式，形态不一样，校园社区管理和治理方式也不同。中小学校园最注重的是安全，由于学生都是未成年人，主要以行政管理和教学为主。而大学校园就是一个典型的概念上的社区，既有行政管理，也提倡学生自治模式，师生服务中心就相当于社区服务中心；大学校园社区相对复杂，还区分宿舍区域、办公楼区域、科研与教学区域等。一个大学校园，通常会远远大于一个普通的居民社区，从行政管理职级上就可以区分出来。

2. 师生服务中心是社区服务中心的一种

师生服务中心可以归类为社区服务中心的一种，为满足其成员包括师生等物质与精神生活需要，在科学合理系统地安排下，师生有组织有指导地进行活动，将比较分散的校园和宿舍整合为一个社区，进行全方位、多角度的深入学生的工作。

师生服务中心的宗旨是为师生服务，全力打造新时代的校园服务新形态。学生社区服务中心同样应该遵循以师生为本、服务师生的发展规律，探索一条贴近学生、服务居民、联系实际的社会化服务新路子，满足学生日益呈现出多元化、分层次的趋势的物质、文化、生活需求。

3. 校园社区的属性和特点

校园具有明显的社区属性，即它是一个典型的法定社区，具有明确的地域性，也是偏重行政型的社区，是政府主导型治理模式，由相关管理部门（如教育委员会及学校管理层等部门）主导。

这一模式的特点如下：

①学校管理组织是校园社区治理的主体。从校园社区组织形式上看，学生会等社团，在法律上是校园的自治组织。法律规定，学生办作为指导机构，只对学生会等进行指导，实际上，学生会的选举、经费的来源及工作任务的确定均受到学生办或相关部门的领导。

②政府（教育委员会及相关学校管理层）承担对校园治理的无限责任和治理的风险。当学校管理层提供的服务无法满足师生的需求时，可能会导致不稳定因素的产生。

③校园类型的社区治理的手段多采用行政方式，学校管理组织通过对教育和资源的掌控，达到校园管理的目的。

④学校管理组织负责校园内的公共事务的处理，同时学生组织的发展受到积极鼓励，能有效发挥校园自治参与的功能。

⑤学生自治和参与校园公共事务治理的热情很高。

1.3.3　产业社区

园区是产业综合体或大型企业综合体，是典型的产业社区。目前，大部分园区和企业正在往智慧园区或智慧企业方向发展和规划。

智慧园区综合人工智能、大数据、物联网（IoT）等产业互联网技术，以“人工智能+”科技为行业赋能，以“人工智能+”产品改变人们的生活方式，提升行业工作效率和质量，为行业及政企客户提供智能系统产品和服务。一般由专业的高科技产业集群运营商牵头，打造集产业规划、空间打造、招商引智、运营管理、企业服务、投资孵化于一体的产业平台，为企业提供全生命周期、全价值链的服务，运营区域产业集群，从而形成特定的产业社区。

产业社区提供商务办公建筑及相关配套设施，为各类高科技、高效率、高成长性的企业打造国内外发展的事业平台。利用产业集群的范围效应、规模效应达到产业链上的多赢。并坚持绿色、智能、创新的理念，聚合运营商、物业、入驻企业、企业员工、提供服务的企业，形成生态的产业社区。为企业提供一站式公共服务，打造涵盖创业服务、咨询服务、信息服务、技术服务、场地服务、综合服务在内的六大服务体系，加速高科技产业聚集驱动创新的升级。引入专业物业管理公司，进行全程智慧物管跟踪。

1.3.4 虚拟社区

1. 虚拟社区基本概念

虚拟社区主要有两种：一种是互联网上的网络社区；另一种是精神社区，是具有共同兴趣爱好的人组成的一种虚拟社区。网络社区是非常典型的具有代表性的虚拟社区，下面主要对网络社区进行简单介绍。

网络社区是指包括BBS/论坛、贴吧、公告栏、群组讨论、在线聊天、交友、个人空间、无线增值服务等形式在内的网上交流空间，同一主题的网络社区集中了具有共同兴趣的访问者。

网络社区并非一种物理空间的组织形态，而是由具有共同兴趣及需要的人们组成，成员可能散布于各地，以兴趣认同、在线聚合的形式存在的网络共同体。网络社区的成员需要通过一定的媒介来聚合，而这些媒介一般是博客、论坛、社交等网络社区网站，网站内容一般由网络社区成员提供。

2. 网络社区的特点

①网络社区是虚拟社区，所有虚拟社区成员有着平等的发言权，每个成员是信息和数据的生产者、发布者和传播者；信息的传播和发散速度非常快，容易形成热点。

②用户可以在阅读和互动中参与评价，发表意见。

③信息权重由用户的喜好决定，用户即社区成员是信息和数据的主人，拥有舆论影响力。

④信息和数据一经产生便永远存在，很难消除；信息真伪鱼龙混杂，需要明辨是非。

⑤使用者与使用者之间建立了社会关系。

3. 网络社区的分类

网络社区的分类有以下几种方式：

①根据涉及范围：可以分为综合性网络社区和专业性网络社区；

②按独立性：可以分为独立网络社区和附属网络社区；

③按实时性：可以分为即时性网络社区和非即时性网络社区；

④按表现形式：可以分为论坛、博客、即时通信和社交、电商等。

4. 网络社区的作用

网络社区的出现符合了相应的用户需求，如沟通、电商交易、交友等需求。正是网络社区这种发现需求、创造需求的能力使其快速发展。网络社区作为一个人际关系管理和交流的平台，承载着人们的各种社会关系，通过加强网站的功能，去满足用户的多元化需求和体验，使现实生活中的人际关系在网络社区当中实现。

1.4 社区治理及相关概念

本节主要进行社区治理及相关概念介绍和关联性介绍，如社区建设、社区服务、社区管理、社区自治和社区治理相互之间的区别与联系等，并做简单辨析。由于本书不侧重于社会学讨论，因此仅对各个概念进行简单介绍，为智能社区相关从业人员和学习者提供基本概念指导。

1.4.1　社区治理

1. 社区治理的基本概念和特点

我国学术界自2000年左右开始运用治理理论描述和解释与社区相关的各项议题。在社区领域中，各级政府用社区治理取代社区管理，社区治理开始在实践层面得到广泛运用。党的二十大报告进一步提出要完善社会治理体系，健全共建共治共享的社会治理制度，提升社会治理效能，健全城乡社区治理体系等。

关于社区治理（community governance）的概念内涵，很多专家在不同层面提出了释义。有专家认为，广义的社区治理是指将社区、国家和市场三者结合起来而建立的一种社会互动方式。也有人认为，社区治理是国家和社会组织对社区公共事务和公益事业的管理活动。还有一种专家认为，社区治理是指涉及社区的多元主体之间通过合作互动，共同提供公共产品和实施对社区公共事务的管理，提高社区居民自治水平，实现社区可持续发展的过程。

综合以上观点，社区治理是在本社区范围内，政府、各类企业包括民企、国企、非营利组织、社区自治组织和居民等多元化主体通过共同参与和通力合作，提高社区自治水平、增进社区可持续发展的过程。社区各个主体可通过协商谈判、各方互动等形式，共同对社区公共事务和公益事业进行有效管理。

由此，社区治理的特点表现为：

①社区治理的主体是多元化的主体，由党和政府、居民自治组织、社区社会组织、驻区单位和社区居民等组成。

②社区治理的客体包括社区内的各项公益事业。

③社区治理旨在维护社区公共利益，完善自我管理、自我服务。

④社区治理的过程不是自上而下的政府管理和控制，而是社区各利益主体共同参与、上下互动的多元协作与合作；展现了社区公共事务多主体自主参与、民主协商的特征。

⑤社区治理是规制与规划的持续互动过程，既涉及社区环境、资源等物理空间的规划，也涉及社区社会、经济、政治、文化等方面的法律法规制度；体现政府与市场的双重驱动，既要有效的市场，也要有为的政府。

2. 我国社区治理的发展

我国城市管理经历了从纵向以层级为基础的管理模式向横向以地域为基础的管理模式转变，基层的所属地域治理主体（如街道、居委会等）在城市治理中的重要性逐步提升。城市社区作为国家政权作用的末梢领域，直接面向广大居民，在社会治理过程中发挥了极其重要的作用。

社区治理是随着社区建设与管理发展提出的一种新理念，能有效引导基层社区实现良好的自治局面，弥补政府和市场在社会管理中的失灵问题。20世纪90年代以前，政府在城市基层社会管理中占主导地位，“单位制”和“街居制”体制是国家运用行政力量进行全方位社会管理的产物。但是，随着市场化的推进和社会的快速发展，市场和社会的力量持续壮大，居民民主意识和参与意识增强，社区居民自治组织和社区志愿性或公益性组织不断发展。居民参与了更多市场主体建设，承担了更多社区营造和自治职能，也能为社区的发展提供多元化服务。

自20世纪90年代，我国实行社区制以来，政府作为行政主体逐渐从微观管理向宏观指导转变，社区居委会等群众自治组织在承担政社分离出来的自治职能方面发挥的功效越来越大，物业及各类企业能够为社区建设与发展提供多样化服务。多元主体的有效参与，使得社区治理的主体不仅是国家和政府部门，还包括企业、其他社会组织及公民的参加。

3. 共治共建共享的社区协同治理

治理（governance）一词源于英语，原意为"掌舵"。在"治理"理论的发展历程中，最初以政府指导的行政型管理为主，随着公民权利与市民参与理念的发展，提出协同治理理念。

在社区协同治理中，社区参与很重要。社区协同治理涉及企业、政府、非政府组织和志愿者等多元主体的行为。多元主体有效参与基层社会管理，特别是社区治理方面，由原来社区治理的单一中心逐渐向多中心转变。社区治理的主体不仅是国家和政府部门，还包括企业、第三方社会组织及公民的参与，这种多元主体参与的合作治理方式就是协同治理，能够实现对国家、社会和市场三者力量支配的平衡，最大化发挥政府、企业、社会自治组织、社区志愿组织和社区居民等主体的力量，整合社区发展资源，促进社区的活力与和谐发展。

社区治理的治理架构和治理过程非常重要。在社区协同治理中，治理架构注重官方和非官方行动者组织化和制度化的安排；治理过程则通过调整和运行治理结构而产生相应的治理结果。当前社区协同治理已经成为发展趋势，形成了共治共享共建的社区协同治理模式。该模式具有以下特点：

①社区治理的主体由政府组织扩展到社区内的自治组织和非政府组织。政府组织在共治共建的理念下，通过授权和权力的下放，把部分社区服务职能转交给社区内的社会组织承担，社会组织的服务职能渐渐加强。

②社区自治组织在法律规定范围内的权利得到展现，社区自治能力增强。社区民主选举、自我管理、自我教育与自我服务的能力得以提高。

③以政府资源投入为主，社会组织资源投入为辅，逐步增加了多渠道的资源投入方式。社区充分利用资源，为社区居民提供良好的社会服务。

④社区居委会成为社区组织的主体，其性质为一种自治型组织，是政府和社区的桥梁和纽带，政府组织的权威和社区自治组织的权威一起对社区产生影响。

⑤社区居民参与社区公共事务的决策和社区公益活动的热情高涨，拓宽了居民社区参与的范围。社区组织体制和管理制度的改革以及数字化应用为社区居民的参与提供了更多途径，因此居民表达需求的渠道更加通畅，居民的决策权、选举权、选择权等能够更好地执行。

可见，政府与社区的关系已发生转变，从领导、控制向指导、协调与合作的方向转变，越来越多的社会组织和居民自治组织开始发挥重要作用；政府管理层逐步减少，街道办事处部分职能被社区组织所取代，基层政府组织职能发生转变。

在社区协同治理中，需要关注两个问题：政府与其他参与主体在社区的关系如何？协同治理能否产生治理效果？如果仅依靠人工统计或评价，很难对以上问题给出正确或有效答案，只有结合人工智能技术，研究智能新社区的应用，实现智能化协同治理及分析才能给出答案和评价。

因此，随着社区治理的现代化发展，研究智能新社区中的数字化协同治理具有越来越重要的意义。首先，可以通过智能化和智能控制等研究思路，探讨当前的基层治理方法和创新应用。其次，将数字化治理和多元协同治理理念引入社区治理关联分析中，拓展了基层治理理论的应用范围。再次，基于从数据到信息再到知识的应用，可以研究分析社区治理效能评估体系和基于人工智能的社区画像应用。

1.4.2　社区建设、社区服务、社区管理、社区自治与社区治理的区别

1. 社区建设和社区治理的区别

在我国，社区建设这一概念首次由民政部于1991年5月提出，随着我国城市改革的深化，中央将城市社区建设提上议事日程，要大力发展城市社区建设，充分发挥街道办事处、居委会的作用。社区建设分为乡村建设和城市建设。社区建设的主体：政府、社区组织和社区成员三位一体。

上级政府及其派出机构（如街道办事处）是社区建设的倡导者和推动者，其为社区建设提供经济和政策支持，并对社区建设进行监督、评价和经验推广。

社区组织指各类社区自治组织和社会服务机构。我国通常是作为社区自治组织的居民委员会承担推进社区建设的重任。居民委员会的作用是满足政府和居民两方面的需求，趋势是不断地增强其独立性和自主性，更多地偏向为居民服务。

关于社区建设概念最具权威性的定义，可以参见2000年11月由中共中央办公厅、国务院办公厅转发的《民政部关于在全国推进城市社区建设的意见》，其中明确指出："社区建设是指在党和政府的领导下，依靠社区力量，利用社区资源，强化社区功能，解决社区问题，促进社区政治、经济、文化、环境协调和健康发展，不断提高社区成员生活水平和生活质量的过程"。

那么，社区建设与社区治理的区别是什么？从过程上看，社区建设是以政府为主导，利用各方力量，整合有效资源，是单向的、自上而下的；社区治理是社区多元主体在平等基础上民主协商、求同存异。社区治理不是通过命令来达到管理目标，而是通过互动合作、民主协商等来达成一致，联合社区各项资源对社区公共事务进行治理。从性质上来看，社区建设是基础工作，社区中各种硬件和软件依靠社区建设，政府发挥核心作用。而社区治理更是着重集合各方智慧，在现有社区软硬件基础上实施多元主体平等协商、合作共治，本质上是纵向着重活动协调，横向着重自主参与。

2. 社区服务和社区治理的区别

社区服务是在政府指导下，以社区各类组织、机构、团体为载体，利用和开发社区资源，针对社区内的全体居民，包括社区成员间的互助性服务，以及具有福利性和公益性的社区公共服务等。

综合性的社区服务包括非正式层次和准正式层次，又可分为六个方面，如图1-2所示。居民为社区服务、居民之间相互服务、政府为民政对象服务、政府为社区服务、企业相互服务和社区为居民服务，其驱动和运行方式可分三种：其中前两个方面依赖社会网络与互动互助发挥作用；中间两个方面主要以社会福利机制为后盾和支撑；后两个方面依赖于市场机制的调控和驱动。通过社区服务，可以补充和完善社区治理。

社区服务是在政府的主导下，以社区组织和成员为依托，发挥社区资源，并服务于全体社区居民的公益活动。其最终目的是满足居民各种需求，解决相关社会问题。因此，社区服务是具有福利性和公益性的社会服务活动。

由此可见，社区服务的主体是多元的，既包括地方政府及其派出机构、社区居委会、村委会、非政府组织、专业社区服务组织、驻区单位等，也包括社区居民、社会工作者、社区志愿者等；社区服务的对象是多元的，不仅包括老弱病残、失业等弱势群体，而且涵盖本社区的全体成员；内容是多样的，包括公共服务、便民利民服务、志愿服务；社区服务以社区成员互动和互助服务为基础，注重社会效益，以为民服务为出发点，其中，社区公共服务不以营利为目的。

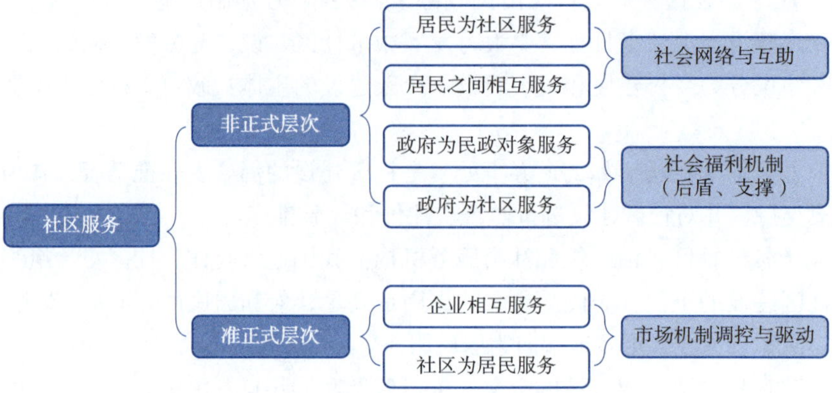

图 1-2　社区服务涵盖的六个方面

（1）社区公共服务的概念

社区公共服务定义为以社区为单位提供的服务，用服务形式满足社区居住公共性消费需要的社会公益产品。其区别于社会公共服务的关键在于公共服务的载体是社区。

社区作为“聚集在一定的地域范围内，以一定的规范和制度将个人、群体、组织结合在一起的社会生活共同体”，由于群体长久生活在特定的区域，从而形成了独特的文化认同、情感认同和心理认同。

因此，当社会公共服务走进社区，以社区为载体进行服务时，就是公共服务的社区化，形成社区公共服务，如图1-3所示。社区公共服务的服务性体现在：社区居民既是社区服务的受益者，也是社区服务的提供者；社区服务既包括社区成员之间的服务，也包括社区与企事业单位的双向服务。社区公共服务也可以认为是社区创新治理的工具之一，在社区治理中发挥着重要作用。

图 1-3　公共服务的社区化

（2）社区公共服务的类型

社区公共服务按服务对象可划分为两种类型：一种是面向全体社区居民的、便民利民性质的社区服务，大致可以分为一般家居生活服务、社区环境综合治理服务、社区医疗卫生服务、少年儿童服务及各类生活服务等；另一种是面向特殊群体，具有社会福利性质的社区服务，大致可以分为为社区老年人提供的服务、为社区残疾人提供的服务、为社区优抚对象提供的服务、为社区特困家庭提供的服务。

社区公共服务按性质可划分为补偿性服务、预防性服务、支持性服务；按服务方式可划分为社区福利性服务、社区公益性服务、社区互助性服务、社区志愿者服务、社区经营性服务等。

（3）社区服务的基础资源

社区服务的基础资源和提供主体包括政府组织、自治组织（如社区居委会）、非营利组织（也称公益组织）、企业组织、专职社区工作者及志愿者、社区居民等，如图1-4所示。

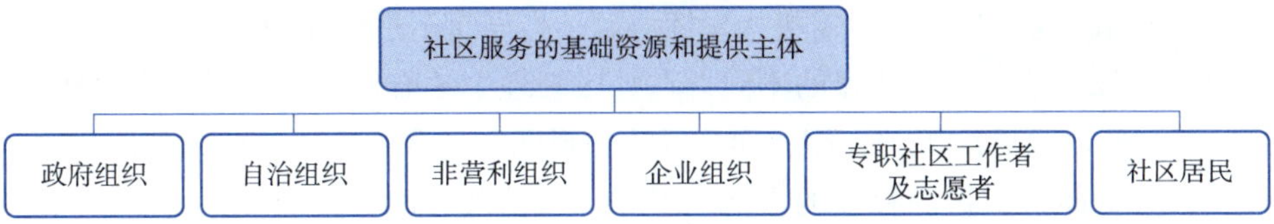

图 1-4　社区服务的基础资源和提供主体

社区服务本身就蕴含在社区治理的内容中，社区服务质量决定着社区治理的实际成果。因此，社区服务寓于社区治理之中，通过社区服务实现“行政（管控）型社区管理”向“服务型社区治理”的转变。

在社区治理创新的思考和探索中，提出了服务型治理，即通过服务解决社会问题，促进社会秩序，通过服务促进社区治理创新，通过政策倡导促进善治；实现社会工作领域内部的良好治理。特别是在特大型城市，社区治理中还存在很多服务困境，如图1-5所示。

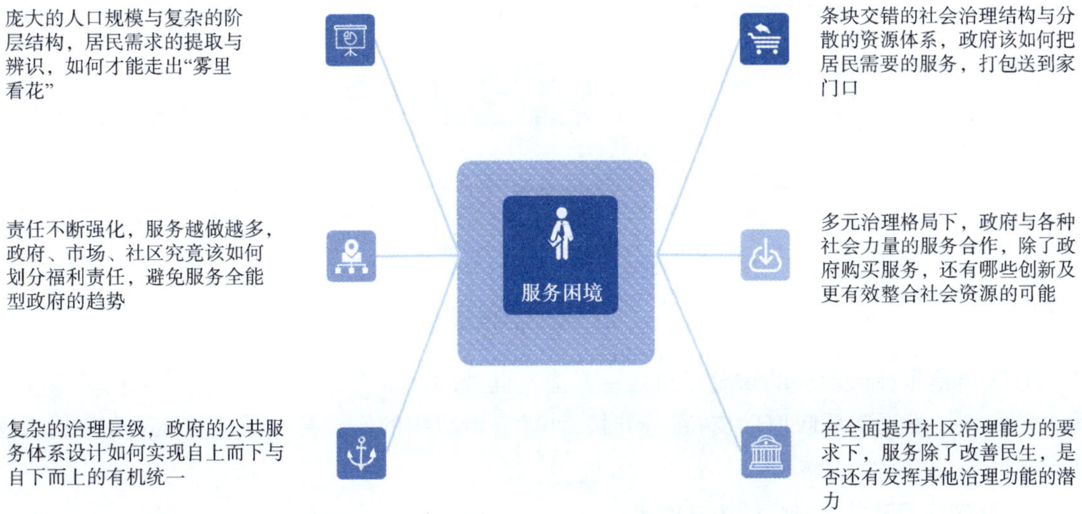

图 1-5　特大型城市中社区治理的服务困境

社区服务更加强调社区内自治组织、社会组织、社区居民、驻区单位等主题的相互合作和共同参与，侧重于社区内各种组织的自我服务。社区服务重视社区中人的发展，体现了“以人为本”的服务理念。社区建设注重的是社区的长远规划和发展计划。

3. 社区管理和社区治理的区别

社区管理的概念内涵是行政型治理。在“管理”与“治理”的过程中，政府与非政府组织的关系不同，“管理”要求突出政府权威，政府作为管理者占有绝对优势地位，广大社区成员、非政府组织作为被管理者则处于从属地位。而治理的主体包括政府、人民团体、各组织、各单位，且这些主体被赋予较大的独立性和权力。与管理相比，治理更侧重于社会上的力量共同参与到社会公共事业和公益事业中。社区治理强调参与治理主体的多元性，突出社区成员、非政府组织的主体地位，且多主体之间关系更加平等。

管理一般是以控制为主的执行政策，是政府对社会公共事务实行自上而下行政指令型的管理。治理是通过主动参与、上下互动、民主协商、达成一致等方式对公共事务进行管理，其权力格局多元、平等。在治理中，政府机构发挥协调、指导而不是领导的作用。

社区管理与社区治理有着明显的不同，在社区管理中政府作为管理者始终占据主导地位，忽视了社区成员和非政府组织的作用，而社区治理强调通过多种主体的彼此交流合作，从而增加社区成员的自治能力，提高社区的自治水平。社区治理有助于改变我国目前“强政府-弱社会”格局，改善社区居民参与行为被动和参与动力不足的状况，促进现代化和民主化进程。

4. 社区自治与社区治理的区别

政府对社区的主要职能是通过制定各种法律法规对所有行为进行规范，协调社区内的各种利益关系，并为社区成员的民主参与提供制度保障。而社区内的具体事务则可实行自主自治。

社区自治管理体系包括居民（村民）委员会、业主委员会、居民会议（如业主大会）等，其职能是自我管理和提供各类公益性、群众性的服务，如图1-6所示。

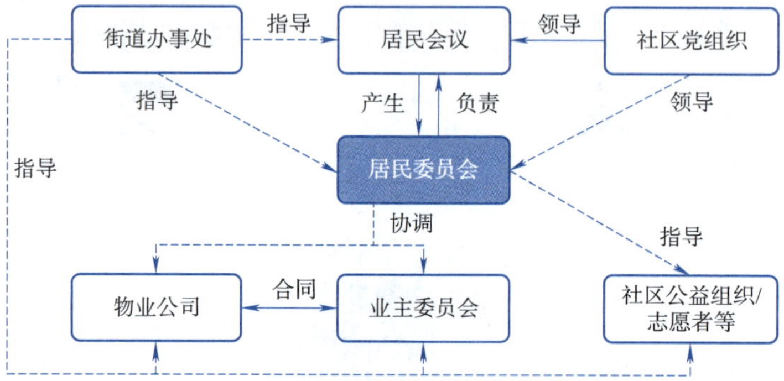

图 1-6　社区自治体系

社区自治是社区治理的重要环节之一，应正确处理社区自治组织和政府之间的关系。社区自治组织的发展需要政府的支持，同时，社区自治组织的发展与实践可以推动政府管理民主化。

5. 社区治理及其他概念的内在联系

社区治理和社区服务、社区建设、社区管理、社区自治的主体、内容、目的具有共同性。

这几个概念的主体既包括党和政府组织，也包括社区自治组织、社区社会组织、驻区单位和广大的社区居民等，只是对于主体的地位和角色职责有所不同；且这几个概念都是固定在某一社区范围之内，主要通过本社区内的组织和居民处理本社区范围内的公共事务；都包含着社区内的公共事务；目的都是为了服务居民，完善社区。

1.5　社区精细化治理与社区数字化转型

信息化技术是推动社会治理现代化的关键点。社区治理信息化是信息技术与社区治理的结合体，也是现代信息技术在社区治理中的应用延伸。民政部“第三批全国社区治理与服务创新实验区”为全国社区治理信息化建设积累了丰富经验，并在实验地域、实验类型、实验梯度等方面呈现出新的特征。多地社区发展表明，近年来国家通过实施“互联网+社区”行动计划，大力推进互联网信息技术注入社区空间，促进了各地互联网与社区治理和服务体系的深度融合，特别是在社区公共服务、社区居民参与、智慧社区发展、社区电子商务等领域构建新时代网络化社区治理和服务新模式。但同时，地区差异、数据垄断、信息泛滥、网络安全、技术依赖、智能低效、监管缺失等问题和风险在社区治理信息化实践中不断显现出来，突出表现为技术应用门槛与治理短板、数据指标硬化与治理内耗、信息安全监管与治理风险等。因此，推动社区治理信息化向数字化转型，推进从“互联网+社区”到“人工智能+社区”的深度升级与发展，关键在于技术的应用不能仅仅着眼于提高效率降低成本或新产品的堆砌使用，还要兼顾数字技术应用与人文关怀结合，统筹人工智能等数字化技术的应用模式与社会责任，同步数字化技术发展与治理体制变革，从而实现社会与科技的相辅相成和融合发展。

1.5.1　传统的社区信息化

自20世纪末以来，我国信息化建设得到快速推进，不仅产生了巨大的经济效益，而且也促进了社会各方面的发展。社区信息化建设始于20世纪90年代，在2000年后有了快速发展。《2006—2020年国家信息化发展战略》（中办发〔2006〕11号）将“推进社区信息化”列为我国信息化发展的战略重点之一。《国务院关于加强和改进社区服务工作的意见》（国发〔2006〕14号）提出要“建设社区信息化平台，提高社区公共服务的自动化、现代化水平”。

社区信息化就是将现代信息技术应用到社区管理和社区服务中，搭建社区管理和社区服务的信息技术应用平台，并为提升社区服务品质、促进社区管理信息共享以及加强社区成员自治能力提供通道，在基层社区更好地贯彻执行现代公共行政的效率、公平理念，提升社区居民生活质量并实现社会信息化建设。

社区信息化建设在当今社会信息化进程中发挥着重要作用，是社会信息化的基础性环节，同时也是当前社区治理中的重点改造工程。如果没有社区信息化建设平台作为载体，社区治理中多元主体的参与（多元共治）在基层社区将很难实现。同时，社区信息化和电子政务的密切关系也决定了相应社会政策能否在基层社区最终实现。

社区信息化在其作用范围领域与电子政务、政府信息化以及社会信息化有一定的交集，在日常使用时容易与社区信息化混淆。为方便研究，本文对上述几个概念进行分析和界定。

1. 电子政务与社区信息化的联系与区别

随着1998年7月“政府上网工程”启动，我国拉开了电子政务建设的序幕。对于电子政务的界定，由于国际和国内对其实施主体、实施过程以及实施理念的认同度有差异，因此定义会有差异。

在我国，根据刘萍编著的《行政管理学》（经济科学出版社，2008年）中的定义，电子政务是指国家机关在政务活动中，全面应用现代信息技术、网络技术以及办公自动化技术等进行办公、管理和为社会提供公共服务的一种全新的管理模式。广义电子政务的范畴，应包括所有国家机构在内；而狭义的电子政务主要包括直接承担管理国家公共事务、社会事务的各级行政机关。该定义对行政机关在政务活动中，在电子政务领域内所运用的手段及追求的目标做了清楚说明。可见，电子政务的执行主体是各种政务机构，即政府部门。从这个意义上讲，政府信息化可以等同于电子政务。

传统的社区信息化是电子政务在基层社区的具体应用。电子政务系统需要在基层社区贯彻其管理和服务职能，因此需要和社区行政工作进行对接。社区信息化也要秉承和贯彻相关管理和服务理念。这是二者的共同点，同时二者也有差异，主要表现在：一是执行主体不同。具有行政职能的各级政府机构是电子政务的执行主体，而社区信息化的主要执行主体是街道办事处（乡镇）、社区（村）自治组织等，并不属于政府机关。二是工作包含的内容不同。电子政务的工作内容主要包括以下几对业务关系：政府间的电子政务活动、政府与市场（企业）间的电子政务活动、政府与公民个人间的电子政务活动，是政府机构在处理政治、经济和社会领域事务的关系总和。

从国家和社会层面而言，信息化是一个宏观的定义，其本质是一场社会信息革命。因此社会信息化是建立在计算机信息处理和传输技术手段上的社会技术革命。与农业社会和工业社会对土地等自然资源的依赖不同，信息化社会所依赖的信息资源同时具有再生性、共享性和能动性。社会信息化的涉及对象也比较广泛，主要包括区域、城市、社区、家庭、个人等。

社区信息化是社会信息化的重要构成部分，其建设是以社会信息化的发展为前提。通过社区信息化建立的社区公共服务平台，可以连接社区居民提供沟通渠道，为居民提供公共服务与商业服务。同时，随着社区治理的发展和创新，社区信息化的发展也逐步向数字化、网络化、智能化转型，并在社区的更多领域应用。

总体而言，电子政务和社区信息化都是建立在现代信息技术手段基础上，为不同目标对象提供优质高效的公共服务。社会信息化是大范畴，代表的是社会发展的技术理念，涉及经济、政治、社会等各领域。其中在公共行政领域，电子政务即是以在公共服务部门中应用为主要特征的运作模式。而社区是居民自治组织，因此社区信息化属于基层社区领域提升治理能力、优化服务效果的手段，也是社会信息化的重要组成部分。

2. 传统社区信息化所遇到的问题

传统社区信息化的工作内容主要涵盖社区治理和社区服务，整合各类信息系统和资源，并致力于搭建统一的社区信息平台，提高服务质量，增强居民自组织能力，并以提供基本公共服务为基础职能，借助信息现代化平台为社区居民提供便利的社区公共服务。经过多年发展，信息化已经有很多成熟应用技术、模式和案例。然而，传统社区信息化手段应用于在社区治理和社区服务等过程中，还存在以下问题：

（1）社区信息化平台服务聚合度低

一般而言，针对居民的相关信息化服务缺乏机构、机制，聚合度低。有很长一段时间，居民获取服务，主要以人找信息的模式在各网站上寻找相关信息，由于网站数量众多，且居民对业务不熟悉，导致很多情况居民难以获取有效的信息。居民办事要奔波于不同部门的不同窗口。目前，多地正在通过新的技术应用和手段不断进行升级，推进一网通办、一网统管模式。

（2）权威专业信息缺乏统一渠道

在传统信息化阶段，针对某一特定事件，政府多个网站、媒体等发布的信息经常是重复的或有差异的，市民难以获得权威的值得信赖的信息，政府缺乏一个统一的渠道向市民进行信息发布，无针对特定年龄、职业行业、家庭情况的信息推送，信息专业性、权威性不聚焦。

（3）网上办事实用性不足

传统社区信息化时代，部分地域或城市的网上办事，大多数仅限于行政审批服务，并且针对不同部门不同事项，缺乏办事导引。例如，最常见的开办企业等，除了工商税务登记外，还需要办理哪些事项无明显提醒，哪些必须要办、哪些登记备案、不办如何、延期办理又如何等，相关信息十分笼统，也很难查询。

（4）跨区域网上办理业务操作重复烦琐

市民如果需要跨区域进行不同业务办理，需要登录不同网站，身份需要重复登记，网上操作流程千差万别。

（5）预约办事、就近办事人性化服务不足

传统社区信息化时代，部分地区特别是偏远地区的居民办事需要按时到指定地方排队办理，缺乏预约机制、网上预约办理功能以及社区范围内的就近办理条件，可预约的事项少，可就近办理的服务少、渠道少。

（6）数据孤岛情况依然存在

近年来，打通数据、数据共享、数据保护的呼声越来越高，包括出台了各种法律法规，但是在实际应用过程中，数据孤岛的打破、数据的共享和保护仍然需要进一步提升和推进。

综上所述，传统社区信息化手段尚难以支撑社区精细化治理的要求。目前来说，现阶段面向居民的公共服务与政务服务还有很大的提升空间，因此如何扎扎实实地在社区、村镇这一层面以智能化技术提高信息化水平，加强面向市民的公共服务与政务服务的能力，是社区治理走向精细化、数字化、智能化必须要解决的问题。

1.5.2　社区精细化治理需要数字技术加持

1. 社区精细化治理的概念和内容

为了有效克服社会治理中的“木桶短板”效应，破解社区治理“最后一公里”的难题，提出了社区精细化治理的理念，这一理念在深化社会治理内涵的同时，还为社会治理创新提供了必要的行动方向。如何推进社区治理精细化，除了政府的管理需要更加细致深入以外，数字技术的应用毫无疑问是精细化治理的重要推手和助力。

大约在20世纪50年代，发达国家的企业便开始逐步提出和应用“企业精细化管理”的理念，通过系列标准化、流程化和信息化的手段对企业进行管理。由于该管理模式能最大限度地帮助企业降低资源成本并提高管理效率，因此很快被运用于行政管理领域。而在行政领域，精细化管理是指在精细化的理念指引下，通过制度设计与执行标准的严格化来推动行政过程的全方位监管，从而使政府各部门实现更有效率且更有质量的运转。

随着我国政府职能的转变，目前精细化管理已开始应用于公共事务，并向社区治理范畴深度拓展。

社区治理精细化，是指在绩效目标指引下，通过机构部门的科学设置、管理流程重构来推动“粗放式”社区治理思维和模式的转换，实现社区治理各方管理框架的标准化、执行的细节化以及服务的人性化。

基于以上内涵，社区治理精细化包括五个精细化和一个多元化，即治理概念、治理流程、治理成本、治理方法、治理效能的精细化，以及治理主体的多元化。

其中，治理概念的精细化要求治理者具有更现代化的治理思维。治理流程的精细化则要在治理过程中掌握各流程细节，并能加强对各环节、各流程进行统筹精细治理，科学防范各环节各流程的风险。治理成本的精细化则强调用科学方法预测成本和控制实际成本，达到合理的治理效果。治理方法的精细化则要根据治理对象的实际情况，灵活运用人工智能等数字技术进行综合治理，全力打造数字化的社区治理新模式。治理效能的精细化则要在完善效能评估体系的同时，将效能评估目标进行细化与适度指标化，以此推动社区的良性发展，从而提升治理效能。治理主体的多元化则要求治理者跳出传统管理思维，在治理中注重发挥社区各参与主体的能动作用，实现政府与社区的良性互动，共同促进“共建共治共享”社会治理目标的实现。

2. 数字技术对社区精细化治理的意义

尽管当前我国已开始关注社区治理领域的精细化问题，并把社区治理精细化视为国家治理现代化的要点，但由于长期受粗放式管理思维的影响，部分地方仍习惯性地以管理本位的态度处理公共事务，把“社区精细化治理”理解成了“政府精细化管理”。具体表现为：在管理思维上，重管控轻治理；在管理主体上，重政府轻社区；在管理对象上，重方向轻细节；在管理过程中，重技术轻人文；在管理方法上，重专项轻常态；在管理结果上，重静态稳定轻动态稳定。而这种以方便管理为首要考量的方法与态度，很容易造成社会事务的管理表面化，使得社会治理的精细化程度难以得到有效提高。在这样的背景下，数字技术作为劳动力和资本以外的第三生产力，即科技生产力，以海量数据、智能算法、弹性灵活、高速传输、云边协同、强实时性等特点，能有效地支持克服社会治理中的“木桶短板”效应，并解决社区治理标准化程度较低的问题，从而推动社区管理粗放化向社区治理精细化转变。具体可以体现在以下几个方面：

（1）数字技术有利于促进治理主体的多元化

根据现代治理理论，在基层社区治理中，行政机构不再是最高权威，而是变成了多元参与方中的成员之一，在社区共治自治过程贡献自己独有的资源。随着网络、公益组织以及其他经济和政治治理模式的扩大，官方机构主要起引领和协调的作用。由此可见，从传统的社区管理走向现代的社区治理，一个很显著的特征便是实现治理主体多元化。在以往信息比较封闭、流动速度比较慢的时代，社区居民连掌握相关决策信息的条件都没有，更别提有效地参与公共决策了。

随着数字化时代的到来，数字技术以及数字技术应用所产生的海量数据理应成为所有治理主体均可使用的共享资源。公民数据权等新名词相继进入人们视线，《中华人民共和国数据安全法》等新法规陆续颁布。新名词和新法律的出现，不仅意味着政府能拥有使用数字技术并能通过大数据分析和智能算法进行公共决策的权利，更意味着社区居民也享有公共数据资源的资格。这样，通过社区治理数据和信息的共享，便能推动社区治理主体的多元化。除了政府管理部门以外，社区普通居民或相关企业也能享有对社区治理数据进行查阅与分析并参与决策的权利。

（2）数字技术有利于提升治理主体的洞察力与决策力

数字技术在社区治理中的应用将从以下多个方面助力提升治理主体洞察力与决策力。

首先，数字技术有助于治理主体透过纷繁复杂的数据乱象提炼出事情的本质。对于社区治理领域的诸多问题，仅靠个人经验或领导意志是难以取得成效的。而数字技术能通过对社区治理大数据的深度分析和算法建模，找到治理领域诸多变量之间的内在联系，从而达到深度综合治理的目的。例如，对于网络诈骗问题，治理主体可通过长期跟踪、反复调查、统计分析相关的数据来了解虚拟网络中数据走向和信息被盗取情况等，从而挖掘出网络诈骗背后的深层情况，进行有效的综合治理。

其次，它有助于增强治理主体的应对风险能力。在社会治理领域，如果单纯依靠静态、孤立的数字台账开展工作难以达到有效预防、有效治理的目的，而数字治理更关注的是动态的、成片的、系统化的大数据。借助算法和实时性数据采集、分析和预测，更能为社区治理主体在错综复杂的社会现象中筛选出各种突发事件提供有效预警。例如，卫健委等部门可通过大数据预测流行病疫情的发生趋势和社区，民政部门可通过大数据掌握社区老年人的数量和变化趋势，交通运输部门可通过数字技术实现智能交通监控等。

再次，数字技术有助于治理主体进行科学决策。数字技术所产生的大数据之“大”不仅在于它的信息容量之大，更大的意义在于其应用价值之大。数字技术的应用能大大延伸社会治理的范围，有效解决信息渠道不畅以及信息内容失真、以偏概全等问题，实现大众需求与公共决策的无缝对接，从而使公共决策更加精准、社区治理更加高效。

（3）数字技术有利于降低治理的成本并提升治理的效率

长期以来，“碎片化治理”已成为妨碍我国社区治理能力提升的重大问题，具体表现为各政府部门各自为政，习惯依据本部门有限的信息进行决策。而这种封闭、片面的决策方式一方面易使决策结果产生扭曲和偏差，另一方面则增加了行政成本，使得社会治理陷入低效益的困境。在这种情况下，借助数字技术，便能通过云服务、智能计算、数字孪生等方式把各政府部门的信息资源整合到一起，并形成网格化的社区治理信息，从而可以跨越部门内部协同的鸿沟，促进信息资源共享，提高行政效率。除此以外，由于数字技术所依赖的信息传递渠道是一种扁平化、即时性的网络，从而能快速挖掘到治理客体的相关信息，并能提出更具客观性的专业化的意见，从而为降低治理成本、提升治理效率提供技术支撑。例如，社区网格化治理中的大联动模式，仅靠行政式的命令是难以达到迅速反应迅速解决的预期效果的，而借助数字技术便能及时了解到社区各方面相关信息，凭借统一与共享数据处理问题便能精准定位，有效协调，从而提高工作效率。

（4）数字技术有助于推动治理过程的精细化

政府在社区治理中应扮演什么样的角色、起什么样的作用、管理哪些社会事务、怎样管理、如何与居民及社区组织合作、如何有效实现共治与自治等，是当前社区精细化治理过程中需要定义清楚的基础问题。受传统“大政府，小社区”的影响，政府仍习惯对公共事务发挥着“掌舵”和“划桨”的双重功能。与之同时，在对公共事务进行处理的过程中，政府也欠缺对各地区、各社区阶层特点差异性的考虑，而采取一刀切的方式进行粗放式处理。这使得社区治理精细化水平难以得到有效提高。通过数字技术加持，一方面政府能将物联网、云计算、大数据、人工智能等技术应用于社区治理领域，基于可分析的内在数据逻辑发现社区治理领域诸多变量之间的差异性，以此更好地回应社区需求并提供更加个性化的社区治理；另一方面民众也能享用先进数字技术的成果，对政府行为和各类服务行为进行过程监督和量化评价，让数字技术成为启动未来社区的助推器，以此推动社区治理过程的精细化并确保公共服务的质量。

（5）数字技术有利于提升治理效能的精准性

随着社会治理精细化的提出，社区已不再采用以往以“单位制”为主要特征的高度一元化的集中管理体制，而开始依靠社会多元化参与及市场参与的机制和手段来进行社区治理。虽说这一转变在激发治理活力方面取得较大成效，但仍面临着后发性治理的困境——即发生了问题再去解决，缺少提前的风险预测和规避机制。而之所以出现这个问题，很大程度上与技术水平有关。由此可见，对社区问题的动态治理需要对社区信息进行快速整合与反馈，达到对风险精准预测以及矛盾精准调控的目的。通过数据挖掘则可基于特定算法对大数据进行自动分析，从而揭示数据中隐藏的历史规律及未来的发展趋势，为决策者提供参考。

因此，大数据表示的是过去，通过数据进行建模学习，以预测未来。通过对数据的学习获得知识，实现智能化决策，从而在推动社区需求得到精准回应的同时，也促使社区治理工作具有极大的预防性。此外，在制定社区治理效能评估指标体系方面，由于以往通常采取的是定性设计的办法，这不但会造成效能评估的模糊化，还会妨碍社区治理水平的提升。而数字技术的应用则能让社区治理效能评估的内容可以被量化，例如通过数字孪生技术的使用，可以通过在孪生社区的模拟实施和反馈测试，精准评估各类政策或措施在真实社区的推广和应用情况，从而推动社区治理效能评估从定性设计向定量设计转变，以此为社区治理效能的精准评估提供了新的技术路径。由此可见，与以往粗放式、以经验为主的社区管理模式不同，精细化的社区治理要求在充分尊重社会发展规律与应用数字技术的基础上，通过对社区风险的精准预测、社区矛盾的精准调控、社区需求的精准回应、社区治理效能的精准评估来增强社区治理结果的精准性。关于基于人工智能的社区治理效能评估系统应用，将在第六章进行详细分析。

1.5.3 从数字中国到数字社区：智能化赋能社区数字化转型

1. 从数字中国到数字社区

近年来，数字中国的建设不断推进和发展，已成为“十四五”期间的主要目标之一，从数字经济、数字社会、数字政府三个方面全面推进建设数字中国。2023年，中共中央、国务院印发了《数字中国建设整体布局规划》，提出“促进数字经济和实体经济深度融合，以数字化驱动生产生活和治理方式变革”，并明确要求数字中国建设按照“2522”的整体框架进行布局。即夯实数字基础设施和数据资源体系“两大基础”，推进数字技术与经济、政治、文化、社会、生态文明建设“五位一体”深度融合，强化数字技术创新体系和数字安全屏障“两大能力”，优化数字化发展国内国际“两个环境”。

相对应于数字中国的建设和实施，各省市都提出自己的城市数字化转型落地政策和方案。例如，上海提出从数字经济、数字生活、数字治理三个方面进行城市数字化转型，并成立了城市数字化转型工作领导小组。为消除制约上海数字化转型过程中的政策性门槛，提供制度保障，市有关部门出台了《上海市促进城市数字化转型的若干政策措施》，提出了包括全面激发经济数字化创新活力、全面提升生活数字化服务能力、全面提高治理数字化管理效能、数字化转型建设多元化参与、系统全面的数字化转型保障五方面共二十七项政策制度和保障措施。其中，前三方面是针对数字化转型三个方面的具体要求，后两方面是鼓励参与、支持和保障政策。以推动“经济、生活、治理”数字化转型为三大主要方向，各方向重点内容如下：

在经济数字化领域，坚持数字产业化和产业数字化“双轮驱动”，大力促进数字创新示范区打造，重点关注长三角一体化、重要新片区和新城、城市副中心等区域数字化应用场景。经济与实体经济深度融合，聚焦产业数字化发展，围绕全市“3+6”产业体系构建，在集成电路、生物医药、人工智能、电子信息、生命健康、汽车、高端装备、先进材料、时尚消费品等产业领域推进优秀项目和方案。聚焦特色产业园区建设，重点关注数字孪生底座、企业上云用数赋智、产业图谱、工业互联网平台、工业标识解析、产业生态圈等。聚焦绿色低碳、元宇宙、智能终端新赛道，重点关注沉浸式技术、交互式平台在车联网、工业等领域的应用；企业能源管理、环境治理、生产绿色化和精细化管理、数字化绿色化融合发展；智能网联、可穿戴设备、智能家居、VR/AR（virtual reality/augmented reality，虚拟现实与增强现实）、智能机器人等新终端。

在生活数字化领域，坚决贯彻“人民城市人民建”重要理念，坚持人本导向、应用牵引、数据赋能、关键支撑，升级生活数字化标杆应用，体现城市数字化转型实际成效。聚焦解决“数字鸿沟”问题，重点关注推动医疗、居住、出行、文旅、消费等方面，倡导各类公共服务“数字无障碍”，面向老年人和残障人士推进相关服务的适应性改造，创造无处不在、优质普惠的数字生活新图景。聚焦深化“数享生活”场景，重点关注数字健康、数字成长、数字出行、数字文旅、数字颐养、数字扶助、数感购物、数字家园等群众最关心、最直接、最受用的新场景。聚焦数据技术和服务业深度融合，重点关注在公共卫生、教育、养老、就业等领域和商业、文娱、体育、旅游等民生领域的数字化典型项目及场景应用，全面提升生活数字化服务能力。

在治理数字化领域，把牢“人民城市”生命体征，打造科学化、精细化、智能化的超大城市“数治”新范式，绘就数字孪生城市、智能检测及精准服务等治理新蓝图。聚焦两网建设，重点关注“一网通办”高效办成一件事，“一网统管”高效处置一件事，解决企业和群众实际需求的数字化应用。聚焦城市网格化管理，重点关注态势全面感知、风险监测预警、趋势智能研判、资源统筹调度、行动人机协同等应用平台。

治理数字化细化深入到基层社区数字治理和服务领域，包括乡村数字化平台、社区云、线上线下服务渠道、政务服务24小时不打烊、15分钟服务圈等。聚焦党建引领，重点关注数字赋能多元化社会治理，在基层治理、法治建设、群团组织等领域数字化转型项目。聚焦公共数据治理融合应用，重点关注建立公共数据资源目录体系、标签管理系统建设、提升数据质量、数源工程、目录数据使用规范、各区各部门数据共享应用等。

2. 当前智慧社区建设中存在的误区和难点

目前，我国数百个社区相继提出要进行智慧社区建设。智慧社区建设是一项前所未有的工作，建设过程中各种问题不断干扰着建设工作，为使建设过程少走弯路，建设者必须避开认知上的误区。

（1）误区

误区一：智慧社区建设属于信息技术范畴，技术越先进越好。毫无疑问，信息技术的发展日新月异。今天的技术规划，很可能跟不上明天出现的新技术。因此，不断追求新技术的建设规划会使智慧社区建设成为跟风新技术的摆设性建设，智慧社区建设只追求各种新技术叠加，最终可能会导致建设结果与实际需求相距甚远；或者建设了先进的系统但与社区发展阶段不吻合，造成建设浪费，违背了智慧社区建设初衷。

误区二：建设好了物联网，就完成了智慧社区建设。物联网在社区建设中的作用无疑是巨大的，物联网的出现确实给社区建设注入了强劲的发展动力，带来了发展契机。而且物联网的实时数据采集和展示，可以初步实现社区数字化的初步应用。但是，仅有数据的存储、统计不是智慧社区建设的全部，物联网的建立也只是为智慧社区建设奠定了一定的基础。智慧社区建设的内涵非常深远，不仅仅是建设一个传感网络。

误区三：智慧社区建设短期内可以完成。在短期内，社区可以建成高水平的信息化系统、高质量的社会保障设施，以提升社区形象。但智慧社区建设的目标是使社区居民享受更好的社区体验和服务，让社区居民能使用、会使用、愿意使用社区的信息化设施，真正给居民带来好处。智慧社区建设是一项没有终点的长期任务，人们追求美好生活的愿望是长期的，也会随社会发展而发展，满足百姓日益增长的物质和精神文化需求是社会治理的长期目标。

误区四：参考技术厂商的社区建设方案就可以基本实现智慧社区建设。智慧社区建设离不开信息技术厂商的参与。但是，智慧社区建设需要从社区全面发展的角度做好顶层规划，实现社区居民满意的目标。一套或几套技术方案涵盖社区的宽度、广度、深度是不够的。社区治理者既需要看眼前的社区建设需要，更要规划长远建设目标；既要尊重技术厂商的建议，也要深度理解社区居民对智慧社区的期望，避免走偏或落入技术导向误区。

误区五：智慧社区建设就是传统社区建设的智慧化。不可否认智慧社区建设首先面临的是社区的基础建设，但传统的社区建设基本上是旧城改造和新城建设，这只是智慧社区建设的一个方面，更多地还需要对社区进行智能化建设和智慧化改造，从适应社区精细化治理、提升社区服务水平等方面考虑，大兴土木或观望跟风的建设方式不是智慧社区建设的正确方法。

智慧社区建设过程中要注意防止新的数据孤岛出现、数据重复存储以及各信息化平台数据结构的不统一。智慧社区建设尤其需要顶层设计，也需要从传统建设思想中跳出来，以科学发展观统领建设全过程，以建设绿色社区、可持续发展社区、宜居社区为目标的发展思想为原则。

（2）难点

当前在社区建设过程中有几个难点需要注意：

①在当前社会和环境快速变化的时代，需要摒弃社区建设过程中形成的不正确的建设观。智慧社区建设不是作秀或表演的舞台，除了在顶层设计上需要进一步提高思想认识外，还需要改善人才选拔任用、人才考核方面存在的不足。在新形势下怎样进行人才选拔和队伍发展成为新课题。

②数据的整合和协同。智慧社区建设的重心是数据资源的建设和整合，需要将处在不同部门、不同行业、不同系统、不同数据格式之间的海量数据融会贯通，形成新的支持决策的数据源。数据资源建设是智慧社区建设的重点，没有数据就没有智慧产生的根源，就没有构架在数据整合开发基础上的智慧决策。

③智慧社区建设必须了解社区需求。智慧社区建设的目的是让社区居民满意，要从社区的实际出发，不能急于求成，要充分了解社区居民的主体需求，依据本社区的基础，找到本社区建设发展的突破口。以人为本，不断满足社区居民日益增长的物质文化要求。除了要依靠已有的建设经验之外，还要注意吸取其他国家和地区的智慧社区建设经验。

④智慧社区建设中数据流将成为社区运转的"血液"。可以说在智慧社区建设中硬件设施是支撑，海量数据的采集是基础，数据的融合、开发是核心，激发社区数字化活力是智慧社区建设的目标。

⑤信息和数据安全将是智慧社区建设中的难题。海量数据的搜集存储，是智慧社区建设的必经之路，同时也增添了信息安全隐患。因此，对数据脱敏、信息安全等工作的处理应该是重中之重，也是难点所在。

建设智慧社区是社区转变经济发展方式、提升社区功能品质、更好地保障和改善民生的重大举措。在智慧社区发展道路上还有很多难题需要逐步破解，而破解这些难题，需要集各方专家的大智慧和社区建设者们坚持不懈的努力。

3. 智能化时代：赋能社区数字化转型

（1）传统信息化系统还不能完全支撑当前社区精细化治理的需求

近年来，各地积极推进的智慧城市和智慧社区发展及建设，还集中在初级阶段，主要包括政府信息化工程，通常称为数字政府或电子政务，是指在计算机、互联网等信息技术支撑下，政府机构日常办公、信息收集与发布、远程会议、公共管理等事务在数字化、网络化环境下进行。可以说，数字政府和电子政务，是智慧城市的最初级阶段，也是目前绝大多数智慧社区建设所处的阶段。

电子政务是一个独立的信息化建设领域，过去数十年来获得了长足的发展，实现了较高的信息化与数据化。通过构建数据驱动的政务新机制、新平台、新渠道，进一步优化调整政府内部组织架构、运作程序和管理服务，全面提升在经济调节、市场监管、社会治理、公共服务、环境保护等领域的履职能力。可实现政府运行摆脱手工操作，提高办事效率，降低行政成本；数据跨层级、跨部门更高效流转，促进政府实现整体协同；政府与市民之间信息通畅，促进政府开放。

但是，仅依靠传统的电子政务、信息化与数据化，还不能完全满足当前社区精细化治理和数字化转型的需求。打通各部门政务数据，解决条块分割的"数据孤岛"和"数据烟囱"，是存量政务数据的主要挑战。数据分割源自部门割裂，表面的互联互通和共享交换是权宜之计。只有通过新一代数字技术应用，促进跨部门数据协作，提高城市综合解决复杂问题的能力，才能真正实现各类数据跨部门跨领域打通和流转。

（2）数字城市和数字社区的发展需求催生新技术应用

数字城市和数字社区的建设和发展需求催生新技术应用，亟须通过物联网、大数据、区块链、人工智能、数字孪生等技术实现数字化，量化描述城市的运行状态。

新技术驱动下，城市部门分工将进一步整合。近年来，跨行业、跨部门的综合性协同机构已出现。众多城市组建融合规划、城管、环卫、环保、市政市容等传统部门业务的大城管部门；各种城市生命线的应急能力被整合成专门的应急管理部门；大数据局等数据主管部门自上而下统筹智慧城市建设的设施和数据。管理职能的整合有赖于智能化技术、通信技术的支撑。

城市物理空间的数字化较易实现。以遥感、测绘、卫星定位、倾斜摄影测量、激光雷达等技术为基础，以建筑信息模型（building information modeling，BIM）和地理信息系统（geographic information system，GIS）等为应用，现已可在数字空间精确再现城市和建筑空间的三维形态。这被称为“数字城市”，是数字孪生应用的基础。

通过物联网的传感器采集能力，各种描述城市基础设施和车辆、人员运行状态、行为的数据，包括基础设施管网和设备运行数据、车辆位置和驾驶状态、人员行为等，形成新的社区大数据，也是社区重要的运行数据。城市交通、安防行业的摄像头也是物联网设备，但更应关心用物联网技术对传统社区基础设施进行数字化改造，以及更全面的社区数字化的能力建设，使社区具备“多维、高频、高精度”采集、传输和分析数据的能力。毫无疑问，这是“新基建”的最重要部分。通过社区数据平台，将上述各类数据有条理、有结构地组织，能够查询、回溯，进行可视化分析，解决简单问题，实现基础决策能力，是现阶段大多数社区数字化转型的建设目标。

以各地风行的“社区大脑”建设为例，核心是数据可视化的大屏幕，也称为社区运营中心，目前大多是静态和宏观数据，决策支持价值十分有限，往往沦为参观项目。即便如此，由于社区各种资源和外部条件剧烈变化，常超出个人处理信息和决策的能力，大屏应用接入越来越多维度的高频数据，通过直观的可视化，帮助各级政府组织适应了基于海量数据决策的模式。回顾社区大数据在社区流行病防治中的应用，无疑对社区工作起到正面作用。

（3）智能化技术风起云涌

数字化的进一步发展，是通过新一代数字技术应用走向智能化。智能化是指在网络、大数据、物联网和人工智能等技术支持下，产品、设备、流程或事物具有能动地满足人们各种需求的属性，具备自适应、自校正、自协调等能力。

信息物理系统（cyber-physical systems，CPS）的概念可较好地描述智能化过程。信息系统实时监控物理世界运行状况，物理世界又可借助信息系统进行各类环境因素的检测调节与控制。通过信息系统和物理世界相互渗透的反馈循环，达成安全、可靠、高效和实时的控制效果。

早期智能化系统大多是自动化的机器设备，随着物联网和人工智能发展，一些较复杂的系统也具备了整体的智能化能力。例如，无人驾驶汽车将传感器物联网、移动互联网、大数据分析等技术融为一体，通过传感器识别自身状态和环境态势，实现自动化的驾驶、避障、停车等，能动地满足出行需求。

智能化的基本逻辑可以理解为通过传感器等采集事或物的运行数据，对其历史规律进行数学建模，通过计算预测和监测对比，反向指导或控制事或物运行。对于数学建模而言，无论使用简单的回归分析，还是人工智能技术中的机器学习甚至神经网络，都先要学习足够多的历史数据。

智能交通是当下较为典型的智能应用。其基本逻辑之一，是通过摄像头、雷达、浮动车等采集路口的交通量，以及路段的行车速度，然后通过数学模型，计算更合理的信号灯配时，代替传统的固定程序或手动控制，增加路口乃至全路网的通行效率。

又如，视频数据的结构化处理和要素识别，是现阶段最普遍的人工智能应用，如人脸识别、车牌识别等。人工智能从视频数据中提取有用信息，解决了视频数据只能人工监视或事后回溯的问题。类似的还有自然语言处理（natural language processing，NLP）和语音识别等，都是社区数据处理分析需要的通用人工智能算法。

基础设施运行领域，包括能源供给、地下管网运行，以及道路车辆等，都可采用智能化手段管理。智能化的前提，是对城市和社区数据的全面感知。高频度、高时空精度、多维度的数据，才能支持精细化建模和相对准确的短期预测推演。这一阶段，智能算法和算力已不是问题。传统基础设施的智能化改造可以实现全面数据采集和反向控制，以及社区物联网的建立，是采集足够数据的前提。这也是智能新社区要强调更全面的社区运行数据采集的原因。

城市信息模型（city information modeling，CIM）平台是数字孪生在城市和社区领域的具体表现形式，也是全面采集和分析数据的重要前提。在BIM和GIS基础上嵌入物联网数据，增加了对“流”“场”等动态空间的描述和计算能力，且大幅提升了数据空间和时间粒度的细化程度，实现对城市及社区空间精细、全面、动态、实时的数字化。

在全面收集数据基础上，CIM通过统一的数据平台，将各领域不同维度数据进行结构化、标准化整合，再通过人工智能算法进行规律归纳甚至模拟预测。在空间范围和技术逻辑上，CIM建设是“大场景的GIS数据+小场景的BIM数据+物联网IoT数据+人工智能AI”的有机结合。

智能化应用越来越多地出现于数字社区建设，但大多处于初级应用。原因是数据资源不足或质量不高，人工智能（artificial intelligence，AI）无数据可用。针对数据处理和模型训练的大量人工工作量，人们常说，“有多少人工，就有多少智能”。数字社区建设中，有针对性地主动采集和汇聚大量的、高质量的结构化和非结构化数据，人工智能才能在更多领域发挥更大作用。

1.5.4　新型数字社区是创新社区治理的新形态

新时代我国社会的主要矛盾是人民日益增长的美好生活需要和不平衡不充分的发展之间的矛盾。人们对美好生活的向往，不再仅仅是居住面积、食品安全等，还会更加关注生活幸福感的提升、生活的便利条件等。智慧社区的建设强调智能化和人文化的结合，为社区居民提供了良好的公共服务，提升了社区居民的生活幸福感。因此，构建以数字平台为核心的基层社会管理和服务体系日益成为社会治理创新建设的当务之急。

1. 新一代智慧社区建设提出新型数字社区目标

“智慧社区”的理念由国际通信中心组织（international center for communication）于1992年提出，此后得到了快速发展。初期智慧社区产品和项目主要面向智慧家居、智慧物业、智慧商业和智慧生活等。

2014年，我国住建部出台的《智慧社区建设指南（试行）》中对智慧社区的定义做了详细的解释：“智慧社区是通过综合运用现代科学技术，整合区域人、地、物、情、事、组织和房屋等信息，统筹公共管理、公共服务和商业服务等资源，以智慧社区综合信息服务平台为支撑，依托适度领先的基础设施建设，提升社区治理现代化和小区现代化，促进公共服务和便民利民服务智能化的一种社区管理和服务的创新模式”，同时也指出，我国智慧社区建设仍然处于初级阶段，存在着一些困难和问题。

2022年民政部等九部门联合印发的《关于深入推进智慧社区建设的意见》进一步明确了智慧社区建设的六大重点任务为集约建设智慧社区平台、拓展智慧社区治理场景、构筑社区数字生活新图景、推进大数据在社区应用、精简归并社区数据录入、加强智慧社区基础设施建设改造等。

随着数字化和社区的不断融合，新型数字社区正在成为社区创新治理的新形态，通过构建系统化、智能化与共享化的社区治理结构，实现社区治理的精细化，有效地解决应急预警、环境变化等一些社区治理短板和问题。数字社区作为城市数字化转型与发展的重要组成部分。要实现党的二十大提出的“完善社会治理体系。健全共建共治共享的社会治理制度，提升社会治理效能。”“完善网格化管理、精细化服务、信息化支撑的基层治理平台”的目标，要建成人人有责、人人尽责、人人享有的社会治理共同体，推进智慧社区建设，打造智能新社区，实现新型数字社区至关重要。

新型数字社区强调数字技术通过在社区数字化治理和数字化生活领域的应用，给社区居民带来的便捷性，在社区治理中更多地实现了“智”的治理。例如，智慧生活包括通过智能管理平台实现便捷的政务服务，以及智慧交通、医疗卫生、公共教育等民生服务。智慧物业主要是通过视频监控，利用可视终端对社区内的各部分进行监控，防范社区的非法进入，对社区发生的异常情况通过数据存储直接报送公安机关；依托云计算，实现对小区日常物业工作、物业缴费等情况的电子化管理。智慧商业通过线上线下模式（online to offline，O2O）模式，满足居民的多样化、个性化需求，如在线课程辅导、网约车、快递上门服务、健康咨询服务等。智慧家居将家庭中的各种智慧终端和手机、计算机相连接，让用户享受立体化、全方位的数字家庭生活，如智能生活服务产品、煤气、烟感探测等。图1-7所示为社区数字化治理的内涵。

智慧社区以不断增强居民获得感、幸福感、安全感为出发点，是社区信息化进程中演化出来的新模式，通过数字技术与社区治理的深度融合，实现社区信息与数据的收集与整理转化，满足政府、企业和社区居民对社区信息的获取，是优化社区治理的重要组成部分。智能化和数字化将与社区治理不断融合，新一代智慧社区建设所打造的新型数字社区是智能新社区，将成为社区治理现代化的助推器。

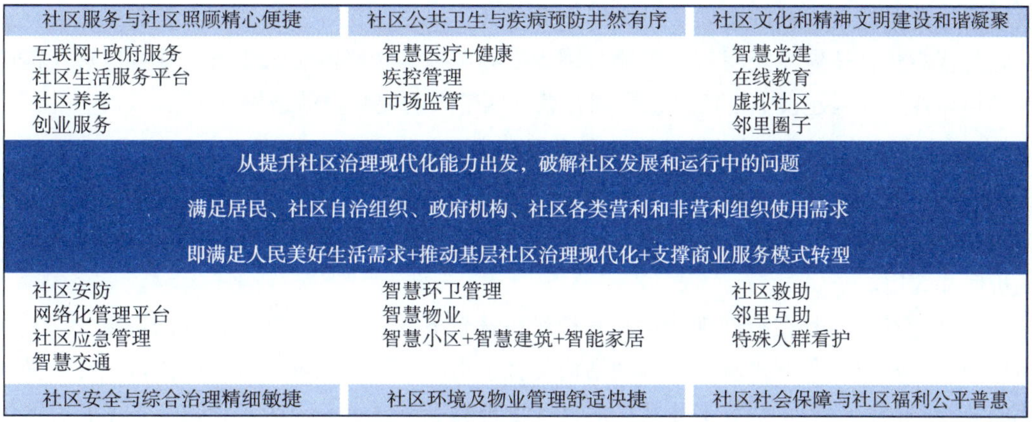

图 1-7　社区数字化治理的内涵

2. 智能化应用对智慧社区发展的助力

随着数字技术的不断发展，“掌上知天下”已成为社区居民的生活常态。智慧社区要顺应时代向智能新社区发展，走向新型数字社区，是为了让社区更加和谐有序、服务更有温度，为社区居民提供智能便捷的生活，提升社区治理能力。

（1）注重“智慧”的温度，增强社区居民的获得感

当前数字社区的建设，更多的是在“智”的理念指导下进行的。“智”表示提升社区的智能化建设，智慧社区为社区居民提供了数字化、智能化、网络化的基础设施，侧重技术在智慧社区建设中的开发，忽视了温度与人文关怀，带来了“人与人之间、人与组织之间、织与组织之间”关系日渐疏离的问题。因此，智能新社区建设更要注重“智慧”的温度，从“慧”和“惠民”的内涵出发，注重社区居民对“智能化”治理和服务的体验感，引导居民积极参与社区治理，提高社区居民的归属感和价值认同感。以“有温度的智慧”推进新型数字社区建设，进一步加深社区共治与自治。

（2）建立社区数字生活服务圈，有效整合社区资源

社区居民的生活涉及衣、食、住、行、玩、乐、购等领域，是一个典型的生态系统。各个领域都是生态链的环节，都需要与社区居民沟通的渠道。新一代智慧社区就是要构筑社区数字生活新图景，建立社区数字生活平台，通过数字孪生等应用，对社区的人、事、物、环境等进行数字化赋能，将不同部门、不同领域的信息资源整合在一起，推动社区治理的科学化、精细化，更好地满足社区居民对美好生活的需要。通过社区数字生活平台，加强社区各领域、各行业进行跨领域交流与合作，实现社区资源的有机整合，最终实现共建、共享、共赢的社区治理格局。目前，越来越多的企业也开始跨界合作，更多地发挥自身特长，投入社区治理和社区服务领域，提供村社数字平台及惠民生活服务等。

（3）拓展智慧社区治理场景，完善沟通机制，激发社区居民自治与参与度

新一代智慧社区建设的重点是提升社区居民的参与度和归属感，这就要充分运用网络化技术和智能化技术，建立社区居民的良好沟通机制，拓展智慧社区治理场景，全面提升社区应急管理、舆情应对、风险研判和预警及应急处置能力等。加强网络文明建设，更好地满足社区居民日益增长的精神文化需求，增进居民对社区生活共同体的归属感。探索推进村（居）民委员

会换届网上选民登记、社区协商、村（居）务公开、民主监督等，畅通群众参与渠道。促进基础设施的智能化，拓展智能门禁、车辆管理、视频监控等物联网和云服务。让社区居民能够积极地参与到智慧社区建设中，切身感受到智慧社区带来的便利生活条件。

3. 打造新型数字社区，对社区治理具有重要意义

在社区治理实践中，大数据及人工智能等数字技术的作用完全可能超出其初始建设者的想象，也完全可能超越其最初信息系统设计的目的，即使同样的数据也可以在不同的维度产生不同的价值和效用。

新型数字社区正是在治理现代化和知识经济背景下发展起来的新型社区治理模式，其先进的治理理念、资源整合方式、动态管理结构契合了当前复杂的偏好。因此，深入研究智慧社区优化的实践路径，打造新型数字社区，对社区治理具有重要意义。为了让数字技术在社区治理领域的潜在价值得到充分发挥，人工智能设施和技术的应用开始成为新型数字社区建设中的重要规划方向。

毫无疑问，智能新社区的未来一定是走向数字化的新一代智慧社区，但是智能化的应用和建设，不仅仅考虑技术和硬件，更要考虑人文。

小　结

本章对全书所涉及的各个重要概念，如社区、社区治理、智能化、数字化及智慧社区等内容进行了简明而概要的介绍，并对社区治理及社区建设、社区服务、社区自治等进行了简单辨析，不侧重于社会学讨论。主要内容包括：

①对社区中不同概念进行了界定和介绍，对不同社区形式和主题社区进行阐述和说明。

②对社区治理、社区服务、社区建设等概念进行介绍和分析。

③对社区信息化做了回顾和介绍，社区信息化发展已有数十年，仍然存在一些问题。

④介绍了如何从社区信息化走向数字化和智能化。

⑤介绍了社区创新治理格局下的新数字社区发展；智慧社区建设所打造的新型数字社区是在治理现代化和知识经济背景下发展起来的新型社区治理模式。

本章还专门辨析了智慧社区和数字社区之间的关系，以智慧社区“以人为本”的发展原则为基准，提出智慧社区建设所打造的新型数字社区作为一种创新社区治理模式；要实现从“智治”向“慧治”转变，既需要智能化、数字化等技术的支撑，建立社区数字共享平台，实现资源有机整合，更需要融合传统社区的内涵，发挥人的主观能动性，提高居民的归属感和主体责任感，实现有温度的社区服务。智慧社区是多方面要素共同作用的结果，从社区治理的角度提出智慧社区发展的路径。本书所写智能新社区就是指新型智慧社区和新型数字社区建设。随着社区治理的现代化发展，研究智能新社区的数字化协同治理具有越来越重要的意义。对于如何通过社区人工智能技术等全面实现“社区智治”并落地，有待后续章节进一步深入探讨。

第 2 章 数字技术在社区治理中的应用

科技的发展速度，远远超越人们的想象。以人工智能、大数据、数字孪生、第五代移动通信、云计算、物联网等为代表的数字技术，不断突破边界，实现跨越式发展。技术的创新正从单一学科到跨学科交叉，从单点技术到跨技术协同，从垂直行业到跨行业融合，数字化、智能化的未来正在加速到来。

第1章介绍了民政部等九部门联合印发的《关于深入推进智慧社区建设的意见》，提出智慧社区建设目的是要打造新型数字社区及六类重点任务。本章将介绍打造新型数字社区所需要的相关数字技术与数字经济的关系，并重点介绍各类技术的交叉应用与创新。

2.1 数字技术、数字经济与数字孪生

本节主要介绍数字技术、数字经济与数字孪生的基本概念，并对各类数字技术进行简要介绍。

2.1.1 从信息技术到数字技术

目前数字技术的主要发展脉络可以分为三个阶段：信息技术、数字技术、新一代数字技术（即数字技术与人工智能技术的结合应用）。数字技术起源于信息技术，其进一步发展，也离不开信息技术作为前提。下面简单介绍一下信息技术。

1. 信息技术

自20世纪信息技术（information technology，IT）发展以来，信息资源的深度开发和利用，激发了新一轮的信息技术革命。信息技术的持续普及以及在全球范围内所得到的持续创新和发展，使得现代信息技术从一种单纯的技术手段发展为影响深远的社会变革。在全球信息技术快速发展的环境下，我国信息化建设得到快速推进，产生了巨大的经济效益，并不断推动社会的发展。

信息技术可以分为狭义特指和广义泛指：

信息技术的狭义特指是指代过去传统的信息技术。传统信息技术的具体内容，包括操作系

统、数据库、开发包、算法语言、软件开发工程等，都属于信息技术的范畴，信息技术的应用是基于单机系统或局域网系统的。数字技术是建立在传统信息技术基础之上发展的。

信息技术的广义泛指包括传统信息技术、数字技术、新一代数字技术在内的所有信息技术，也可以称为新一代信息技术。

2. 从信息技术到数字技术

数字技术起源于信息技术。数字技术是指用基于计算机互联网平台上的各类技术，如互联网、5G、云计算、物联网、移动计算、大数据、区块链等，开发计算机系统并进行数据处理的综合技术。

数字，可用计算机学科中的数据、数据结构，以及计算机系统的数据处理来实现，它们都是建立在数字技术基础上的。客观世界中的事物以及事物的活动规律，可用数字来表示，其中事物可用计算机学科中的数据结构表示；事物的活动规律可用计算机系统的数据处理实现。

数字技术研究对象和操作对象是数据和数据结构。通过各种算法和工具箱，通过软件工程的方法和流程所开发的系统，就是数字技术的应用。数字技术涉及的内容可以初步分为两大类：一类是平台类，互联网、云平台、物联网、5G等都属于数字技术的平台，这些数字技术平台上同时包含传统信息技术的内容和应用；另一类是应用类，区块链、大数据属于应用技术部分，是建立在前述平台上的，并基于互联网实现各类应用。

利用前述技术，以数据结构、算法等为对象和工具，由开发人员通过开发工程、系统集成等技术所开发的应用，能取代部分人工工作，其特点是事务性处理。传统数字技术经过多年发展，仍然有很多不足，需要与人工智能技术相结合。

人工智能所研究的主要对象是知识，知识表示其基本研究和操作对象，主要包括推理、归纳、人机交互三种算法体系。通过人工智能技术所开发出的系统，其特点是智能性处理，称为智能系统。把数字系统与智能系统相结合，即称为扩充数字技术或新一代数字技术，其中包含了人工智能技术的应用。

除非特别说明，本书后文所讨论的数字技术，均指新一代数字技术。

3. 数字技术

当今世界正在经历数字技术变革。如前所述，数字技术并不是某种特定技术，而是指以互联网为核心，以人工智能、云计算、边缘计算、物联网、大数据、区块链、5G和数字孪生等为代表的系列关键技术的集成，如图2-1所示。它们在社会转型和发展过程中正扮演着越来越重要的角色。放眼未来，新一代数字技术将在各行各业推动产业结构转型、绿色低碳升级、效率提升，是实现社会可持续发展的重要途径和抓手。

在这个过程中，数字技术以及相关企业都可以在改变世界发展动态、推动社会繁荣方面发挥重要作用。随着社会现代化发展，数字技术和创新在保持社会治理方面的关键作用越发凸显。具体而言，首先，数字技术能够助力产业升级、社会转型，是企业、城市和公共服务数字化转型的根本动力；其次，数字技术通过提高新一代生产流程的灵敏度、智能化和自动化，提升工业竞争力，可以推动智能制造的发展；再次，数字技术还能驱动城市向智慧型和生态型城市转型，推动社区精细化治理和智能化服务，从而提高人们的生活质量；此外，数字技术还有助于提升公共服务的效率，让更多学生享受优质教育资源；通过远程医疗和优化资源利用，提升医疗服务质量；加速经济交易，最大化资源利用率，提高安全性等。要充分发挥数字技术的潜能，也离不开信息通信技术（ICT）的发展，例如，通过5G等产品和服务开发、部署及使用来发挥网络化作用。无疑，数字技术与人们的生活息息相关，但技术本身不足以带来有影响力的变化，而是通过人和组织的推动，通过业务创新和流程改善来完善社区和城市的环境，推动社会的发展。

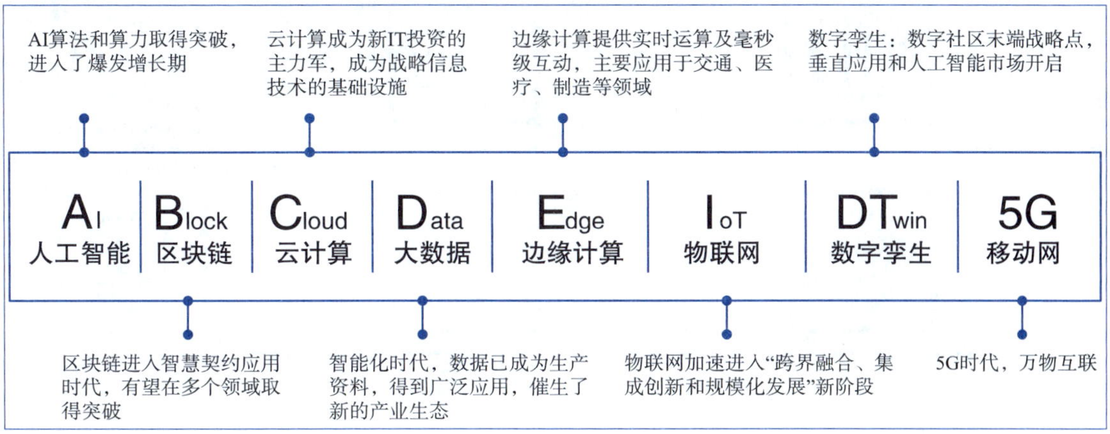

图 2-1　以人工智能、云计算、边缘计算、大数据、物联网、5G 等为代表的数字技术

数字技术驱动变革的潜力是巨大的。数字技术主要通过网络化、数字化、智能化的技术手段来使行业发展和转型，同时提升政府监管和社会服务的现代化水平，赋能社区精细化治理，促进形成绿色的生产生活方式，最终推动经济社会可持续发展。在生活方面，数字技术使能智慧医疗、教育、文旅、金融等；对于能源、交通、建筑和工业的可推动数字化转型助力传统行业；数字技术本身是中性的，通过数字技术赋能，实际上直接或间接改变了人的行为以及人与人、人与组织之间的相互关系。

关于网络化的技术手段，大致可以包括各类网络和传输技术，例如新一代互联网、物联网、5G等；数字化的技术手段，典型技术包括数字孪生、区块链、云计算等，智能化主要的技术手段包括边缘计算、大数据与人工智能等技术，在1.5.3中也详细讲到了智能化的概念和技术。以上是根据数字技术的实际应用方向做的一个大致分类，简单区分了各类数字技术属于网络化、数字化、智能化中的哪一类，但并不能严格区分，相互之间有非常深刻的融合关系。例如，5G网络本身就可以视为智能网络，应用到大量人工智能技术。而物联网也正在往智能物联网方向发展。所以，目前各个行业和领域重点推进的数字化转型，正是指通过上述各种新技术的综合应用，通过交叉创新，驱动新的社会发展，形成新的数字化社区治理场景，推动社区数字经济发展，如图2-2所示。

4. 数据、信息、知识与智慧的关系

本书的核心思路是讨论随着传统信息技术、数字技术及新一代数字的发展，从数据到信息再到知识的应用，并讨论其在智能新社区建设和基层治理数字化转型中的应用，实现智慧治理。由于本书多次提到智慧社区的概念，为方便读者理解，本节简单辨析数据、信息、知识与智慧的关系。

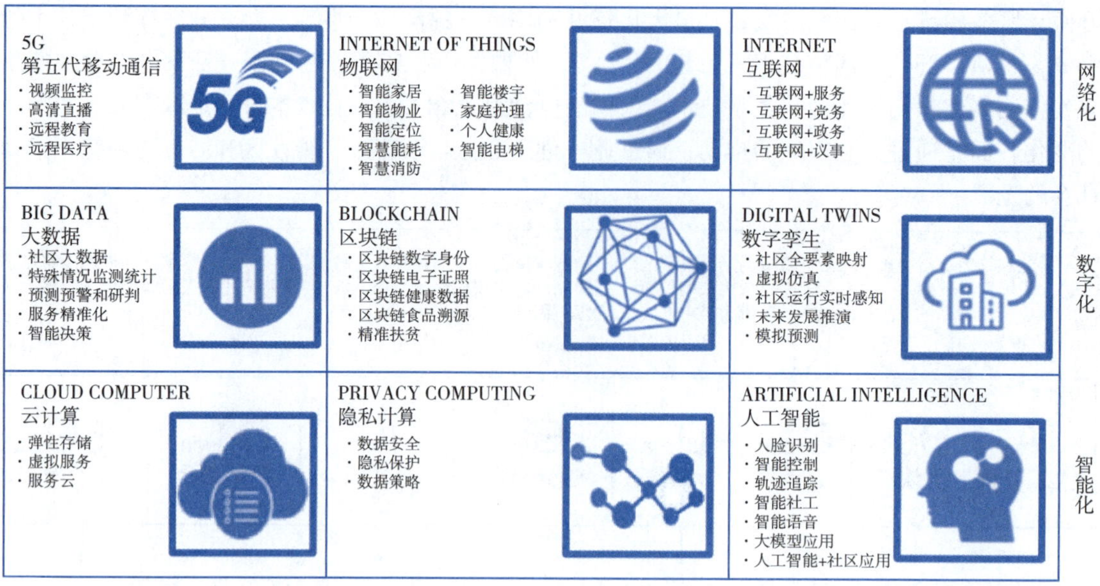

图 2-2　数字化社区治理场景

当谈论数据、信息、知识与智慧时，很容易将这四者混淆。然而，它们在本质上有着显著的区别，同时也存在着密切的关联。理解这四者之间的关系，对于在数字技术应用中有效地获取、处理和应用知识至关重要。

首先，介绍一下这四个概念的含义：

①数据：数据是信息的原始材料，它可以是数字、文字、图像、声音或视频等，是未经过处理和组织的信息。

②信息：信息是对数据的解释，它是有意义的数据，能够提供关于特定主题的情报。

③知识：知识是通过信息的应用、分析和综合，在特定领域中获得的见解和理解。

④智慧：智慧可以简单归纳为做正确判断和决定的能力，包括识别和应用相关知识的能力。

下面，介绍一下它们之间的关系：

①数据与信息的关系：数据本身是无意义的，只有经过处理和解释，数据才能转化为信息。换句话说，信息是数据的含义和意义。没有数据，信息无法存在；没有信息，数据则没有价值。

②信息与知识的关系：信息是知识的原材料。通过思考、分析、综合和实际应用，信息可以转化为知识。简单来说，知识是对信息更高层次的理解和运用。没有信息，知识无法形成；没有知识，信息则无用。

③知识与智慧的关系：智慧是在已有的知识基础之上，对信息进行分析、对比、演绎并找出有价值的部分，并将其深化到已有的知识框架中，智慧能够帮助我们更好地应对挑战和解决问题。智慧的形成不仅依赖于知识和信息的积累，更依赖于人的反思和判断能力。

这四者之间的联系构成了一个逐步深化的过程：数据经过处理和解释成为信息，信息再经过分析和应用转化为知识，智慧与知识相比具有更深层次的认知和理解，并能用来指导决策和解决问题。这个过程并不是线性的，而是循环的，也就是说，通过智慧可以深化知识，知识可以再次转化为数据，数据又可以进一步转化为信息，如此往复，如图2-3所示。

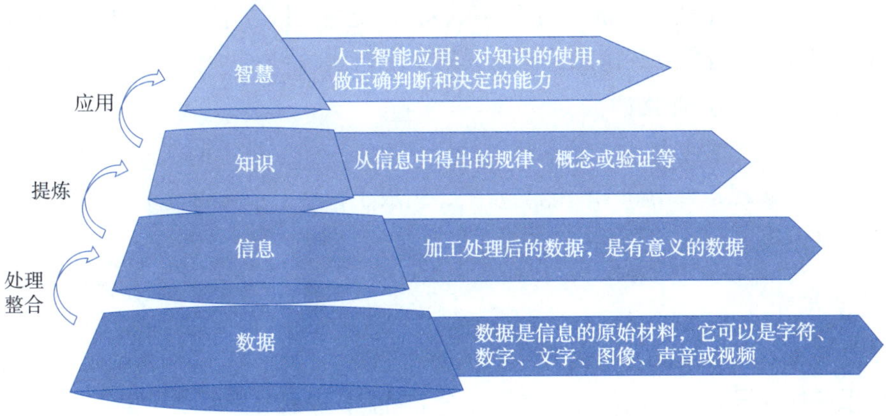

图 2-3　数据、信息、知识与智慧的关系

理解数据、信息、知识和智慧之间的关系，能够帮助读者理解本书中从数据采集到信息处理，再到有效获取、处理和应用知识的过程。图2-3中的智慧是指人工智能应用。本书所指的智能新社区，即指新型数字社区、新一代智慧社区。

2.1.2　数字经济

数字经济是继农业经济、工业经济之后的更高级的社会经济形态，正加速释放着巨大的发展驱动力。目前为大众所熟知并且日常应用的电子商务、网上支付、网约打车以及共享单车，即为当今典型数字经济的产品代表。除了以农业产品、工业产品所组成的物质财富外，当今信息社会还出现了以数字产品所组成的信息财富，它们共同组成了现代的人类财富。

数字经济中的“经济”指的是整体国家国民经济的总称，包括工业、农业、商业、交通等各方面，是国家实力的表示，也是国家整体实力的压舱石。经济实力不仅是国民生活水平的体现，同时在国际竞争中也起到关键性作用。

数字经济，是以数字技术为开发手段，以整个国民经济发展为对象，以提高国家经济实力为主要目标。我国目前的经济开发手段，从手工、机械到电气化等，各种手段都有，其中数字经济所占的比例较低。为发展经济，增强国家实力以及提高人民生活水平，必须加速改造原有的经济开发手段，提高数字经济占比，从而以达到弯道超车的目的。

同时，数字经济的发展也引发了新的研究内容和方向。数字经济发展已提升到了国家战略层次。党的二十大报告中多处提到了发展数字经济的重要性，在报告的“建设现代化产业体系”中明确指出：“加快发展数字经济，促进数字经济与实体经济的深度融合，打造具有国际竞争力的数字产业集群”。

关于数字中国、实体经济及数字产业集群与数字经济之间的关系简介如下：

1. 数字经济与数字中国

在以数字技术为工具的数字经济引领下，国家管理部门、文化部门、体育部门以及金融部门等多领域应用与管理都出现了数字化需求，诸如数字化城市、数字化政府、数字教育、数字货币等应用，这些应用与数字经济融合，组成了数字中国。

2. 数字经济与实体经济

由于实体经济在整个国民经济中的重要地位，因此在发展数字经济中要突出数字经济与实体经济的深度融合，使得数字经济能发挥更大的作用。

3. 数字经济与数字产业集群

数字经济的基础是数字技术，数字经济的应用是基于数字技术的产业开发。基于数字技术的各类产业开发，实现各自不同的功能与效果，组成了数字产业集群。数字经济由数字产业集群方式得以实现。

2.1.3 数字孪生

数字孪生（digital twin，DT）是数字经济的理论基础。事物及事物活动规律可用数据结构以及计算机系统的数据处理模拟，它们之间像孪生同胞，因此称为数字孪生。

1. 数字孪生基本概念和发展简介

数字孪生也称为数字映射、数字镜像。目前，学术界与产业界对数字孪生的定义与概念尚未完全达成一致，各自给出了对数字孪生的理解，但基本概念相当。通常来说，数字孪生是指一种综合运用物理模型、感知和技术，通过传感器实时采集、运行历史等数据，在虚拟空间完成对物理世界（又称实体世界）的模拟过程，实现交互映射。例如，在网络空间构建一个与物理世界相匹配的孪生社区，即称为数字孪生社区，它以数字为基础，可以对社区进行运营模拟和决策分析。因此，数字孪生并不是某一种特定的技术，而是一种综合应用和系统的概念。

孪生（twin）的概念最早起源于美国国家航空航天局的“阿波罗项目”，创建镜像系统以监视无法访问的物理空间，即构建两个相同的航天飞行器。图2-4所示为一个数字孪生的示例。

图 2-4 数字孪生示例

由上述示例推理可知，数字世界以现实世界为基础，通过数字技术将现实世界活动抽取到互联网中成为数字世界。例如，电子商务以传统商业（如超市、专卖店）为基础，通过数字化转型为网购零售平台（如淘宝、拼多多等），这是一个商业活动的两种表现形式，如双胞胎一般，具有本质上的一致性与相似性。因此，数字世界中的商业活动称为“数字孪生”，而现实世界中的传统商业活动则称为“数字原生”。数字技术正是用数字孪生取代了数字原生，从而提高生产力，造福社会。

近年来，随着物联网、大数据、云计算、人工智能等新一代数字技术的发展，数字孪生的应用已经拓展到各个领域，数字孪生的实施已逐渐成为可能。其特点如下：

（1）双向精准映射

双向映射是指物理对象和孪生体之间的数据流动是双向的，物理对象向孪生体输入数据，以建立模型；孪生体向物理对象反馈信息，以对物理对象进行预测、控制与决策。精准映射是指实现物理对象在孪生体的全面呈现、精准表达和动态监测。

（2）实时性

实时性是指物理对象和孪生体之间，可以建立全面的实时联系，即孪生体是对随时间轴变化的物理对象进行表征，是对物理对象实时状态的映射。

（3）全生命周期

全生命周期是指数字孪生可以贯穿产品，包括设计、开发、制造、服务、维护直至报废回收的整个产品生命周期。

现阶段，数字孪生在航空航天、智能制造、智慧城市和智慧社区等领域的应用相对成熟，在健康医疗、农业发展等领域还处于发展阶段。各国家、企业、组织等都对数字孪生给予了高度重视，数字孪生正成为国家数字化转型的新抓手、企业业务布局的新方向、信息技术发展的新焦点。

2. 数字孪生的实现需要物联网、5G、大数据与人工智能等多种技术综合支持

从数字孪生分层架构基础数据层到应用层，数字孪生的主要支撑技术包含物联网、5G/6G、大数据、建模、仿真分析、云计算、边缘计算、人工智能、机器学习、VR/AR技术等。具体来说，数据层的数据采集需要用到物联网技术、数据传输需要用到5G/6G技术，数据处理需要用到大数据技术；模型构建层与仿真分析层需要用到建模技术与仿真分析技术等；功能层（共性应用层）在实现描述、诊断、预测、决策等功能时，需要用到人工智能、云计算、边缘计算等技术；在功能层与行业应用层之间还需要用到应用程序接口技术以及VR/AR等可视化技术。另外，在数字孪生的应用中还需要特别重视安全问题，而区块链技术是解决安全问题的方法之一。

数字孪生的主要支撑技术与应用场景相关，在不同的场景应用数字孪生，一般需要以下几方面技术的支撑。

（1）数据采集、传输和存储

数据是数字孪生基础要素，它来源于目标位置、物理实体、控制或服务数字系统等，数据的采集、传输和存储是数字孪生的基石。孪生数据集成了全要素、全业务、全流程的物理感知数据、模型生成的海量数据，具有多来源、多种类、多结构的特点。在2.5节将介绍大数据的基本概念。

采用物联网技术可实现从不同硬件设备的控制或服务系统中感知、获取数据，经过数据格式解析，并对大量原始数据进行清洗和整理，初步筛选出合理可靠的数据输出给后续数字孪生系统。采用统一的或者自定义接口，采用5G进行大容量、高可靠、高速率、稳定的数据传输。例如，数字孪生社区要求更大数量的连接以及更低的能耗等。

针对不同的应用场景选择适合的大数据存储方式，提高海量存储的可靠性、提升数据读/

写速度、降低成本。

（2）孪生建模

数字孪生用于解决传统模型无法或难以解决的非线性、不确定性问题。建立匹配的模型是数字孪生的核心要素。基于不断产生的实时数据，采用传统模型以及人工智能技术中的机器学习，不仅可以准确地对物理对象特性和状态进行分析、训练和预测，而且更加关注孪生数据中的动态变化，实现模型的迭代更新，使得数字孪生运行具有持续改善的应用价值。

数字孪生模型目前可以分为通用模型和专用模型两大类。通用模型建模，主要研究可能的统一模型概念、模型开发方法、建模语言以及具体工具，利用统一的方法来描述物理实体的全生命周期控制、一般系统流程及工作流。专用模型建模，研究内容主要体现为采用数字孪生中某项目的实现，对于不同的细分领域，如传统制造业的生产和质量监控、生物医药研发领域等，可能使用不同的模型开发方法、不同的开发工具。例如，数字网络孪生，基于采集数据进行大数据处理，建模功能、网元、网络，把网络每一个阶段难以解决的问题转换到数字世界来求解，使网络具备自治能力。基于机器学习生成网络知识图谱和用户知识图谱，实现基于环境的孪生网络调配方案验证和优化。

通过不同的模型融合而构建的复杂的虚拟实体，还需要进行虚拟实体校准，使得孪生模型与物理实体之间能准确映射并持续更新。

（3）数字孪生与仿真、人工智能和机器学习

近年来机器学习领域快速发展。采用机器学习技术针对孪生数据和孪生模型进行仿真、训练、预测、决策，比直接应用于物理实体更具优势，可以设置各种条件甚至在现实中无法设置的参数进行测试，避免可能发生的错误。通过人工智能应用自动执行数据准备、分析、融合对孪生数据进行深度知识挖掘，以分析和预测现实事件的原因、过程和结果，从而生成各类型服务；大幅提升数据的价值以及各项服务的响应能力和服务准确性。

机器学习可以充分发挥数字孪生的作用。为了提升数字孪生的可用性，针对大量数据的快速有效地分析，借助机器学习的训练和推理得到优化的策略或参数，实时反馈给孪生物理实体。

（4）交互及安全

基于孪生数据，利用三维GIS、AR、VR甚至XR（extended reality，扩展现实）等技术可以将现实世界在数字世界复现出来，得到几何尺寸、物理结构、运动特性等方面的一致性的数字虚拟，实现可视化，实现物理实体和数字模型的信息映射和信息反馈。

通过区块链建立起信任机制，可以一定程度上保证服务交易的安全。区块链确保孪生数据不可篡改、可跟踪、可追溯，防止因数据被篡改而出现错误和偏差，提高数字孪生的安全性。

2.1.4 数字孪生在社区创新治理与数字化转型中的应用

城市是一个复杂巨系统，数字孪生城市建设主要基于城市信息模型（CIM）。社区是城市的“细胞”，基于CIM 的数字孪生社区是数字城市的重要表现形态，其具体系结构与发展模式是数字城市在一个区域范围内的缩影，未来城市发展和管理可以数字社区的建设为驱动，推动数字城市建设。但由于社区也是多样化的生态系统，依然属于复杂巨系统。

数字孪生是物理空间与虚拟空间之间虚实交融、智能操控的映射关系，通过在实体世界以

及数字虚拟空间中记录、仿真、预测对象全生命周期的运行轨迹，实现系统内信息资源、物质资源的最优化配置。应用在社区这种基于大规模信息智能处理的新的社区形态，能为社区居民提供安全、高效、舒适、便利的居住环境，在信息化和智能化的基础上，形成一种新的社会治理和公共服务形式，实现社区基本公共服务均等化和社区治理精细化、现代化。

数字孪生社区既可以理解为实体社区在虚拟空间的映射状态，也可以视为支撑社区精细化治理的复杂综合技术体系，它支撑并推进社区规划、建设、服务，确保社区安全、有序运行。通过数字孪生技术，社区治理手段正向泛在感知数字化升级，以感知、连接和计算三大能力为主线，推动基础设施智能化升级，并丰富国家和城市的治理手段。依托数字孪生技术，制定社区的规划布局、道路建设、交通优化、关系百姓民生的各项政策时，均可通过数字化进行政策执行后的结果模拟并获得效果预测和模拟体验，为科学决策和精准治理奠定基础，避免规划冲突、资源分配不均衡等现象。例如，通过模拟仿真、动态评估、深度学习等推断社区规划方案效果，使得规划少走或不走弯路；以三维社区呈现水势、空气动力、气候变化等，为提前部署和应对策略提供依据；通过深度学习民众出行、生活、消费等习惯，规划社区有效出行路线和方式；通过对社区各类智能终端进行空间关联映射和有序管理控制，实现数据采集，尤其是实时感知数据。根据社区部署的智能路灯、泊车、烟感传感器、井盖、管线压力计、无人机、空气传感器、水体监测器等感知载体，通过5G网络实时传输至云端，实现市政管线、道路交通、公共安全、空气质量、水体安全、灾害预警等信息实时监测和分析。

接下来将着重介绍系列数字技术中的典型代表技术。在介绍时，并不会侧重该项技术本身进行深入介绍，而是侧重关注各个技术之间的交叉应用和交叉创新，驱动新的社会发展，这也正是数字化转型的核心理念和应用。

2.2　互 联 网

2.2.1　互联网的基本概念和发展简介

互联网是应用最成熟的网络化技术之一。互联网（internet）起源于美国，现已发展成为世界上最大的，覆盖全球的计算机网络。简单的计算机网络（简称为网络）指由若干结点（node）和连接这些结点的链路（link）组成，通过链路互相连接的计算机成为计算机网络，但还不能称为互联网。图2-5（a）所示为一个简单的计算机网络。

互联网可以称为网络的网络，即通过许多路由器把网络互联起来，这就构成了一个覆盖范围更大的计算机网络，称为互联网。图2-5（b）所示为由简单网络构成的互联网。

网络把许多计算机连接在一起，而互联网是把许多网络通过路由器连接在一起。与网络相连的计算机为主机，主机可以是计算机，也可以是智能手机、控制器等智能设备。互联网基础结构发展的三个阶段：

第一阶段：从单个网络向互联网发展的过程。互联网的前身是阿帕网（advanced research projects agency network，ARPANET），又称ARPA网，1969年第一期工程投入使用时仅有四个结点。

第二阶段：建成了三级结构的互联网（每个结构中都有路由器连接），它是一个三级计算机网络，分为主干网、地区网和校园网（或企业网）。

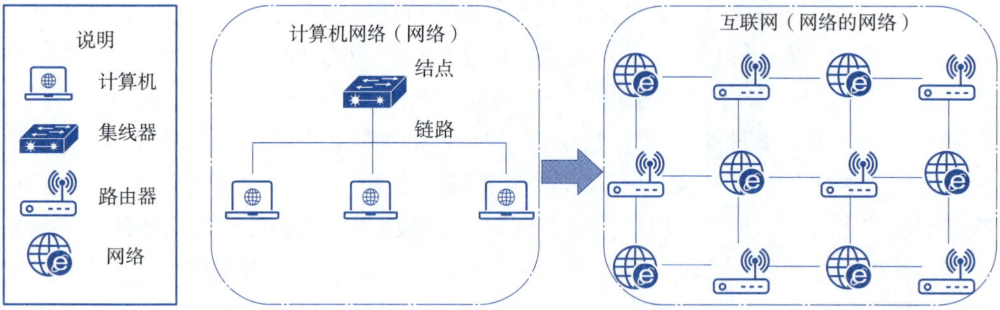

（a）简单的计算机网络　　（b）简单网络构成的互联网

图 2-5　简单的计算机网络与简单网络构成的互联网

第三阶段：逐渐形成了多层次ISP（internet service provider，互联网服务提供者）结构的互联网。出现了互联网服务提供者，如移动、联通、电信等。任何机构或个人只要向某个ISP交纳规定的费用，就可以从ISP获取到IP（internet protocol，互联网协议）地址的使用权，并可以通过该ISP连入互联网。根据提供服务的覆盖面积大小以及所拥有的IP地址数目的不同，ISP也分成不同层次的ISP：主干ISP、地区ISP和本地ISP。传递过程如图2-6所示。

图 2-6　多层次 ISP 结构的互联网传递过程

从互联网的工作方式来看，主要分为边缘和核心两部分。

①边缘部分：由所有连接在互联网上的主机组成。这部分是用户直接使用的，用来进行通信，如传送数据、音频或视频，以及资源共享。

②核心部分：由大量网络和连接这些网络的路由器组成。这部分是为边缘部分提供服务的，主要是提供连通性和进行交换。

2015年3月的全国两会上，政府工作报告中首次提出了“互联网+”行动计划。报告中提出，“制定‘互联网+’行动计划，推动移动互联网、云计算、大数据、物联网等与现代制造业结合，促进电子商务、工业互联网和互联网金融健康发展，引导互联网企业拓展国际市场”。即依托互联网技术，实现互联网与传统产业的深度融合发展，以优化生产要素、更新业务体系、重构商业模式等途径完成经济转型和升级，促进社会发展。

2.2.2　“互联网 +”在社区创新治理与数字化转型中的应用

“互联网+”代表着先进生产力，其目的在于充分发挥互联网的优势，将互联网与传统产业深度融合，推动产业升级，提升经济生产力，实现社会发展。

“互联网+”能够优化社区服务。社区治理水平展现的是一个城市的文明程度，关系到“服务群众最后一公里”，打通“社区十五分钟生活圈”的问题。“互联网+”在社区的应用能大幅优化社区服务流程和效率，互联网+党务、互联网+政务、互联网+公共服务等创新了社区党建工作模式，增强了党员和居民的在线互动；方便了居民的问询、办证、登记等政务需求，压缩简化了流程，提升了服务效能；将医疗、养老、教育、环保等公共资源进行充分整合和信息共享，形成公共信息资源库，实现社区医疗服务、养老服务、“一站式”缴费服务等多项服务智能化。“互联网+”社区治理模式可以突破传统的时间和空间限制，通过公开公示服务事项，降低部分制度性交易成本，形成“一网通办”和“一网统管”模式，实现社区服务水平的极大提升。把对社区的治理和服务上云，实时产生用户数据，可以洞悉用户需求，方便精准施策，很大程度上解决了信息匮乏、协同支撑不足、重复采集录入等治理困扰，提升社区政务服务水平。

“互联网+”能够推动居民自治。在互联网+社区治理中，需要发挥好政府和市场两方面的协同作用。政府负责互联网基础设施建设，打破行政制度壁垒，促进数据互联互通，同时注重保护数据隐私和安全；而市场应遵循规律，依托互联网技术，打造更好的服务产品，为居民提供精准细致的服务。“互联网+”可以有效把社区居委会从长期以来的烦琐行政事务中解脱出来，真正实现社区自治。同时，“互联网+”技术可以为数字化平台提供基础，能够增进各方主体的沟通与协商，促进基层群众的民主治理，让居民参与利益表达和公共决策。互联网天然具备社交属性，通过搭建社交平台，如社区网站、社区微信群或者社区App，有效汇集社区民意，充分进行公共讨论，强化社区文化建设，促进社区民主和居民善治。社区各种大型活动的宣传动员、社区法治宣传、社区物业维修监督等，通过网络空间广泛快捷地汇聚民意，有利于增强社区政务信息的透明度，达成共识。通过提供“零距离”邻里服务，加强居民随时随地的互动，有利于培育公共精神，加强社区治理共同体建设，增强居民对社区这个大家庭的幸福感、归属感。

“互联网+”能够促进社区资源透明与共享。通过“互联网+”的应用，信息不再被垄断，每个人都可以是信息的传播者。这就使得原来只能被动接受信息的居民有了更多的话语权，一旦有了不公平的事情发生，将会严重影响公信力。所以，只有在社区治理创新中持续改善民生，让社区发展和治理的成果更多、更公平地惠及大多数人，不断解决民生最关心、最困扰的突出问题，才能够营造公平有序的社会氛围，形成治理合力，推动社会持续、稳定、健康地发展。

新一代互联网技术是实现社区创新治理和数字化转型的重要网络技术手段。“互联网+”是互联网思维深度实践的成果，作为一种先进生产力，推动经济形态不断发生演变，从而推动社会经济实体蓬勃发展。

2.3 物联网

2.3.1 物联网的基本概念和发展简介

1. 物联网的概念

根据国际电信联盟的定义，物联网（internet of things，IoT）是指通过各种信息传感设备，按约定的协议，实时采集任何需要监控、连接、互动的物体或过程等各种所需要的信息，与互联网相连接进行信息交换和通信，所形成的一个巨大网络。物联网的目的是实现物与物、物与人、人与人、所有的物品与网络的连接，以实现智能化识别、定位、跟踪、监控和管理。我们也可以简单地把物联网理解为物物相连的互联网。

物联网可分为四个层次，如图2-7所示。分别为：感知层，主要指芯片/传感器、采集设备层；网络层，主要指通信模组、通信网络层，可以包括多种模式的通信网络；平台层，主要指平台及操作系统层，对核心数据及业务流程进行操作和管理；应用层，主要指智能终端、集成应用。感知层负责数据和信息的获取，网络层负责数据和信息的传输，平台层与应用层负责数据和信息的处理计算。

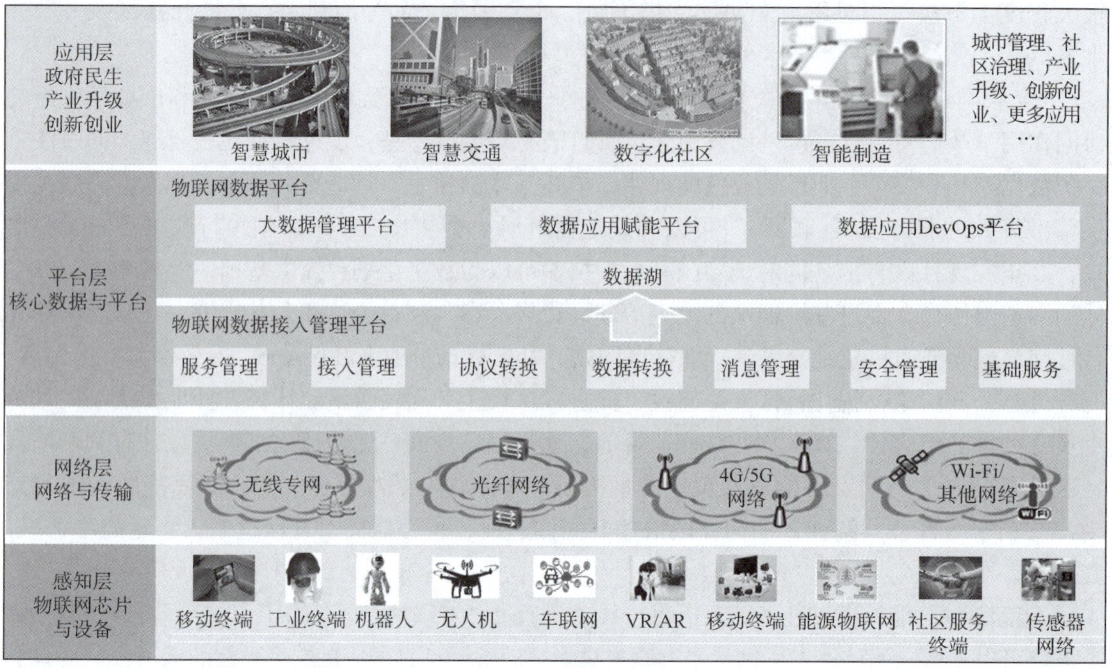

图 2-7　物联网四层架构

2. 物联网的发展历史

物联网的概念于1999年在美国召开移动计算和网络国际会议时，由MITAuto-ID中心的Ashton教授提出，涉及结合物品编码、RFID和互联网技术的解决方案。2005年，在突尼斯举行的信息社会世界峰会上，国际电信联盟（International Telecommunication Union，ITU）发布了《ITU互联网报告2005：物联网》，正式提出了“物联网”的概念。

2009年8月，自我国提出“感知中国”以来，物联网被正式列为国家五大新兴战略性产业之一，写入“政府工作报告”，物联网在中国得到极大支持和推动。

2.3.2　物联网与大数据、人工智能等技术的交叉应用

物联网的出现，将计算结点数量和数据量推升到一个更高的层次，引发了计算能力从量变到质变的转化。未来的每个结点，都将会有计算功能，也就是边缘计算能力，例如，智能传感器、智能路灯、智能摄像头、工业机器人等，都具备计算能力。

1. 物联网与大数据的关系

随着人工智能等技术在物联网领域的发展和应用，从物联网到智联网的进化是产业的大趋势。物联网正从“连接”走向“智能”。边缘智能正在促成人工智能与物联网的混搭，进而形成智联网（AI+IoT，AIoT）。

实时网络通信技术的出现极大推动了实时物联网的发展，实现从一网到底向万网到底的发展；实时网络通信技术通过实时性网络或称时间敏感网络（time-sensitive networking，TSN）的应用，可以打通多种工业通信协议和现场总线，不再只是“一网到底”，而是万网皆可到底，从而成为大数据采集的重要来源。

2. 边缘计算：从物联网走向智联网

人工智能在物联网领域的典型应用趋势是从“云端”走向“边缘”，但边缘计算并不会取代云端，而是通过分布式架构，让传统的云计算框架进一步去中心化，完成运算能力的再次分工，让汇聚在云端的能力向外围延伸，更加“贴地”。

边缘计算是在靠近物或数据源头的网络边缘侧，融合网络、计算、存储、应用核心能力的分布式开放平台，就近提供边缘智能服务，满足行业数字化在敏捷连接、实时业务、数据优化、应用智能、安全与隐私保护等方面的关键需求，包括智能传感、智能设备、智能网关、智能系统、智能服务。

边缘计算发展到第二阶段就成为边缘智能。边缘智能是在终端侧部署人工智能。智能需要分布到网格边缘侧，实现物联网终端侧结点的自主化和协作化。

边缘计算的发展经历三个阶段：

①边缘连接：包括实现终端及设备的海量、异构与实时连接，网络自动部署与运维，并保证连接的安全性、可靠性与维护性。

②边缘智能：即边缘侧引入数据分析与业务自动处理能力，智能化执行本地业务逻辑，提升效率，降低成本。

③边缘自治：引入人工智能技术后，边缘设备不但可以自主进行业务逻辑分析与计算，还可以动态实时完成自我优化，调整执行策略等。

边缘智能与云计算将形成共生，成为互补，从而使得智联网不只是智能硬件、基础设施、解决方案或者行业应用，更是一个复杂的产业生态系统。

3. 人工智能与物联网的融合应用

人工智能从提供单纯软件能力向智能前端产品、智能边缘产品和智能服务器等软硬一体解决方案延伸成为显著趋势，这与技术价值实现的两个特点密切相关：第一，数据是训练算法的必要条件，物联网整体解决方案从真实应用场景中采集的海量数据成为当下算法的突破口，也为更适应细分业务需求的新算法研究打下基础；第二，仅依靠纯软件形式，往往出现算法效率打折扣、落地性差的问题，人工智能要真正为业务带来价值，需要进一步与硬件和物联网体系融合，实现规模化和商业化。

人工智能与物联网的融合应用价值可以从经济和社会发展维度体现。经济方面，助力产业价值链延伸：产业很难依靠既有技术与业务打破产业生命周期，智联网通过设备感知与数据分析支撑新的产品形态与服务模式落地，开拓新的市场空间，产生新的发展周期。社会发展方面，推动社会创新治理，数据价值得到挖掘，实现大量线下数据线上化，实现自动高效处理。

2.3.3　物联网在社区创新治理与数字化转型中的应用

物联网改变了传统的数据采集方式，从而提升社区治理的数字化效率和精细化程度。通过遍布整个社区的“触角”，采集到各个领域的海量数据，将社区状态以量化的形式提供给治理者，社区中的各个组织都能对社区中的任何事物有全面的了解和提前的预测。

借助物联网，结合智能楼宇、智能交通、智能家居、智慧物业、票证管理、食品药品管理、远程诊疗、社区管网管理、家庭护理、个人健康等多种载体，实现社区治理的信息化、数字化、智能化，提高管理和服务的效能和质量。例如，智慧家居融合了家庭控制网络和多媒体信息网络，形成一个家庭智能化系统。家庭控制网络通过家庭物联网网关，实现电子设备、家用电器、照明设备等的控制与设备间协同；智慧物业利用视频监控、传感器网络及小区管网构成物联网系统，实现智慧安防、停车场管理、设备检修与维护、电梯管理等智能化服务。从家居到物业，从社会服务到公共管理，特别是对于有特殊困难和需求的人群，如空巢老人，利用物联网+社区可以及时帮助他们解决日常生活中遇到的难题。

物联网在社区公共卫生和健康领域也有广泛应用，可用于对各类药品和治疗仪器的溯源管理。物联网技术被广泛应用于非接触式识别、自动采集和远程监控，能有效贯穿于公共卫生领域的防治等环节；还可应用于老年人的健康护理，如跌倒报警器、带有传感器的智能床垫等。

通过在社区部署“智能物流柜”、“智能外卖柜”和“无人超市”等非接触式新零售设备和服务，能够成为社区服务的有效辅助，实现新零售业态在社区的发展。

2.4　第五代移动通信技术

2.4.1　5G 基本概念和发展简介

5G即第五代移动电话行动电信标准，也称第五代移动通信技术，是4G之后的延伸。5G的重要能力之一是能为大规模移动用户提供数据的高速传输，比4G具备更高的性能，体现在用户体验速率、流量密度、时延、移动性和峰值速率上，而对于3G、4G等前代通信技术而言，通信速率是唯一的作为判断技术能力的指标。

移动通信技术从第一代发展到目前正在应用的第五代，以及正在研究的第六代移动通信技术，即是从语音时代走向移动互联时代，再走向万物互联时代的过程，其各阶段特征如图2-8所示。

图2-8中的XG，表示第X代移动通信技术。根据每一代通信技术发展历程，将5G的发展阶段分为规划期、建设期、应用期。我国5G正处于建设期，正在不断推进5G应用，并在进行6G研发和试点。

2.4.2　5G 与云计算、人工智能、物联网的交叉应用

1. “5G+ 云 +AI” 将成为推动我国数字经济发展的重要引擎

当前，新一代信息技术正朝着深度融合的方向发展，某项技术的发展普及或推动另一项技术的突破，而若干项技术的组合还将产生显著的溢出效应。其中，“5G+云+AI”的组合具典型代表性，三者彼此间紧密融合，并释放出巨大能量。过去，由于带宽、时延、连接密度和成本的限制，能极大提升计算效率的云计算难以向各行业各领域普遍延伸，但随着5G的应用和普及，其具有的高速度、低功耗和低时延等特点将有效破解这一难题，“5G+云计算”可使计算资

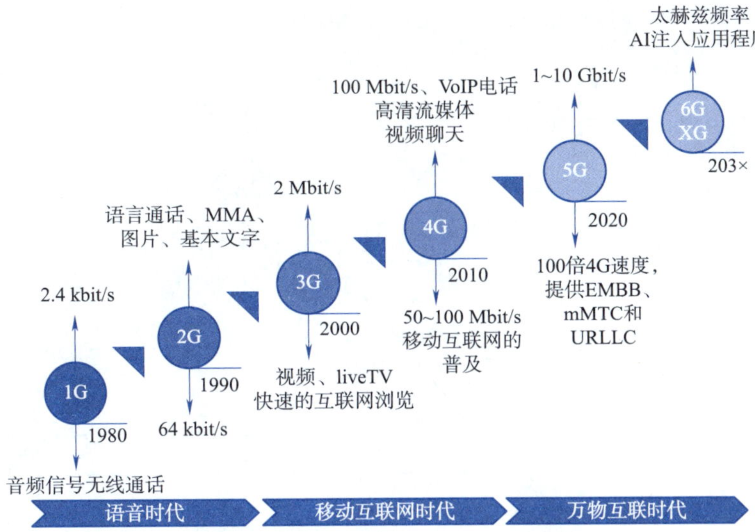

图 2-8　移动通信发展阶段及特征

源的普惠性大幅提升。同时，被认为具有颠覆性潜能的人工智能技术，其发展和普及亦需要5G和云计算作为管道和基座。例如，人工智能算法的升级迭代离不开庞大的数据资源，5G能更好地完成各行各业、各种场景中数据的传输；而人工智能所依赖的计算能力，亦可通过云服务汇总算力。基于云计算平台使用人工智能应用，能相对减少企业单位和个人的成本，为各行业普及应用人工智能技术提供可能。由此可见，5G与云计算、AI是互相赋能的关系，而从功能上来看，5G是管道，云计算资源提供行业应用平台，人工智能则持续赋能各应用创新。

更为重要的是，“5G+云+物联网+人工智能”的融合发展模式将驱动各行业数字化转型，形成弹性、动态、开放、协同、业务导向的产业生态，进一步加强现实世界与数字世界的互动互促，推进智能制造、智慧城市等潜力巨大的数字经济产业，成为我国数字经济发展的重要引擎。

2. 5G 将推进构建完整的物联网网络基础设施

5G所推动的万物互联是智能社会基础，5G将构建完整的物联网网络基础设施，连接终端价值量将大幅提升。国际电联无线电通信组（ITU-R）在2015年6月定义了5G的三大类应用场景，如图2-9所示，分别是：增强型移动宽带（enhanced mobile broadband，eMBB）业务、海量物联（massive machine type communication，mMTC）业务、高可靠性与低时延通信（ultra-reliable and low latency communications，uRLLC）业务。5G上述的三大场景，最重要的不是带宽的提升，而是物联网。其中后两种场景（mMTC和uRLLC）主要面向物联网的应用需求。mMTC是针对未来海量低功耗、低带宽、低成本和时延要求不高的场景所设计，将推动移动互联网向万物互联时代转变。物联网发展路径“连接—感知—智能”，第一个阶段是联网终端的放量。中国是全球最大的M2M（machine to machine，机器到机器）市场。M2M不仅指代机器之间的通信，还指代机器控制通信、人机交互通信、移动互联通信等，泛指各种增强机器设备通信和网络能力的技术的总称。根据智研咨询发布的《2020—2026年中国M2M行业市场发展策略及未来前景展望报告》数据显示，到2025年，采用蜂窝数据连接的M2M终端设备将接近13亿台。其中相关的车辆与交通运输应用占比最高，是M2M终端设备应用的第一大行业，2025年将接近9亿台。

ITU（国际电信联盟）明确了5G三大应用场景：

1.增强型移动宽带（eMBB）
- 高峰值速率
- 高速移动中接入
- 密集区域接入

2.海量物联（mMTC）
- 低成本
- 低功耗
- 小流量

3.高可靠低时延通信（uRLLC）
- 超低时延
- 超高可靠

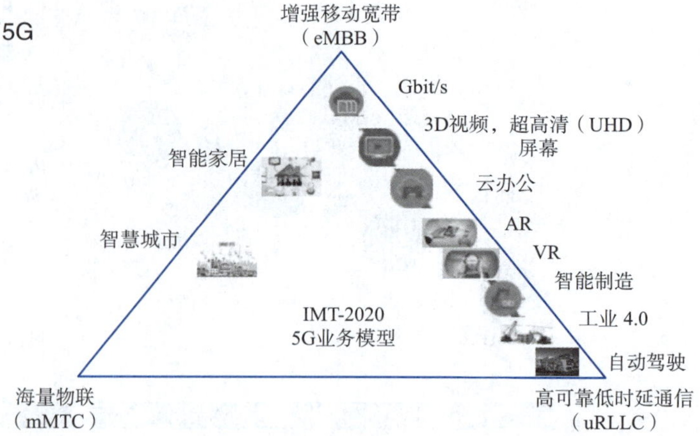

图 2-9　5G 的三大应用场景

4G与5G将长期共存，逐渐演进。同时，物联网将由低功耗广域网（low power wide area network，LPWAN）向长期演进技术（long time evolution，LTE）及5G高速率转变，物联网终端模组和数据的单体价值都将大幅提升。边缘计算将为物联网提供全新的支撑。

移动互联网和物联网业务将成为移动通信发展的主要驱动力，视频业务、VR/AR（virtual reality/augmented reality，虚拟现实与增强现实）、物联网以及工业控制等应用需求促进了5G的发展和推广。

5G在多个关键指标上能实现对4G的全面超越。其中，峰值数据传输速率可达20 Gbit/s，用户体验速率可达100 Mbit/s，时间延迟低于1 ms，这些都是4G技术无法实现的。未来，5G与云计算、大数据、人工智能等技术深度融合，成为各行各业数字化转型的关键基础设施。

在万物互联的场景下，机器类通信、大规模通信、关键性任务的通信对网络的速率、稳定性、时延等提出更高的要求，包括自动驾驶、AR、VR、触觉互联网等新应用对5G的需求十分迫切。面向未来，人们对移动互联网大流量应用的需求及万物互联的需求巨大，现有的无线网络性能无法满足这些需求，供给与需求间的缺口将推动着现有的无线网络继续升级，最终推动5G时代的到来。5G的三大类应用场景对于网络的需求各有不同，简单解析如下：

①增强型移动宽带（eMBB）：这类应用重点需要关注峰值速率、容量、频谱效率、移动性、网络能效等这些指标，与传统的3G和4G移动网络类似。

②海量物联（mMTC）：这类应用主要关注设备或机器的传感器连接数，对下载速率、移动性等指标则是非关注重点。

③高可靠低时延通信（uRLLC）：主要关注高可靠性、移动性和超低时延，对连接数、峰值速率、容量、频谱效率、网络能效等指标都没有太大需求。

这些业务对网络要求侧重点完全不同。例如，自动驾驶需要在行驶过程中，为了应对危险，需要在1 ms左右的超低时延内和网络进行极高可靠的通信。与之不同的是，自来水公司或燃气公司等拥有数十万及以上的智能水表、燃气表等需要采集数据，因此超大容量是至关重要的。

5G之所以能支持“万物互联”，推进物联网基础网络建设，是因为除了eMBB继承自4G及之前网络的手机上网业务之外，mMTC和uRLLC都属于物联网业务。三大类子网络：eMBB、mMTC和uRLLC各为一类，这些网络之间独立不受影响，每张子网络内部的不同业务依旧使用服务质量（quality of service，QoS）来管理。并且在同一类子网络之下，还可以再次进行资源划分，形成更低一层的子网络。例如，mMTC子网络还可以按需分为智能停车子网络、自动抄表子网络、智慧农业子网络等。

5G要全面支持和推进物联网业务，还需要进一步考虑到和其他物联网服务提供商的合作和需求定制，如何为合作伙伴及客户提供按需定制、独立运维、稳定高效的物联网基础网络，也是急需解决的技术需求。

2.4.3 5G 在社区创新治理与数字化转型中的应用

1. 5G 加速社区数字化时代的到来

相比第四代移动通信技术，第五代移动通信技术具有大带宽、高速率、低时延、大连接四大特性，能够支持增强型移动宽带、高可靠低时延通信、海量物联三大场景。因此，5G作为新一代信息基础设施，能够为各领域包括社区的数字化转型工作顺利开展提供高性能通道支撑，在多人线上会议、远程医疗、远程教育、远程监控、医学影像数据的高速传输共享以及新闻高清视频直播等需要高时效性的应用方面，充分诠释了大带宽、低延时、高可靠的实现。5G+AR/VR技术让大家足不出户在家就能见证各类公开的工程建设活动，例如，5G智能无人机出现在社区、街头、沿江滩地、建筑工地等巡查区域，远程实现了视频监控、抢险应急、高空巡检等功能。

随着5G大规模商用进程的推进，加速了社区数字化时代的到来。依赖网络和数据的数字化技术能在5G环境下实现融合，尤其AI、IoT与5G的组合，涉及数据的采集、传输和处理的全过程，进一步加速社区万物互联。社区作为城市生活中人均密度最高的场景之一，集合了居住、教育、商业、公共空间、医疗、交通等多种业态，形成了人员集中又互动频繁的复合场景。当5G+AIoT覆盖更加广泛时，社区中的联网设备增多，更多的在线设备提供海量数据，社区场景将形成创新治理模式；并且快速传输和较低时延使得社区设备的数据分析能力不断强化，能够更快响应居民需求，提升社区服务的及时性和有效性。此外，不仅是面对居民，社区内的宾馆、幼儿园、广场、养老院等多行业、多组织，都可享受流量更大、范围更广、反馈更快的感知、监测和识别服务。通过数据融合、技术融合、业务融合，社区医疗、家政、养老、残疾人托养等社会化服务能够不断完善。目前在多地发布的5G产业或数字经济发展规划中，智慧社区及社区数字化转型都有明确体现。很多社区正在试点“5G+AIoT 新型智慧社区”，实现数字化转型升级，例如，通过毫秒级响应的“刷脸”开门真正实现社区安全的无感出入；提供更大带宽支持实现高清视频传输；针对70岁以上“空巢”老人，设计智能提醒，例如超过特定时长没有出门，即自动拨打电话访问，方便社区养老照护中心随时了解老人的情况，更好地基于特定需要为社区老人提供居家养老服务；同时借助5G网络，通过传感器可以及时将社区基础设施的异常情况传递给物业管理人员，提醒及时运维，保证设备运营正常。实现5G信号全覆盖的社区，可以解决多媒体传输所需要的带宽和延时问题，通过5G构建平安社区，例如，在社区网格化平台或社区大脑中提供基于“公共区域视频监控+出租屋视频门禁+社区路面视频”的系统，为社区构筑了新的安全屏障。

2. 5G 在社区应用存在的挑战

5G技术将推动社区数字化转型和智能应用的进一步提升，但仍然存在各项挑战。从技术上来说，5G在社区应用存在的挑战包括：如何更好地支撑社区感知、数据融合、应用构建和安全保障等方面。智能社区是通过人工智能技术的应用，把社区服务变成高效率智能的体系，不是仅开发一个社区App或实现Wi-Fi覆盖就能实现社区数字化和智能化。

较之3G、4G，5G的三大场景为其所涉及业务开拓了更广的范围。在社区层面，从超高清视频等大流量移动宽带业务到社区大规模物联网应用以及社区无人驾驶辅助、服务机器人等需要低时延高可靠连接业务，都能够通过5G技术实现。作为基础技术之一，5G发展将促进社区创新治理发展。

但是，作为整体体系建设，5G在智能新社区的应用需要技术层面的完善和打通，需要大规模商用实现。虽然“5G+AIoT 新型智慧社区”试点的数量不断增加，但实际进展深度却不如人意。目前国内智慧社区正在从传统建设时代步入新型智慧社区建设时代，即建设智慧共享、和睦共治的新型数字社区，但实际落地仍有不小挑战。

2.5 大 数 据

2.5.1 大数据的基本概念和发展简介

现在的社会是一个高速发展、正在走向全面数据化的社会，科技发达，人们的交流方式多样化，生活也越来越方便。随着社会的发展，为了解决数据庞大且分散的问题，出现了大数据技术。大数据在社会分析、科学发现、智能决策中的作用越来越大，是人工智能技术的重要基础。

很多人对大数据的理解还存在一些误解，例如，大数据更多地运用于存储方面；大数据即数据量十分庞大；大公司或者大企业才有能力使用大数据技术；拥有了大数据便可看到想要的趋势或结果；大数据的数据量大，可以将个人隐私隐藏保护起来。事实上，通过相关技术就可对大数据进行收集、存储和分析。即使是小企业，只要有了相关的技术支持，如爬虫技术、云计算、No-SQL技术，即可进行大数据应用。通过对大量数据的解析能挖掘出数据中隐藏的规律，在各类关联分析和挖掘下，个人隐私可能更易暴露。

1. 大数据的概念

根据百度百科词条释义，大数据（big data）也称海量资料，是指所需要处理的资料量十分庞大，一时无法通过现有的主流、常规软件工具在一定的时间内进行获取、整理、处理，再得到结论，引导使用者可以做出比较正确决策的资料。

麦肯锡全球研究所给出的定义：一种规模大到在获取、存储、管理、分析方面远远超出了传统数据库软件工具能力范围的数据集合，具有海量的数据规模、快速的数据流转、多样的数据类型和价值密度低但应用价值高的四大特征（4V）。随着大数据的发展又增加了数据真实性的特征，即5V特征。

（1）数量（volume）

数据量大，存储单位从过去的GB到TB，直至PB、EB。在日常生活中就产生了海量数据，如某大型电商平台数亿会员每天产生的商品交易数据几十TB；某社交软件约10亿的用户每天产生的日志数据数百TB。

（2）种类（variety）

数据类型多，大数据形式的多样性由广泛的数据来源决定，但这种类型的多样性也让数据被分为结构化数据、非结构化以及半结构化数据。非结构化数据越来越成为数据的主要部分。

（3）价值（value）

价值密度低但应用价值高，这是大数据的核心特征。大数据最大的价值在于通过从大量不相关的各种类型的数据中，挖掘出对未来趋势与模式预测分析出有价值的数据。但若只是将一个文件不断地复制，这样的文件量再多也是没有价值的。

（4）速度（velocity）

处理速度快是大数据与传统数据挖掘最显著的区别，与传统的广播、报纸等数据载体相比，大数据借着互联网、云计算等方式实现，因此数据的交换、传播速度远比传统方式快得多。数据的增长速度和处理速度是大数据高速性的重要体现。

随着大数据的规模和应用领域不断扩大，目前也有用5V来描述其特征的，增加了下面的第五个特征。

（5）真实（veracity）

数据的真实性指准确性和可信赖度。随着数据质量和真实性的提升，会间接地提高上述其他4V的水平。

2. 大数据采集和分析所应用的技术

大数据处理的核心在于数据采集与分析技术。为了有效应对庞大的数据量和时间敏感性，需要借助一系列专门技术来高效处理。这些适用于大数据的技术，包括大规模并行处理（MPP）数据库、数据挖掘、分布式文件系统、分布式数据库、云平台、互联网和可扩展的存储系统。

大数据通过获取数据，才可得到大量信息，进而分析数据。获取大数据的主要方式与渠道包括：

①面向有足够人数使用的服务器或系统的数据和信息采集。

②利用网络获取数据技术（如爬虫技术），可对整个网页页面的信息进行收集，例如，将百度贴吧中，楼主、帖主发帖的时间、内容截取下来进行存储分析；数据库数据对接和获取也是一种方式，如大公司的数据库、大众常用的中国知网、万方、维普的数据库。

③物联网数据采集。随着5G与物联网技术的发展，以及实时网络通信协议的出现，智能传感器的不断发展，使得物联网成为大数据的重要采集渠道。

④基于BIM（building information modeling，建筑信息模型）、CIM（city information modeling，城市信息模型）、GIS（geographic information system，地理信息系统）等地理信息技术和新型测绘技术的地理实体的数据采集。

数据分析是大数据的核心技术，并且分析技术是多种多样的，如数据仓库、数据库、数据挖掘技术、社交网络分析技术、信息检索技术、自然语言处理技术、云计算、No-SQL技术。

现在使用比较普遍的是由Apache基金会研究开发的分布式系统基础架构Hadoop，而Hadoop的框架最核心的设计就是为海量数据提供存储的HDFS（Hadoop distributed file system，Hadoop分布式文件系统）和为海量数据提供计算的编程模型MapReduce。

2.5.2 大数据驱动人工智能的发展

从单机系统到互联网，再到如今的大数据时代，数据的量和复杂性都经历了从量变到质变。同时，大数据与人工智能的结合开启了大数据学科发展的新阶段，其标志性事件是2016年的人机博弈中，阿尔法狗（AlphaGo）机器人战胜国际围棋大师李世石震撼了全球，引发了全球的“人工智能热”。AlphaGo机器人采用了大数据与深度学习相结合的技术。此后，这种技术被大量应用于人工智能的多种应用开发领域，如人脸识别、机器翻译、无人驾驶等，开启了人工智能发展新阶段。

大数据发展驱动了人工智能发展。数据是人工智能发展的基石，人工智能的核心在于数据支持。从发展现状来看，人工智能技术取得突飞猛进得益于良好的大数据基础，海量数据为训练人工智能提供了原材料。

大数据也是人工智能发展的助推剂，大量人工智能技术利用统计模型来进行数据的概率推算，如图像、文本或者语音，利用数据训练不断优化模型，也称为“学习”。有了大数据的支持，深度学习算法输出结构会随着数据处理量的增大而更加准确。

算法、算力、数据是人工智能发展的三大要素。人工智能技术要得到高速发展，并与商业相结合，数据作为人工智能算法的基础要素，是实现这一功能的必要条件，因此，为机器学习算法训练提供数据采集、标注等服务的人工智能基础数据服务成为近年人工智能热潮中必不可少的一环。

1. 人工智能应用大数据服务的趋势

计算机、互联网、消费级移动设备的兴起促进了数据时代的来临，物联网的发展更使线下业务产生的大量数据被采集起来，数据量呈指数式增长。据国际数据公司（international data corporation，IDC）统计，全球每年生产的数据量将从2016年的16.1 ZB猛增至2025年的163 ZB，其中80%~90%是非结构化数据。过去计算机主要处理结构化数据，人工智能模型却以处理非结构化数据见长，但原始数据并不能被直接应用于人工智能，海量数据首先需要经过清洗与标注才能形成大数据应用并体现价值，这就产生了巨大的清洗与标注等大数据基础服务需求。行业数据是企业的核心竞争力，行业数据与产业结合紧密，各个公司的自建数据库属于企业的核心竞争力。当前大数据服务产业快速发展，主要包括数据集建设、数据清洗、数据标注等。

人工智能政策向好，大数据服务和应用是人工智能技术发展过程中重要的组成部分。作为人工智能产业链中必不可少的一环，发展大数据服务成为各地方推进人工智能建设的重要方向之一。各地政府相继出台指导意见，引入科技企业，共建数据基地、数据交易中心，打造具有地方特色的人工智能产业园。

2. 人工智能应用大数据服务的典型场景

目前，国内面向人工智能的大数据服务主要包括数据集产品和数据资源定制服务等，数据集产品往往是人工智能基础数据服务商根据自身积累产出的标准数据集，例如用于自然语言处理的语音数据集，主要侧重普通话语音、英文语音、方言语音等；为保证算法优势，客户更多采用定制化服务，由客户提出具体需求，数据服务商或直接对客户提供的数据进行标注、或对数据进行采集并标注。大型的需求方，为保障数据的安全，往往提供网页形式的私有标注平台给服务方，以此对系统进行管控，也有一些人工智能基础数据服务商向客户提供私有化平台建设服务，或将自身平台与甲方系统兼容；除以上两种形式外，部分基础数据服务商还向算法服务进行拓展，提供算法训练、模型搭建等服务。

（1）大数据服务在智能视图上的典型应用

在不包含自动驾驶数据的前提下，人像与图像识别数据是视图大数据服务的主流，目前视图大数据服务市场达到数十亿元，尤其人像数据占该市场的50%以上，其次占比较大的是OCR（optical character recognition，光学字符识别）数据，其他的视图大数据服务内容还包括人体识别数据、商品识别数据、工业质检数据、医学影像数据及其他新场景数据等。

（2）大数据服务在智能驾驶领域的应用

大数据在自动驾驶领域可应用于无人驾驶算法，由于很多算法模型尚在持续研发中，对相关基础数据的需求长期且巨大，包括感知、定位、预测、决策和控制等系统都需要应用到。无人驾驶系统需要对雷达、摄像头等传感器采集的点云和图像数据进行抽取、处理和融合，构建车辆行驶环境，为预测和决策做依据，这对于算法的准确性和实时性有极大的考验。目前自动驾驶的视觉技术主要应用于简单的深度学习，是基于已知变量和因变量推导函数关系的算法模型，需要大量地标注数据对模型进行训练和调优。

大数据在自动驾驶领域的视觉数据应用也非常巨大，包括对车载摄像头的二维（2 dimensions，2D）图像数据和激光雷达的三维（3 dimensions，3D）点云数据的采集和标注等。例如，激光雷达通过发射激光束并接收物体反射信号，来探测车辆周围物体的距离和速度，是目前自动驾驶车辆不可或缺的传感器。系统除知道空间数据外，还要对探测到的物体进行识别，这就需要对3D点云数据进行标注以训练算法。

（3）大数据服务于智能交互的应用场景

智能交互的大数据服务主要涉及语音识别数据、语音合成数据与自然语言理解数据的采集与标注，应用于近场语音唤醒与识别、中远场唤醒与识别、远场语音交互、方言及外语种识别、多轮问答等场景。近年来，智能交互技术对大数据基础服务的精准度要求越来越高，还要求基础数据服务与场景的贴合度提升，需要实现歧义消除、在噪声及远场等因素干扰下完成较高难度的任务。

3. 人工智能使用大数据服务的细分需求

人工智能中，应用大数据服务的细分需求包括数据采集、数据标注和清洗等。特别是数据标注服务应用市场巨大，又可以细分为语音、视觉、NLP（natural language processing，自然语言处理）等不同领域的标注服务等。

同时，人工智能技术蓬勃发展过程中产生了大量新兴垂直领域的数据需求，从而对相关采集工具和服务将有更大专业性要求。目前，部分细分领域如智慧城市等的视觉算法应用逐渐走向成熟，但对新领域以及现有领域的细分场景需求不断增强，由此而产生的新应用不断增多。

要更好地为人工智能提供大数据服务，需要开发高效精准的数据处理工具，以应对高精细化、高细粒度的数据处理需求，同时也需要能针对差异化数据服务需求提供适合的定制开发，增强数据处理平台终身学习能力，从而逐步通过机器学习标注方法，取代大量重复性人工工作，并提升预标注和自动标注的能力，反向通过人工智能技术同时实现大数据服务的提升，紧跟需求变化。

2.5.3 大数据在社区创新治理与数字化转型中的应用

在社区治理中引入大数据的战略意义不在于掌握庞大的社区中的数据信息，而在于对这些含有意义的数据进行专业化的处理，如清洗和标注等。换言之，如果把大数据比作社区生态链中的一个重要分链，那么生态链实现数字化的关键，就在于提高处理数据的能力，通过数据分析和处理提升社区数据价值。假设提供的数据量足够庞大真实，通过数据挖掘模式，就可以比较准确地把握社区中的人、事、物的发展变化等复杂问题，在一定程度上破解社区治理难题。

例如，在社区治理领域，平安社区的建设对摄像机视图数据检测、框选、分割，新型数据服务的需求不断攀升，要针对已采集数据进行框选、关键点标注、属性标注等标注工作。视图数据服务可以为社区应用计算机视觉的算法模型采集和提供视图大数据，从而进行算法训练和学习。目前，平安社区这个细分领域的视觉算法应用逐渐走向成熟。

1. 大数据实现透明社区与信息共享

大数据在社区中的应用，能够使多元化相关方，包括各方利益相关者，如居民、企业、政府机构、公益组织等都能从中受益，提高相关服务效率或工作效率，在社区治理中产生积极的综合效应。存储于不同部门的数据在统一平台上开放，使得数据创新应用不断涌现，社区大数据的附加经济价值被充分发掘，数据信息不仅能够在政府部门之间共享、流通，提高政府部门在社区治理上的效率；同时也能应用到社区中的商业以及各类公共服务当中，既能提高社区的服务质量水平，又能够挖掘到社区中的新治理模式，实现社区的繁荣，提高居民满意度。随着数据能力的提升，沉积的海量数据以及政务信息公开带来的积极效应，将推动信息资源的进一步开放，以及越来越成熟的智能分析应用。

2. 大数据助力社区智能决策

社区中时刻存在着各种决策，包括社区政务决策、社区商业决策以及社区公共服务的决策。政务决策是制定规划、出台政策、推出措施的过程，一个决策的出台实施，必然会在社区不同层面引起多种反响，也必然会涉及各方面利益格局的调整，决策的失误会造成社区利益的损失。大数据使得社区公共管理和服务变得可以监督，并且是全过程、全员的监督，可以有效避免社区工作人员行为失范。通过大数据驱动，社区中各类商业业态可以在决策前全面增强对自身业务的洞察。通过算法模型，全面预测风险和机遇，了解社区特点，发现客户价值，提升商业决策水平，减少运营风险。例如，在卫生领域的流行病防控中，大数据技术就可以支持分析流行病传播链条，通过溯源和监测，传播态势研判和预测预警，以及对社区流动人员的数据统计，可以有效支撑社区对冬季流行病等情况的提前预防、精准施策。

3. 大数据推动社区服务精准化

通过大数据支撑，社区服务方能够实时、全面感知和预测社区居民所需的各类服务和信息，及时发现需求热点，为居民提供更加智能化的办事、便民服务，改变以往的被动服务，转而主动适应居民需求，向居民提供服务。大数据可以将居民需求细分，通过多维度和多层次的标签属性，实现对需求的深度和真实感知，使社区服务更精准、更科学。同时，基于高实时性的数据感知系统，社区服务中心不仅能够在第一时间响应和处理社区公共事件和居民诉求，从事后响应走向事中响应和事前预测，有效提高应急管理能力和居民满意度。在公共服务方面，大数据有助于使社区管理机构改变传统的以行政命令导向的公共管理方式和供给导向的公共服务方式，开启以人为本的公共管理与服务新模式，为社区居民提供更优质、高效、个性化的公共服务。在社区商业服务方面，通过科学分析社区商业数据的准确性，降低社区内商户和企业的交易摩擦成本，进一步挖掘细分市场，分析出不同类型居民的行为习惯和消费偏好，利用大数据实现精准营销和精细运营。

从社区中产生的海量结构化及非结构化数据中发现有价值的信息，进而实现对社区居民服务需求的精确反馈，是大数据对于社区治理的直接赋能。

4. 大数据支持社区服务智能化

从提升社区现代治理和服务能力的角度看，通过大数据将社区各种组织和服务连接起来，建立社区数字化服务平台，并广泛应用于公共服务、商业运营和协同服务等领域。大数据应用于智能决策和分析辅助，为社区组织之间的协调、社区组织与居民之间的有效交流提供数字化基础，实现集成的协作环境，可远程交互，密切沟通，实时协作。大数据也是社区画像的基础和驱动力，将社区政务、社区公共服务、社区商务整合起来，通过集成化的大数据应用，推动社区的治理结构创新，为社区服务方提供精准的数据支持，有效提高社区的治理效率，形成健康的智能化社区。

2.6　从虚拟现实、扩展现实技术到元宇宙

2.6.1　虚拟现实与增强现实

在数字技术发展的数十年间，还有另一项技术也在同时发展，以研究现实世界中的三维、动态视觉表示形态为主。它从图像、图形、视频及其应用CAD、CAM、动漫等起步，进一步演化到了虚拟现实与增强现实。

1. 虚拟现实

虚拟现实（virtual reality，VR）是以图形学为基础，表示三维效果与动态视觉，具有沉浸式效果，即让人的感觉如真实世界一样，是具有虚拟形态的一种世界。VR是用虚拟形态表示现实世界，同时还能表示现实世界所没有的形态。VR的物理存在形式是互联网支持下的VR头盔。VR应用中，人类无限自由的想象力与创造力可以最大限度得到实现。

2. 增强现实

增强现实（augmented reality，AR）是基于VR发展起来的，是以图像学为基础，表示三维效果与动态视觉。AR能表示现实世界，并具有增强表示现实世界的效果。所谓“增强”指将多种不同的图像、视频表示形式组合及处理成新的表示形式，达到和现实世界无缝集成。AR物理存在的形式是互联网支持下的AR头盔。AR应用中，人类基于现实的想象与创造可以得到一定程度的实现。

以电子商务为例来描述VR与AR的现实作用，在电子商务平台进行服装的购买中，人们可

以通过AR看到三维无死角的服装整体形态，可以通过VR对服装局部，如服装夹层的细节进行展示。

3. VR与AR之间的技术融合

VR与AR实现了展示领域的三维效果与动态视觉，增加了虚拟化与增强性，弥补了数字技术表现形式上的不足，其表达展示效果比现实世界更加自由烂漫。但VR与AR使用的是传统的计算机技术，其应用的宽度与深度受到极大限制，必须与现代数字技术相融合才能达到高层次的理想效果，因此需要进行技术改进。技术改进主要体现在两个方面：首先是VR与AR之间的技术融合，形成了表达效果更好的MR和XR；其次是XR与现代数字技术的融合，形成超越数字技术的新一代技术。

混合现实（mediated reality，MR），是VR与AR的融合，该技术通过接口将两者融合，达到了VR与AR一体化的目的，实现VR与AR之间的技术融合。图2-10所示为虚拟现实、增强现实与混合现实的特点。

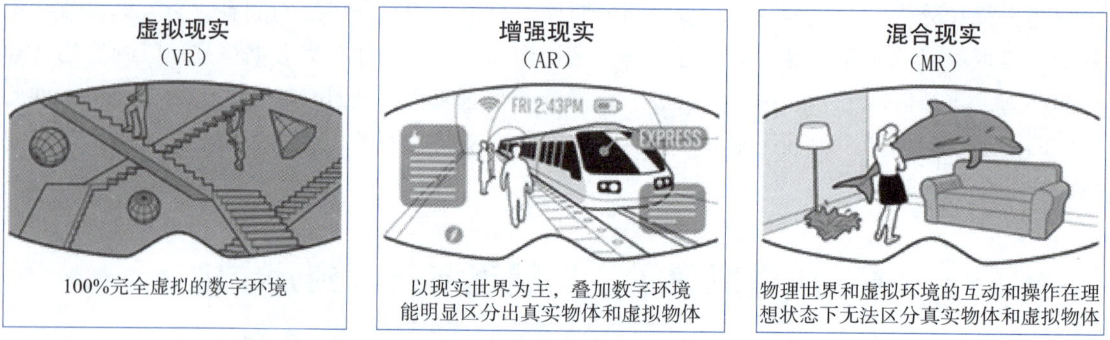

图 2-10　虚拟现实、增强现实与混合现实的特点

4. 扩展现实与现代数字技术的融合

扩展现实（extended reality，XR）是VR、AR与MR三种表现形式的总称，即VR＋AR＋MR=XR。XR中的每一种表现形式都有着共同特性，不仅能表示三维世界，还具有能扩充成超越现实的、虚拟的新维度，称为“超越维”或“虚拟维”。新维度为发挥个人自由与浪漫提供了新的空间，四维表示使得XR动态表示能力更加强大。

XR实现了展示的四维效果和动态化，达到了现实世界的“浪漫实现”，XR采用的是传统技术，应用范围受限，仅适用于游戏、社交等少数领域，因此需要引入现代数字技术并进一步改造，如底层硬件的算力提高、算法改造、开发工具的重建，以及开发方法的重构等，最终将XR与数字技术完全融合。

2.6.2　扩展现实与数字技术的互相补充与融合形成元宇宙技术

1. 元宇宙技术

XR与数字技术的互相补充与融合，经过十余年发展越走越近，到2021年已逐步融合为一体，形成了一种新的技术，称为元宇宙技术，简称“元宇宙”。元宇宙是一种四维（三维+虚拟维）、动态的数字化技术，更能反映现实世界，并能超越现实世界，达到较为理想化的世界表示。

元宇宙（metaverse），是数字技术的扩充，是超越数字技术的新一代技术。元宇宙中的元（meta）具有超越的意思，从动态维度看，元宇宙是三维到四维的超越；从表示能力看，元宇宙可从世界的部分表示逐渐扩大到更深层次、更广范围的表示，直至表示宇宙中的各个部分。

2. 元宇宙特点

元宇宙具有如下特点：

①元宇宙是建立在以互联网为核心的数字技术上的，是数字技术与XR技术相融合而产生的新技术，这一技术可以创造出具有比人类现实世界更自由及更具想象力的另一种并行世界。

②元宇宙是真正的三维表示。传统技术中，图形所画的三维表示和图像化到所拍摄的三维图片、视频，最终都落实在二维平面上，是三维表示在二维表示上的投影，是一种伪三维表示。元宇宙中戴上头盔能将伪三维竖立起来，成为真正的三维表示。

③元宇宙技术中唯一的物理设备是互联网支持下的头盔，如同传统数字技术中的计算机与手机。头盔的发展趋势是朝着小型化专用眼镜的方向发展。

头盔的作用如下：

①头盔的镜片可观察四维，即三维+虚拟维；可以观察动态的世界。

②头盔的芯片通过互联网与专用服务器连接，实现元宇宙的所有功能。

③头盔是人机交互的输入界面，可实现人（载盔者）对元宇宙应用的控制，功能相当于传统数字技术中的计算机键盘操作。

元宇宙头盔的三种控制形式如下：

①视频形式：即通过专用的摄像机由戴盔者手势实现控制。

②语音形式：即通过话机载盔者用语音实现控制。

③简单的按钮形式：即通过掌握在戴盔者手中的按钮操作实现控制。

2.6.3　元宇宙技术在社区创新治理与数字化转型中的应用

XR与数字技术的互相补充与融合推进了元宇宙技术的出现和发展，并获得广泛应用。毋庸置疑，元宇宙技术在社区治理领域也大有可为。使用元宇宙技术时，每个人都有两个并行的世界，即现实世界与元宇宙世界，且有两个并行的人，即现实世界中的现实人与元宇宙世界中的虚拟人。现实人在现实世界中工作生活，如去单位上班、上街购物、在社区与朋友玩游戏等，但只要戴上头盔，就进入了元宇宙世界，现实人坐在家里，而由虚拟人代替继续在虚拟世界上班，购物及玩游戏，一切工作生活可以继续，一切接口都是无缝连接。同样，卸下头盔就可以回到现实世界，所有一切仍可继续且无缝连接。

在元宇宙中可以实现社区中常见应用场景，例如电子商务应用，可以模拟真实的购物场景，包括购物中的虚拟人、车水马龙的虚拟商业街、街中各式商店商场，以及内部琳琅满目的商品。虚拟人可亲临其境，挑选商品参与购物全过程。此外，虚拟人可通过虚拟维试穿服装，从不同角度观察效果，在效果不佳的情况下还可以通过虚拟维调整与修改服装的尺寸、比例、长短大小及色彩等达到理想设计方案。接着可切换成到现实世界，商家将虚拟场景中完成的设计方案制作成的真实服装邮寄给现实人。

需要特别说明的是，以上所介绍的元宇宙是一种理想化的元宇宙，而目前元宇宙尚属起步阶段，要达到最终目标还需要克服很多困难，需要很长时间才能得以实现。

2.7 区块链

2.7.1 区块链基本概念和发展简介

区块链是随着数字货币的日益普及而逐渐兴起的一种分布式技术，具有去中心化、安全可信、防篡改和可编程等特点。区块链是使用密码学算法构造的具有特定数据结构的数据块，用于保存和固化数据记录，并采用哈希方法将数据块链接起来，形成缠结关系，使之具有保护数据完整性的功能；运用可测量、可验证的机制生成新数据块，并可达成全网共识，从而实现数据一致性目标。

区块链完全依赖密码学技术，基于一系列算法生成区块、构造链条、固化数据，形成时间相关的、可信的数据集，而且一切不需要控制中心的介入式协调和管理。因此，区块链技术开创了一种全新的数据和信息处理和存储方式，不同于集中式数据库的平台管控模式，而是通过技术方法将必要的管控机制分散到全网。可以将区块链作为一个可编程的分布式信用基础设施，支持智能合约应用。智能合约是部署在区块链上的可执行代码，可以不依赖中心机构自动化地代表各签署方执行合约。由于智能合约拥有较低的运行成本、较低的人为干预风险，并且能准确执行等特性，现已被应用到很多领域，如交易与公平交换、身份管理、物联网、医疗记录隐私等。

区块链技术有很多优势，包括：面向对等网络进行架构；可形成自主完备生态系统；是不依赖于信任关系的高可信网络；可实现数据记录的保全；具有数据全程追溯能力；可运用加密技术（如公钥、私钥等）保障隐私安全。

2.7.2 区块链加持物联网数据共享与数据安全

随着物联网的快速发展和广泛应用，物联网规模不断扩大，产生海量数据，如何对物联网数据进行有效共享和安全保护有着重大需求和发展前景。数据共享、数据安全等数据治理工作是物联网适应大数据和人工智能领域并进行规模应用的关键支撑。

物联网应用系统重点关注感知数据的获取、传输及存储技术，而对数据的共享、安全、治理研究甚少。物联网数据来源分散、数据量大、数据的隐私问题、物联网规模的快速扩展等，都对中心化的集中控制方式的数据共享和安全模型提出了挑战。随着物联网数据的采集和传输，数据安全漏洞的严重性几乎触及所有行业，从而产生了大量的风险，包括城市治理数据、工厂生产数据、个人隐私数据、监控安防数据等。如果受到攻击和破坏，会产生严重后果，使得整个系统无法工作。

而区块链可以看作一种底层技术，是实现分布式数据存储的技术，就像操作系统或IP网，并不产生实际效益，只有与不同需求或应用相互结合，才会产生巨大的价值。因此，区块链与物联网技术相结合，进行融合应用，是未来完善数据治理，促进数据共享与数据安全的重要手段之一。

1. 区块链技术在物联网安全方面的应用方向

目前，物联网数据往往涉及很多保密性数据或个人隐私，因此，确保物联网系统在数据采集、传输和存储等各个环节中，保密数据、隐私数据等不被破译或泄露给第三方并用于用户未知的用途是很必要的。

鉴于此，基于区块链对大规模的物联网数据共享和安全等关键技术展开研究有非常大的应用空间。去中心化的分布式结构可节省大量的数据互联中介成本，同时解决中心化的管理带来的安全隐患和单点失效问题。安全的信任机制可解决物联网数据交换的核心缺陷；物联网海量数据的分布式存储，具有良好的扩展性。不可篡改的时间戳特征可解决数据追踪与信息防伪问题。基于区块链的智能合约可以规范数据交换和共享规则。可见，区块链技术可以为物联网数据共享提供一种去中心化的、安全的、高效的、低成本和扩展性强的分布式框架。

在面向大规模物联网数据的共享和安全等治理问题，研究基于区块链的去中心化的分布式物联网数据共享框架基础上，分别展开基于区块链的数据互联、数据溯源，基于权能的访问控制的数据共享管理以及发布订阅消息模型等方面的研究。可以为大规模物联网数据共享提供新颖的解决思路，为物联网信息基础设施、物联网规模应用、大数据、知识库应用与开发等相关领域的发展提供理论和技术支持。

区块链技术在物联网安全方面的应用可以从以下几个方面进行结合创新：

（1）共识网络构建

相对于传统的物联网管理系统，区块链技术的引入使得物联网在数据识别方面的性能得到十分显著的优化，在不依赖大量算法的基础之上，便可以实现数据的分布式传输以及加密处理。通过区块链技术，可以显著增强相关数据信息的安全性，为共识网络的构建奠定坚实的基础。

（2）设备身份鉴别

在相关设备进行物联网数据传输之前，首先需要通过物联网系统的身份认证与识别。区块链技术的应用使得物联网在设备身份鉴别时的性能得到十分显著的优化与提升。每个物联设备都可以作为一个区块链节点，可以有效实现设备身份鉴别，在提升身份识别效率的基础之上，有效保障用户数据信息的安全。

（3）设备与数据实时监管与加密传输

对于区块链技术而言，不仅具有去中心化的特性，在数据信息方面也具有不可伪造的优点。它是一种以密码学算法为基础的点对点分布式技术，因此，在物联网体系当中应用区块链技术，基于哈希链及时间戳机制保证数据的可追溯、不可篡改特性。基于共识算法保证节点间区块数据的一致性，不仅可以对用户的数据信息进行更加安全有效的管理，还可以对相关的设备进行实时动态的监督与管理，有效避免用户数据信息泄露，从而有效提升物联网数据采集和传输的安全性能。

2. 区块链如何确保物联网的安全

现有主流系统和应用中，关于设备和保护数据安全的方法一般集中在两个方面：第一，数据访问控制。通过数据访问控制，设定访问数据的用户对数据的访问能力和访问范围，未被授权的访问将被拒绝，从而保护了数据隐私。但现有的访问控制技术都依赖于一个可信第三方进行认证和授权，可信第三方并不总是值得信任，他们可能出于利益会出卖用户的数据或访问控制等安全信息。第二，数据匿名化。通过数据匿名化，隐私数据的关键部分将被模糊化，消除数据与用户之间的联系，但仍可以被处理获得一些有用信息，从而保护了数据隐私。目前的这些应用都集中在如何控制用户访问哪些数据而不泄露隐私，并没有方法控制请求访问数据的用户在拿到数据后，会对数据进行什么操作处理，是否仅用于为给数据拥有者提供服务而进行的分析操作，而这些都是数据拥有者关心的问题。根据区块链和物联网的技术特点，可以在物联网系统的不同环节采用或推进区块链应用，如组网和设备认证部分、采集传输部分、数据加密等，在不同领域进行应用。

物联网数据采集和传输通常采用无线或有线传感器网络，与区块链网络一样，都属于对等式、自组式系统，因此两者间具有天然的技术亲和力，在物联网系统实施过程中，可以将区块链技术作为传感网络的数据传输、多跳转发、汇聚上传的可编程分布式信用基础设施，同时实现数据不可篡改的完整性保障。

每个传感网结点也可以作为区块链结点。区块链协议采用广播机制，可根据接收的周边结点的数据与本地数据的比较结果调整转发策略，逐步优化为向汇聚结点转发，尽可能减少全网广播报文。每个传感网结点每次采集的单元数据构成一个单独的区块数据，每个区块与已有区块链上的任意两个区块缠结形成两条哈希链，构成有向无环图区块链。每个传感网结点根据内存容量只保留最新的区块，淘汰老的区块。汇聚结点负责将最新且不重复的区块上传到数据采集中心。采用基于区块链的数据安全传输方法，需要提前判断传感器或智能设备的设备参数是否满足成为区块链结点的预设阈值；当智能设备满足预设阈值时，将该智能设备添加为新的区块链结点；各区块链结点之间进行工作数据交互。

采用区块链技术的物联网数据存储和设备访问控制方法，将工作交互数据引入管理中心，分别代表不同组织物联网设备与联盟链网络进行交互；利用区块链的多通道特性，将多个不同组织间商定的业务逻辑编成的链码部署在结点并实例化；将物联网数据存储在管理中心，管理中心对存储的物联网数据进行分组哈希计算，将哈希值存储在结点，写入区块链中的只是树的根结点中的根哈希值，而不是原始数据本身，既保证的数据的安全性，也可成为后续查询验证原始数据真实性的唯一凭证。区块链的权限管理和链码组件，也保证了物联网数据的访问策略和物联网存储数据的真实性。

2.7.3 区块链在社区创新治理与数字化转型中的应用

区块链能为数据透明和信任建立提供技术支撑。区块链技术具有分布式、难篡改、可溯源三大特点，可实现跨地域、跨机构的信任协同，打破信息孤岛，开辟一条信息公开透明、真实可靠、互通高效的通道，降低数据共享的安全风险。在社区治理数字化转型过程中，可以推进区块链技术在社区政务、物业服务及家庭中智能家居等领域的应用，并可具体应用在身份认证、健康档案管理等项目上，实现真实数据互通共享。以下介绍一些典型应用，也欢迎读者探讨和思考更多区块链在社区中可应用的领域。

1. 区块链在社区政务领域的应用

在网上办事或一网通办等应用中，区块链让居民身份证号不再是单一的一串数字，而是拥有了众多标签、证照、授权的集合体。群众无须每次办理都到各机构往复开证明，直接在系统中输入身份证号，即可调出业务办理所需的资料。

区块链技术可以有效助力资金链监管应用。以社区扶贫资金为例，受助人的信息将在调研机构核查后，记录进区块链，发放公益救助金的流程在各个关键结点间实时同步。借助区块链，能将求助金流转信息及时自动同步到监管部门，同时部分开放第三方对区块链数据的访问权限，提升了资金透明度。

区块链可以提升数据共享的安全性，在保证数据安全的前提下，各部门可以根据权限查看其他部门的原始数据，减少了各个部门提供原始数据的烦琐流程，实现了数据共享。例如，网格化管理的相关事件信息不仅网格中心能看到，综治办、城管办等相关部门同样可以同步随时查看。

区块链在社区多方联动机制中的应用包括，当社区有重大事件发生时，事件相关信息会同时发布到各个部门，省去信息层层上报、层层指派的烦琐流程。同时借助于区块链不可篡改的特性，每一次多部门联动都会记录在区块链上，便于协作方互相监督和贡献划分。此外，区块链还可以实现司法存证、版权保护、投标管理、物品防伪溯源、医疗健康数据共享、教育信息管理、农村产权管理等诸多政府管理与服务应用。

2. 区块链在社区物业领域的应用

区块链可以实现物业服务中事件监督的全动态跟踪。将区块链技术与智慧物业的监控系统连接，当发现设备损坏或发生矛盾纠纷时，事件相关信息会传送给维修人员、调解人员、物业领导等，还可对事件解决全过程进行动态跟踪。

在社区房屋管理中，将房屋信息、住户情况登记上区块链，可以实现对房屋信息的安全监管。这些信息可以贯通物业公司、热力公司、住建局等相关部门，对社区房屋进行全方位的监督管理。

在社区档案管理中，物业的人员档案，私家车登记信息、物业费缴纳记录等诸多文件，即使已在线上平台登记，这些信息仍然容易被误删、篡改。运用区块链技术后，可以保证信息不会丢失，保证信息的真实性。

3. 区块链在社区家庭领域的应用

区块链在社区智能家居、智慧家庭等领域也有广泛应用。例如，对事件动态跟踪管理，以家庭维修为例，当居民发现家中管道损坏时，可以通过类似社区e家等智慧应用App直接报修，区块链可以让群众查看维修人员信息、损坏原因、维修进度等，实现对整个事件的动态跟踪。在此过程中，可以通过区块链应用实现身份信息安全保障，以前人们总担心自己的身份信息被窃取、盗用，运用区块链技术后，身份信息的每次使用都可以被完整地记录。如果有异常记录出现，可以被及时发现，从而保障居民的隐私和信息安全。

2.8　云 计 算

2.8.1　云计算的概念

云计算（cloud computing）是一种可以随时随地按需按量通过网络访问可配置计算资源（如网络、服务器、存储、应用程序和服务）的共享服务模式，资源池可以通过较低成本的管理或与服务提供商交互来快速配置和释放资源。因此，云计算是数字技术中的重要基础设施。

目前业界对云计算的概念有不同的看法。主流认可的定义是，云计算是一种按使用付费模式，可为可配置的计算资源池（如网络、服务器、存储、应用程序、服务等资源）提供高可用、灵活、按需的网络访问。资源可以快速交付，只需最少的管理工作或者与服务提供商的交互很少。

2.8.2 云计算与大数据、数字孪生、人工智能等技术的天然契合性

云计算是通过互联网按需提供计算能力、数据库存储、应用程序和其他IT资源，商业模式一般为按使用量付费。具有以下优势和特点：

1. 敏捷性

云计算可以让用户更快地进行创新，因为用户可以将有限的IT资源集中于开发，使用户的业务与众不同及转变客户体验的应用程序，而无须侧重管理基础设施和数据中心。利用云计算服务，可以按需快速启动资源，高效部署数百甚至数千台服务器。利用云服务还可以方便快捷地按需访问各种技术，如计算、存储、数据库、分析、机器学习和很多其他服务。因此，用户可以更快、更专心、快速地开发和部署新的应用程序，快速迭代地进行实验和创新；如果试验失败或放弃应用，用户可以在承担风险或风险较小的情况下取消预置资源。

2. 低延迟与简便性

借助云计算，用户可以在各个不同的物理位置灵活部署应用程序，不受地域限制，并且可以用较少的成本获得较低的延迟和更好的体验。

3. 可扩展性

在没有云计算技术的传统模式下，为了保证足够的容量支持高峰期业务运营，用户不得不预置较大冗余量的基础设施。而基于云计算弹性服务，用户可以根据业务的需要灵活扩展或缩减资源，因此，用户可以根据实际需要预置资源量，从而可以实现弹性适应业务需求的能力。

4. 节省成本

使用云计算服务，可以将用于数据中心、物理服务器等的资本费用变成可变费用，并且只需要为实际使用的服务或资源付费。此外，由于规模化效应，云部署费用比用户自行部署时降低很多。

因此，通过云计算提供的云服务是基于互联网的相关服务的叠加、使用和交付模式，一般通过按服务付费方式来提供动态易扩展且经常虚拟化的资源。用云表示通过网络按照需求，以弹性方式获取所需的服务，即为云服务。

以上特性决定了云计算与其他技术（如大数据、数字孪生、智能计算等）具有天然融合性和契合性。例如，大数据无法用单台计算机进行处理，需要采用分布式架构，从而实现对海量数据进行分布式数据挖掘；而智能计算无疑需要用到大量计算能力和虚拟化资源。这些都需要基于云计算的分布式处理、分布式数据库、云存储和虚拟化技术等实现。无论是通过云服务平台运行向数百万移动用户共享应用的程序，还是为业务运营提供支持，云服务平台都可以通过灵活且成本低廉的计算资源实现快速访问，并且前期无须巨资投入硬件，也无须花费大量运维成本来维护和管理这些硬件。与此相反，通过精准预置所需的类型和适当规模的计算资源，按需访问，按量付费，即可为新应用提供助力，或者维持信息化部门正常运转。

2.8.3　云计算在社区创新治理与数字化转型中的应用

智能新社区数字化平台建设需要合理且优化的架构，从而实现社区的信息资源高效地整合，实现深层次的利用，提高社区的运作效率和管理决策能力，真正意义上实现社区数字化与智能化。要通过智能新社区真正赋能基层创新治理的新模式，可以基于云计算技术，对业务、标准、管理流程、应用和信息进行一体化设计，形成社区数字化平台架构。通过云服务，在基础能力层为上层的服务提供存储能力和计算能力。

数据中心是社区大脑和社区运营管理中心建设的关键。如果每个社区都建设本地数据中心既会造成资源的浪费，又会造成成本的升高。而通过云计算所提供的存储能力，建设云数据中心进行共享，既能进行PB级的存储，又具有灵活的扩展性。可以实现以数据交换的规范化接口为标准，对不同应用子系统的数据进行合理有效的整合，建立有序的、计算资源共享的社区数据中心，实现分布式存储，从而为管理支撑层内各不同应用提供数据。例如，数据中心可以使用三种方式存储数据：关系型数据库、HBase、HDFS。其中文档、视频、图片等文件存储在HDFS中；常规结构化数据存储在关系型数据库中；对于非结构化数据、海量数据、快速增长的数据存储在非关系型数据库HBase中。

通过云的分布式计算和虚拟技术所提供强大的计算能力，可以为管理支撑层的搜索引擎、地理信息系统等功能提供高效计算和分析。同时，基于云计算服务的数据中心可以规定统一的基本数据元素，这样，有利于实现不同社区数字化平台之间、城市和社区之间系统结构数据的共享和交换；便于实现与其他数据源的接口，如与政务专用数据库的对接；能够解决海量数据存储并兼顾灵活性、可扩展性的问题。

2.9　人工智能

在第2.1.1节中已经介绍，传统数字技术指的是数据、数据结构以及数据处理，其特点是事务性处理。而人工智能技术指的是知识、知识表示及知识推理，包括演绎推理及归纳推理，其特点是智能性处理。

将传统数字技术与人工智能技术融合，组成了数据与知识、数据结构与知识表示，以及数据处理与知识推理。融合后的扩充数字技术，既能表示传统的数字事务处理，也能表示知识的智能性处理，称为“新一代数字技术”。

本节将对人工智能的相关概念、发展历史、学科分类和交叉应用的相关内容，以及人工智能在社区创新领域和数字化领域的应用，进行系统性和概念性介绍。

2.9.1　人工智能的基本概念和发展简介

1. 人工智能的基本概念

（1）人工智能的定义和解释

人类的智能是目前世界上所知的最高等级的智能，人类也一直梦想用人造的设施或机器取代人类的智能，这个梦想在现代计算机诞生后的今天得以逐步实现，即人工智能应用。

自人工智能出现以后，对它的定义在多个不同时期、从不同角度有过不同的理解与解释，然而，从各种不同的定义中都能看到三组类似的关键词，即人工智能是与“计算机”、“人类智能”及“模拟”有关的学科。具体来说，即是以“计算机”为主要工具，以“人类智能”为研究目标，以“模拟”为研究方法的一门学科。

人工智能（AI）是用人造的机器取代或模拟人类智能。但从目前而言，这种机器主要指的是计算机，而人类智能主要指的是人脑功能。因此，从最简单与宏观的意义上看，人工智能就是用人工制造的设备即计算机模拟人类智能（主要是人脑）的一门学科。

对人工智能更为详细的定义解释：人工智能是以实现人类智能为其目标的一门学科，通过模拟的方法建立相应的模型，再以计算机为工具，建立一种系统以实现模型。这种计算机系统具有近似于人类智能的功能。

从人工智能的定义中可以看出，它的研究中所涉及的学科很多，包括与“人类智能”有关的脑科学、生命科学、仿生学等；与“模拟方法”有关的数学、统计学、形逻辑、数理逻辑学、心理学、哲学、自动控制论等；与“计算机”有关的互联网技术、移动互联网、物联网、云计算、超级计算机、软件工程、数据科学及算法理论等。

（2）人工智能研究的内容

由上面的定义可以看出，人工智能所研究的内容包括两部分：

①人工智能研究模拟人类智能的思想、方法、理论及结构体系。这是人工智能研究的主要内容，通过这种研究可以建立智能模型用以模拟人类智能中的各种行为。

②人工智能研究以计算机为工具用于智能模型的开发实现。人工智能的智能模型仅是一种理论框架，它需要借助于计算机，用计算机中的数据结构、算法所编写而成的软件在一定的计算机平台上运行，从而实现模型的功能。

从计算机学科观点看，这种研究内容属计算机的一种开发应用，即计算机智能应用。为实现此应用，必须建立专用的平台、搭建专用硬件、开发专用软件，以及研究专用的结构体系等。这就是到目前为止，人工智能还属于计算机学科一个分支的原因。

（3）人工智能的研究目标

人工智能学科是一门难度与复杂度很高的学科，为便于研究，将其研究目标设定为三个层次，即弱人工智能、强人工智能与超强人工智能。

①弱人工智能：指的是计算机只能局部、部分地模拟人类智能的功能。这是人工智能近期奋斗的目标。

②强人工智能：指的是有可能开发出与人类智能功能大致一样的计算机系统。这是人工智能奋斗的目标。

③超强人工智能：指的是有可能开发出与人类智能功能完全一样，甚至局部超越人类智慧的计算机系统。实际上，目前讨论的都属弱人工智能阶段，而对强人工智能的研究大都涉及社会中的伦理问题，且超强人工智能的研究还面临许多尚无法解决的难点，因为目前人类对自身的智能行为及活动机理知道得太少，且还需要用计算机实现模拟，因此要达到超强人工智能的目标还比较遥远。

2. 人工智能的发展阶段

人工智能的发展已经历了三个发展阶段，此外，还有人工智能出现前的萌芽阶段。

（1）人工智能出现前的萌芽期

有关人工智能最原始的研究，从古希腊时期就开始了。对人工智能的后续密集研究，出现在20世纪40年代至20世纪50年代初，形成了人工智能的萌芽期。当时，有一批来自不同行业、不同领域的专家从其自身专业出发，从不同角度对人工智能提出了不同的理解、认识与方案。

1950年，图灵（Turing）在《思想》（*Mind*）杂志上发表了一篇《计算的机器和智能》的论文。在论文中，提出了图灵测试，首次为人工智能的概念做出了最为基础性的解释。图灵测试是指：让一台机器A和一个人B坐在幕后，让一个裁判C同时与幕后的人和机器进行交流，如果这个裁判无法判断自己交流的对象是人还是机器，就说明这台机器有了和人同等的智能。

1946年第一台计算机问世，1950年非数值计算出现，均为人工智能的应用发展提供了基本性的保证。借助于计算机的能力，人工智能应用如雨后春笋破土而出。

这个时期所出现的各种研究方向与方法，包括数理逻辑、信息论、控制论、自动机、仿生学、计算机智能应用及图灵测试等，表现了人工智能出现前的多种思想与流派，为人工智能的真正问世创造了条件。

（2）人工智能发展的初期

真正出现人工智能这个统一的、一致公认的名词是在1956年夏天，主要由约翰•麦卡锡（John McCarthy）发起，在达特茅斯学院举行了一场长达两个月之久的研讨会，有多位各个领域的专家参加，重点研讨了如何用机器模拟人类智能的若干方向性问题，并取得了一致性的认识。在讨论中人工智能的名词首次被提出。这是人工智能的首次会议，此后，世界上就开启了人工智能的正式研究，并出现了人工智能第一次高潮。麦卡锡也被公认为人工智能之父。

人工智能的第一次发展高潮出现于1956年人工智能的首次研讨会以后，一直到20世纪60年代末期为止。

在此时期，人工智能的研究与应用都取得了重大进展，人工智能作为一门学科已初步形成。研制出了人工智能专用程序设计语言，还出现了专家系统应用。但受制于当时计算机能力的不足和理论的欠缺，在此方面的进一步发展产生停滞。因此，到了20世纪60年代末期，人工智能的第一次发展高潮走入低谷。

该时期是人工智能由萌芽期的百花齐放到此时期逐渐形成统一的过程，是思想、方法与理论研究逐渐冲击到应用的过程。

（3）人工智能发展的第二个时期

到了20世纪70年代末期，人工智能出现了第二次发展高潮。这次高潮到来的基本原因是产生了新的突破口，即知识工程及其应用——专家系统。知识工程是当时人工智能界所提出的一个新的方向，它有完整的理论体系，并有系统的工程化开发方法。它与计算机紧密结合，依靠当时发达的计算机硬件与成熟的计算机软件以及软件工程化开发思想，使人工智能产生了新应用。同时，还出现了与知识工程相匹配的典型应用——专家系统。这两者的有机结合所产生的效果使人工智能出现了新的高潮，各种专家系统如雨后春笋纷纷问世，如医学专家系统、化学分析专家系统等。

这一时期，人工智能的理论与应用都得到了长足的发展。在理论方面，主要是围绕以知识为中心而展开的，如知识表示、知识获取、知识管理等。特别是基于符号主义的知识表示与获取方法，如知识的逻辑推理方法和启发式搜索方法得到了充分发挥。在应用中以专家系统为中心，并充分与当时计算机的先进技术相结合，使人工智能真正产生了实际应用效果。

在经过十余年发展后，特别是在实际应用的开发中，逐渐发现中小型的专家系统效果尚好，但大型的专家系统实际效果并不理想。究其原因主要是推理引擎中的算法复杂性及当时计算机能力所致，由此专家系统发展受到了实质性的阻碍。到了20世纪80年代后期，人工智能再次走入低谷。

该时期的人工智能已将单纯的思想方法与计算机紧密结合，已由理论研究真正走向了实际应用。

（4）人工智能发展的第三个时期

人工智能最新发展的时期始于20世纪90年代末期，至今仍处于不断发展之中，并与各行业、各领域应用紧密结合，形成上、中、下三游的层次式、系统、全面的发展。

到了21世纪，人工智能的研究取得突破性进展，其典型的发展代表如下：

①人工智能自身的发展：包括机器学习、人工神经网络的发展，特别是近年来深度学习技术的发展，使其在技术上有了质的飞跃。

②从数据角度发展人工智能：包括数据仓库、数据挖掘的发展，特别是近年来大数据技术的发展，与人工智能有机结合。

③计算机技术的发展：互联网的出现，物联网、云计算的发展，带动了分布式、并行计算等新型计算方式问世，极大地提高了计算能力，为人工智能发展奠定了坚实基础。

随着21世纪的到来，以新计算能力、大数据、深度学习等为代表的数字技术带来了人工智能新的崛起，以前各种陷于困境的应用都因新技术的应用而取得了突破性进展，如人机博弈、自然语言处理（包括机器翻译）、语音识别、计算机视觉（包括人脸识别、自动驾驶、图像识别、知识推荐及情感分析等）应用均取得突破性进展。

此外，知识工程与专家系统的研究与应用开发方面也取得了新的进展，新的知识表示方法（如本体及知识图谱）的问世，可直接应用网上查询系统，如苹果Siri查询已成为网民最常用的帮手。此外，将大数据自动获取的知识与专家系统相结合组成了新的专家系统结构体系，实现演绎推理与归纳推理的一体化。

该时期的人工智能已全面进入实际应用阶段，并与多个领域融合，取得了全面突破性进展，全球已进入人工智能时代。

3. 人工智能发展的三大学派

人工智能是用计算机模拟人脑的学科，因此模拟人脑成为它的主要研究内容。但由于人类对人脑的了解太少，对人脑的研究也极为复杂，目前人工智能学者通过模拟方法按三个不同角度与层次对其进行探究，从而形成三种学派。首先是从人脑内部生物结构角度的研究所形成的学派，称为结构主义或连接主义学派，其典型的研究代表是人工神经网络；其次是从人脑思维活动形式表示的角度的研究所形成的学派，称为功能主义或符号主义学派，其典型的研究代表是形式逻辑推理；最后是从人脑活动所产生的外部行为角度的研究所形成的学派，称为行为主义或进化主义学派，其典型的研究代表是Agent（代理）。

这三种学派对人工智能的研究和发展起到了纲领性作用。在本书整个体系中对这三种学派内容在社区中的应用都有所涉及，本节进行一些概念性介绍。

（1）符号主义学派

符号主义（symbolicism）又称逻辑主义（logicism）、心理学派（psychologism）或计算机学派（computerism），其主要思想是从人脑思维活动形式化表示角度研究探索人的思维活动规律。它是亚里士多德所研究形式逻辑以及其后所出现的数理逻辑，又称符号逻辑（symbol logic）。而应用这种符号逻辑的方法研究人脑功能的学派就称为符号主义学派。

20世纪40年代中后期出现了数字电子计算机，这种机器结构的理论基础也是符号逻辑，因此从人工智能观点看，人脑思维功能与计算机工作结构方式具有相同的理论基础，即都是符号逻辑。故而符号主义学派在人工智能诞生初期就被广泛应用。

推而广之，凡是用抽象化、符号化形式研究人工智能的都称为符号主义学派。

总体来看，符号主义学派即是以符号化形式为特征的研究方法，它在知识表示中的谓词逻辑表示、产生式表示、知识图谱表示中，以及基于这些知识表示的演绎性推理中都起到了关键性指导作用。

（2）连接主义学派

连接主义（conectionism）又称仿生学派（bonicsism）或生理学派（physiologism），其主要思想是从人脑神经生理学结构角度研究探索人类智能活动规律。从神经生理学的观点看，人类智能活动都出自大脑，而大脑的基本结构单元是神经元，整个大脑智能活动是相互连接的神经元间竞争与协调的结果，它们组织成一个网络，称为神经网络。持此种观点的人认为，研究人工智能的最佳方法是模仿神经网络的原理构造一个模型，称为人工神经网络模型，以此模型为基点开展对人工智能的研究。用这种方法研究人脑智能的学派称为连接主义学派。

随着多层结构模型——卷积神经网络模型与大数据技术的兴起，再加上飞速发展的多种数字技术的有机结合，使其成为人工智能第三次高潮的主要技术手段。连接主义学派的主要研究特点是将人工神经网络与数据相结合，实现对数据的归纳学习，从而达到发现知识的目的。

（3）行为主义学派

行为主义（actionism）又称进化主义（evolutionism）或控制论学派（cyberneticsism），其主要思想是从人脑智能活动所产生的外部表现行为角度研究探索人类智能活动规律。这种行为的特色可用“感知-动作”模型表示，这是一种以控制论的思想为基础的学派。有关行为主义学派的研究工作早在人工智能出现前的20世纪40年代的控制理论及信息论中就有很多研究，在人工智能出现后得到很大的发展，其近代的基础理论思想如知识获取中的搜索技术以及Agent为代表的“智能代理”方法等，其应用的典型是机器人，特别是具有智能功能的智能机器人。在近期人工智能发展新的高潮中，机器人与机器学习、知识推理相结合，所组成的系统成为人工智能新的标志。

2.9.2　人工智能的学科体系和交叉应用

人工智能的学科体系无疑也涉及交叉学科体系。从人工智能发展的历史可以看出，这门学科的发展并不顺利，经历了三次波折与重大打击，到了2016年才真正迎来了稳定的发展，因此对人工智能学科体系的研究直到今日还处于不断探讨与完善之中。就人工智能目前的研究现状而言，其整个体系可分为框架与研究内容两大类。其中框架由三部分组成；与框架的三部分相对应，研究内容也可细分为人工智能基础理论、人工智能应用技术研究、人工智能应用及开发等三部分，下面分别予以介绍。

1. 人工智能学科体系框架

整个人工智能学科体系包括三部分，它们组成了一个完整的体系框架。

（1）体系框架的第一层：人工智能基础理论

任何一门正规的学科，必须有一套完整的理论体系做支撑，对人工智能学科而言也是如此。到目前为止，人工智能学科已初步形成一个相对完整的理论体系，为整个学科研究奠定基础。

人工智能基础理论主要研究的是用“模拟”人类智能的方法所建立的一般性理论。

（2）体系框架的第二层：人工智能应用技术

人工智能是一门应用性学科，在其基础理论支持下与各应用领域相结合进行研究，产生多个应用领域的技术，它们是人工智能学科的下属分支学科。目前，这种与应用领域相关的分支学科随着人工智能发展而不断增加。

人工智能应用性技术研究的是用“模拟”人类智能的方法与各应用领域相融合所建立的理论。

（3）体系框架的第三层：人工智能的计算机应用开发

人工智能是一门用计算机模拟人脑的学科，因此在人工智能技术的下层应用领域中，最终均需要用计算机技术实施应用开发，用一个智能计算机系统模拟应用领域中的一定智能活动作为其最终目标。

人工智能的计算机应用开发研究的是智能模型的计算机开发实现。

人工智能学科体系的这三部分是按层次相互依赖的。其中基础理论是整个体系的底层，而应用技术则是以基础理论作支撑建立在各应用领域上的技术体系。最后以上面两层技术与理论为基础用现代计算机技术为手段构建起一个能模拟应用中智能活动的计算机系统作为其最终目标。图2-11所示为这三部分按层次相互依赖组成的体系框架。

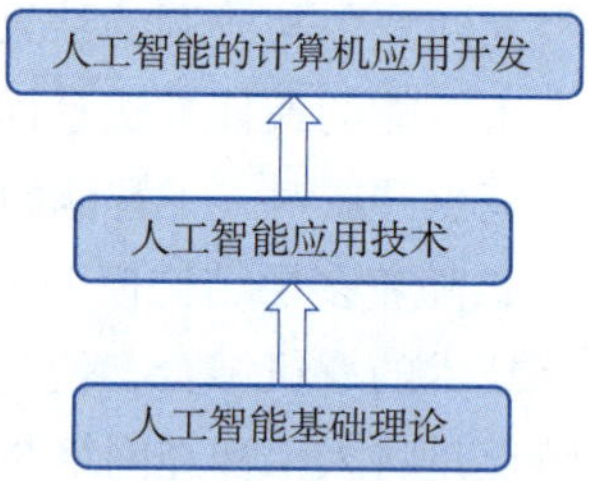

图 2-11　人工智能三层次研究体系框架

2. 人工智能研究的内容

（1）人工智能研究内容之一：人工智能基础理论

人工智能的基础理论分两个层次：

第一层次：人工智能的基本概念、研究对象、研究方法及学科体系。此部分已在本节前文讨论。

第二层次：基于知识的研究。它是基础理论中的主要内容，具体内容如下：

①知识：人工智能研究的基本对象是知识，它所研究的内容是以知识为核心的，包括知识表示、知识组织管理、知识获取等。

②知识表示：在人工智能中知识因不同应用环境可有不同的表示形式，目前常用的就有十余种，其中最常见的有谓词逻辑表示、状态空间表示、产生式表示、语义网络表示、框架表示、黑板表示，以及本体与知识图谱表示等多种表示方法。

③知识组织管理：知识组织管理就是知识库，它是存储知识的实体，且具有知识增、删、

改及知识查询、知识获取（如推理）等管理功能，此外还具有知识控制，包括知识完整性、安全性及故障恢复功能等管理能力。知识库按知识表示的不同形式管理，即一个知识库中所管理的知识其知识表示的形式只有一种。

④知识推理：人工智能研究的核心内容之一是知识推理。这里的推理指的是通过一般性的知识而获得个别知识的过程，这种推理称为演绎性推理（deductive inference），其推理示意图如图2-12所示。这是符号主义学派所研究的主要内容。

知识推理有多种不同的方法，可因不同的知识表示而有所不同，常用的有基于状态空间的搜索策略方法、基于谓词逻辑的推理方法等。

⑤知识发现：人工智能研究的另一个核心内容是知识归纳，又称知识发现或归纳性推理。这里的归纳指的是通过多个个别知识而获得一般性知识的过程，这种推理称为归纳性推理（inductive inference），其推理示意图如图2-13所示。这是连接主义学派所研究的主要内容。

知识归纳有多种不同方法，常用的有人工神经网络方法、聚类分析方法、决策树方法及关联规则方法等，将在第3章中对前两种方法进行详细介绍。

⑥智能活动：上面五项内容表示了智能的内在活动，但是在整个智能活动中，还需要与外部环境交互，这就是外部的智能活动过程，如图2-14所示。这是行为主义学派所研究的主要内容。

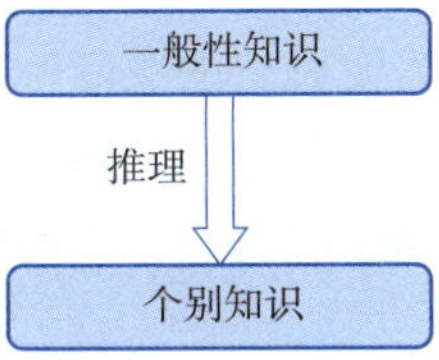

图 2-12　知识推理示意图

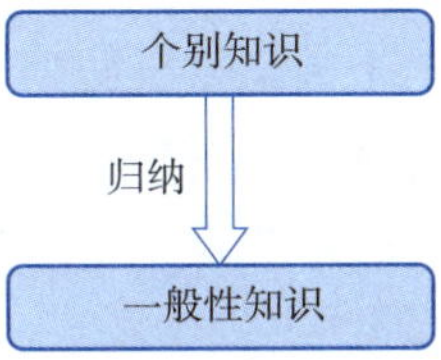

图 2-13　知识归纳示意图

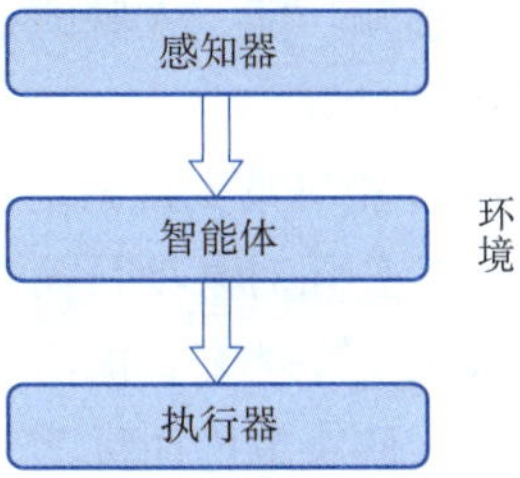

图 2-14　智能活动过程示意图

从图2-14中可以看出，一个智能体的活动必定受环境中的感知器触发而启动智能活动，活动产生的结果通过执行器对环境产生影响。

（2）人工智能研究内容之二：人工智能应用技术研究

在人工智能学科中，有很多以应用领域为背景的学科分支，对它们的研究是以基础理论为手段，以领域知识为对象，通过这两者的融合最终达到模拟该领域应用为目标。

目前此学科分支的内容有很多，并且仍在不断发展，以下列举若干较为热门的应用领域分支。

①机器博弈：机器博弈分为人机博弈、机机博弈，以及单体、双体、多体等多种形式。其内容包含传统的博弈内容，例如，棋类博弈，从原始的五子棋、跳棋到中国象棋、国际象棋及围棋等；球类博弈，从排球、篮球到足球等。还包括现代的多种博弈性游戏以及带博弈性的彩票、炒股、炒汇等带有风险性的博弈活动。

机器博弈是智能性极高的活动，一般认为，机器博弈的水平高低是人工智能水平的主要标志，对它的研究能带动与影响人工智能多个领域的发展。因此，目前国际上各大知名公司都致力于机器博弈的研究与开发。

②自然语言处理：自然语言处理起源于机器翻译，扩展至自然语言理解、语音识别及自然语言生成等内容。对自然语言处理的研究涉及多种自然语言中的语法、语义、语境等多方面的应用领域知识，以及用人工智能基础理论中的思想、方法与手段对其进行研究，用以处理自然语言中的理解与生成以及语音识别，最终达到用计算机系统实现的目的。

③模式识别：众所周知，人类通过五官及其他感觉器官接受与识别外界多种信息，如听觉、视觉、嗅觉、触觉、味觉等，其中听觉与视觉占所有获取信息的90%以上，具体表现为文字、声音、图形、图像以及人体、物体等识别。模式识别（pattern recognition）指的是利用计算机模拟对人的各种识别能力。目前主要的模式识别如下：

- 声音识别：包括语音、音乐及外界其他声音的识别。
- 文字识别：包括联机手写文字识别、光学字符识别等多种文字的识别。
- 图像识别：如指纹识别、个人签名识别以及印章识别等。

④知识工程与专家系统：知识工程与专家系统是用计算机系统模拟各类专家的智能活动，从而达到用计算机取代专家的目的。其中，知识工程是计算机模拟专家的应用性理论，专家系统则是在知识工程的理论指导下实现具有某些专家能力的计算机系统。

⑤智能机器人：机器人一般分为工业机器人与智能机器人，在人工智能中一般指的是智能机器人。这种机器人是一种类人的机器，它不一定具有人的外形，但一定具有人的基本功能，如人的感知功能、人脑的处理能力以及人的执行能力。这种机器人是由计算机在内的机电部件与设备组成。

⑥智能决策支持系统：政府、单位与个人经常会碰到一些重大事件需要做出的决断称为决策，如某公司对某项目投资的决策、政府对某项军事行动的决策、个人对高考填报志愿的决策等。决策是一项高智能活动，智能决策支持系统是一个计算机系统，它能模拟与协助人类的决策过程，使决策更加科学、合理。

⑦计算机视觉：视觉使人类从整个外界获取的信息最多，所占比例高达80%以上，因此对人类视觉的研究特别重要。在人工智能中称为计算机视觉，研究的是用计算机模拟人类视觉功能，用以描述、存储、识别、处理人类所能见到的外部世界的人物与事物，包括静态的与动态的、二维的与三维的。最常见的有人脸识别、卫星图像分析与识别、医学图像分析与识别以及图像重建等内容。

（3）人工智能研究内容之三：人工智能的应用及其开发

人工智能学科的最上层次是它的各类应用及应用的开发。这种应用很多，如各类机器人应用、人脸识别系统、自动驾驶汽车、语言翻译机、智能查询系统等，它们都是人工智能应用，其中很多都有知名的智能产品和厂商。

下面主要介绍这些应用中的两部分内容：首先是建立应用模型；其次是基于这些应用模型的计算机系统开发。

①人工智能的应用模型：以人工智能基础理论及应用技术为手段可以在众多领域生成很多应用模型，应用模型是实现该应用的人工智能方法、技术及实现的结构、体系组成的总称。

例如，社区中一个常见的人工智能应用场景，即人脸识别的模型可以简单表示为：

- 机器学习方法：用卷积神经网络方法，通过若干个层面分步实施的手段。
- 图像转换装置：需要有一个图像转换装置将外部的人脸转换成数据。
- 大数据方法：转换成数据的量值及性质均属大数据级别，必须按大数据技术手段处理。

将这三者通过一定的结构方式组合成一个抽象模型，如图2-15所示。根据此模型，一个基本的人脸识别流程是：人脸经图像转换装置后成为计算机中的图像数据，接着按大数据技术手段对数据进行处理，成为标准的样本数据。将它作为输入，进入卷积神经网络作训练，最终得到训练结果作为人脸识别的模型。第3章还会就此例子进行进一步深入介绍。

图 2-15　人脸识别应用模型的基本结构与流程

②人工智能应用模型的计算机开发：以应用模型为依据，用计算机系统进行开发，最终形成应用成果或产品。在此阶段，重点在计算机技术的应用上着力，通用的计算机智能系统开发流程内容和步骤包括：

- 依据计算机系统工程及软件工程对应用模型做系统分析与设计。
- 依据设计文件，建立计算机系统的开发平台。
- 依据设计文件，建立数据组织并完成数据体系开发。
- 依据设计文件，建立知识体系并完成知识库开发。
- 依据设计文件，建立模型算法并做系统编程以完成应用程序开发。

到此为止，就形成了一个初步的计算机智能系统。

接着，还需要继续按计算机系统工程及软件工程做后续工作：

- 依据计算机系统工程及软件工程进行系统测试。
- 依据计算机系统工程及软件工程将测试后的系统投入运行。

以上就是一个通用的计算机智能系统开发流程。

2.9.3　“人工智能 +”在社区创新治理与数字化转型中的应用

随着人工智能（AI）的不断创新发展，它的应用从工业领域、专家系统等逐步扩展到各行各业。智能技术也参与到人们的生产生活中，并在城市治理、社区治理等领域发挥了重要作用。例如，基于人工智能的人脸识别、影像辅助诊断、红外测温、病毒变异精准监测、药理毒理研究、无人机消毒、医用机器人、语音机器人、远程会诊、智能分诊等应用在社区逐渐普及。又如，通过视觉识别技术，社区的各类交通和活动轨迹都可以被精确跟踪及回溯，如有突发事件，可以更快预警物业人员及时处理；智能视频分析可以对社区和商业运营场所等人群聚集风险点以及社区周界安防开展自动化实时监测和预警。

2024年3月，政府工作报告中首次提出了“人工智能+”行动。报告提出：“深化大数据、人工智能等研发应用，开展‘人工智能+’行动，打造具有国际竞争力的数字产业集群。”要以广泛深刻的数字变革，赋能经济发展、丰富人民生活、提升社会治理现代化水平。“人工智能+”的提出为发展数字经济、推进数字融合指出了新的实践路径。

"人工智能+"代表着新质生产力。新质生产力是创新起主导作用，摆脱传统经济增长方式、生产力发展路径，具有高科技、高效能、高质量特征，符合新发展理念的先进生产力质态。它由技术革命性突破、生产要素创新性配置、产业深度转型升级而催生，以劳动者、劳动资料、劳动对象及其优化组合的跃升为基本内涵，以全要素生产率大幅提升为核心标志，特点是创新，关键在质优，本质是先进生产力。

"人工智能+"在社区创新治理过程中的作用集中体现在社区基础设施建设和管理、社区治理、公共服务等层面。当前我国社区治理体系已经发生重大变革，治理主体不仅包括政府组织、社会组织和经济组织，同时社会个体也能够参与到社区治理之中，进一步提升社区治理的政治认同感和凝聚力。"人工智能+"的引入，在技术层面可加强社区治理各个领域的智能化和自动化水平，提高社区治理效率和响应速度。同时，通过加强数据安全与隐私保护技术的研究和应用，确保社区中各类隐私和敏感数据的安全可靠不外泄；在服务层面可优化社区服务流程，简化各类办事程序，减少居民办事时间和成本，提升社区服务的个性化和精准化，提高居民满意度；在社区政务工作层面可完善监管机制，加强对社区工作人员的培训和管理，提高服务质量。同时，可以实现智能化服务评价和反馈机制，及时收集居民意见和建议，并实现深度分析和敏捷反馈。

本书将在第5章就社区治理领域提出多个"人工智能+"的重量级应用，并进行详细案例分析。

小　结

本章介绍了数字、数字技术、数字孪生、经济和数字经济等基本概念，并着重介绍了在智能新社区时代所使用到的数字技术，从互联网和"互联网+"开始，详细介绍了包括大数据、物联网、云计算、5G、人工智能和"人工智能+"等技术和概念。这些技术之间相辅相成的关系，构成了新数字时代的技术生态链。此外，还进一步阐述了数字技术的交叉应用在基层社区治理中所带来的应用和创新。

在国家治理现代化战略大背景之下，由大数据、互联网、物联网、5G、人工智能、数字孪生、区块链等为代表的数字技术和新基建所引爆的数字治理、数字经济时代已经到来，引领基层治理数字化转型和智能新社区建设进入一个蓬勃发展的时期。

从本章所介绍到的数字技术的交叉应用中可以发现，人工智能技术与大数据、数字孪生、物联网、5G等各类新技术的交叉和综合应用非常紧密；智能化是实现数字化转型的重要技术手段，是推进新型数字社区建设，推进社区走向新智能时代的重要基石。

第 3 章 社区治理需要的人工智能

从前面章节所介绍到的数字技术的交叉应用中可以发现，人工智能技术与大数据、数字孪生、物联网、5G等各类新技术的交叉和综合应用非常紧密；智能化是实现数字化转型的重要技术手段，是推进新型数字社区建设的重要内容。因此，从本章开始，着重从人工智能技术和智能化在社区治理领域的应用和实践进行探讨。

本章介绍了现代社区治理的生力军——人工智能如何在社区落地应用及所面临的挑战。我国已明确提出要提高社会治理社会化、法治化、智能化、专业化水平，也明确提出建立健全运用互联网、大数据、人工智能等技术手段进行行政管理的制度规则。因此，本章主要介绍社区治理中为什么需要人工智能，包括社区治理对人工智能的需求，以及社区中人工智能解决问题的基本方法，并对社区人工智能和通用人工智能进行差异化介绍。社区人工智能即指“人工智能+社区”“人工智能+社区治理”等各类技术应用。

3.1 社区治理为人工智能带来应用新视角

在数字化转型过程中，在人工智能技术发展的浪潮之下，我国也将发展人工智能上升至国家战略高度。2017年，国务院印发《新一代人工智能发展规划》，该规划提出了分三步走的战略规划。第一步，到2020年人工智能总体技术和应用与世界先进水平同步，人工智能产业成为新的重要经济增长点，人工智能技术应用成为改善民生的新途径，有力支撑进入创新型国家行列和实现全面建成小康社会的奋斗目标。第二步，到2025年人工智能基础理论实现重大突破，部分技术与应用达到世界领先水平，人工智能成为带动我国产业升级和经济转型的主要动力，智能社会建设取得积极进展。第三步，到2030年人工智能理论、技术与应用总体达到世界领先水平，成为世界主要人工智能创新中心，智能经济、智能社会取得明显成效，为跻身创新型国家前列和经济强国奠定重要基础。

毫无疑问，人工智能技术已经在许多领域解决了很多问题，并开始创造社会价值和商业价值，例如，智慧城市、智能制造、自动汽车、无人机、无感支付等。但是，人工智能技术在社区治理领域的应用还甚为有限，其应用的基础条件在社区治理中还不成熟；数据、计算能力和算法这三个核心要素在社区治理的过程和系统中还不具备。这也是建设或转型到新型数字社区的难点。

新型数字社区的建设和转型，以及创新社区治理的多元主体参与等因素，都提出了社区治理的智能框架体系新需求。

3.1.1 社区治理方式的转变带来人工智能应用新视角

社区治理的方式正在不断转变和创新，这就需要提高社区治理服务水平和治理效率，给出社区人工智能的应用新视角。

社区治理方式的转变，需要借助人工智能推进社区技术变革。人工智能参与社区治理精细化，有利于政府治理能力和手段的创新，并将对政府的服务能力和服务模式产生深远的影响。特别是随着智能化、数字化政府服务平台的建立，不仅可以进一步提高政府的治理水平，而且在新型数字技术的推动下，人工智能在社区治理的教育、卫生保障、健康养老、安全等领域也会产生重要影响。人工智能为社区治理提供动态监测信息，通过大数据分析为政府决策提供相应的数字支持，有利于政府建设走向智能化数字化。在数据分析和深入学习决策系统的基础上，对政府管理流程、管理措施和管理方法进行了优化，通过行政流程再造解决了当前公共管理存在的问题。例如，将人工智能引入社情民意分析中，通过人工智能提供的大数据分析，能够对社区急需解决的问题和热点进行及时解决，进一步提升社区治理效率。

人工智能技术可以应用于社区服务水平提升与服务模式创新。随着人工智能的发展，对人们的生产和生活产生了深远的影响，虚拟社区和虚拟社会成为常态。人们的角色、身份和活动不断在真实社会与虚拟社会之间切换。尤其是人工智能的发展，进一步提高社会管理公共服务供给水平和模式创新。例如，通过人工智能和数字化可以更方便地管理社区和社区的基础设施如水电管网等，并根据居民的需要制定相应的措施，进一步提高公共设施的服务水平。在新型数字技术的支持下，实现了人、机、物的有效互动和连接。通过大数据挖掘和各种数字平台建设及智能产品应用，公共设施的综合服务得到进一步完善。

借助人工智能技术提升社区治理效率。在社区治理过程中，人工智能的出现让原来的治理体系和治理模式发生翻天覆地的变化，智能机器成为社区治理的重要工具之一，人类作为社区治理主体，需要学会与人工智能相处，并与改变后的治理体系和治理模式相适应。为更好地适应人工智能带来的变化，社区治理模式将持续多元化，以便让更多的社区治理主体参与进来，从而进一步提升社区治理的公平性、公正性和科学性。同时，在社区治理过程中，借助人工智能的优势能够为管理决策提供更为科学的依据，通过人工智能参与社区治理，在基础设施建设、政务服务、多个主体互动等方面提供技术支持和平台，进一步推动社区治理向智能化、现代化方向发展，推动政府向公共服务型方向发展。

人工智能技术应用于社区治理实现科技向善。在社会治理过程中，人工智能的出现，极大地改变了原有的治理结构和模式。智能机器和人机交互已成为社会治理的重要工具之一。人作为社会治理和社会管理的主体，必须学会通过人工智能实现科技向善，适应治理结构和治理模式中应用新技术所带来的变化。

社区治理模式的创新带来人工智能应用的新视角。通过智能分析为政府决策提供风险预警、应急处理和问题研判的依据，对现有的社区治理资源进行有效整合，对社区治理效能进行评估，对社区进行深度数字画像和分析。

3.1.2　多元主体的参与提出社区治理智能化新需求

党的二十大报告提出要“完善社会治理体系”，要“拓宽基层各类群体有序参与基层治理渠道，保障人民依法管理基层公共事务和公益事业”，要“健全共建共治共享的社会治理制度，提升社会治理效能，”要“完善网格化管理、精细化服务、信息化支撑的基层治理平台，健全城乡社区治理体系”要“加快推进市域社会治理现代化，提高市域社会治理能力”要“建设人人有责、人人尽责、人人享有的社会治理共同体”。

要实现上述目标，就需要采取各种创新措施，有效推进社区治理的多元主体参与，吸收社会各界力量参与社区治理。新的治理理念，也为人工智能以及科技力量和手段在社区治理中的应用提出新的视角。特别是，如何实现多元化主体参与，提高社会治理智能化，从社会治理角度，为人工智能带来新视角。

3.1.3　人工智能在社区中研究的内容

在第2章中介绍过，基于基础理论、人工智能所研究的重点内容包括两部分。一方面，人工智能的核心在于探索模拟人类智能的理论、方法和结构体系。这一探索构成了人工智能研究的主体，它旨在构建可以模拟人类行为多样性的智能模型。另一方面，这些模型不仅是理论上的构思，而且需要借助计算机技术来实现，因此要研究以计算机为工具用于智能模型的开发实现。从计算机科学的角度来看，人工智能的研究可以被视为计算机的一种应用开发，特别是计算机智能应用的一部分，因此人工智能仍可视为计算机科学的一个分支领域。而社区治理是社会学范畴，两个领域的结合，必将带来新的视角。

从社区治理角度看，“人工智能+”将进一步促进数字化思维融入社区治理。现在，数字化思维在社会各个领域得到了广泛运用。社区作为城市的“细胞”单元，其治理水平和服务治理是城市综合管理水平的真实反映。如何把“人工智能+”融入社区治理的全过程中具有非常重要的现实意义。加强人工智能和社区治理的有效融合、无缝对接，借助大数据等先进的数字技术，应用于智慧社区建设和数字化转型发展，让社区治理更加以人为本，让社区居民的需求和对美好生活的追求得到最大限度的满足。

运用“人工智能+”思维和新一代数字技术，可以创新社区治理的一系列措施，为基层社区居民提供直接、快捷的参与和监督渠道，为社区治理、自治共治提供了创新的科学途径。该途径不仅有助于政府与居民之间的相互理解，也有利于更新社区治理理念，培养全民参与的新思维，从而形成多元化共同参与社区治理的共生新格局。例如，作为民政部“全国社区治理和服务创新试验区”的上海浦东新区，近年借助“人工智能+”赋能，应用大数据和人工智能等新技术，基于浦东信息化的数字底座，同时依靠区、街镇两级现有城市管理中心平台，调动并引领各种社会力量的积极参与，从而推动街镇和相关部门快速有效地处理相应问题，形成问题导向的城市管理社会共治的新模式。

3.2 社区人工智能需要解决的基本问题

社区治理应用人工智能技术，需要解决许多确切的问题，如社区服务质量和效率的提升、社区参与度的推进与分析、社区基础设施的设备健康、社区智能产品质量、系统效率、数据安全与隐私保护、综合成本等，需要有可被量化和确切的价值推广。基于预算或成本的考量，一般不会只为某种可能性或不确定性买单，这也是人工智能技术和大数据落地于社区的最大挑战。与社区基础设施的升级和服务方法的改进相比，甚至是与社区精细化治理带来的组织文化和效率改善相比，社区人工智能应用如果还没有确切的价值主张，即使推出的价值，本质上也只是一种可能性，当实际的价值没有达到期望时，即使再完美的方案也会跌落神坛。因此，“人工智能+社区治理”的应用不能以价值的“机会性”为出发点，更应该关注解决社区治理的“确定性”。

3.2.1 社区治理中的基础问题

1. 社区治理中需要解决的基础问题

在社区治理、社区服务、社区建设过程中，仍然存在各种基础问题。例如：

①需要进一步从社区管理转变为社区创新治理和服务。社区是国家政治、经济体制改革、城市发展的产物，也是社会治理和城市发展的重要载体，因此社区的发展与国家政治、经济的发展息息相关，社区治理创新就是要通过沟通互动、协同创新、居民参与，让从政府自身出发的管理变为对居民的主动服务，强化政府公益服务，提升居民福利，增加居民幸福感。

②需要提升社区公共管理和服务的能力和质量。当前，社区建设快速发展，社区下辖单位和人口急剧增长，大量离退休人员、失业人员、个体私营经济从业人员、外来人口纷纷涌入社区，社区的公共管理和公共服务、物业服务等需求日益明显。

③需要更灵活地适应社会发展，满足居民生活便捷化、智能化的需求。社区的主要构成对象就是商业、住宅与家庭，因此社区信息化应用始终主要围绕着商业单位的日常运营和居民日常生活展开，各类智慧化服务需要不断丰富与完善，使社区居民生活方式更加智慧、更加便捷。

④社区治理如何适配社区公共卫生和医疗服务的多样化需求。人口老龄化、医疗费用居高不下、公共卫生安全、非传染性慢性病增多等一系列的医学难题，使得开展社区卫生服务、寻找适当的社区卫生服务模式已成为基层社区医疗服务创新的必然趋势。社区医疗服务是为群众提供安全、有效、方便、价廉的公共卫生和基本医疗服务，保障人民利益，提高人民健康的重要建设内容。

⑤如何满足社区文化建设的需求发展。随着社区建设的快速发展，社区文化对提升一个社区的品位和建设和谐社区具有重要作用。社区文化建设是居民提升自身素质的必不可少的环节，加强社区文化建设与发展，对于促进人的全面发展至关重要。

⑥需要促进社区基础设施更完善。随着经济社会的快速发展，国内城市化建设进程加快，城市人口增加，原本的社区基础设施升级需求、社区功能完善需求、服务水平精细化等需求的日益加剧，社区基础设施完善和新基建建设同样刻不容缓。

⑦在老龄化过程中如何应对日益增多的康养及养老需求。中国现在已经逐渐步入老龄化社

会，社区老人以及空巢老人的增多，也给基层社区治理带来了隐患。目前，很多老龄化社区的老年人约占总户籍人数的20%甚至更高。调查显示，大部分老年人在饮食和起居方面希望能够通过依托社区进行照顾。

2. 社区人工智能需要解决的基本问题

上面列举了很多社区治理中面临的基础问题，下面讲解社区人工智能需要解决的基本问题。

要实现智能化社区及社区数字化转型，首先要加强社区人工智能的应用。人工智能是模仿基于生命具有的生理和心理器官的高级创造思维能力，包含对自然与人文的感知、记忆、理解、分析、判断、升华等。尽管社区大数据具备多维度、大样本量的特性，加上人工智能技术赋能，我们比以往更接近复杂系统全貌，但仍不足以拥有驾驭城市和社区系统的真正智慧。

技术层面上，以群体智能、类脑智能、神经芯片和脑机接口等为代表的强人工智能，水平会远超现在的人工智能，实现推理和解决问题，这时智能系统才会表现出类似生命体的思考能力。

作为有机体和复杂巨系统，城市几乎不可能实现完全意义上的可预测和可控制，而社区正是城市的基础组成粒子。事实上，城市和社区全生态系统都与人和社会相关，对社区生态系统的认知和治理，是实现智能新社区的关键。这些虽大都依托信息技术实现，但技术以外的理念与机制更重要。所以，社区人工智能需要解决的基本问题，不仅只从解决技术问题的单向思路出发，还需要基于技术以外的理念与机制解决问题。包括：

（1）以人为本：关心社区居民

未来智能新社区或数字化社区的建设，价值观将不断回归以人为本而非以技术为主流。规划、设计和建造城市与社区，是为创造更理想的人居环境。人的幸福感提高是社区治理与发展的核心目标。幸福感不能简单量化观测。“以人为本”说来容易，但以往更多是自上而下替人做决定，而非让所有居民真正参与决策制定和执行过程，只有从设计之初，切实从所有居民的需求和感受出发，倡导社区参与，才能规划建设出以人为本的社区。

从社区自治的角度来说，智能新社区的规划和决策，应当需要全体居民参与。从战略提出、技术方案选择到具体实施，都要通过居民听证环节推进。多方倾听居民和参与方声音，看起来效率很低，但这样大规模的建设项目，有大量潜在技术和安全风险，如果不得到全体居民支持，可能出现各种问题。特别是一些大型科技公司的技术实验项目，必须打消利益相关方对资本和数据隐私等疑虑，在法律层面解决，才能确保项目顺利推进。

（2）问题导向：解决人的问题

要合理高效解决社区治理问题，首先要准确发现问题，其次要有寻找解决方案的良好机制。这意味着柔性、动态的政策导向。从国外案例看，很少有构建硬性的指标体系来指导社区建设发展的，都是从微观甚至琐碎的问题出发，短平快地解决居民生活烦恼。这也体现以人为本的城市和社区发展观。

与现在遵循标准化的所谓“顶层设计”、大量标准化产品堆砌成的“智慧城市”不同，解决社区基层问题，需要灵活的技术响应机制，把社区当作开放的实验室。通过开放提出问题、开放数据、开放征集解决方案等，加上各种风险投资和项目孵化机制，鼓励市场化的解决问题机制。

（3）低碳与可持续：从生态出发

城市发展要以整个人类文明的永续传承和后人享受更高质量的生活为目标。更智慧的城市，势必具有更可持续发展的能力。新科技为城市核心系统的设施提供了更为智能、高效率的调配方案，大幅减少物质和能源的损耗。

而城市的社区居民，也在期待技术进步带来更好的物质基础。城市就在一代代的科技交接中，不断迸发出人类智慧的火花。

随着3060双碳目标的提出，我国不断完善绿色城市和绿色社区建设的标准，以及社区“低碳可持续”发展的数字化和智慧化，旨在更新传统的社区基础设施，实现高效节能的低碳目标。

（4）共享开放：多方协同及多元化参与

开放、跨界、共享是社区创新发展的重要特征，也是社区人工智能可以更多赋能的方向。

社区问题往往涉及复杂的利益相关方，各方诉求又各不相同。寻找解决方案的途径是将所有利益相关方联系起来，对所涉问题充分讨论，考虑各方需求后得出解决方案。居民也成为社区天然的链接和传感结点，帮助社区治理者不断地发现并主动解决问题。在这样的形势下，智能社区将通过跨界创新，为多元的社会公众、企业和组织等提供服务和支持，通过社区参与的平台影响力，集聚共享的力量和智慧，聚焦社区公共产品与公共服务领域创新创业孵化，实现多元化参与与合作共赢。

总之，近年来，随着智慧社区建设的升级，社区数字化转型的需求，中国对智能化社区的关注力度逐渐加大，国家对智能化社区的发展政策更加注重绿色、环保、智能和可持续性。因此基于《新一代人工智能发展规划》《关于深入推进智慧社区建设的意见》等文件及相关指导思想，需要进一步创新社区治理和社区服务的方式方法，运用智能化手段加强和提升社区服务模式，高度重视网络阵地建设，充分利用和发挥人工智能、大数据、物联网、云计算等高新技术的优越性，推进社区智能化建设，构建智能、人文、宜居的现代新型社区。

3.2.2 社区人工智能赋能社区治理的问题解决能力

社区人工智能是指在社区信息化建设的基础上，应用新基建的数字底座，通过与大数据、云计算、物联网等新技术的交叉融合应用，构建社区治理、社区服务、社区政务、社区及家庭生活等各方面的数字化应用平台和通道，并将实际生活中多个社区系统有效地联系起来，使其与社区有关的人员在沟通时能够实现高效赋能，分享和运用社区信息资源，进而实现提升社区居民生活品质和促进社区全面提高的目标。

社区人工智能对于社区治理来说，是一种技术赋能，不仅如此，还有利于提高社区治理的质量，创新社区治理模式。例如，社区治理已经转换为政府推动与社区自治相结合的合作型治理模式。这样的转换，是合理调整与适应，是符合目前中国社区及社区居民需求的前提，是在之前几十年的社区信息化不断发展的基础之上的更新迭代。

社区人工智能与社区治理是双系统工程。无论是社区人工智能还是社区治理，任何一个单独来说，都是一个完整的系统概念。在实施过程中，既需要考虑双方的系统性和完整性，同时又要考虑两个系统的融合性和应用性。社区人工智能对社区治理而言，是融合与赋能，而不是颠覆。人工智能技术和各类新技术的迅速发展，为社区的智能化建设，以及社区治理创造了不可多得的机遇和不可避免的挑战。这场机遇和挑战，促使社区作为现代社会文明发展的重要标志变得更为重要，推进社区所实行的治理模式，向更高的层次拓展。

可见，社区人工智能是智慧城市建设的核心组成部分，是城市精细化治理及新型数字化社区建设的基本必要环节，是创新社区治理、优化社区服务功能、提高社区参与的有效赋能方式和手段。基于社区服务、社区参与以及社会资本等对于社区治理方面的相关影响，可以发现，对于社区治理、社区服务与社区参与是非常重要的主题。因此，研究社区人工智能技术对社区智能化和社区治理的赋能和应用，也需要讨论社区人工智能对社区服务和社区参与影响和赋能。社区智能化既是实现社区更好服务的高效和创新平台，又是促进社区数字化转型的催化剂，也是居民社区参与的黏结剂，它推动了我国社区治理的创新。

但社区人工智能的发展如果过度应用，也会对社区治理产生一定的危害。例如，社区智能化可能会带来“过度参与”；智能化会带来“数字鸿沟”，特别对老年人有难以逾越的数字鸿沟；智能化可能会带来的“信息欺骗”，引发政治参与的程序化；智能化还会带来个人数据泄露问题，导致个人隐私可能被无限放大。目前国家也已经出台了相关配套法律和政策以解决上述问题。

讨论人工智能技术如何赋能与助力社区参与、社区服务、社区治理，可以厘清相互之间的关系，以及彼此之间单向或双向互动方式，可以明确社区人工智能与社区治理是双系统工程，需要互相融合。人工智能技术促进社区智能化，社区智能化更便捷地提供社区服务，方便了社区参与，同时，社区服务推动了社区参与，社区服务与社区参与共同促使社区治理目标的实现。

3.3　人工智能解决问题的基本方法

以人工智能技术推进以社区智能化和数字化为基础的社区服务和社区参与，将更加有利于实现服务型社区、建设和谐社区，而此这是社区治理目标得以实现的重要体现。从人工智能技术赋能的角度来看，是在社区服务、社区参与赋能基础上推进社区智能化治理。

在开始探讨社区人工智能技术应用之前，首先应该对人工智能技术如何赋能社区及如何解决社区治理中的复杂问题，有基本的逻辑性认识。本节以较为科普性的方式先介绍人工智能解决问题的基本方法，为下一节理论性介绍进行铺垫，帮助读者在下一节更好地理解人工智能中的知识，以及通过机器学习方法获取知识的过程等重要概念和理论。

人工智能解决问题的方式大概可以分为七个大类，包括检测问题，聚类问题、分类问题、预测问题、规划问题、泛化学习问题以及具备常识和创作能力，如图3-1所示。前五大类问题是早期经典机器学习的研究范畴，属于弱人工智能领域。自从深度学习技术开始兴起后，开始逐步出现具备第六类和第七类能力的应用，被认为是进入强人工智能的开端。人工智能所要解决的七类问题可以按照图3-1所示顺序进行排列，前一个问题的实现往往是后者的前提。例如，规划问题的可延展范围往往建立在良好的预测模型基础上，这样才能够在不断调整决策变量时预测目标方程，并逐渐收敛到最优目标。几乎所有解决规划问题或优化问题的算法，其最大不同之处是向最优目标方程收敛的路径或搜索方式，因此，其表现很大程度上取决于预测模型或数学模型的准确度。

1. 检测问题

检测问题也称辨识问题，是基于经验、知识和分析目标对数据进行处理和特征辨识的过程。检测问题也是对分析对象的抽象过程，即提取最关键有效的少量信息来代表全局。这与人看世界的方式是一样的，人的眼睛会有一个焦点，视力焦点所在的位置是信息采集效率最高的地方，而对它的判断往往也不需要全量信息，可能只是几个关键特征就可以完成判断。这是大脑经过数十万年进化后所认为的最高效处理信息的方式。又如，社区服务智慧养老场景中的设备故障检测，判断不同的问题需要检测不同的数据或频率。换句话说，完成检测问题需要有一个特定的对象和目的，以及定义这个对象和目的的先验知识。对这种知识的依赖是检测模型训练中必须经历的过程和步骤。

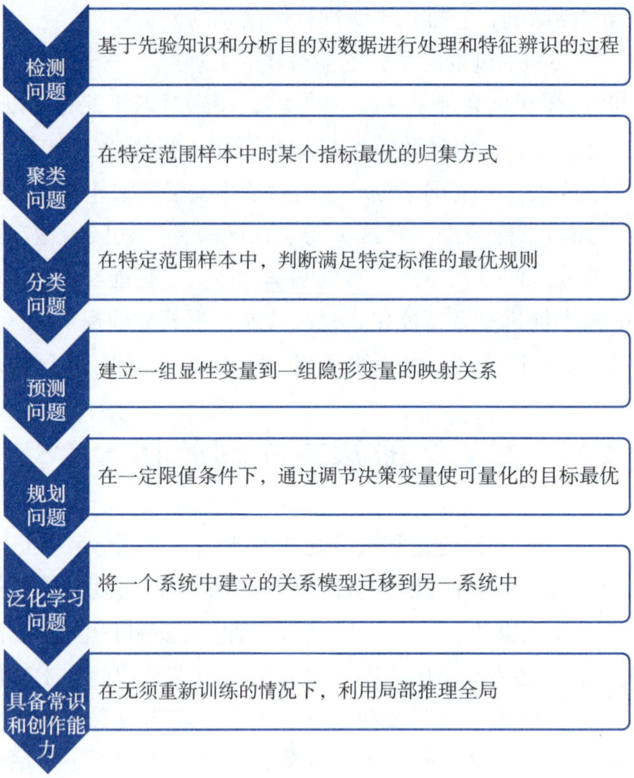

图 3-1 人工智能解决问题的七大类方式

2. 聚类问题

在特定范围样本中使某个指标最优的归集方式。最常用的指标是距离和似然值，目的是使在同一个归集内的样本相似性最高，而不同归集内的样本之间的差异性最大。聚类问题是最典型的非监督式学习，也可以说是一个开放性比较大的问题，当选择的变量不同、指标定义不同、集数量不同，甚至是初始条件的不同时，都会影响聚类的结果。聚类也是大数据挖掘中最常用的工具，在许多商业智能的应用中，分析师利用各种维度的特征将客户数据进行归集，然后去寻找各个集合中共性的特征，进而制定更适合与更有针对性的商业策略。

3. 分类问题

与聚类问题相反，如果已经对样本有了一个先入为主的归集，或称标签，那么去学习这种归集方式的最佳规则就是分类算法所要解决的问题。分类问题是典型的监督式学习，也是收敛性的聚类问题——在所有聚类方式中寻找对已知样本归集最友好的规则。

4. 预测问题

建立一组显性变量到一组隐性变量的映射关系，或者说是利用可测量对象预测不可测量对象，以及利用对当前的观测预测未来状态的过程。当隐性变量是离散状态时，预测问题约等于模式识别和分类问题；而当隐形变量是连续数字时，则预测问题可以当作回归问题来看待。

5. 规划问题

规划问题是指在一定的限制条件下通过调节决策变量使目标最优的过程。规划问题又分为数学建模和求解两个过程，数学建模包括对目标的量化定义，对限制条件的数学表达，以及从决策变量到目标的映射关系。也正因如此，可被预测是可以规划的前提，而预测的准确度是找到最优解的保障。求解过程可以理解成一个搜索框架，即决策变量逐步收敛到最优目标的过程。

6. 泛化学习问题

机器学习和深度学习的根本问题是优化和泛化之间的对立。优化（optimization）是指调节模型以在训练数据上得到最佳性能，即机器学习中的学习；而泛化（generalization）是指训练好的模型在前所未见的数据上的性能好坏。在机器学习中，泛化能力通俗地讲就是指学习到的模型对未知数据的预测能力。在实际情况下，通常通过测试误差来评价学习方法的泛化能力。

7. 具备常识和创造能力

常识和创造能力是人类智力的基本能力和特征，然而，却为人工智能之挑战。即使技术型人工智能也不能忽视这类能力。常识和创造能力根植于日常生活，如想象的思维、情感感知、类比联想，寻找一个结构性的问题空间和反射自我批评等。它不仅涉及认知维度，还涉及动机和情感，以及文化背景和个性因素。当前人工智能的创造性模式主要侧重于认知层面。

我们用在社区中常见的一种人工智能技术应用场景——人脸识别技术，进一步理解以上这几类问题的本质。人脸识别应用模型的基本结构在2.9节及图2-15中已经介绍，这里进一步细化步骤，从而对应上述各类问题，其识别流程可以细化为图3-2所示的人脸检测与校准、人脸特征提取、人脸聚类、人脸识别等过程。

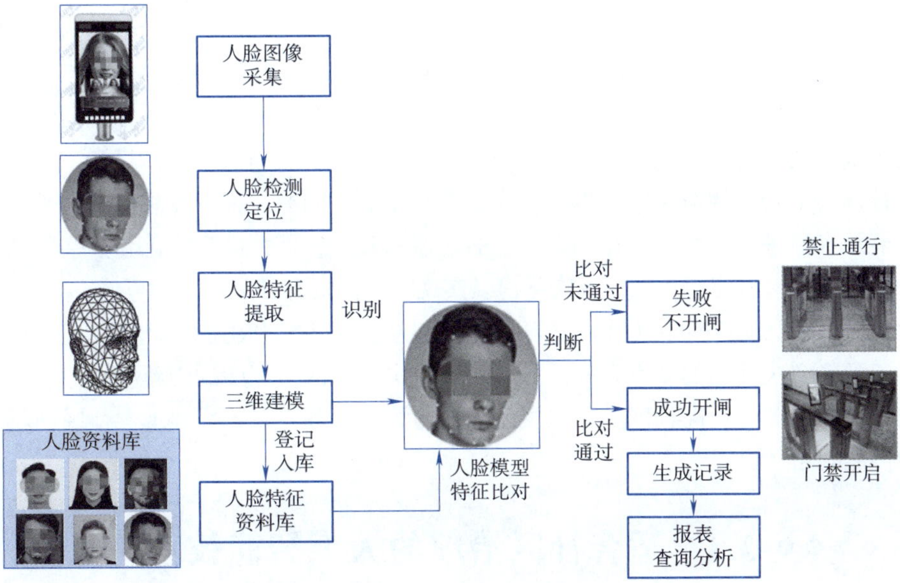

图 3-2　人脸识别流程的详细步骤

①人脸检测与校准：检测出图片中人脸所在的位置。人脸检测算法输入的是一张图片，输

出的是人脸框坐标序列（0个人脸框或1个人脸框或多个人脸框）。通常而言，输出的人脸坐标框为一个正朝上的正方形，也有一些输出的是正朝上的矩形，或者是带旋转方向的矩形。常用的人脸检测算法基本是一个“扫描”加“判别”的过程，即算法在图像范围内进行扫描，然后逐个判定候选区域是否为人脸的过程。因此，人脸检测算法的计算速度与图像尺寸和图像内容相关。算法设计过程中，可以通过设置“输入图像尺寸”“最小脸尺寸限制”或“人脸数量上限”的方式来加速算法。

检测出人脸所在的位置后，需要进一步地配准定位出人脸上五官关键点坐标。人脸配准算法的输入是“一张人脸图片”加“人脸坐标框”，输出五官关键点的坐标序列。五官关键点的数量是预先设置好的一个固定数值，可以根据不同的语义来定义，常见的有5点、68点、90点等。

②人脸特征提取：将一张人脸图像转化为一串固定长度的数值的过程。这个数值串称为“人脸特征”，具有标识人脸特点的能力。人脸特征提取过程的输入也是“一张人脸图”和“人脸五官关键点坐标”，输出是人脸相应的一个数值串（特征）。人脸特征提取算法会根据人脸五官关键点坐标将人脸对齐预定模式，然后计算特征。早前的人脸特征提取模型都较大、速度慢，仅适用于由后台或云平台提供服务；但最新的一些研究，例如面向特定算法对运算架构进行改良的专有芯片，可以在基本保证算法效果的前提下，将模型大小和运算速度优化到移动端可用的状态，即通常所说的边缘计算。

③人脸聚类：将一个集合内的人脸根据身份进行分组的算法。人脸聚类也通过将集合内所有的人脸两两之间做特征比对，再根据这些相似度值进行分析，将属于同一个身份的人划分到一个组里。在没有进行人工身份标注前，只知道分到一个组的人脸属于同一个身份，但不知道确切身份。

④人脸识别：从数据库已存储的人脸数据中搜索与输入的人脸特征相似的序列，并识别出输入人脸图对应身份的算法。输入一个人脸特征，通过与注册在库中的N个身份对应的特征进行逐个比对，找出一个与输入特征相似度最高的特征。将这个最高相似度值和预设的阈值相比较，如果大于阈值，则返回该特征对应的身份，否则返回“不在库中或无法识别”。

理解机器学习需要解决哪些问题，以及如何解决这些问题，对人们认知机器学习的能力边界，以及正确地去理解和定义所要解决的问题，并将其转变成为一个建模目标，有非常重要的意义。在社区人工智能的应用中，也面临许多十分相似的问题，许多算法也因此是相通的。社区人工智能技术推进了社区智能化和数字化的转型和发展，而社区智能化和数字化是社区治理的基石，社区服务又需要通过社区智能化得以实现，从而提高社区参与的可能。

总之，要在社区数字化转型中将各项人工智能新技术应用和功能设计得更加合理，需要首先了解人工智能解决问题的基本方法，从而高效地实现社区治理中的创新应用。引导社区居民参与，完善社区服务，提高社区多元化主体的参与积极性和效果，为实现“社区创新治理”提供了一种可能的路径。

3.4　适合社区治理的人工智能技术

第2.9节介绍过，在人工智能的发展历史上，逐渐分成了数个研究流派或者分支学科，这些不同的流派在方法论、对任务的理解、对技术工具的使用，甚至是对智能的理解哲学上存在巨大的分歧；同时，我们也对人工智能的基本概念做了一些介绍。可以说，每一个学派都希望自己能够在智能和算法方面有所突破，验证各自的理论在解决所有问题上的通用性。那么，在这些不同的技术流派中，哪一些会更加适用于解决社区这个生态系统中的问题?不同技术流派在解决这些问题中有哪些优势和瓶颈？本节将基于社区这个复杂生态系统，对人工智能技术进行基本介绍，并提出一些开放性的探讨，也为社区治理过程中的技术选型和各类算法优化方向提供一些参考。

通过第2章各种数字技术的应用介绍可知，目前数字技术几乎可以表示世界上大部分人类社会的工作，同样，数字社区基本上可以用数字技术表示和实现。社区治理中一部分是事务性处理，用传统技术解决；另一部分是智能性处理，需要用人工智能技术解决。过去，传统社区工作中智能性处理占比不高，但随着社会发展，人类社会越来越复杂，智能型需求越来越高，基层社区治理也在向数字化转型，对人工智能技术应用需求越来越大。

有了知识获取和管理的需求，就要应用人工智能技术。主要有以下三个代表性应用学派：

①以深度学习为应用代表的归纳学派。

②以知识图谱为应用代表的推理学派。典型应用如谷歌、百度百科等，主要应用到了知识图谱。

③以机器人应用、代理应用为代表的行为主义学派。

人工智能研究的出发点是知识，应用需求或系统中，凡是包含或带有知识的，都属于智能系统。本节将从人工智能如何研究、获取、组织、存储和处理知识的过程，探讨什么样的人工智能技术更适合社区治理。

3.4.1　知识、知识表示与知识管理

人工智能研究的内容是知识，那么，数据和知识的区别在哪里？数据不带语义，而知识带有语义。例如，9代表数字没有语义，属于数据；而9个人、9把椅子等，有语义代表知识。涉及有语义的问题，就有人工智能，所以人工智能技术同传统数字技术不同，例如，人们所熟知的抖音、今日头条等应用里有推荐系统，属于知识应用，靠传统的数字技术无法实现推荐系统。这里主要介绍知识、知识表示以及知识组织和管理的基本概念。

1. 知识的基本概念及其分类

知识是人工智能学科的基础。知识是人们在认识客观世界与改造客观世界，解决实际问题的过程中形成的认识与经验并经抽象而成，因此知识是认识与经验的抽象体。知识由符号组成，同时包括符号的语义。因此从形式上看，知识是一种带有语义的符号体系。

一般而言，知识的抽象性决定了它具有强大的指导性与影响力，自古以来人们都认可：知识就是力量，知识是人类精神财富。有关人工智能领域的研究和应用都是围绕知识而展开的。按不同的角度，知识可以分为以下几类：

（1）按层次分类

知识由一个完整体系组成，包括由底向上的四个层次。图3-3所示为知识的四个层次结构示意图。

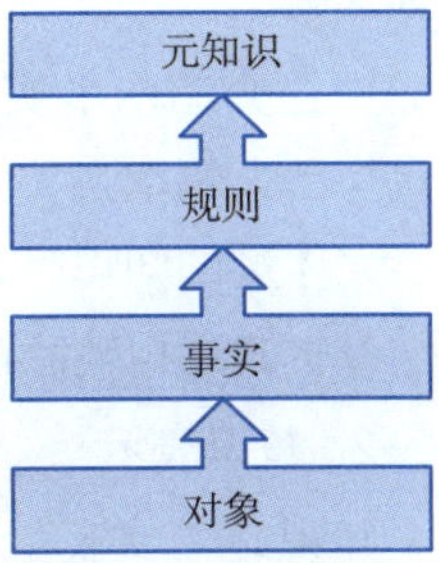

图 3-3　知识的层次结构示意图

①对象：对象是客观世界中的事物，如花、草、人、鸟等。对象并不组成完整的认识与经验，因此它并不是知识，它是知识的一个组成部分，在知识构成中起到核心作用。因此，对象是知识的最基本与关键组成部分。对象有常值与变值之分，如一个公司有若干个员工，员工"张三"是常值对象、"李四"是常值对象，而由"张三""李四""王五""陈六""赵七"等员工所组成的全部员工集合中的一个员工变量x是变值对象。

②事实：事实是关于对象性质与对象间关系的表示。事实是一种知识，它所表示的是一种静态的知识。在知识体系中它属最底层、最基础的知识，如"花是红的""人赏花"等均为知识，前者表示对象"花"的性质，后者表示对象"人"与"花"间的关系。与对象一样，事实也有常值与变值之分，若事实中所有对象均为常值则称为常值事实，若事实中含有变值对象则称为变值事实。例如，上面的"人赏花"是常值事实，而如果人观赏的是花、景、物中可变的一个，则是变值事实。变值事实反映了更为广泛与抽象的性质与关系，如父子关系、上下级关系、同窗关系等。

③规则：规则又称推理，是客观世界中事实间的动态行为，反映了知识间与动作相联系的知识。目前常用的推理有演绎推理（有时又称推理）、归纳推理。由一般性知识推导出个别与局部性知识的推理称为演绎推理，如亚里士多德的三段论规则即属演绎推理。在该推理中，有大前提和小前提后必可推得结果。规则大多为变值规则，使其具有广泛的使用价值。

④元知识：元知识是有关知识的知识，是知识体系中的顶层知识。它表示的是控制性知识与使用性知识。例如，规则使用的知识、事实间约束性知识等。

上述介绍的四个知识层次中，对象是最基础的，事实由对象组成，规则由事实组成，元知识是控制和约束事实与规则的知识。它们共同组成了知识的四个层次。

（2）按内容分类

①常识性知识：泛指普遍存在且被普遍接受的客观知识，又称常识。

②领域性知识：指的是按学科、门类所划分的知识，如医学中的知识、化学中的知识均属领域性知识。

（3）按确定性分类

①确定性知识：可以确定为"真"或"假"的知识称为确定性知识。在本书中如不进行特别说明，所说的知识均为确定性知识。

②非确定性知识：凡不能确定为"真"或"假"的知识称为非确定性知识。例如，"清明时节雨纷纷"，表示在大多情况下清明时节会下雨，但并不能保证所有年份清明时节、所有地区均下雨。

上述介绍的事实、规则等都是知识的基本单元，随着人工智能的发展，知识的复杂性与体量均已大幅增强，为此需要用多个知识单元通过一定的结构方式组成一个模型才能表示复杂的、大体量的知识，这种知识称为知识模型。例如，机器学习中经过训练的人工神经模型、深度学习中的卷积神经模型等均是知识模型。

2. 知识表示

知识是需要表示的，为了表示方便，一般采用形式化的表示，并且具有规范化的表示方法，这就是知识表示。在人类智能中知识蕴藏于人脑中，但在人工智能中需要用知识表示的方式将知识表示出来以便于对其进行讨论与研究。知识表示就是用形式化、规范化的方式对知识的描述。其内容包括一组事实、规则以及控制性知识等，部分情况下还会组成知识模型。

从计算机的角度看，知识表示反映了知识在计算机中的数据结构，这种结构有概念层、逻辑层及物理层等三个层次。其中，概念层主要介绍结构的基本理论性内容；逻辑层主要介绍结构的逻辑性框架；物理层主要面向计算机，由计算机开发者完成。

在人工智能研究中，不同的知识表示决定了不同的知识组织与存储、不同的知识获取、不同的智能应用。因此，知识表示是人工智能中最基础性的。

在人工智能中有很多种知识表示方法，常用的有产生式表示法、谓词逻辑表示法、状态空间表示法、知识图谱表示法，此外还有语义网络、框架、脚本、黑板、面向对象等多种表示方法。每种知识表示都各有所长也各有所短，以适应不同的应用需要。知识的多种表示方法反映了知识的结构复杂性、使用环境复杂性、操作处理的复杂性。

在实际应用中采用何种知识表示方法是没有统一标准的。一般来说，主要根据应用对象、环境及操作处理需要而定。

本节介绍四种常用的知识表示方法，分别是产生式表示法、状态空间表示法、谓词逻辑表示法以及知识图谱表示法。

（1）产生式表示法

产生式表示法的知识由事实与规则组成，它也可表示部分元知识。

产生式表示法中目前有两种表示知识的方法：第一种是事实表示；第二种是规则表示。

①事实表示：可以表示对象性质以及对象间的关系，是指对问题状态的一种静态度描述。当表示对象性质时，用来表示指定对象具有指定性质的某个指定值，如“海水、味道、咸”表示海水味道是咸的。当表示对象间关系时，它表示指定两个或多个对象间所具有指定的某个关系，如“姐妹、丽丽、花花”表示丽丽与花花间是姐妹关系。

一个给定问题的产生式系统可组成一个事实集合体称为综合数据库。

②规则表示：规则是事实间因果联系的动态表示。产生式规则的一般形式为：如果X，那么Y。

其中，前半部X确定了该规则可应用的先决条件，后半部Y描述了应用这条规则所采取的行动得出的结论。一条产生式规则满足了应用的先决条件X之后，就可用规则进行操作，使其发生变化产生结果Y。

一个给定的问题的产生式系统可组成一个规则集合体称为规则库。

产生式表示法是目前人工智能中最常见的一种表示法，它在表示上有如下特点：

①知识表示的完整性。前面介绍了知识的四个层次，可以用产生式表示知识体系中全部四个层次，因此这种表示法具有知识表示的完整性：

- 可以用产生式中的对象表示知识中的对象。
- 可以用产生式中的事实表示知识中的事实。
- 可以用产生式中的规则表示知识中的规则。
- 可以用产生式表示知识中的部分元知识。

此外，用产生式表示的知识以确定性知识为主，但也在一定程度上可以表示非确定性知识。如何表示非确定性知识这部分内容本书不展开介绍。

②表示规则简单、易于使用。用产生式方法表示知识无论是对象、事实、规则都很简单，

因此易于掌握使用。

③无法表示复杂的知识。用产生式方法表示的知识比较简单，适用于一般知识体系的表示。但对复杂知识的表示有一定的难度，如对嵌套性、递归性知识的表示，多种形式规则的组合表示等，都存在一定困难，这是它在表示上的不足之处。

④只能表示演绎性规则。用产生式方法所表示的规则仅限于演绎性规则，它无法表示归纳性规则。这也是它在表示上的另一个不足之处。

（2）状态空间表示法

状态空间表示法是知识表示中比较常用的方法。此方法是问题求解中通过在某个可能的求解空间内寻找一个求解路径的一种表示方法。

状态空间表示法是目前人工智能中常见的一种表示法，它在表示上有如下特点：

①知识表示的完整性。可以用状态空间表示知识体系中全部四个部分：

- 可以用状态空间中的对象表示知识中的对象。
- 可以用状态空间中的状态表示知识中的事实。
- 可以用状态空间中的操作表示知识中的规则。
- 可以用状态空间表示知识中的部分元知识，如约束性知识。

②表示简单、易于使用。用状态空间方法表示知识无论是对象、事实、规则都很简单，因此易于掌握使用。

③适合于知识获取中的搜索策略，无法表示复杂的知识。状态空间方法表示知识也存在一定的不足，具体表现为：状态空间方法表示目前主要应用于知识获取中的搜索策略，同时它的知识表示结构简单，适用于一般知识体系的表示，对复杂知识的表示有一定的难度。

④只能表示演绎性规则。用状态空间方法所表示的规则仅限于演绎性规则，这也是它在表示上的另一个不足之处。

（3）谓词逻辑表示法

谓词逻辑表示法采用数理逻辑中的符号逻辑表示知识的方法，这是一种典型的符号主义知识表示法，它能表示知识中的对象、事实、规则及元知识。谓词逻辑有以下几个基本概念：

①个体：个体是客观世界中存在的独立物体，它是谓词逻辑中最基本的单位。

②函数与项：个体可以转换成另一个体，这种转换称为函数，函数可用f、g、h等表示。例如，个体x可通过函数f转换成个体y，可表示为$y=f(x)$。而个体及由函数所生成的个体统称为项。因此项也是个体，但是一种个体的扩充。

③谓词：谓词表示个体之间的关系。例如，兄弟关系可用$P(x,y)$表示，其中，P表示谓词“兄弟”，x、y是个体变量，其个体域为“人”的集合。

④量词：谓词的值是不定的，它随个体的变化而变化。由个体域与谓词的值所建立起来的关系称为量词，可细分为存在量词和全称量词。加了量词后的谓词的值是确定的。

⑤命题：能分辨真假的语句称为命题。命题一般可用P、Q、R等表示。命题有值，可用T或F表示，称为命题的真值；且命题有常量与变量之分。上面所讲的谓词及带有量词的谓词均为命题。

⑥命题联结词：命题可以通过命题联结词（简称联结词）建立一种新的命题。常用联结词有五个，分别为并且、或者、否定、蕴含、等价。

可以用带解释的谓词逻辑公式表示知识。这种知识表示个体性质及个体间关系，因此是事实性知识。

谓词逻辑中的推理可表示为规则性知识，它共有18条规则，是古希腊时期由亚里士多德所开创的以研究思维外延规律的形式逻辑中的基本性规则，这是常识性规则。而由普通蕴含公式在局部范围为真（即可满足公式）所得到的推理也是规则，这是领域性规则。

谓词逻辑表示法在表示上有如下特点：

①知识表示的完整性。谓词逻辑知识表示可以表示知识体系中全部四个部分：

- 可以用谓词逻辑公式中的个体及项表示知识中的对象。
- 可以用谓词逻辑公式表示知识中的事实。
- 可以用谓词逻辑规则表示知识中的规则。
- 可以用谓词逻辑表示知识中的部分元知识。此外，谓词逻辑知识表示还可以表示常识性知识与领域性知识，因此用谓词逻辑表示知识是比较全面与完整的。

②具有高度形式化与符号化。由于谓词逻辑采用数学方法，具有高度形式化与符号化，因此所表示的知识具有高度逻辑上的严密性与正确性，且可借助数学方法，有利于知识的获取与使用。

③只能表示确定性知识。谓词逻辑表示虽具有体系上的完整性，但是也存在一定的不足。用谓词逻辑所表示的知识都是确定性知识，它不能表示非确定性知识，这是它在表示上的一个不足之处。

④只能表示演绎性规则。用谓词逻辑所表示的规则仅限于演绎性规则，无法表示归纳性规则。这也是它在表示上的另一个不足之处。

（4）知识图谱表示法

知识图谱（knowledge graph，KG）是谷歌公司2012年提出的一种适用于网络环境的知识表示方法。这种方法非常简单，其重点在于描述客观世界中实体间的关系。其中基本单元是实体，实体间有关系与属性（是一种特殊关系），属性表示实体与另一实体间的一种性质关联，而关系则建立两个实体间的某种语义关联。例如有某学生，他是一个实体，有学号、姓名、年龄、性别等，这些都是他的属性。这个学生实体通过他的属性建立起该实体的性质描述。同时一个实体还可通过关系建立起与该实体所关联的其他实体。例如某学生，除了有属性外，还有与他有关联的其他实体，可用关系表示，如他与父母（实体）之间的关系，他与同学（实体）之间的关系等。

在一个知识体系中有多个实体，而每个实体又有多个属性与关系，它们间相互关联，组成了一个与语义相关的网络。

谷歌在推出知识图谱后，在其搜索引擎中增强搜索结果，这标志着大规模知识在互联网语义搜索中的成功应用。此后，除了谷歌外，还有百度、腾讯等大型网站都使用知识图谱表示。

知识图谱是在互联网与大数据时代的知识表示方法，它具有明显的当代先进技术需求的特点。此表示法主要用来优化现有的网络搜索引擎，同时也方便网上海量数据分布式组织与存储。因此，知识图谱具有明显的优点与缺点。

①知识图谱的优点：

- 表示简单：知识图谱仅有实体与关系两个概念，通过这两个概念可以建立起众多实体间错综复杂的关系，并组织成一个基于海量数据的庞大知识体间相互关联的网络。
- 针对性强：知识图谱表示法主要针对互联网上分布式并行数据的组织与存储以及建立在其上的海量数据的搜索及应用。知识图谱虽然表示简单，但能表示对象、事实与规则等基本知识的能力。
- 体系完整：知识图谱表示法创立于互联网企业，并在网上得到一致的认同与使用，具有完备的开发、使用工具与操作使用经验。因此，这种表示法在理论、工具、开发使用及操作经验等上、中、下游均构成完整的体系。

②知识图谱表示法的缺点：

- 表示能力不足：由于知识图谱表示法针对性强，对互联网上的海量知识表示与推理具有优越性，但对其他领域的应用有不少欠缺。同时，它的表示太过简单，不适于描述复杂结构知识的表示。
- 确定性知识：知识图谱表示法适用于确定性知识的表示，不能表示非确定性知识，同时对元知识表示能力不足。

3. 知识组织与管理：知识库

（1）知识库的基本概念

在人工智能中经常会出现“知识库”名词，且出现频率很高，但是对此名词往往介绍不多，按习惯性理解，它的含义大致是：存储知识的场所。从抽象的观点看，它是知识的集合。在人工智能的发展初期，这种理解勉强可以应对，但随着人工智能的发展，知识库的概念也逐渐明朗，其重要性也更加突出，鉴于此必须对知识库有一个系统、完整的介绍。

（2）知识库的定义

知识库（knowledgebase）是一种有一定知识表示形式的知识集合体，它具有持久的、海量的、共享的性质，多个应用可访问它。它的物理实体是计算机系统，其存储设备常用的是磁盘。

（3）知识库的结构组成

一个完整的知识库一般由知识存储体、知识库管理系统、知识库接口等三部分组成，而其中知识库管理系统又由知识结构定义、知识操作、知识约束以及知识搜索引擎等部分组成。

（4）知识库应用系统开发

知识库应用系统是需要开发的，其开发方法按照计算机科学技术中的系统工程开发方法及软件工程开发方法进行，包括系统平台开发、知识库开发及应用程序开发等三部分。

知识库应用系统的开发流程共五个步骤，如图3-4所示。

图 3-4　知识库应用系统的开发流程

①计划制订：是整个知识库应用系统项目的计划制定，此阶段所涉及的问题主要与立项有关。一般情况下，此部分内容涉及技术问题不多故可不予讨论。

②需求分析：对整个知识库应用系统统一分析，这种分析对平台、知识库与应用程序具有

重大作用。在分析后最终形成分析模型并形成一份需求分析说明书。

③系统设计：在系统设计中按知识库设计、应用程序设计与系统平台设计三部分独立进行。在知识库设计中主要分为概念设计、逻辑设计及物理设计三部分，分别设计知识库中知识表示形式、知识库中知识模式与模型、知识推理方法、知识库总体结构以及知识库物理参数。

系统平台设计为知识库应用系统建立硬件平台与软件平台以及系统结构提供依据。这其中最主要的是知识库管理系统的选择、接口工具的选择。经过这三部分独立设计后，最终得到一份统一的系统设计说明书。

④系统开发生成：包括知识库生成、模式与知识生成、应用程序生成和平台生成。

⑤运行维护：经过生成后的系统即可在所创建的平台上运行并维护。运行维护按应用程序运行维护、知识库运行维护和系统平台运行维护三部分独立进行。

（5）知识库的发展

随着人工智能的发展，知识库的内容与功能也发生了重大变化，与人工智能的发展三个时期一样，知识库也经历了三个发展阶段。

①知识库的发展第一阶段：即人工智能发展的第一阶段，自1956年到20世纪80年代。在此阶段中已有知识库概念出现，也经常使用，但未见有明确的定义和物理实现，大致的概念是“存储知识的场所”，其一般的物理场所是以计算机内存为主。因此，此时的知识库仅是处于发展的萌芽状态，尚未达到真正意义上的知识库水平。那个时期，所用知识量少（属KB级水平）且不需要管理，其存储实体为内存储器，知识不能持久存储。其典型的例子即是PROLOG（一种数据查询编程语言）程序设计中的知识库，这种知识库在PROLOG中称为数据库。因此，在此时期知识库的含义仅是“知识的集合”。

②知识库的发展第二阶段：即人工智能发展的第二阶段，自20世纪80年代到21世纪初。此阶段以知识为中心的专家系统的出现与发展推动了知识库的出现，出现了真正意义上的知识库与知识库系统，同时它也成为专家系统的核心内容。

此时，知识库中的知识量开始增加（属MB级水平），因此知识需要管理，其存储实体为外存储器（一般是磁盘等次级存储器），知识能持久存储。此时期，知识库的含义有了变化，它是一种“具有管理能力且具持久性的知识组织”。从计算机观点看，这种知识库一般是建立在文件系统之上的。

与此同时出现了多个知识库系统工具，使用它可以开发出知识库应用系统，即专家系统。其典型的有Datalog（一种数据查询编程语言）以及以关系数据库为基础扩展而成的演绎数据库等。在此阶段，知识库的理论、方法、系统、应用都得到了充分发展。

③知识库的发展第三阶段：即人工智能发展的第三阶段，自21世纪初到目前为止。在此阶段，由于互联网的发展，知识库的发展也迎来了新的春天。当前的知识库都是建立在互联网平台上，采用基于网络的知识表示方法，如本体、知识图谱等，它可以在网络上组成独立系统供整个互联网用户使用，以使其共享性达到了极致。在此阶段，典型的知识库系统都是建立在网络上的，如百度百科、谷歌百科等。

在此情况下，知识库的含义又有了变化，它是一种“具有管理能力且具持久性的共享知识组织”，目前所说的就是这种知识库。从计算机观点看，这种知识库是一种独立的软件管理组织。同时，一般知识库主要用于知识的获取，因此有时知识库的能力还应包括知识搜索与获取。这种知识库又称“知识库系统”。

3.4.2 知识获取之搜索与推理

随着人工智能技术的发展，知识获取也从最初比较简单的搜索、推理等发展出多种获取方法。为帮助社区从业人员或初学人员更好地理解人工智能中知识获取的应用，这里简单介绍两种入门级的、非常基本和典型的知识获取方法，即搜索方法与推理方法。

1. 知识获取之搜索方法

搜索方法是人工智能中知识获取的基本技术之一，它在人工智能各领域（如专家系统、模式识别等领域）被广泛应用，特别是在人工智能早期的知识获取中。

搜索方法在人工智能中属于问题求解的一种方法。一般是先将应用中的问题转换为某个可供搜索的空间，称为“搜索空间”；然后采用一定的方法，称为“策略”，在该空间内寻找一条路径，称为“搜索路径”或“求解”；最终获得一条路径并达到一个终点，称为“解”。在问题求解中，问题由初始条件、目标和操作集合这三部分组成。在搜索策略方法中一般采用的知识表示方法是状态空间法，将问题转化为状态空间图。而搜索则采用搜索算法思想作引导，在状态空间图中从初始状态（即初始条件）不断用策略进行搜索，最终在搜索空间获得目标，就是问题的解。

因此，搜索方法即是以状态空间法为知识表示方法，以搜索算法思想作引导从而获得知识的一种方法。这是一种演绎推理方法，该方法主要是研究搜索算法思想，包括盲目搜索算法与启发式搜索算法。

在搜索方法中从给定的问题出发，寻找到能够达成目标的一系列操作步骤，并使其付出的代价最小、性能最好，这就是基于搜索方法的问题求解。第一步对问题进行建模，即对给定问题用状态空间图表示。第二步是搜索，找到操作序列的过程，可用搜索算法引导。第三步是执行，即执行搜索算法。它的输入是问题的实例，输出表示为操作序列。因此，求解一个问题包括三个阶段：问题建模、搜索和执行。其主要阶段为搜索阶段。

在搜索中一般包括两个主要的问题“搜索什么”及“在哪里搜索”，其中“搜索什么”通常指的是“目标”，“在哪里搜索”指的是“状态空间”。人工智能中大多数问题的状态空间在问题求解之初不是全部表示的，而呈现为初始的状态空间形式。由于一个问题的整个状态空间可能会非常大，在搜索之前生成整个空间会占用太大的存储空间。所以，人工智能中的搜索可以分成两个阶段：状态空间的初始阶段和状态空间对目标的搜索阶段。因此，状态空间是逐步扩展的，“目标”状态是在每次扩展时进行判断的。

搜索方法可以分为盲目搜索方法和启发式搜索方法。盲目搜索方法一般是指当前的状态到目标状态之间的操作序列是按固定方法进行的，并没有考虑到问题本身的特性，即采用固定搜索方式，所以这种搜索具有很大的盲目性，效率不高，不便于复杂问题的求解。启发式搜索方法是在搜索过程中加入与问题有关的启发式信息，用于指导搜索朝着最希望发现目标状态的方向前进，加速问题的求解并找到最优解。显然，盲目搜索不如启发式搜索效率高，但是由于启发式搜索需要与问题本身特性有关的信息，而对于很多问题这些信息很少，或者根本就没有，或者很难抽取，所以盲目搜索仍然是很重要的一类搜索方法。

简而言之，知识获取之搜索方法是一种演绎推理方法。它是在人工智能发展早期最流行的一种知识获取方法，到目前为止还具有一定生命力。搜索方法是以状态空间法为知识表示方法。其中，搜索结点是状态，搜索指向（弧）是操作，搜索中的遍历方式与搜索函数是控制性元知识。搜索策略方法是已知知识出发，用搜索算法思想作引导而获得知识的一种方法。这种方法的一个特例是基于博弈树的启发式搜索算法。

2. 知识获取之推理方法

推理方法也是获取知识的基本方法之一，是一种典型的演绎型知识获取方法，其特色是在获取知识的过程中大量使用规则推理，因此这种演绎型知识获取方法称为推理方法。

推理方法是以已知知识为前提，通过不断使用推理从而最终获得新知识的过程。所以，推理方法是获取知识的基本方法之一，在人类日常思维及科学研究中都经常用到。例如，在数学研究中，其所获取知识的方法主要通过定理证明来实现。具体而言，就是从已知条件出发通过证明最终获得定理。其中，“已知条件”就是已知知识，“证明”就是推理的过程，而“定理”即为最终所获得的新知识。推理方法的知识获取与数学研究中的定理证明过程比对如图3-5（a）和图3-5（b）所示。

（a）推理方法的知识获取　　（b）数学研究中的定理证明

图 3-5　推理方法的知识获取与数学研究中的定理证明

推理方法是一种符号主义的方法，它是基于人类所认识的思维规律的方法。这种方法在古希腊时期就开始有所认识并有了系统研究的成果，其典型代表即亚里士多德以及以他的名字命名的亚里士多德三段论。而其研究的学科称为形式逻辑。到20世纪初，为研究数学的基础性问题，由众多数学家与哲学家共同努力，用数学法即符号方法进一步研究形式逻辑，并形成了一门新的学科称为数理逻辑，这些成果终由英国数学家与哲学家罗素及怀特海在他们所著的《数学原理》一书中得到完整体现。从此数理逻辑就成为一门以研究形式逻辑符号化为目标的新学科。可以理解为是一种对人类思维的演绎推理，而基于这种理解，就可以用数理逻辑研究人工智能，特别是知识表示与知识推理。尤其是数理逻辑的谓词逻辑特别实用，因此在知识推理中就以谓词逻辑的推理方法研究与讨论。

知识推理方法主要采用谓词逻辑的知识表示方法，具体来说，采用谓词逻辑子句、子句集方法表示知识。它包括已知条件及所获得的知识，也称为自然推理方法。常用的方法有三种：永真推理、假设推理与反证推理。

知识推理方法采用归结原理作为推理算法。这种算法使用反证法，用子句集形式表示。接着使用归结原理作推理，采用归结原理中的反驳方法作为唯一的推理规则，包括代换、合一、匹配。整个知识获取过程即谓词逻辑中定理证明的过程，该推理过程为定理自动证明，从定理的否定开始，不断使用唯一的一个推理规则——反驳法，直到出现空子句。

知识推理的应用和算法实现可通过计算机编程实现。主要实现流程：通过一个可以实现自动定理证明的软件工具（如PROLOG），用子句集的表示方法给出已知条件，作为初始知识。用子句的表示方法给出所需求得的目标定理，作为最终所获得的知识。启动自动定理证明的软件运行，即可获得结果。实现过程如图3-6所示。

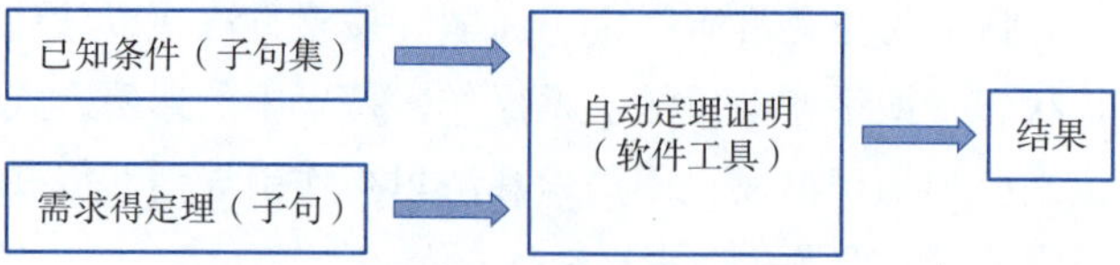

图 3-6　推理方法通过计算机实现过程

3.4.3　知识获取之机器学习

上节所介绍的搜索和推理，都是基于演绎推理的知识获取方法，本节将介绍以归纳推理为核心的知识获取方法。这种方法的基本思想即机器学习方法，在知识获取中也是重要和常用方法之一。

机器学习方法即用计算机的方法模拟人类学习的方法。因此，本节从介绍人类学习方法开始，过渡到介绍机器学习，包括机器学习的基本概念、思想与方法。只有了解人类的“学习”机理后，才能用“机器”对它进行“模拟”。

1. 学习的概念

学习是人类从外界获取知识的方法，是一个持续的过程。人类的知识主要是通过“学习”而得到的。学习的方法很多，至今为止人类对这方面的了解与认识依然有限，对学习机理的认识与了解也不多，但这并不妨碍人们对学习的进一步了解与对机器学习的研究。

学习通常可以分为间接学习与直接学习：

①间接学习：就是通过他人的传授，包括老师、师傅、父母、前辈等言传身教而获取的知识，也可以是从书本、视频、音频中所获取的知识。

②直接学习：就是人类直接通过与外部世界的接触和感知，包括观察、实践所获取的知识。这是人类获取知识的主要手段。

人类的学习主要是从直接知识中通过归纳、联想、范例、类比、灵感、顿悟等手段而获得新知识的过程。在该模型中，“环境”即外部客观世界，而“学习”即人类的学习能力，“知识”即通过学习后所获取的知识。

2. 机器学习的概念

机器学习的概念是建立在人类学习概念上的。所谓机器学习就是用计算机系统模拟人类学习的一门学科，这种学习目前主要是一种以归纳思维为核心的行为，它将外界众多事实的个体，通过归纳思维方法将其归结成具有一般性效果的知识。

本节主要介绍机器学习的主要内容，包括机器学习的结构模型与机器学习研究方法。

机器学习的结构模型是建立在计算机系统上的。这种模型是学习模型在计算机上的具体化。图3-7所示为机器学习的结构模型。

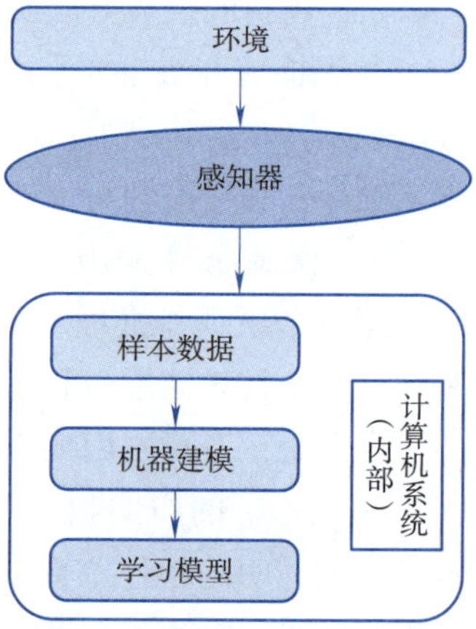

图 3-7　机器学习的结构模型

机器学习的结构模型分为计算机系统内部与计算机系统外部

两部分。其中，计算机系统内部是学习系统，它在计算机系统的支持下工作；计算机系统外部是学习系统外部世界。整个学习过程由学习系统与外部世界交互而完成学习功能。

3. 机器学习方法

机器学习是在计算机系统支持下，由大量样本数据通过机器建模获得学习模型作为结果的一个过程，可用下面的公式表示：样本数据＋机器建模＝学习模型。由此可见，机器学习的两大要素是：样本数据与机器建模，所以，介绍机器学习方法前，首先要了解样本数据与机器建模的基本概念，在此基础上进一步探讨学习方法。

（1）样本数据

样本数据亦称样本（sample），是客观世界中事物在计算机中的一种结构化数据的表示。样本由若干个属性组成，属性表示样本的固有性质。在机器学习中，样本是建模过程中至关重要的内容，样本组成了数据集合，这种集合在建模中训练模型，其量值越大所训练的模型正确性越高，因此样本的数量应具有海量性。

在训练模型过程中有两种不同表示形式的样本，样本中的属性在训练模型过程中一般仅作为训练而用，这种属性称为训练属性，因此如果样本中所有属性均为训练属性，这种样本通称为不带标号样本；而样本除训练属性外，还有另外一种作为训练属性所对应的输出数据的属性称为标号属性，而这种带有标号属性的样本称为带标号样本。一般而言，不同样本训练不同的模型。

（2）机器建模

机器建模就是用样本训练模型的过程，按不同样本可分为以下三种：

①监督学习：由带标号样本所训练模型的学习方法称为监督学习。这种方法是，在训练前已知输入和相应输出，其任务是建立一个由输入映射到输出的模型。这种模型在训练前已有一个带初始参数值的模型框架，通过训练不断调整其参数值。这种训练的样本需要足够多，才能使参数值逐渐收敛，达到稳定的值。这是一种最为有效的学习方法，目前使用也最普遍。对于这种学习方法，目前常用于分类分析，因此又称分类器。其主要的方法有：人工神经网络方法、决策树方法、贝叶斯方法以及支持向量机方法等。这种方法的不足之处是带标号样本数据的搜集与获取比较困难，即存在样本稀缺性问题，导致较难使用。

②无监督学习：由不带标号样本训练模型的学习方法称为无监督学习。这种方法是，在训练前仅已知用于训练的不带标号样本，其后期的模型是通过建模过程中算法的不断自我调节、自我更新与自我完善而逐步形成的。这种训练的样本也需要足够多，才能使模型逐渐稳定。对于这种学习方法，目前其常用的有关联规则方法、聚类分析方法等。无监督学习的样本较易获得，不足之处是所得到的模型规范性不足。

③半监督学习：半监督学习又称混合监督学习，是先用少量带标号样本数据做训练，接下来即可用大量的不带标号样本训练。这样做既可规避带标号样本难以取得的缺点，也可规避最终模型规范性不足的缺点。这是一种典型的半监督学习方法。此外，还有一些非典型的半监督学习方法，又称弱监督学习方法。半监督学习方法目前常用的有迁移学习方法等；弱监督学习方法目前常用的有强化学习方法等。

（3）学习模型

学习模型是由样本数据通过机器建模而获得的学习结果，是一种知识模型。

在讨论了样本数据、机器建模及学习模型后，下面是基于不同机器建模的各种典型学习方法。

①监督学习：人工神经网络方法、决策树方法、贝叶斯方法、支持向量机方法。

②无监督学习：关联规则方法、聚类分析方法。

③半监督学习：迁移学习方法、强化学习方法。

学习方法还可以分为浅层学习方法和深度学习方法。上面列举的八种学习方法，可称为浅层学习方法，由于篇幅所限，将在第3.4.4至3.4.5节介绍上述浅层学习方法中的两种：贝叶斯方法和人工神经网络。深度学习方法顾名思义是一种深层次的学习方法，由于它的特别性、重要性，将在第3.4.6节专门讨论，并介绍浅层学习和深度学习的区别。

无论是哪种学习方法，都会涉及算法，只有方法能用算法表示时，才有应用的可能。后续将在第4章社区人工智能算法介绍和选择中，结合智能社区发展，详细分析此部分内容，以及各类学习方法和算法在社区的选用和应用。

3.4.4 统计学方法与贝叶斯定理

统计学方法是常用的人工智能技术之一，也是社区智能化治理最常用的人工智能技术之一，是指对经验的可解释能力。根据统计学流派的观点，所有形式的学习都是基于一个简单的原理——贝叶斯定理。贝叶斯定理就是将数据变成知识或者经验的机器，在贝叶斯统计学派中并不存在绝对正确的经验，人们对世界的认知取决于对世界观察所积累的经验，而贝叶斯定理就是将数据变成知识最可靠的方法。

1. 贝叶斯方法与贝叶斯定理

（1）贝叶斯方法

贝叶斯（Bayes）方法是一种统计方法，属概率论范畴，用概率方法研究客体的概率分布规律。贝叶斯方法中的一个关键定理是贝叶斯定理（Bayes theorem），利用贝叶斯方法与贝叶斯定理可以构造贝叶斯分类规律。目前贝叶斯分类有两种：一种是朴素贝叶斯分类或称朴素贝叶斯网络（native Bayes network）；另一种是贝叶斯网络或称为贝叶斯信念网络（Bayesian belief network）。

如前所述，贝叶斯方法是一种监督学习方法，所以贝叶斯分类也是以训练样本为基础的。它将训练样本分解成多维特征向量，其中特征向量的每个分量可以分别描述相应属性的度量。在训练样本集中，每个样本唯一地归属于多个决策类中的某一个。如果特征向量中的每个属性值对给定类的影响独立于其他属性的值，即特征向量各属性值之间不存在依赖关系（称此为类条件独立假定），则此种贝斯分类称为朴素贝叶斯分类，否则称为贝叶斯网络。朴素贝叶斯分类简化了计算，使得分类变得比较简单，利用此种分类可以达到精确分类目的。而在贝叶斯网络中，由于属性间存在依赖关系，因此可以构造一个属性间依赖的网络以及一组属性间概率分布参数。

朴素贝叶斯分类归纳规律和其他归纳方法比较，贝叶斯方法具有如下优势：

①可以综合先验信息与后验信息，适合合理带噪声与干扰的数据集。

②其结果易于被理解，并可解释为因果关系。

③在满足“类条件独立假定”的前提下，所用的朴素贝叶斯分类更具有概率意义下的精确性。

④贝叶斯方法一般也用于分类学习中。

（2）贝叶斯理论与贝叶斯定理

在贝叶斯理论中有两种概率：

①在一组客体中事件X出现的概率可记为$P(X)$，在贝叶斯理论中也可说$P(X)$是X的先验概率（prior probablity）。设客体数为u，X出现次数为v，此时则有$P(X)=v/u$。

②在一组客体中，条件H下事件X出现的概率可记为$P(X|H)$，在贝叶斯理论中也可说$P(X|H)$是条件H下X的后验概率（posterior probability），设客体数为u，而满足H的客体数为u'，X出现次数为v，此时则有$P(X|Y)=v/u'$。

贝叶斯’理论是一种基于统计的概率理论，贝叶斯方法中的最主要的定理是贝叶斯定理，如下：

$$P(H|X)=P(X|H)\cdot P(H)/P(X)$$

该定理中先验概率$P(X)$与$P(H)$是易于计算的，因此该定理实际上是建立了两个后验概率的关系，即由$P(X|H)$可得到$P(H|X)$。贝叶斯定理是构成贝叶斯分类归纳规律的基础定理。

例如，设有各种水果所组成的客体集合，X表示水果颜色为黄色，H表示水果种类为苹果，此时有：

- $P(X)$：水果中出现颜色为黄色的概率。
- $P(H)$：水果中出现种类为苹果的概率。
- $P(X|H)$：苹果中出现黄色的概率。
- $P(H|X)$：颜色为黄色的水果中出现苹果的概率。

2. 贝叶斯方法的典型案例

贝叶斯方法在人们实际生活中有很多典型或有趣的应用。例如，有一个反复求证多次的实验——在玻璃瓶中放满糖果，然后请一群人来猜糖果的数量，记录每个人的答案、答案的平均数及正确答案之间的关系。实际参加实验者的个体答案其实千差万别，但是平均答案非常接近真实答案，即该实验中群体经验准确率远超个人经验。

贝叶斯方法还有一个典型应用，即应用贝叶斯定理方法，在大面积搜救中进行计算、实践应用并获得成功，现在已经成为海难、空难搜救的通行做法。通过贝叶斯方法制定搜救计划的原理是让各搜救小组或各领域专家独立按照自己的专业知识和经验列举所有的可能性，并给出每一种情况发生的概率分析。随后把各位专家的意见综合到一起，将整个搜救区域划分成了很多个小区域，每个小区域的格子设置两个概率值p和q，p是目标在这个小区域里的概率，q是如果目标在这个小区域里会被搜寻到的概率。由于所有区域的概率之和为1，如果一个小区域被搜寻后，没有发现目标的踪迹，那么按照贝叶斯公式，这个小区域目标存在的概率就会降低，而其他区域的概率就会上升。每次寻找时，先挑选整个区域内目标存在概率值最高的一个小区域进行搜索，如果没有发现，概率分布图会被重新划分，重新定位新的“最可疑小区域”进行搜寻，这样一直寻找下去，直到找到目标为止。

贝叶斯定理的提出及后人围绕其基本原理所做出的延伸和改进为许多领域带来了革命性的变革。例如，在自然语言处理领域也有非常有效和成熟的应用。20世纪80年代微软公司用基于贝叶斯定理的模型成功开发出第一个大词汇量连续语音识别系统。

贝叶斯定理在实际应用中不断证明自己的同时也遇到了困境。经典统计学比较适合于解决小型的问题，但该方法要求获得足够多的样本数据，而且要求这些样本能够代表数据的整体特征。在处理涉及几个参数的问题时，它可以得心应手。但如果相对于问题的复杂程度，我们只掌握少量的信息时，经典统计学就显得力不从心，原因就是数据的稀疏性问题。

在3.4.3节介绍机器学习时讲到过样本稀缺问题。即使如今已经进入了大数据时代，依然存在数据样本稀缺问题。例如，一个问题取决于N个参数，并且每个参数只有两种表现（0或者1）的系统，共有2^n种现象。根据采样定理进行估算，采用经典统计学方法至少需要获得1%～10%的样本才能获得答案，也就是需要庞大的数据样本数量。所以，用经典统计学方法无法解释由相互联系、错综复杂的原因及多种相关参数影响所导致的现象。

当要解决的问题越来越复杂时，需要构建的网络结构也更加复杂，随之而来的是对计算能力和数据样本指数级上升的需求。与此同时，当对一个问题的认知还没有那么清晰时，也无法保证构建出正确和完整的网络结构。这也是贝叶斯方法与神经网络相比的劣势，在处理大型复杂问题时显得并不那么高效。所以，下一节将介绍神经网络及其发展，学习如何用神经网络解决大型复杂问题。

3.4.5 人工神经网络

神经网络（neural networks，NN）是最接近人类思考的方式，也最具备解决复杂问题的潜力。许多仿生学派的学者通过由进化论、神经科学、动物行为等得到的一系列启发研究出了很多创造性的算法。

神经网络有三类主要形式：前馈神经网络（feed forward neural networks，FFNN）、循环神经网络（recurrent neural network，RNN）与卷积神经网络（convolutional neural networks，CNN）。前两种是经典的人工神经网络（artifical neural networks，ANN），第三种是目前获得高速发展的适用于深度学习的卷积神经网络。

本节介绍的人工神经网络，是知识获取中机器学习方法之一，属于浅层学习方法。卷积神经网络将在下一节介绍。

人工神经网络（ANN）介绍分为三部分：基本人工神经元模型、基本人工神经网络及其结构和人工神经网络的学习机理。

1. 基本人工神经元模型

在人工神经网络中其基本单位是人工神经元，人工神经元有多种模型，但是有一种基本模型最常见，称为基本人工神经元模型，简称神经元模型。这是一种规范的模型，可用数学形式表示。根据该模型，一个人工神经元一般由输入、输出及内部结构三部分组成。以下对每部分进行介绍后，给出人工神经元的数学表示式和模型。

（1）输入

一个神经元可接收多个外部的输入，即可接收多个连接线的单向输入。每个连接线来源于外部以及外部其他神经元的输出X_i，还包括一个权（或称权值）W_{ij}，其中i表示连接线中外部神经元输出编号，j表示连接线目标指向的神经元编号，一般权值处于某个范围之内，可以是正值，也可以是负值。

（2）内部结构

一个人工神经元的内部结构由三部分组成：

①加法器：编号为k的神经元接收外部m个输入，包括输入信号X_i及与对应权W_{ij}的乘积（$i=1$，2，…，m）的累加，从而构成一个线性加法器。该加法器的值反映了外部神经元对k号神经元所产生作用的值。

②偏差值：加法器所产生的值经常会受外部干扰与影响而产生偏差，因此需要有一个偏差值以弥补此不足，k号神经元的偏差值一般可用θ_k表示。

这样，由加法器与偏差值可以构成用数学公式表示的k号神经元的数学模型，可表示为net_k：

$$\text{net}_k = \sum_{i=1}^{m} X_i \times W_{ik} + \theta_k$$

同理，net_k可作为另一些神经元的输入，此时可记为I_k。

③激活函数：激活函数f起辅助作用，设置它的目的是限制神经元输出值的幅度，即使神经元的输出限制在某个范围之内，如在－1~1之间或在0~1之间。

激活函数一般可采用常用的压缩型函数，如Logistic 函数、Simoid 函数等。上述三部分构成了k号神经元的内部结构，可用f（net_k）表示。

（3）输出

一个k号神经元可以有输出，其输出值即为$y_k=f$（net_k），也可记为O_k。这个输出可以通过连接线作为另一些神经元的输入。

因此，编号为k的基本人工神经元的数学表示式和模型如图3-8所示。

$$f\left(\sum_{i=1}^{m} X_i \times W_{ik} + \theta_k\right) = y_k$$

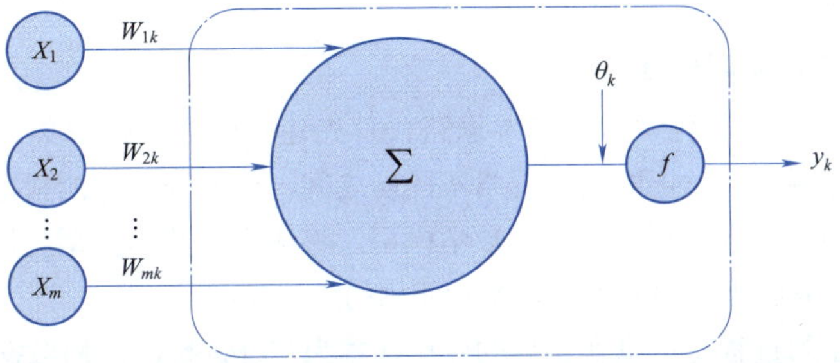

图 3-8　编号为 k 的基本人工神经元的数学表示式和模型

2. 基本人工神经网络及其结构

由多个人工神经元按一定规则组成人工神经网络。人工神经网络有基本网络与深度网络之分，本节介绍基本的人工神经网络，而深度人工神经网络将在3.4.6节介绍。

基本人工神经网络又称感知器（perceptron），一般包括单层感知器、双层感知器和三层感知器等。

自然界的大脑神经网络结构比较复杂，规律性不强，但是机器学习中的人工神经网络为达到固定的功能与目标采用极有规则的结构方式。简单介绍如下：

（1）层（layer）：单层与多层

人工神经网络按层组织，每层由若干个相同内部结构神经元并列组成，它们一般互不相连，层构成了人工神经网络ANN结构的基本单位。

一个人工神经网络可由若干个层组成，层与层之间有连接线相连。一个ANN有单层与多层之分，常用的是单层、二层及三层。

（2）结构方式：前向型与反馈型

在ANN的结构中神经元按层排列，其连接线是有向的。如果中间并未出现任何回路，则称此种结构方式为前向型ANN结构；而如果中间出现封闭回路，通常有一个延迟单元作为同步组件，则称此种结构方式为反馈型ANN结构。前向型ANN结构及反馈型ANN结构的一个实例如图3-9所示。其中，图3-9（a）所示为一种多层前向型ANN结构；图3-9（b）所示为单层反馈型ANN结构。图中一个圆形框即代表一个神经元。

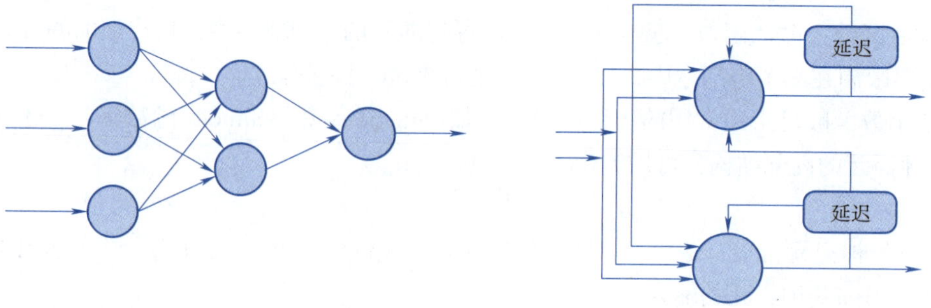

（a）多层前向型 ANN 结构　　（b）单层反馈型 ANN 结构

图 3-9　两种人工神经网络（ANN）结构

按单层/多层及前向/反馈可以构造若干不同的ANN，如M-P模型、BP模型及Hopfield 模型等多种不同的ANN模型。

3. 人工神经网络的学习机理

人工神经网络能自动进行学习的基本思路：首先建立带标号样本集，然后用神经网络算法训练样本集，神经网络通过不断调节网络不同层之间神经元连接上的权值使训练误差逐步减小，最后完成网络训练学习过程，即建立数学模型。将建立的数学模型应用在测试样本上进行分类测试，经测试完成后所得到的即为可实际使用的学习模型。

人工神经网络学习过程是以真实世界的数据样本为基础进行的，用数据样本对ANN进行训练，一个数据样本有输入与输出数据，它反映了客观世界数据间的真实因果关系，用数据样本中输入数据作为ANN输入，可以得到两种不同结果：一种是ANN的输出结果，另一种是样本的真实输出结果，这两种结果之间必有一定误差。为达到两者的一致需要修正ANN中的参数，具体地说就是修正权值W_{ij}，同时还包括偏差值，这是用一组指定的、明确定义的学习算法来实现，称为训练。通过不断地用数据样本对ANN进行训练，可以使权的修正值趋于0，从而达到权值的收敛与稳定，完成整个学习过程。经训练后的ANN即是一个经学习后掌握一定知识的模型，并具有一定的归纳推理能力，能进行预测、分类等。

神经网络是仿照人类神经系统对信息的记忆、学习和处理方式来设计的。无论从早期的多层感知机到现在层出不穷的深度学习神经网络，都是如此。这样的设计遵循两个最基本的原则：第一，信息通过神经元上的激发状态和模式分布存储在网络上；第二，对信息的处理和结果输出通过神经元之间相互激发的动态过程来完成。

神经网络的发明是人工智能算法的重要突破之一，因为它解决了两个重要的难题，即在无法构建数学式的情况下经过足够多的迭代逼近任意函数，以及通过大规模并行与串行组合处理机制提升计算效率，充分发挥计算机的运算能力。

3.4.6　深度学习与卷积神经网络

1. 从浅层学习到深度学习

在介绍了机器学习的基本内容后，其中部分学习方法如统计学方法、分类方法中的支持向量机、人工神经网络中的单层感知器及仅含一层隐藏层的感知器等，它们的分类学习能力有限，仅适合于特征量少、分类类型不多的应用，这种通过数据学习的能力只能获得其中简单且粗线条和浅层次的知识，而无法得到复杂细致和深层次的知识，因此这种学习称为浅层学习（shallow learning）。可以应用浅层学习区分一个物体是否为人，但是无法应用浅层学习区分每个不同的人，例如，无法应用浅层学习方法进行人脸识别。由于这种学习能力上的局限性，使得机器学习在较长时间内得不到重视并无法得到进一步发展。

要改变这种状态，就需要一种能获得复杂的、细致的、深层次知识的学习方法，即深度学习（deep learning）。从理论上讲，深度学习可以通过以下两种路径实现：

（1）对浅层学习方法扩充

浅层学习中的层次往往比较浅，如人工神经网络中的单层感知器以及仅含一层隐藏层的感知器等，此时可增加隐藏层，由一层增加至两层、三层，甚至n层。从理论上讲这是可行的，但实际上，由于隐藏层增加而引起大量权重参数的增加。为解决此问题又必须加大训练数据的量，且这些数据必须为带标号的数据。在现实世界中带标号的数据是较难获得的一种数据，获得大量的这种数据显然是做不到的，因此最终的结果必然造成过拟合现象的出现。过拟合就是学习中的一些特性值出现错误，从而导致学习结果错误。因此，这种方法在实际应用中并不可取。

（2）对浅层学习方法进行重大改进

另一种方法是在浅层学习方法基础上进行重大改进，其目标方向是使改进后的模型权重数量不增加很多，同时带标号的数据量增加也不多，或者可用大量易于获得的不带标号的数据替换带标号的数据，这种方法显然具有实用性与可行性。这就是所谓的深度学习方法。

因此在浅层学习方法基础上，近年来机器学习研究者大量致力于深度学习方法的研究并取得了突破性的成果。

2. 深度学习

深度学习是一个统称，并不等于深度神经网络，但深度神经网络目前是深度学习的一种最主要方法。深度学习从形式上看，数据在这个多层结构中逐层传播最后得到高抽象度的表达；从内容上讲，是对数据局部特征进行多层次的抽象化的学习与表达。

深度学习能够挖掘出数据之间高度内在隐含的关系。深度学习作为一种新的机器学习方法，通过对深层非线性网络结构的监督学习，实现对复杂函数参数的高度近似值的获得，并具有强大的从有限带标号样本集合中学习问题本质的能力。这种特性更有利于深度学习对视觉、语音等信息进行建模，进而能更好地对图像和视频进行表达和理解。当前飞速发展的人工智能技术，主要是大规模的深度学习。

深度学习首先是完成包含很多隐含层学习模型的构建，然后从大量的训练数据中学习得到特征，从而改善分类或预测任务的准确度，即通过“深度模型”这个手段来实现“特征学习”的目的。与传统的浅层学习相比，深度学习不仅着重突出了模型结构的深度，包含更多的隐含层，另外将样本特征经逐层变换到新的另外一个特征空间，得到数据的更多本质特性，从而更有利于分类或预测任务。深度学习是从大数据中学习得到特征，这种方式能够得到数据的更多本质特性。

深度学习与传统人工神经网络之间有很多异同点。首先，二者都采用了具有相似分层结构的神经网络，系统都是由输入层、隐含层和输出层组合而成的多层次网络结构，仅相邻层间的结点间有连接，这是其相同点。其次，在深度神经网络中运用的学习算法思路是：用无监督算法实现对网络模型的预训练（pre-training），对网络模型参数进行初始化；最后，通过监督学习算法对网络模型参数进行微调，这是其不同点。目前，深度学习的代表网络是卷积神经网络。

深度学习使用不同的训练机制克服神经网络在训练方面的不足。传统神经网络采用反向传播的方式，就是通过迭代算法来训练整个网络，随机初始化计算网络的输出，然后根据输出与标签的差反向微调各层的参数，直至收敛（梯度下降法）。而深度学习结构的层数较多，若采用反向传播，随着传播残差越变越小，容易导致产生梯度弥散或者陷入局部极值等问题，因而深度学习采用逐层训练机制。具体就是采用无标签数据作分层对每一层的参数进行预处理，这也是和传统神经网络的参数随机初始化区别最大的地方，这是一种正向传播处理，然后通过对模型反向传播处理进一步对每层参数进行优化。

深度学习模拟人类的感知机理，可以从数据中无监督学习到具有一定语义的特征，它的应用对象包括语音、图像和视频，还有文本、语言以及其他语义信息。随着深度学习在学术界的持续升温，许多领域都出现了深度学习技术的研究及应用成果。

虽然深度学习神经网络在图像处理和语义识别等领域已经取得了较大成就，但要广泛应用于社区创新治理和社区服务仍然有很长一段路要走。其中最重要的原因是神经网络的表现还有较多的“不确定性”。尽管目前使用神经网络的领域越来越多，例如可以应用在医疗放射图片上，通过使用不同层数的神经网络、不同密度的连接，在图像识别上得到一定的准确度，但是如果它们还有较大不确定性或误差，则可能无法完全依赖。所以，即使在神经网络的可解释性研究已经取得部分成果，例如从深度神经网络提取基于树的规则、决策树学习、卷积层可视化、特征贡献度等，但是机器学习的预测从不确定性到相对可控的确定性仍然需要不断迭代与发展。在社区人工智能系统中的应用除了对精度有特定要求外，还需要解释预测结果的合理性，以及相关的不确定性风险，例如在居家养老中对老年人血压等数值的监测和预警分析等。只有了解不确定性存在的原因，才能够用其他辅助手段对其进行管理。

3. 卷积神经网络

本节介绍深度学习的典型代表卷积神经网络，包括卷积神经网络的原理、结构、实例、训练及特点等。

（1）卷积神经网络（CNN）的原理

在各种深度神经网络中，CNN 是应用最广泛的一种。随着CNN蓬勃发展，它被广泛用于各个领域，在很多问题上都取得了最好的性能，在多个领域的应用中相当成功。

CNN是深度学习的一种，因此具有深度学习的共同特性。它们在CNN中通过以下方法实现：

①CNN在功能上完成特征学习能力与分类学习能力。

②CNN在结构上是一种多层反向传播（back propagation, BP）神经网络，它由两部分组成，其中之一是通过多个隐藏层以获取特征学习能力；另一个是由一个隐藏层的 BP 网络完成分类学习能力。这两者的有机结合组成了一个完整的 CNN。BP神经网络属于ANN的反向传播模型，一个典型的三层BP模型如图3-10所示，图中一个圆形框即代表一个神经元。

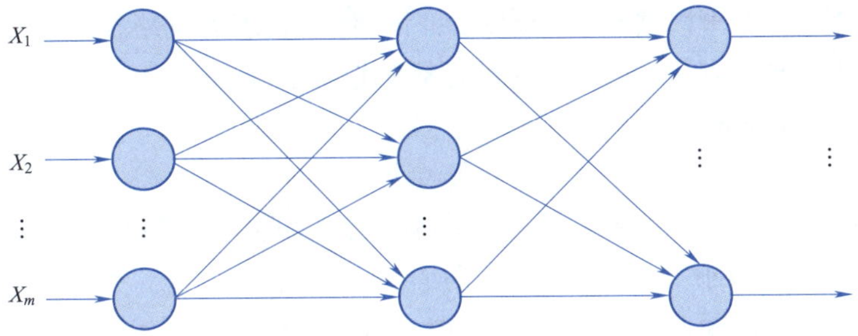

图 3-10　一个典型的三层 BP 模型

③CNN获取特征学习能力的隐藏层是通过卷积层与池化层等实现的，可使用不带标号的数据进行训练。以卷积层与池化层所组成的隐藏层有多个层次，它们通过多层操作完成特征的提取与选择。其中，卷积层完成特征的提取，池化层完成特征的选择。

④CNN的卷积层结构完全采用传统BP神经网络中的隐藏层结构形式，而池化层结构则采用对图像某一个区域用一个值代替的形式。

⑤CNN通过局部感受区域作为网络的输入，形成多个卷积核所组成的卷积层，并在后期再将其组合成全连接层。全连接层即传统BP神经网络中的隐藏层，它完成了由局部到全局的过程。

⑥CNN是由多个层组织而成的，包括输入层、卷积层、池化层、全连接层、输出层。

⑦在卷积层和池化层中可以用无标号数据训练；而输入层、全连接层、输出层则是一个BP网络，它需要用带标号数据训练。

⑧由多个层次所组成的CNN从输入的图像开始进入多个卷积层（与池化层），每过一层都经历了去粗取精，去伪存真的过程，得到一个比上一层更为浓缩，特征更为明显的图，称为特征图。在卷积层中，前面的卷积层捕捉图像局部、细节信息，后面的卷积层捕获图像更复杂、更抽象的信息。经过多个卷积层的运算，最后得到图像在各个不同尺度的抽象表示。

CNN结构起源于模拟人脑视觉皮层中的细胞之间的结构原理，人类大脑的视觉皮层具有分层结构，其观察事物是由局部到全局的过程。因此，CNN适用于计算机视觉领域应用以及图像处理领域应用中，此后，经不断改进，同时也适用于声音、文字等领域应用中。

（2）卷积神经网络的结构

一个CNN是由多个层所组织而成的，其结构顺序是输入层、卷积层、池化层……卷积层、池化层、全连接层、输出层。其中，卷积层和池化层可以用无标记数据训练，输入层、全连接层、输出层是一个BP网络，它需要用带标号数据训练。

CNN的训练过程可分为前向传播和反向传播两个阶段。

第一个阶段是前向传播：

①将初始数据输入卷积神经网络中。

②逐层通过卷积、池化等操作，输出每一层学习到的参数。

③经过全连接层和输出层得到更显著的特征。

第二个阶段是反向传播：

①通过网络计算最后一层的偏差和激活值。

②将最后一层的偏差和激活值，通过反向传递的方式逐层向前传递，以便上一层中的神经元根据误差来进行自身权值的更新。

③根据偏差进一步算出权重参数的梯度，并再调整卷积神经网络参数。

④继续重复上一步，直到收敛或已达到最大迭代次数。

（3）卷积神经网络的特点

卷积神经网络（CNN）有以下几个优势与特点：

①CNN拥有局部权值共享的特点，且布局更接近于实际生物神经网络结构。权值共享可大幅减少训练参数，使神经网络结构更简单，适应性更强。

②可以直接从传感器输入的点阵数据自动生成相应特征值。

③特征提取和模式分类可以同时进行，且同时在训练中产生。

④CNN中使用大量的、易于获得的无标号数据得到所有层的最佳初始权重，然后再用少量的、代价高昂的标号数据对权值参数进行微调，从而得到的模型，相比于仅用有监督学习所得到的模型更好。

⑤网络的结构适合于对图像、语音处理、文字分析、语言检测，以及其他相似领域应用。

3.4.7 知识获取之知识图谱

1. 知识图谱概述

计算机网络及互联网的普及，为人工智能带来了新的发展机会，其中之一就是利用互联网中海量数据，以一种简单的表示方法将其直接改造成知识，即知识图谱表示的方法。2012年谷歌公司率先推出知识图谱表示方法后，各大公司相继推出各自的知识图谱，如微软必应、百度知心、搜狗知立方等，出现了众多的基于知识图谱的知识库应用系统，同时也在知识应用中发挥了重大的作用。目前，知识图谱已成当前较为流行的知识表示方法。同时它还带动了知识工程与专家系统，使它们再次蓬勃发展，成为新一代人工智能的一个重要标志。

用知识图谱获取知识的方法有别于前面几种方法，其主要思想是充分利用互联网中的海量数据资源，通过注入语义信息后将其改造成为知识。这种方法可用简单的手段，快速、自动获得大量知识，从而使得知识获取自动生成，非常方便有效。在社区治理中有非常广阔的应用空间。下面从四方面入手，对如何用知识图谱获取知识做比较详细的介绍。

①知识图谱中的知识获取方法。

②知识图谱的分类和典型知识图谱。

③知识图谱中的知识存储。

④知识图谱的应用。

2. 知识图谱中的知识获取方法

（1）互联网中的数据

要了解知识图谱中的知识获取，首先要了解互联网中的数据。一般有结构化数据、半结构化数据及非结构化数据等三种，在互联网中主要表现为：网络（Web）、关系数据库、文本、图像、语音等形式。各自的特点如下：

①结构化数据：在网络中结构化数据主要表现为关系数据库及部分 Web 数据。由于结构化数据的规范性，这种数据的知识化比较容易。

②半结构化数据：在网络中半结构化数据主要表现为Web数据。由于半结构化数据的规范性不足，这种数据的知识化比较困难。

③非结构化数据：在网络中非结构化数据主要表现为Web数据、文本、图像、语音的形式。由于非结构化数据的规范性不足，这种数据的知识化也较困难。

（2）互联网中数据的知识化

为实现互联网中数据的知识化，必须具备以下两个先决条件：

①数据的语义化：计算机中的数据是没有语义的，包括互联网上的数据也是如此。例如，数据“7”和“张三”即是两个没有任何意义的数据，只有赋予语义后才能成为知识。当“7”赋予价格语义后，可表示“冰激凌价格7元”，当“张三”赋予品牌语义后，可表示为“张三品牌”再进一步，当“冰激凌价格7元”与“张三品牌”相关联后的语义为“张三品牌冰激凌价格7元”，这就成了知识。

因此，数据知识化的首要条件是数据语义化。

②语义的表示：在人工智能应用中，语义需要用统一、规范的形式表示，这就是知识表示。在不同条件与不同环境中，需要用不同的表示方法，而面对网络数据的语义化环境，其表示的最佳方法就是知识图谱，其形式简单且表示的内涵丰富。例如，上面的“张三品牌冰激凌价格”中，可用知识图谱表示如下：

三个实体“7”、“张三”及“冰激凌”，它们之间有三个关联关系，其中前两个是属性：

（品牌，冰激凌，张三）;

（价格，冰激凌，7）;

（冰激凌价格，张三，7）。

它们也可以用有向图的方法表示，如图3-11所示。有了这两个条件后就可以将网络中的大量数据转换成用知识图谱表示的大量知识。

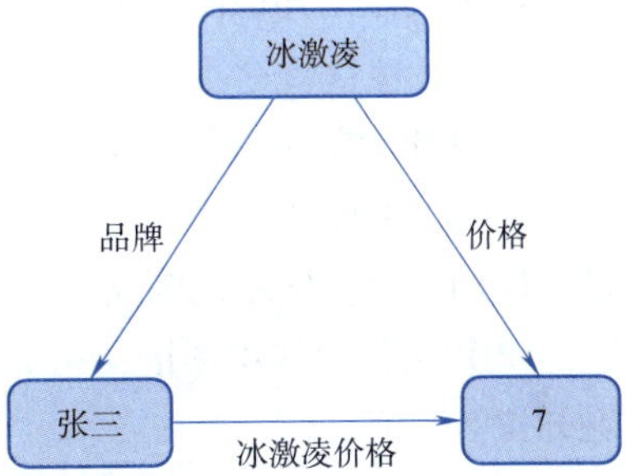

图 3-11　知识图谱有向图表示方法

（3）四种数据的知识化方法

常用的数据知识化方法有人工方法、自动方法、融合方法及推理方法等四种。

①人工方法：在知识图谱发展的初期，大量的数据知识化方法都是由人工标注的，即用人工手段对数据标注语义，并最终获得用知识图谱表示的知识。

②自动方法：随着人工智能技术的发展，特别是机器学习的发展，通过对网络中网页、文本数据及数据库数据使用抽取、分类、聚类及关联等多种方法，获取数据中的语义，并用知识图谱表示。它们可以用工具方法自动完成，构成了知识图谱方法推理引擎的主体部分。目前常用的就是这种方法。

③融合方法：还有一种常用的方法是直接使用网络上现有的知识图谱，对它们作抽取与重组再适当增补，从而可以融合成新的知识图谱。这也是一种自动完成的方法，且比较简单有

效。目前，网络上已有较多的知识图谱，充分利用它们已建立的知识融合已成为当前一种主要的流行方法。这种方法也构成了知识图谱方法推理引擎的一部分。

④推理方法：由于在网络上所组成的知识图谱实际上都是知识库，可对知识库可以作演绎性推理，以获得更多的知识。由于知识图谱方法中并没有推理的功能，因此这种推理可使用谓词逻辑中的知识推理方法实现。这种推理方法在知识图谱方法中对知识库起到知识补缺的作用。此外，在知识图谱的应用中，推理还可用于自动问答与自动推荐中。

上面四种方法组成了完整的基于知识图谱的知识库，而其中大量使用由计算机编程所得的软件工具，都是知识获取的引擎。

在四种数据的知识化方法中，主要以自动方法为主，其实现方法包括固定模板方法及机器学习方法等。

（4）知识图谱的特点

从上面所获取的知识图谱表示方法具有很多特点：

①知识图谱是人工智能应用中最基础的知识资源。

②知识图谱具有语义表达能力丰富的优点。

③知识图谱具有表达简洁的优点。

④知识图谱具有表达能力统一的优点，便于不同知识间的重组与融合。

⑤知识图谱的知识来自网络，来源单一、方便，容易大量获取。

⑥知识图谱采用图结构方式，易于存储与检索，同时也有利于高效推理。

3. 知识图谱的分类和典型知识图谱

目前，知识图谱已经是人工智能应用中最基础的知识资源。近几年来，互联网中已有多种不同的知识图谱，它们为人工智能应用提供了最基本的知识资源支持。下面就知识图谱分类及各分类中典型的知识图谱进行介绍。

（1）按性质分类

按性质分类可将知识图谱分为以下几种：

①通用的百科类知识图谱：这些知识图谱如百度百科等多种具有广泛知识内容的知识图谱，应用广泛，使用范围宽。

②领域类的知识图谱：指一些专业性强，具有一定专业领域的知识图谱，如法律知识、金融知识等。

③场景类的知识图谱：指一些背景性知识，如申请贷款的办理流程知识、出国申办护照的手续等。

④语言类的知识图谱：指一些与语言有关的知识，如“我们”的英文、德文、日文表示等。

⑤常识类的知识图谱：指为人们熟知常识的知识，如“猫有四条腿”“老虎会吃人”等。

（2）按层次分类

按知识图谱获取技术水平的先后可分为三个层次：

①原始层：即第一层。它是最早期、最原始以直接的方式从互联网上得到的知识图谱，通过专业人员及大型志愿者群体以手工方式获取为主。这类典型的知识图谱包括垂直站点豆瓣电影中的知识图谱等。

②第二层：它是建立在以原始层为主的知识图谱上通过融合重组而成的，并辅以人工自动获取手段。这类典型的知识图谱包括：DBpedia、Freebase及YAGO等。

③第三层：随着人工智能与机器学习的发展，自动构建知识图谱的技术也日趋成熟，因此接下来的层次就是以自动工具为主要获取手段的知识图谱。这类典型的知识图谱包括WOE、NELL、ReVerb 及 Knowledge Vault等。

4. 知识图谱中的知识存储

目前有各种知识图谱，它们都存储于特定的数据库内，这种数据库都有一定的特色：

①都是互联网上的分布式数据库。这种数据库建立在互联网的多个结点上，呈数据分布式状态。

②都具有图结构形式的数据库。这种图结构可用两种方式表示：一种是三元组方式；另一种是图方式，即结点、边、属性的表示方式。

目前常用的知识存储数据库有以下三种：

（1）Freebase 数据库

Freebase数据库是谷歌公司最早开发的一种专用图数据库，它以图结构形式存储，用三元组的数据结构方式。这种结构形式易于知识的存储，但是不适合知识的查询与检索，因此目前使用已不普遍。

（2）Neo4j 数据库

Neo4j数据库是一个开源的专用图数据库，它改进了Freebase的缺点，通过采用六元组的数据结构和图形化查询方式，从而使得知识的查询效率得到明显提升，它还有一个完备的知识查询语言，非常适合知识查询与检索。但是它对知识更新的效果较差，因此它是一个适合以查询为主的知识库。

（3）NoSQL 数据库

NoSQL数据库是一种适合大数据的通用数据库标准体系，它有多种适合人工智能应用的数据结构，其中图结构与键值结构特别适合知识图谱的存储与应用，此外它还具有三元组表结构形式。它有完整的数据定义、操作、查询及控制功能以及相应的语言体系，操作效率高，适应面广。这种数据库目前使用越来越广泛，是今后发展前途比较远大的具有语义内容的数据库。此类数据库既是一种数据管理组织机构，同时也兼具知识管理组织机构。基于这种标准体系，目前已开发出若干个相应的数据库，常用的有HBase等。

5. 知识图谱的应用

知识图谱目前普遍应用于知识搜索、自动问答及自动推荐等领域，并且尚有更大的发展空间，如决策支持系统等。这种应用组成了新一代专家系统，是新一代人工智能的重要组成部分。在社区基层治理中也有广泛的应用前景。

（1）知识搜索

由于知识图谱是一个知识库，它存储大量知识，用户可以通过查询所需的知识，由知识图谱中的搜索引擎启动搜索，在获得答案后将其返回给用户。例如，人们常用的百度，就可以查询多种知识。

（2）自动问答

自动问答是通过知识图谱中的实体及其互相之间的关系，经过关系的推理而得到答案。例如，在图3-11所示的知识图谱中，用户输入“张三冰激凌价格”，此时知识图谱启动这个实体关系的搜索，先获得实体“张三”，接着获得关系（冰激凌价格，张三，7），通过此关系推理即可获得张三冰激凌价格为7元。然后即输出此知识“张三冰激凌价格7元”。

（3）自动推荐

自动推荐是利用知识图谱中实体间的关系，将指定实体通过关系向用户推荐除指定实体外的其他相关联的实体作为推荐知识。例如，用户在电商平台搜索饮料，此时知识图谱启动有关饮料的相关关系，通过这些关系推理，可以获得相关的饮料“可口可乐”“百事可乐”“椰汁”“雪碧”等作为推荐饮料。

3.4.8 知识获取之 Agent 方法

1. Agent

（1）Agent 的基本概念

自互联网出现后，在广阔的网络世界中计算机可以代替人类完成众多不同的独立任务，这就出现了Agent（代理）。Agent有代理、主体、实体等不同含义，这里用“代理”表示比较合适。它表示作为人类代理在网络世界中完成特定的任务。在多数情况下，并不翻译成中文，而直接用其原文Agent表示。在计算机及人工智能中，Agent是在网络中的一个独立行为实体。

上面这种解释仅是对Agent的一个狭义的理解。从词义上看，Agent是一种抽象概念，它可有很多种具体的解释，如代理人、代理机构、代理设备及代理系统等，这是Agent的广义解释。在此种解释下的Agent的典型例子就是一种设备，如恒温调节器。它的任务是将房间温度维持在用户所设定的范围之内。这是一种代理用户特定需求的设备。

（2）Agent 的工作原理

由于Agent是人的代理，因此它具有人的基本工作能力。人的基本工作能力就是人通过五官及其他感知器官从外界环境中获得多种信息，经过大脑作用后，再由手、脚等执行器官向外界环境执行动作。基于此认识，可以认为：Agent是一种能代理人的某种特定目标任务的主体。Agent工作原理可以解释如下：

①Agent有一个外部世界，称为环境。

②Agent有一个内部世界，它由以下三部分组成：

- 感知器：从环境获取信息。
- 处理器：对感知器获取到的信息按代理的特定要求进行处理。
- 执行器：在处理结果后向环境施加动作，对环境产生影响。

Agent的工作原理是在环境与内部世界间不断地相互作用下，推动Agent不断工作，最终达到完成代理的任务。

Agent工作原理可通过图3-12所示示例说明。

例如，恒温调节器是一种Agent，其目标是将房间温度维持在用户所设定的范围之内。它作为 Agent 的工作原理如下：

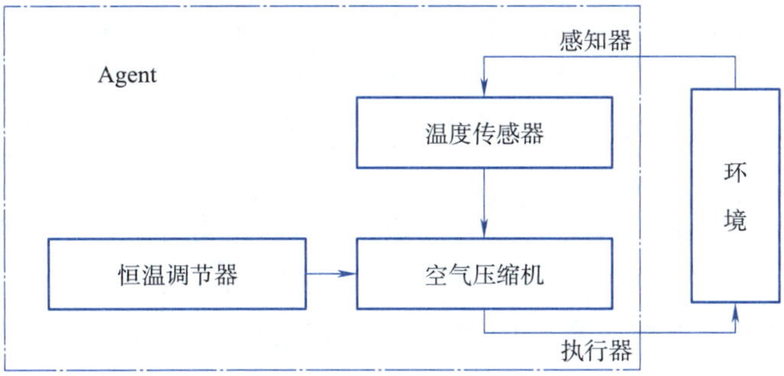

图 3-12　Agent 工作原理示例说明

①环境：恒温调节器的环境就是该设备所处的物理空间，即它是一个带有一定室温的房间。

②感知器：恒温调节器的感知器即空气内的温度传感器，它能够感知房间中的室内温度。

③处理器：恒温调节器的处理器即空调内的处理芯片，它从传感器中接收到温度信息后进行分析，根据分析结果向压缩机发出信号。

④执行器：恒温调节器的执行器即空气压缩机，它根据处理结果所发出的信号，向环境释放出冷/热空气，对环境产生影响，从而达到室内恒温的目标。

如此反复，不断循环工作最后达到保持室内恒温的目标。到此为止，读者对Agent有了初步认识。

（3）Agent 的定义与特性

根据以上介绍，对Agent的概念作一个总结性的提升，包括 Agent 的定义及 Agent 的特性。

①Agent定义：Agent是一个驻留于某个环境下，能够自主、灵活地执行动作以满足设计目标要求的行为实体。

该定义是一个抽象的、广义的定义，使读者对它的了解更符合客观实际且更加深刻，而不仅是将其认知为计算机。同时该定义比较简洁，它仅从外部行为特征对其进行描述，而对其内在结构与众多细节不作具体的限制，这样就使得定义更具广泛性。

下面仍以恒温调节器为例，介绍Agent定义。

恒温调节器为什么是一个Agent？首先，它是一个行为实体；其次，它是驻留于某个环境下的；再次，它能满足设计目标要求；最后，它执行动作具有自主性与灵活性。因此它是一个Agent。

在目前的应用中，Agent主要用于计算机领域以及人工智能领域。这些应用中的Agent是建立在互联网上满足Agent定义的一种计算机应用实体（包括软件、硬件等组合体）。

②Agent的特性：

- 自主性：Agent能够控制自身行为，其行为是主动的，自发的以及有目标的，并能根据目标和环境要求的行为做出规划。
- 灵活性：Agent在一定环境下，在实现目标要求时有相当大的灵活性与机动性，即采用多种方法与手段的权力。
- 交互性：Agent能够与环境交互，能感知所处环境，并借助自己的行为对环境做出反应。

- 协调性：Agent存在于一定的环境中，能感知环境状态，并通过行为影响环境，与环境保持协调。Agent与环境是对立与统一体的两方面，相互作用，相互依存。
- 面向目标性：Agent能够在目标指导下，为实现目标要求做出主动行动。这一性质为面向Agent的行为设计提供重要基础。

从方法论观点看，Agent提供了一种求解问题的思想与方法。从人工智能研究方法看，Agent属于行为主义的研究方法，它为从事行为主义研究从方法论上提供了一种研究的模型。即它是通过其内部世界与外部环境不断交互的过程构造一个行为模型以达到获取知识的目标。特别是在互联网上的分布式、并行环境中为求解问题从方法论及获取知识的观点上提供了方向性的指导。它的应用范围不只限于计算机和人工智能领域。

（4）Agent 的分类

①反应式Agent：一种最简单的Agent，它在接受外部环境刺激后，立即能对环境做出反应。其具体表现为仅直接在内部使用：条件-作用规则。其中，“条件”即为所接受的环境刺激，“作用”即是对环境所做出的反应。

②认知式Agent：其内部是由多个知识组成的知识库模型，其环境是预先知道的。在执行时必须从环境不断获得更多知识后，才能在目标指引下，形成动态执行序列，从而对环境产生影响。

③跟踪式Agent：一个复杂的Agent，它除了有上面两种知识外，还需要另外两种信息，即Agent自身作用影响外部环境的信息以及外部环境变化对Agent的影响。

④基于目标式Agent：在跟踪式Agent基础之上还需要更加关注于目标信息，使Agent在工作时尽可能与目标信息相结合。这种基于目标式Agent使得在实现目标方面更具灵活性，只要指定了新的目标就能产生新的作用。

⑤基于效果式Agent：基于目标式Agent尚不足以产生更好效果的Agent，因此还需要在基于目标式Agent之上增加一个效果函数。在Agent工作过程中充分与效果函数相结合，从而能产生效果更好的执行结果，这就是基于效果式Agent。

⑥复合式Agent：在Agent内组合多种相对独立和并行执行的结构模块，包括感知、动作、反应、建模、规划、通信等多种处理。这种复合式Agent可以达到速度更快、效率更高、更为方便、更为灵活的目的，同时也能更加适应互联网上的分布式、并行执行操作平台的效果。

（5）Agent 的应用实例

由于Agent的概念比较抽象，如果仅在理论上给予解释，读者可能还是难以理解，下面用若干个实际应用例子说明Agent的概念。由于Agent中大量行为需要计算机软件参与其中，因此Agent实例不仅指代硬件实体，还有些属于广义Agent，也有很多是以软件为主的Agent。

机器人是人工智能中的一门应用性技术学科，从原理上看，它属Agent范畴，在理论上受Agent指导。因此，机器人可以视为一种Agent。

众所周知，机器人是一种机电装置，它能独立执行赋予的特定任务。它能感知设备与执行设备，能对感知设备所接收的信号进行处理，使用执行设备完成特定的任务。例如，一个自动灭火装置是一个机器人，该装置有温度传感器用以感知火源，履带式滚动设备用以在火场自由移动，它还有一个可作360° 旋转的自动喷水设备，以对准火源喷水灭火。在该装置的内部有一个处理芯片，能利用温度传感器自动寻找火源，然后控制滚动设备与喷水设备接近火源并自动对准火源进行喷水以达到灭火的目标。分析如下：

①该装置的环境是起火现场。

②该装置的感知器是温度传感器。

③该装置的处理器是其内部的处理芯片。

④该装置的执行器是履带式滚动设备与自动喷水设备。

这个装置是驻留于火灾环境下，具有自主、灵活地执行灭火动作的行为实体，因此它是一个Agent。

同样，计算机中杀毒软件是驻留于计算机中能自主灵活地执行杀毒动作的行为实体，它虽然是纯软件，但也是一个Agent。

具体地说，杀毒软件中的文件保护系统，具有保护文件防止病毒伤害功能。该系统不断地与计算机中的其他软件交互（如操作系统、文件管理、应用程序等）感知到文件中的结构及数据变化，此时该系统对这些变化进行分析，找出其可疑变化，并做出行动，如病毒扫描、病毒清除、文件隔离、文件删除、文件复制等操作，从而达到杀毒的目的。分析如下：

①该系统环境是计算机（包括其中的各类软件）。

②该系统的感知器是系统与计算机中的各类软件的交互程序。

③该系统的处理器是其内部的分析程序。

④该系统的执行器的操作顺序是病毒扫描、病毒清除、文件隔离、文件删除、文件复制等。

因此，这个杀毒软件中的文件保护系统是一个Agent。

2. 多 Agent

（1）多 Agent 的基本概念

前面介绍的Agent的基本概念是一种单Agent的概念。但是在现实世界以及实际应用中往往用到多个Agent，特别是在互联网的分布式、并行环境中有多Agent在独立、自主地执行任务，为完成计划而工作，它们分别为互联网用户提供多种类型服务，这就是多Agent。

多Agent可以相互协助共同完成单Agent所无法完成的任务，称为协作。但同时它们在各自工作中也会产生矛盾与冲突、如资源冲突、目标冲突等，为此须进行协商、调和以求得解决矛盾与冲突，称为协调。协作与协调构成了多Agent的主要特征。

为实现多Agent的协作与协调，首先需要建立多Agent的统一行为规范，称为协议，还需要建立在协议基础上的相互交流信息的方式，称为Agent通信。下面将详细介绍多Agent中的协作与协调、Agent通信，以及多Agent的应用。

（2）多 Agent 的通信

为进行多Agent协作与协调，其内部各Agent间必须进行相互通信。目前常用的通信方式有两种：黑板方式和消息/对话方式。

①黑板方式：指在多Agent系统中设置一个公共数据工作区，该区域可为各Agent书写消息给其他Agent查阅使用。每个Agent都有在该区域书写与查阅消息的权利，通过它实现各Agent间通信的目的。而这个公共数据工作区称为黑板。这是一种共享式的通信方式。为实现快速查阅，各Agent一般都采用过滤器的方法，仅阅取与其当前工作有关的消息。用黑板方式通信具有快速、方便的优点，但也存在着针对性不强及工作区信息量堆积过多等弊端。

②消息/对话方式：一种点对点的对话方式，即一个Agent对另一个Agent间的通信方式。其工作原理是一个发送Agent，另一个接收Agent，按一定协议规范通信流程，规范收发地址、消息格式等，同时还需要标准的通信语言。消息/对话通信方式是一种比较规范化的通信方式，因此目前在多Agent系统中大多采用此种方式。

（3）多 Agent 的协作与协调

多Agent中的协作与协调是它的两大特征，其中协作是正向特征，而协调则是反向特征。

①多Agent中协作：在多Agent中，单个Agent所起的作用有限，而通过多个Agent间的协作可以形成整体行为性能，增强Agent解决问题的能力，解决更多的应用问题。此外，还能增强其灵活性与机动性，提高解决问题的效率。

在多Agent协作中，单个Agent不是孤立存在的，它必须遵守多Agent所形成的系统中的公共规则，而不能逾越或破坏这些规则。这是一种既各自独立又相互依存的关系才能使协作成为可能的基础。

②多Agent中协调：在多Agent系统中，协作起着正向与增强的作用，但与此同时也会带来反向与负面的作用，这需要通过协调来解决。因此，协调是解决多Agent系统中所出现的反向与负面作用的解决手段。典型的例子有：计算机网络中的多Agent系统内各Agent间资源使用冲突的协调，否则就会产生死锁从而造成整个系统崩塌；又如，各Agent间的共享数据区域不合理的操作使用冲突的协调，否则就会产生数据故障且无法进行恢复等。

目前，在多Agent系统中有很多冲突与矛盾，一般也有很多的协调方法，常用的有下面几种：

- 采用合同网方法。
- 采用协作规划方法。
- 采用协商方法。
- 采用组织结构化方法。

其中，合同网方法即是建立一个多Agent系统中的统一协议的方法：协作规划方法即是在协作中统一规划分配多Agent系统中各Agent的角色与任务；协商方法即是Agent系统中各 Agent相互协商的方法；组织结构化方法即是通过统一的组织结构方式以实现协调。

（4）多 Agent 的应用实例

通常来说，在实际应用中都是由多Agent组成的多任务系统，特别是在互联网的分布式、并行环境中有多个Agent在独立、自主地执行任务。以下是一些应用实例。

例如，在互联网中的电子商务活动由多个Agent组成，包括供应Agent、销售Agent、支付Agent、管理Agent、客户Agent、物流Agent等。它们间通过协商一致的交易标准，使用消息/对话通信方式进行协作共同完成网络上的商务活动，组成一个电子商务Agent系统。

再如，空中交通管制系统是一个多Agent系统，是一个管理空中飞行器的系统。在该系统中每个空中飞行器都是一个Agent，它们依据一定的飞行规则，按一定航路飞行，它们之间通过黑板方式进行通信，该系统可以保证空中交通安全、畅通。它们组成一个多Agent系统。

又如，网络订票系统是一个多Agent系统。在网络上订购火车票是建立在互联网上的一个计算机系统，从抽象观点看，它由多个Agent组成，包括旅客Agent、订票Agent、支付Agent、取票Agent等若干个Agent。它们之间按规定的方式与流程操作，并使用消息/对话方式进行联络，从而完成订票任务。它们组成一个多Agent系统。

3. 移动 Agent

（1）移动 Agent 的基本概念

移动Agent指的是具有移动性能的Agent。这种移动性能是指在网络环境下Agent能从一个结点移动到另一个结点，并代表用户执行任务。移动Agent可以在异构的软、硬件环境中自由移动，即能在网络的一个环境中移动到另一个环境中。一般而言，环境中的计算机仅限于客户机，而服务器中的Agent是不能移动的，它为与其关联的客户移动Agent提供环境中的各种服务，如安全服务、文件服务、接口访问服务等。这种性能的移动Agent具有灵活性与便利性等多种优点，因此在互联网中应用特别广泛。

同样，由移动Agent所组成的多Agent称为移动多Agent，既具移动Agent的优势又有多Agent的优势，在互联网中有广泛应用。

移动Agent主要应用于计算机网络中，并在技术上及应用中发挥很多优势：

①能减轻网络负担，节省网络带宽。

②能实时支持远程交互。

③在移动Agent中能封装网络协议。

④移动Agent支持异步自主执行。

⑤移动Agent支持离线计算。

⑥移动Agent支持平台无关性。

（2）移动 Agent 的应用实例

本节介绍在互联网上的移动Agent应用实例。

例如，基于移动Agent的电子商务。在基于多Agent电子商务的基础上做进一步功能扩展，从而实现基于移动 Agent的电子商务。在原多Agent中客户Agent具有移动功能，它可以主动移动到多个电子商场，为客户寻找所需商品。供应Agent代表生产厂商，可以向各电子商场发布产品信息，也可直接移动至多个客户Agent直接推销产品。所有这些Agent在成为移动Agent后使电子商务的功能大幅增强。

再如，网络上的个人助理是移动Agent。在网络上的移动Agent可以代表用户处理远程业务，如一个会议召开前，移动Agent可以代表与会者交互协商一个共同认可的会议日程安排表。

4. 智能 Agent

（1）智能 Agent 的基本概念

Agent是人工智能三大研究方向之一——行为主义的一种方法，它通过Agent内外间不断交互以获取知识为其特色。因此，其本身就属人工智能研究内容，所以Agent有时也可翻译成智能体或智能主体。然而，Agent并不等同于智能Agent，这是两个不同的概念。智能Agent是Agent中的一种，其处理部分是基于知识的处理。再明确一点，就是Agent中的处理部分是应用了基于知识的演绎推理、归纳推理等方法（如专家系统、机器学习等方法）进行处理。目前人工智能中大多Agent都是这种智能Agent。

同样，多Agent中如果出现智能Agent，则可称为多智能Agent；而具有智能功能的移动Agent称为智能移动Agent。最后，多移动Agent中如果出现智能移动Agent，则可称为多智能移动Agent。

（2）智能 Agent 的应用实例

下面介绍在互联网上的智能Agent应用实例。

例如，基于智能Agent的电子商务。在前面多Agent的应用实例的基础上再做进一步功能扩展，从而实现基于智能Agent的电子商务。例如，在原多Agent的基础上可以增加用户需求Agent，该Agent可以通过机器学习了解客户购买商品的兴趣、爱好、习惯等。也可以增加商品流通规划Agent，该Agent可以通过专家系统以规划商品流通优化线路，是一种智能多Agent。

再如，基于智能Agent的图书管理。一个数字图书馆系统可由多个Agent组成，它们构成一个多Agent，如图书选购Agent、图书服务Agent、多媒体制作与传输Agent、数字版权保护Agent、图书自动标引Agent、图书自动推荐Agent等，其中图书自动标引Agent、图书自动推荐Agent均为智能Agent。图书自动标引Agent可通过机器学习自动抽取并生成标引词；而图书自动推荐Agent则可以通过机器学习中的关联规则向用户推荐图书或文章。这个多Agent就是一个智能多Agent。

3.4.9　控制论：从智能代理到信息物理系统

1. 控制论的概念

控制论是一门独立的学科，控制论方法强调从对象和任务出发的系统设计视角。根据百度百科，数学家诺伯特·维纳（Norbert Winer）被认为是控制论创始人，他把控制论定义为一门研究机器、生命社会中控制和通信的一般规律的科学，是研究动态系统在变的环境条件下如何保持平衡状态或稳定状态的科学，代表“管理的艺术”。在控制论中，“控制”的定义是为了“改善”某个或某些受控对象的功能或发展，需要获得并使用信息，以这种信息为基础而选出的，并基于这些信息对对象施加相应的作用。

2. 智能控制与智能代理

如果处理信息的手段中使用了人工智能算法，使之具备自学习功能和管理对象中不确定性的能力，就可以称为智能控制系统。因而，智能控制系统的目的在于控制，而非智能。智能控制系统由至少四个闭环系统组成，即通信环、控制环、适应环和学习环。智能控制存在的意义在于更好地应对任务的复杂性，这种复杂性包括三个方面，即对象的复杂性，例如，存在时变性、随机性、非线性等特点；环境的复杂性，例如，不明确的机理和无法检测的参数等；目标的复杂性，例如，适应性、鲁棒性、容错性和多目标优化等。

常见的智能控制算法又包括模糊控制、进化控制、基因控制、多智能体控制、神经模糊控制等。能够在各种复杂或不确定的环境中，通过最低限度人工干预，自主实现最优目标功能的控制，是智能控制学科所追求的目标。

在控制论学派的观点中，感知、认知、反馈执行、迭代进化是实现智能的基本模式，其基本框架可以用图3-13来表示。对某项任务的达成可以通过多个智能代理（Agent）的模式进行知识交互，通过事件和信息来驱动业务流程，利用微服务架构实现“信息→认知→知识→决策”的思维逻辑，构建实体空间与赛博空间（也称虚拟空间）中个体空间、群体空间、环境空间、活动空间、推演空间的知识交互、知识共享、知识再生等，从根本上解决信息系统知识生产速度无法满足知识消耗速度的矛盾，建立自主认知、自主成长的可持续发展的知识创造系统。

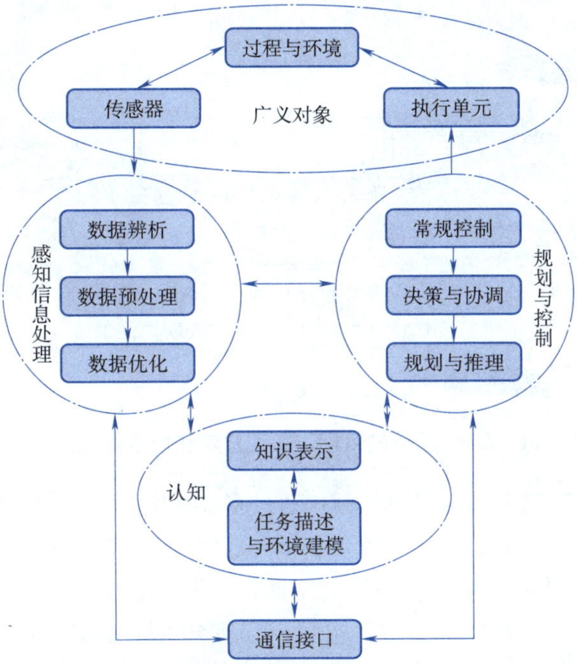

图 3-13　智能控制系统的基本架构

要实现智能控制，其认知与决策是以“知识”为基础，而不再是传统信息系统中的原始数据，所以对于存储能力的要求也发生了变化，不再是数据的简单堆积，而是需要存储那些“有用的”“有效的”“有关联的”知识。

智能控制系统目前已经大量应用在自动驾驶、工业控制、无人机等领域中，这些智能控制设备所采用的控制辅助系统和自动巡航等功能大量使用了智能代理的概念。

3. 信息物理系统

随着智能控制的不断发展、人工智能的不断应用，控制论技术逐步演化成了一个新的技术概念：信息物理系统（cyber-physical system，CPS），也称为赛博-实体系统（Cyber-physical system，CPS），目前被世界上多个国家列为人工智能战略的关键技术，备受关注。下面进行基本理论介绍，在第4章中将基于社区的实际应用进一步探讨。

CPS的实现在现实世界中基于物联网、嵌入式计算、云计算等数字技术，它们定义了实体系统的功能性，是感知和反馈的基础。在虚拟世界中的数据来源、关系和参考构成了实体系统运行的基础，是CPS在信息空间（赛博空间）中的管理目标。CPS中的通信、计算和控制是管理现实可见世界的技术方法，而建立面向实体空间内的比较性、关系性和目的性的对称性管理是核心的分析方法。CPS的最终目标是在信息空间中对实体物理空间中3V的精确管理，即可视性（visualizability）、差异性（variation）和价值性（value），上述目标、实现方法及所应用技术之间的关系如图3-14所示。

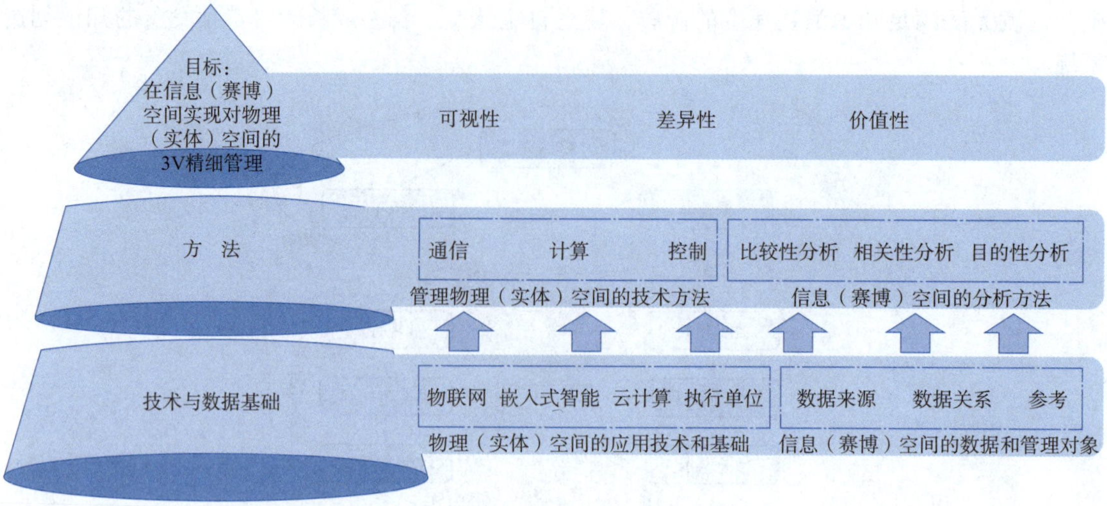

图 3-14　CPS 系统的目标、实现方法和技术基础间的关系

CPS实现系统智能化的方式可以概括为：通过将实体空间中对象、环境、活动的基于大数据的采集、存储、建模、分析、挖掘、评估、预测、优化、协同，同时与对象的设计、测试和运行性能特征相结合，从而产生与实体物理空间深度融合、实时交互、互相耦合、互相更新的信息空间（个体空间、环境空间、群体空间、活动空间与推演空间等的结合）；并通过对信息空间知识的综合利用去指导实体物理空间的具体活动，实现知识的积累、组织、成长与应用；进而通过自感知、自记忆、自认知、自决策、自重构和智能支持等能力促进系统的全面智能化。

信息物理系统的本质目的是构建从实体物理空间到信息空间的映射，物理空间或称实体空间是构成真实世界的各类要素和活动个体，包括环境、设备、系统、集群、社区、人员活动等。而信息空间是上述要素和个体的精确同步和建模，是实现CPS的数字孪生基础，以实时数据驱动的孪生模型动态反映实体状态，通过个体空间、群体空间、环境空间、活动空间与推演空间的建立，模拟个体之间、群体之间和与环境之间的关系，记录实体空间随时间的变化，并结合活动目标，对实体空间的活动进行模拟、评估、推演与预测，形成决策知识，并构成完整的知识和知识发现体系，如图3-15所示。

CPS是一种多维度的智能技术体系，以大数据、网络和海量计算为依托，通过核心的智能感知、分析、挖掘、评估、预测、优化、协同等技术手段，将计算、通信、控制有机融合与深度协作，做到涉及对象机理、环境、群体的信息空间与实体物理空间的深度融合。可以说，CPS应用于社区智能化治理的核心在于：以数据为模型驱动，分析事物或物体在环境中活动的结果与目标的差异，采取协同解决方案；最终通过自治和智能支持促进社区的智能化发展。CPS系统的应用，更加注重从信息到行动的闭环，因而对信息的处理方式更加聚焦和精细，并且更加强调系统内的决策与执行尽可能保持稳定和精确。这也要求CPS系统应用在社区治理的过程中，更要考虑与社区本身生态系统的融合呼应，以及对各类数字技术的合理选择和融合应用。

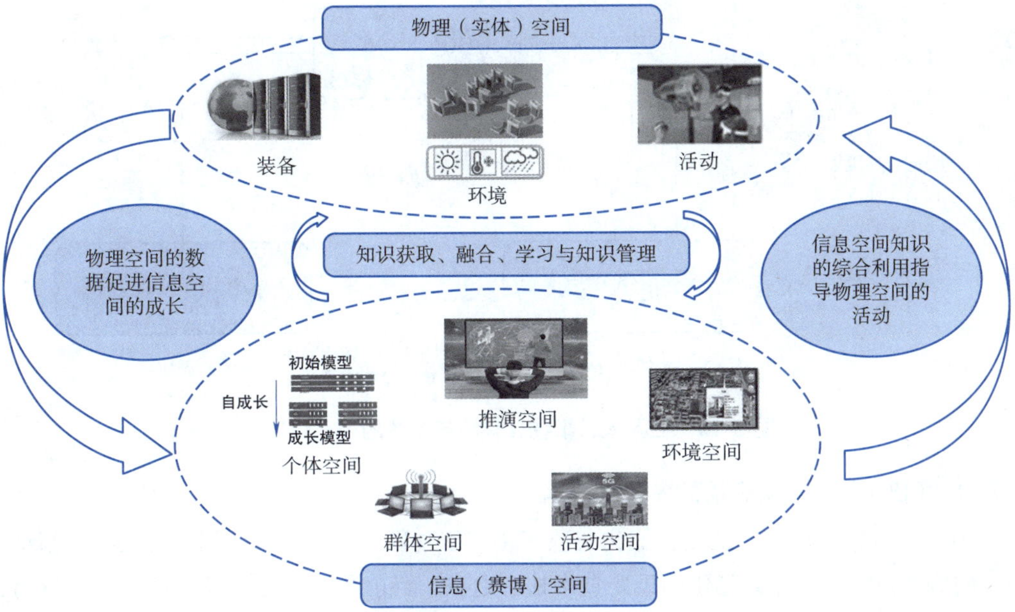

图 3-15　CPS 系统中信息空间与物理空间关系示意图

3.5　社区人工智能与通用人工智能的差异

3.5.1　社区人工智能是人、事、物、环境与系统的多元化协同

1. 社区智能化前提是“以人为中心”的数字化思维

上述讨论的是什么样的人工智能技术更加适合社区，这里既有像机器学习、神经网络和统计这样的算法和分析工具，也有像 CPS这样的系统性方法。但是，社区人工智能不仅是技术或算法，更是人、事物与系统的多元化协同。真正适合社区的智能技术需要将人、事/物、生态环境和系统连接起来。在信息技术成熟之前，社区主要是通过人来管理事和物，而早期的社区信息系统尚不成熟，主要管理基于管理人员经验、社区人情和文化以及制度法律等。目前的物联网技术做到了将事、物、流程以及人互相连接起来，部分实现了由人记录数据变成了由物（传感器或系统）记录数据。但这个系统还不够完整，目前，物联网的应用其实并没有给社区创新治理带来太明显的变化，因为物联网只是将人和物连接起来，并没有改变和优化社区生态系统。社区智能化前提是“以人为中心”的数字化思维的深度运用和公共资源的重新组织、最优调度。需要的是将人通过系统与环境、物互相连接起来，用智能系统去分析人的行为和事的轨迹，从过去的基于政府管理和经验管理转变成为基于社区自治、以人为本和事实依据的运营模式，并在这个过程中不断优化系统，如图3-16所示。

CPS系统较早地应用在智能制造领域。目前，随着智慧城市和智慧社区建设走向数字化和智能化，得以在城市和社区中进行应用，系统与事、物、业务流之间的连接靠的是CPS的5C系统，以及大数据、智能分析、云平台等技术工具。

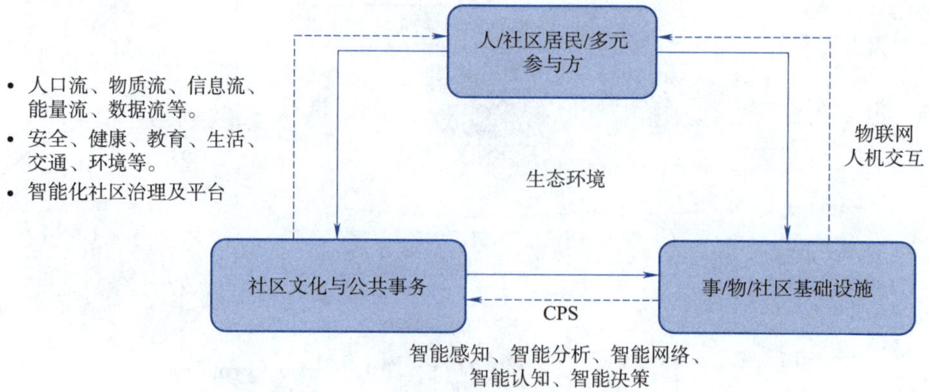

图 3-16 社区人、事物、环境与系统的多元化协同

2. 社区智能化是数据驱动的多元化协同

当前，在城市与社区的全面智能化与数字化转型过程中，乃至以数据驱动的社区精细化治理中，CPS也会成为社区智能化的重要技术核心之一，目前各参与方已经有所共识。然而，目前社区智能化还处于早期阶段，社区的规划、建设、运营和治理等各个环节，数字化和智能化和智慧化的实现程度仍然有限。

如果仅从信息化的角度看，提升社区智能化可以依靠新产品的研发和应用、更快的速度、更准的算法，但其实社区治理真正的根本性创新和提升，更需要的是思维方式和治理模式的转变。就好像智能产品的创新核心，也许不是自动控制和处理器，而是交互习惯和应用拓展。对于社区智能化而言，这个创新应用可能就是社区运营的机制，也可能是人工智能技术支持的服务创新模式，包括社区治理领域一直在做的社区大脑等决策支持平台和数据实验室，才是社区人工智能的主要重点。

以数据驱动为索引，我们看到社区的规划、建设、运营、管理被重新组织成一个新的发展方向。在互联网、物联网、人工智能等技术推动下，各种传统产业和社区治理被赋予新的逻辑。无论商业运营还是政府管理，社区智能化都不是把原有流程简单地转为线上，也不是人工智能技术的持续堆砌，而是以更多互动、共享、弹性、精细的模式重新定义。这个过程中，每个环节都会产生大量的数据，数据就如同传统产业中的能源一样，成为社区发展新的驱动力，并通过数据与上下游产业互相串联。

常见的社区治理升级案例是，通过物联网、传感器等技术对传统的社区公共品进行改造，使其具备共享化的低成本运营能力，并可以在运营过程中获得持续收益，如共享单车。这种运营驱动的逻辑要求企业具备产品和运营的双重能力，并可以在产品设计阶段就植入可运营的技术要素。在运营过程中，产品整个生命周期都会产生大量的数据流，人力驱动的管理方式变成数据驱动。一方面，可以优化产品运营本身，降低运营人力成本和综合成本，并通过人工智能使产品运维效率不断迭代提升，改善用户体验；另一方面，社区中各种产品和系统运维的数据，汇聚到综合数据平台中，彼此交叉和结合，又可以去帮助优化其他系统；而所有系统的数据，则全面描述了社区本身的运行，再通过数据处理汇总到城市级的决策支持系统，从而实现城市的科学规划和精细化管理。总的来说，从传统的治理模式，转为两个运营阶段，一段是社区服务或公共产品的运营，另一段是社区数据运营，后者对前者的影响和作用将会越来越大，至最终发现或实现创新治理模式。

例如，社区中常见的共享单车是一个十分经典的产品：不同于以往的公共自行车，单个车辆通过物联网可实时在线，可精准定位，并可控；用户不必拥有车辆的所有权，但可随时获得使用权，并通过定位服务随时随地找到车辆使用，用后在目的地附近合法地点自由方便归还；共享单车运营商既是设备供应商也是运营服务提供商，通过人工智能大数据平台，共享单车的运维人员可以通过智能化决策调度车辆的时空分布；而根据共享单车的运营数据统计分析，可以帮助很多社区进行空间规划和运营的分析和优化，提出了包括步行系统、公交系统、街道设计、零售选址等系统的建议和解决方案；数据从社区级别汇总入城市级别，包括可以将共享数据接入各城市的大数据平台，通过各种分析模型，生成城市级别的决策模型，对微宏观的各种城市问题进行实时的问题分析和提供相应的决策建议，实现精细化的城市和社区治理。

社区中的另一个经典案例是智能垃圾桶，其基本功能是对垃圾深度的传感，可以在垃圾达到某些深度时垃圾桶自动进行压缩，从而提升垃圾桶的容量，减少维护工作量。在垃圾桶完全装满后，通过物联网通知平台申请维护操作。根据在某社区布置的垃圾桶数据来看，自从有了智能垃圾桶，从起初每天三次人力巡检，变成了十天左右的按需清理，大幅降低了对清洁人员的需求，从而节约了人力成本。而且，垃圾清理变成了数据驱动的流程，于是一套基于无人驾驶的自动垃圾回收车应运而生，垃圾回收车可以按照满桶信号规划线路每晚自动回收垃圾，这样，整个垃圾回收就变成了完整的数据驱动的闭环。

3.5.2　社区人工智能基于通用人工智能并具有多元生态

社区人工智能与目前人们普遍认知的人工智能的差异不仅体现在应用领域的不同，更加体现在对于功能要求和算法工具的不同。下面从目的性和方法层面对二者的定义进行区分。

根据第2.9节定义，通用人工智能以实现人类智能为目的，是一种具有试错调整导向性的认知科学，主要包括了六大领域（详见图3-17）。其可应用方向非常广泛，但在社区治理领域尚缺乏可被规模化复制的成功案例。目前具有代表性的通用人工智能技术包括无人驾驶、语义识别和人脸识别等。

社区人工智能实现“人工智能+社区”“人工智能+社区治理”，应用方向聚焦在数字生活和数字治理等。

通用人工智能与社区人工智能既有联系又有差异，两者差异对比如图3-17所示。

人工智能要能真正开始被规模化地应用于社区精细化治理与数字化转型中，进而实现社区人工智能生态系统，至少需要做到以下五个方面：

①在社区应用需要实现系统化。在技术层级和应用层级方面的体系化，需要建立一套标准的数据接口体系，明确社区数据、智能服务和智能产品在部件级、设备级、系统级和社区级等不同层级中的任务边界及交互接口。在社区治理领域中，无论是离散型智能产品应用还是流程型智能服务应用，单点突破很难做到价值提升，一定是整体系统导入才能实现。

	通用人工智能		社区人工智能
定义	一种以实现人类智能为其目标，具有试错调整导向性的认知科学，主要包括了六大领域：自然语言处理、计算机视觉、认知与推理、博弈与伦理、机器学习和机器人学。由于其发散性和机会导向的功能特点，可应用方向非常广泛，适用于社交、医疗、商业等众多领域，但在社区治理领域尚缺乏可被规模化复制的成功案例	VS	一种实现社区和社区治理领域智能化的复杂系统设计、训练及方法，具有系统性、多元性和可传承性的特点，是“人工智能+社区”的应用实践。可以构建社区治理、社区服务、社区政务、社区及家庭生活等各领域的数字化应用平台和通道。由于其精细性和效率导向的功能特点，使得社区以及环境在原本的基础上差异化提升，如提高社区治理效率、服务水平、能源利用效率、交通工具的安全性、设备稳定性等
功能	发散性的机会导向，例如： ①无人驾驶； ②故障点识别； ③环境识别和处理； ④语义识别和人脸识别等； …	VS	精细化要求或效率导向，在原本的基础上具有差异化提升，例如： ①数字生活和数字治理； ②交通出行； ③社会计算； ④服务及自动化（服务机器人等）； …
应用领域	各个垂直领域，例如 ①智能制造； ②金融领域； ③医疗行业； …	VS	社区治理、服务及生活领域，例如： ①社区事务管理与公共服务； ②社区基础设施及公共设施； ③健康与养老； ④医疗卫生； ⑤教育与职业培训； …
学习工具	①机器学习 ②深度学习 ③专家系统 …	VS	①宽度学习 ②深度学习 ③模糊学习 ④借力学习 ⑤知识图谱 …

图 3-17　通用人工智能与社区人工智能的对比

②在社区应用需要实现标准化。与现有社区治理的标准化体系相结合，包括方法论、流程、采集、建模过程、数据质量、模型评价、容错机制，基于预测的操作规程、不确定性管理等各方面的标准化，尤其是对分析结果的表达方式，以及反馈到执行过程中的决策依据和流程的标准化。如果不能够和现在已有标准相互融合，则很难真正将技术融入社区治理过程，更无法产生价值。

③在社区应用需要实现流程化。在系统性方法论的基础上创建的社区智能系统开发和实施的工作流程，以及社区智能系统在获取信息和输出决策的流程在各个操作层面与社区生态系统的流程，包括信息流、技术流、服务流、人员流、过程流、物流等的相互连通，实现智能应用的快速落地。

④在社区应用需要具有敏捷性。虽然社区治理体系当中的问题很明确，但是有很多需要迅速完成系统搭建、建模、验证和部署，解决碎片化问题和满足定制化需求的快速响应能力。

⑤在社区应用需要能可持续传承。与人工智能预测的可解释性和结果的确定性相似，如何

能够做到同一组数据和同一个模型，不同的人训练得到的结果都要是一样的，否则就很难做到社区治理的精细化、标准化和一致性管理。

系统化、标准化、流程化和体系化的目的是实现社区智能治理的精细性和可持续性，其中可持续性尤为重要，具体表现为任何人在使用同样的方法和工具训练模型都可以得到相同或相近的结果，也标志着人工智能标准化的方向。尽管社区本身具有多元化和复杂形态，但能通过数据了解浅层问题，透过数据发现数据，且系统能通过学习获取知识，最后解决和重新定义社区治理问题，形成闭环。

社区人工智能与通用人工智能和机器学习、专家系统和专家经验之间的区别在于，专家经验指专家或技术人员必须经过长期实践后所获得的经验。例如，在社区基础设施或设备的故障诊断中，经验丰富的专家仅凭借眼睛和耳朵观察听声便能准确判断并且定位故障发生的位置。而这种经验在传承性方面存在巨大挑战，部分经验往往随着人员的离开而消失，导致社区治理过程中解决问题的能力无法持续得到保证。此外，这种经验有其对不可见问题的局限性，例如，再有经验的专家也无法准确评估设备目前所处的健康状态。专家系统是一种基于本地化专业知识进行开发，以知识库和推理机为中心的系统，因此很难应对环境和情况变化而导致的不确定性。性能的提升需要人为定期地对系统进行升级更新。

一般的人工智能和机器学习所开发的系统较前两种方式在解决问题的准确度上有大幅提升，具备一定的学习能力，但是在面对多变的情况和多元化的数据时，系统的适应性不足。未来的社区人工智能基于多方位学习，同时具有可传承性、系统性和敏捷性，因此系统的性能会稳步提升。

而社区人工智能带给社区治理更大的改变，主要不是形态上的，而是规划、建设、运营、管理的逻辑本身。社区人工智能也不是一个独立的应用，而是和其他数字技术乃至新材料和生物等技术一起，呈现一个全息感知、数据驱动的社区，可以更好地通过人工智能适应和满足居民的需求，自主学习，自我完善。社区治理者，无须绞尽脑汁想象一个与以往不同的科幻场景，而是需要更多思考如何利用新的技术和数据去渐进优化现有的存量社区空间，在学会社会工作者的沟通和实践技能之外，转变成基层数字化治理乃至精准治理的专家。智能新社区建设也需要更多理解人工智能等数字技术的基层治理者和多元化参与方，创造更先进的技术应用场景，开拓更丰富的社区智能场景。

3.6 人工智能在社区落地的挑战

人工智能技术虽然已经在社区中的许多应用中取得突破，但是距离能够在社区场景中规模化落地仍然存在很大的差距，这是城市和社区治理的基础在于对稳定性、标准化、精细化和可重复达成率的不断追求，以及与行为、文化和环境等流程的紧密结合要求。人工智能技术在能够全面融入社区治理体系之前，首先要克服可重复性、可靠性和安全性方面的挑战。

社区数字化是社区治理的一种新理念，是新形势下社会治理创新的一种新模式。数字化社区是指充分利用物联网、云计算、移动互联网等新一代数字技术的集成应用，为社区居民提供一个安全、舒适、便利的现代化、智慧化生活环境，从而形成基于数字化、智能化社会管理与服务的一种新的治理形态的社区。

现有信息技术中，信息的获取主要来源于互联网，主要针对电商网站、社交网站、政府门户网站等，进行网站用户的群体特征、使用情况（主要体现在点击率、点击量、访问量、访问率、访问模块、页面留存时间等；移动应用产品主要体现在下载量、使用频率、使用模块等）、网站用户的使用时间、使用习惯、活跃度等几个方面的行为分析。在这种方式中，数据的采集必须通过互联网提供用户使用过程中产生的数据；由于大部分上网用户使用网站自动生成的临时用户访问页面，因此，定位个体用户的行为较难，从而难以对单个用户行为进行分析。另一方面，由于互联网信息仅涉及用户在使用网络过程中所产生的信息，因此，通过对用户的互联网信息进行分析并不能完整体现群体用户的生活状态及行为习惯，也无法从地域上对用户行为进行综合分析，因此，这些信息的可利用价值有限。

所以，人工智能技术在社区落地也面临各种挑战。

1. 数据的可用性问题

如上分析，从数据层面来看，社区人工智能落地面临着五大限制与挑战：一是训练数据的标记严重依赖人工，难以获取足够大且全面的训练资料集，而数据标记的质量又严重依赖人的经验和能力，如果样本的质量是模型表现的边界，那么这个边界本身就是人的边界；二是模型透明度有待提高，例如疾病诊断过程中，AI 技术可以利用患者数据来得出诊断结论，但无法解释这一结论是如何一步一步得到的，这将直接影响其在社区医疗服务系统这一有高可靠性要求领域的应用；三是机器学习缺乏可概括性，难以从一个应用直接复制到另一个相似的应用，这意味着人工智能技术类企业需要投入大量的资金和精力来面向新的问题训练新模型；四是数据和算法存在偏差的风险，如不同的社会文化差异等，可能需要更广泛的步骤来解决；五是在数据隐私和利益归属方面难以达成一致，例如企业使用客户的数据甚至经验所训练出来的模型，知识产权和收益应该如何分配，目前新制定的关于个人数据保护和隐私保护的法律法规，也加大了人工智能技术应用和开发的成本。

考虑到数据的重要性，对于社区和组织来说，制定数据策略，建立数据中心或者选择合适的云及大数据等供应商，储备专业人才，都至关重要。在技术开发和应用方面，相关企业或组织必须开发出健全的数据维护和管理流程，实现现代的软件开发规范。最具有挑战性的是克服“最后一公里”的问题，确保人工智能能够落实到社区的治理流程以及产品和服务中。

一直以来社区治理者可能都有一个错误的印象，就是我们已经在社区系统中获得了足够多的可被分析的数据；但从在许多社区和校区的调研来看，这个愿望还需要假以时日。例如，虽然某些系统中的数据量已经非常巨大，但是数据采集不规范、缺少关键参数、变量时序没有对齐、缺少状态和运行维护记录等标签、数据质量较低等问题几乎在每个领域都存在。解决数据的可用性问题，就要对数据质量的有效性、维度的全面性和背景的隐藏性这三个挑战进行有效的管理。

2. 是否具备可重复验证性

目前的众多算法，尤其是机器学习算法，大多数没有经过可重复性验证，因此机器学习算法最多只能算是理论与假设，尚不具备系统性。强推理逻辑形式最重要的特点是不确定性，因此可能导致判断个体行为过程中出现局限和偏差。而这种偏差在城市和社区治理的应用中，可能会直接影响系统的可靠性和安全性，严重时可能导致灾难性后果，例如对城市能源系统的影响。因此，人工智能中的算法是否具备可重复验证性，如何避免不确定性的影响是社区人工智能技术落地应用的重要因素之一。

3. 数据质量的有效性

在社区大数据中，数据质量问题一直是许多应用推广所面临的挑战。数据是否可用主要受制于社区感知环境中数据获取手段的限制（包括传感器、数据采集硬件模块等）、通信协议和组态软件等技术限制。对数据质量的监管技术是社区人工智能技术大批量应用和落地的必要条件。

4. 社区建模维度的全面性和覆盖率

社区人工智能应用于社区治理与数字化转型，其对于数据的要求不仅在于量的大小，更在于数据的全面性。在利用数据建模的手段解决某一个问题时，需要获取与被分析对象相关的参数，而一些关键参数的缺失会使分析过程碎片化。例如，当建立社区绿色建筑模型时需要温度、能耗、新风进出口风量、设备功率等多个参数，而当其中任意一个参数缺失时都无法建立完整的性能评估和预测模型。因此，对于社区数字化建设来说，在进行数据收集前要对分析的对象和目的有清楚的规划，这样才能够确保所获取数据的全面性，以免斥巨资积累了大量数据后发现并不能解决所关心的问题。

5. 社区内各类相关背景的隐藏性与背景关联分析

除了对数据所反映出来的表面统计特征进行分析以外，还应该关注数据中所隐藏的相关性。对这些隐藏在表面以下的相关性进行分析和挖掘时，需要一些具有参考性的数据进行对照，也就是数据科学中所称的“贴标签”过程。这一类数据在社区中有极为重要的地位和应用，包括社区居民个人和社区基础设施与环境的各种基础信息等。特殊人群情况、服务记录、任务信息等，数据的量很大，在数据分析中起到至关重要的作用。

6. 是否具备足够的可靠性

根据不同的领域和应用场景对可靠性的不同要求，人工智能的应用可大致分为关键性应用（mission-critical）和非关键性应用（non-mission-critical）。目前大多数人工智能产品对系统可靠性的要求并不苛刻，只要达到了基本的可用性，对偶尔出现的问题可被容忍的程度较高，并且不会导致严重的后果，这属于非关键性应用。例如，智能手机的人脸解锁功能被用户抱怨在个别条件下无法使用，功能的实用性受到一些质疑，但是即使解锁失败也可以通过系统重设以恢复正常，不会对用户造成伤害。商业推荐系统会根据用户的行为，如购物记录、消费记录、搜索记录、浏览网页的记录以及经常出现的场所等，判断用户的喜好，推荐可能感兴趣的内容。这类系统本身对准确率和可靠性的要求并不高。在其他一些应用中，即使系统失效也可以通过其他备用方案解决需求。例如，用户在一辆共享单车出现故障无法打开时，可以选择另外一辆或其他方式出行；如果用户发现语音输入的结果不准确，还可以通过手写输入、打字输入或直接发送语音等其他方式发送消息。而对于关键性应用，即使系统出现小概率的故障或者失效，也会导致严重的后果，造成财产损失，甚至威胁人身安全和社会稳定。例如，无人驾驶应用的规模持续扩大，而目前无人驾驶在可靠性和安全性方面还面临非常严峻的挑战。而在系统的稳定性方面，无人驾驶任务仍然需要一定量的人工介入才能实现在公共道路上的驾驶。无论是真正的无人驾驶技术还是驾驶辅助系统，对可靠性的极高要求和对失效带来的严重后果的不可容忍性使得该技术在超越人类驾驶水平之前难以真正地进入市场。

这样的挑战在社区治理系统中也是一样的，如果真的要用人工智能技术对整个社区系统的运行进行托管，需要对那些完成关键任务的工作格外谨慎，既需要在算法和建模准确性上进行突破，也需要从系统设计方面制定安全边界和不确定性管理机制。

7. 是否具备足够的安全性

正如社区人工智能的发展空间中所呈现的，人们总是对于能够代替人类完成特定的，看得见的任务充满激情，而往往忽视了那些看不见的，但恰恰是更重要的问题，如数据安全和风险。例如，曾有不法企业利用或倒卖用户的个人大数据信息，通过第三方应用手段获取了上百万用户的个人信息，并对这些用户进行大数据分析和心理学建模，了解他们的喜好及购买倾向，再通过广告系统精准投放他们喜好的网页链接和广告，潜移默化地用他们想看到的信息影响其消费倾向和最后的购买，从而获利。这些事件中不仅涉及数据本身的安全问题，如何避免社交媒体大数据被用于非法目的也成了焦点。

近年来，社区数字化转型在政府或企业的主导下，不断在全国各社区进行试点，并取得了一定的成效，但目前的社区数字化方案仍存在政府主导作用较强、以技术和系统为核心、重管理而轻服务、对社区居民切身的需求以及社区多元化的服务提供考虑不足等问题。这些问题的产生，实质上是由于没有一套完善的智能算法和机制获取社区居民需求信息并对需求数据进行分析，或者是没有足够的安全风险控制所导致的。可见，人工智能在社区落地仍然面临巨大挑战。

小　结

本章讲解了什么样的技术推进社区治理走向智能新时代，社区治理需要什么样的人工智能，社区人工智能的技术应用体系是什么，随之介绍了随着智能时代的来临，人工智能在各行各业有多种应用，其中知识的获取和算法是关键。然后，详细介绍了包括算法、机器学习、神经网络、深度学习等适合在社区应用的人工智能基础知识和技术，构成了社区人工智能的技术应用体系。智能新社区中，非常重要的应用开发之一就是大数据应用和智能算法。

本章通过上述技术和内容的介绍，勾勒了人工智能在创新社区治理的未来应用，为后续章节的开展进行了技术理论的铺垫；讨论了社区人工智能与通用人工智能的差异，以及人工智能落地社区将会带来的机会和挑战。

总的来说，社区的信息化、智能化和智慧化是交错演进的。社区已有越来越多的智能化应用出现，仅依靠信息化手段的简单利用，不能改变社区原有的运行机制，从根本上提升社区治理效率和社区运营水平。真正意义上的智能新社区，需要通过数字化手段与社区人工智能新技术，结合发挥人的智慧来实现。一是要以社区的人为本；二是要通过人工智能技术真正解决社区和居民的问题；三是要推进包括居民在内的多元化参与方共同建设智能新社区；四是要推进可持续社区建设实现精细化治理。只有这样，才能使社区变成城市中基层创新平台，发挥多元主体的创造力，通过社区人工智能与数据驱动，再造社区运营与治理的整个流程，最终实现智能新社区。

第 4 章 社区人工智能的发展与演进

目前，在社会治理领域，探讨和研究比较多的是城市精细化治理。人工智能和城市精细化治理这两个探索方向结合在一起，对于未来城市发展变化，能做出有力预测和支持。然而，城市精细化治理作为一个大范畴大概念，其中还包含了很多细分领域和行业，如城市应急、城市规划、社区治理、工业和医疗等领域的细分应用。如果不做细分领域的探讨和实践，不下沉到社区进行实践和探索，则城市精细化治理更多地会停留在顶层架构设计阶段而无法很好地实施，因此，在每个细分领域，都需要进行脚踏实地的探索和实践。

本书主要探索人工智能技术在社区的应用，并针对城市精细化治理中非常重要的一个领域——社区精细化治理。结合人工智能应用，对社区精细化治理体系进行研究、分析与设计。

当探讨人工智能应用于社区精细化治理时，讨论社区服务或者社区运营的时候，其公共服务属性和公益模式、商业服务属性和商业模式应该更多地区分和分别进行探讨。因为尽管社区精细化治理大部分属于行政型治理或公共服务范畴，但仍需要多元参与，需要商业模式进行补充完善和提供差异化服务，需要界定人工智能技术能够参与和应用的领域。

可以说，数字技术目前基本能表示世界上所有人类社会的工作，所有数字社区基本上都能用数字技术表示。其中一部分是事务性处理，用传统技术解决。还有一部分是智能性处理，用人工智能技术解决。以前传统社区治理工作中，事务性工作处理比较多，智能性工作处理占比不高。但随着社会发展，人类社会越来越复杂，智能性需求越来越高，因此对人工智能技术和数字化应用越来越多。

本章主要从社区人工智能的定义与意义出发，介绍社区人工智能的发展和演进。首先，针对社区智能化的硬件基础设施建设进行介绍，包括早期传统社区或称为住宅小区的智能信息化概念和内容；其次，基于第3章中介绍的人工智能基础技术，详细介绍社区人工智能的技术选型和基于信息物理系统的数字化架构设计，以及在社区智能化过程中的对应应用。

4.1 社区人工智能的发展

在第1章介绍过，社区是指聚居在一定地域范围内的人们所组成的社会生活共同体。社区是城市的细胞和重要组成部分，在不断发展过程中，逐步从信息化技术应用走向智能化技术应用，又从传统智能技术应用走向真正的人工智能技术应用。本节先看一下社区智能的前半生。

传统智能社区、智能住宅小区建设，大约从20世纪90年代开始兴起并逐步成熟，目前已经是比较成熟的领域，这一阶段的智能住宅小区建设，可以概括为是为了实现数字化和自动化控制目标所进行的基础建设，还谈不上数字智能或人工智能的实现，更多的是实现便捷性和便利性的功能或服务。数字化和自动化控制社区，作为人工智能的基础设施部分，它的发展仍将对人工智能时代社区精细化治理和建设产生关键影响。因其内容已经非常成熟和规范，本节仅作为基础内容进行介绍，不进行详细讨论。我国从传统社区到数字社区五个发展阶段示意图如图4-1所示。

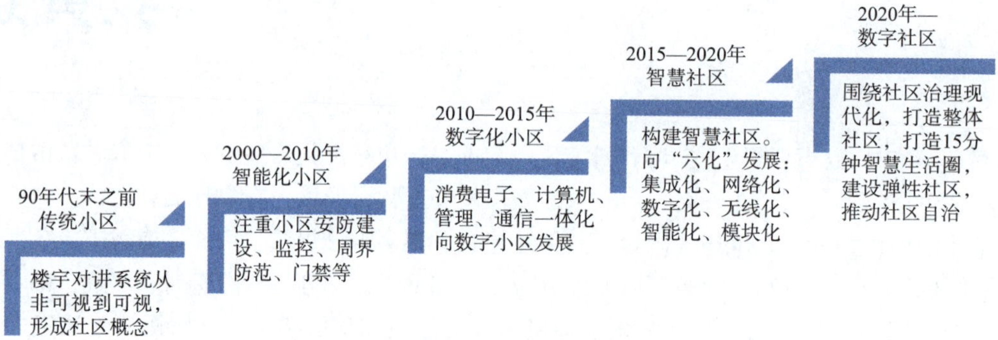

图 4-1　我国从智能社区到数字社区五个发展阶段示意图

4.1.1　建设现状：传统住宅小区的智能化

传统智能住宅小区建设，是建立在多种学科交叉渗透的基础上，相关学科包括建筑科学、行为科学、信息科学、环境科学、美学、社会工程学和系统工程学等。主要应用到的技术基础可以概括为“A+4C”，是传统智能社区的技术基础。“A”即现代建筑技术（architecture），“4C”是指现代计算机技术（computer）、现代控制技术（control）、现代通信技术（communication）、IC卡技术（integrated circuit card，集成电路卡）。也有一种说法第四个C是指图像显示技术（cathode ray tube，CRT）。

1. “4C”的含义

（1）计算机技术

计算机技术是指并行分布式计算机网络技术的应用。可以同时处理多种数据；通过分布式操作系统，可以使不同系统分别处理不同事件，分担任务和负载，有助于多机合作重构，减少冗余和提高容错能力，以低成本实现更高性能，具有更高的可靠性；网络把整个系统连成有机的整体，从而共享信息、资源。

（2）控制技术

控制技术主要指分布式的监控系统（dcs-distribution control system）。硬件设计实行标准化、模块化、系列化的设计；软件采用操作系统具有实时多任务、多用户分布式特征（可能是嵌入式）；系统的特点包括配置灵活、通用性强、控制功能完善、数据处理方便、显示操作集中、人机界面友好、安装调试方便、维护简单、实时性强、可靠性高等。

（3）通信技术

通信技术是指通过无线、有线通信等技术，实现数据、语音、视频的快速传递。

（4）IC 卡技术

IC卡是一种近场通信卡，早期智能住宅小区以实现“一卡通”覆盖为目标，可以通过一张IC卡实现门禁管理、水电气热表等的计量和收费管理。目前随着新的无线通信技术和智能手机的升级更新，以及非接触式无感应用的普及，开始逐步不再使用IC卡。

现代图像显示技术能在计算机上快速实现开关量、模拟量的形象化显示，通过CRT图像化显示实时参数，实时控制的直观性很强。

2. 早期智能化建设的分类和发展概念

（1）智能大楼

早期传统智能大楼主要是指将单栋独立的办公类大楼建成为综合智能大楼，其基本框架是将楼宇自动化（building automation，BA）、通信自动化（communication automation，CA）、办公自动化（office automation，OA）三个子系统结合成一个有机整体。发展方向则是系统集成化、管理综合化和多元化以及智能城市化。

（2）智能广场

早期传统智能广场一般是指位置相对集中的建筑群体。智能广场不仅具备智能大楼的所有功能，而且系统更大、结构更复杂，并且具备智能建筑集成管理系统（intelligent building management system，IBMS），可全面综合管理智能广场中的所有楼宇。IBMS系统是在楼宇自动化系统（building automation system，BAS）的基础上更进一步地与通信网络系统、信息网络系统实现更高一层的建筑集成管理系统。

（3）智能化住宅

早期传统智能化住宅是指，通过家庭总线（home distribution system，HDS）把家庭内的各种与信息相关的通信设备、家用电器和家庭保安装置都连接起来，并入网络中，进行集中或远程的监视控制和家庭事务性管理，并使得这些家庭设施与住宅环境保持协调一致，提供包括工作、学习、娱乐等在内的各项服务，营造具有多重功能的信息化居住空间。

（4）智能化小区

早期传统智能化小区的基本智能被定义为“居家生活信息化、小区物业管理智能化、IC卡通用化”。智能小区建筑物不仅满足基本生活功能，而且考虑安全、健康、节能、便利、舒适五大要素，从而创造出各种环境，如绿色环境、回归自然的环境、多媒体信息共享环境、优秀的人文环境等。通过这样的方式，从而使小区智能化逐步实现了多个层次的发展和应用。

（5）智能城市

早期智能城市的主要标志离不开高度发达的通信网络建设，实现了光纤入户等目标，解决了“最后一公里”的通信能力，并且实现了计算机普及和网络化，这些建设成果是现在城市和社区数字化转型的坚实基础。计算机网络的普及，改变了人们工作、学习、办公、购物、生活、休闲等方式，也推进了电子商务的高速发展、办公作业的无纸化（电子化）和远程化（异地化）。

经过几十年的不断建设，这些光纤等基础设施的快速发展也成为当前城市数字化建设和人工智能发展的重要基石。

3. 住宅小区智能化概念的演变

传统智能住宅概念主要包括五方面功能：安全性、生活环境、通信方式、信息服务、家庭智能化系统。传统智能化住宅的发展分为三个层次：

首先是家庭电子化。20世纪80年代初，随着大量采用电子技术的家用电器投放到市场，住宅电子化（home electronics，HE）的概念开始出现。

其次是住宅自动化。80年代中期，家用电器、通信设备与安保防灾设备等各种独立的功能整合，住宅自动化概念（home automation，HA）形成。

最后是住宅智能化。80年代末，通信与信息技术的发展，诞生了对住宅中各种通信、家电、安保设备通过总线技术进行监视、控制与管理的商用系统。在欧美都出现了智慧住宅的概念（wise house或smart home，WH或SH）。日本则提出了家庭总线系统的理念（home bus system，HBS），随后又对住宅区内所有住宅采用超级家庭总线技术进行信息管理（super-home bus system，S-HBS）。

4. 国内早期的传统智能住宅小区的实践和发展

根据建设部发布的规范，我国住宅分为四种类型：安置型、实用型、舒适型和豪华型，各有相应的规范标准。从目前国情来看，其中实用型与舒适型应当成为住宅建设的主流。

1998年，深圳市住宅局按智能住宅和智能住宅小区的概念规划建设总建筑面积为80万m^2的梅林一村；在上海，邮电二村也初步建成了智能住宅小区。2000年6月，上海市建委正式将住友名人花园、虹桥新城、上海知音苑、三湘世纪花城、北美公寓及万邦都市花园确定为上海市智能住宅小区试点工程。

（1）运用4C技术实现住宅小区智能化

1999年1月，建设部住宅产业化办公室提出："住宅小区智能化是运用现代4C（计算机、通信与网络、自控、IC卡）技术，通过有效的传输网络，集成多元信息服务与管理、物业管理与安防和住宅智能化系统，用高技术的智能化手段服务并管理住宅小区，以期实现快捷高效的超值服务与管理，提供安全舒适的家居环境"。比较典型的两种系统结构图如图4-2（a）和图4-2（b）所示，根据实际建设情况可以进行不同设计和选择。

（2）传统智能住宅小区的构成和功能

传统智能小区主要构成和功能包括：

①信息通信服务与管理系统：提供宽带的传输平台、连接互联网，直接提供娱乐、资讯、商业服务、教育、医疗保健、政府事务办理等六大类信息服务。

②公共安全的技术防范：其目标是住宅小区的首项重要任务，即根据住宅小区不同的类型和防护风险需要，为保障人身与财产的安全，基于计算机通信、电视监控及报警系统等技术形成综合的安全防范体系，主要包括：小区周边的防范（如红外主动探测器、电子篱笆等构成）、电子巡更系统、IC卡门禁系统、楼宇可视对讲系统、停车场管理、闭路电视监控等。

③家庭防灾报警及应急联动：防灾主要是指三防，即防火、防盗、防燃气泄漏。设在小区控制中心的监控主机通过报警接收机或者专用通信网络，接收来自家庭智能控制器，如烟感探测器、玻璃破碎报警器、气泄漏探测器等的告警信号，系统可立即识别告警类型并辨认出发出警报的住户位置，并产生声像报警。

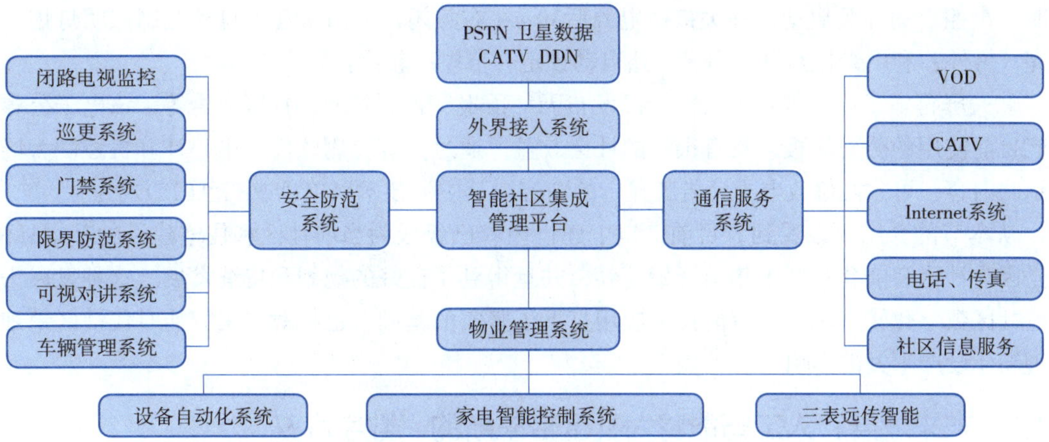

（a）传统住宅小区智能化系统的典型结构图之一

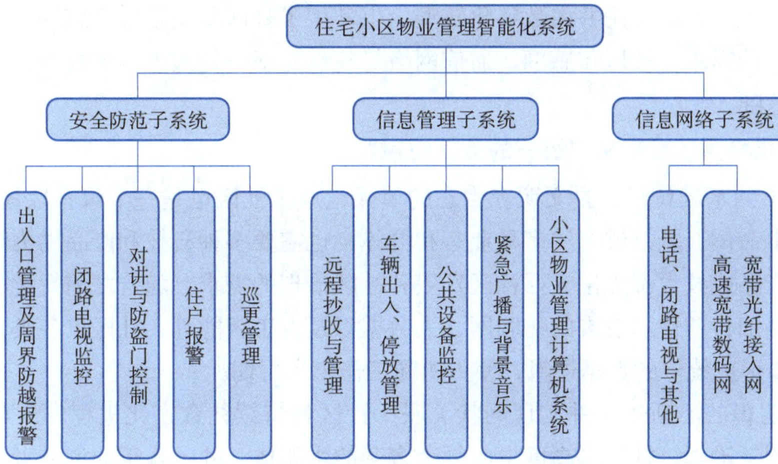

（b）传统住宅小区智能化系统的典型结构图之二

图 4-2　传统住宅小区智能化系统的两种典型结构图

④水、电及煤气三表计量：通过有线或无线方式，可实现三表不出户来进行三表计量的方法。将采集和存储处理好的数据发送至管理中心的计算机，自动结算和打印出用户数据清单，并可防止人为破坏和盗用电、水和煤气。

⑤物业与设备管理中心：物业与设备管中心是小区管理的核心。小区管理中心的基本功能通常包括以下几个方面：小区内集中的安全防范综合管理；小区房产与承租户管理；小区物业保养与维修管理等。

⑥开放式计算机管理局域网：即通过结构化布线系统等传输网络，整合多元信息服务管理与物业管理，用高技术的智能化手段，服务和管理住宅小区，以实现快速便捷高效的超值服务与管理。并且，必须与小区外广域网联网，从而充分利用社会资源。

⑦公共机电设备集中监控：包括给排水、变配电集中监控、电梯和供暖监控及区域照明自控。目前主要采用集散式控制系统。

通常采用声光控制感应路灯来实现区域照明自动控制，当晚间出现来人脚步声或拍手等声响时，声控自动开关启动，开关接通电源后30 s左右关闭，从而实现了自动控制照明灯熄灭或点亮。另外，利用光控路灯，白天电路自动锁定，节电率较高。

⑧大屏幕电子广告牌：每天向居民发布天气预报、报刊新闻、社区公告等，该电子公告可替代目前使用的公告黑板，具有很好的社会效益。通过一套专用软件，中心计算机控制大屏幕显示的内容，可方便修改电子公告牌显示的内容。其主流技术以单色或三色LED式为主。

从本节的介绍可以看到，目前，以上建设内容已经成为当前社区和住宅建设的基本标配，正是因为社区智能化从几十年前开始蓬勃，并且得到了良好的规划和持续发展，这种发展为现在的社区数字化转型和人工智能技术应用打下了坚实的基础，也将对人工智能时代社区精细化治理和建设产生关键影响。

4.1.2 未来发展：人工智能将为社区带来新的“数字底座”

从自动控制技术到人工智能技术的发展，从社区管理向社区治理的转变，催生了社区大数据，催生了社区人工智能应用并向数字化转型，也催生了社区新型基础设施的建设需求，例如社区传感网建设的需求。社区传感网、通信网络等建设是新一代人工智能社区治理的基础，是社区大数据的基础。

1. 人工智能将为社区带来“统一的数据逻辑”

社区是城市的基础粒子，是文明和生态的单元组成。社区也是一个包容性极高的生态圈，是复杂的有机生命体，既能够容纳多种业态和群体，也需要多种科技和产品助力维持生态性和活力性，单一产品或技术都无法支撑社区发展和社区治理的需求。随着之前智能小区的充分建设和发展，且叠加目前快速发展的物联网、大数据以及人工智能等，社区里各类事务、产品和基础设施都逐步形成统一的数据逻辑，使得协同工作未来可期。

基于数据逻辑的不断进步并实现网状关联，社区将持续往数字化进程发展与转型，从而推进基层社区创新治理。社区是高度自由复杂多变的生态体，社区真正的创造者和主人一定是社区中的居民。未来智能社区的发展，将基于统一的数据逻辑和数字底座，通过社区数字化转型，实现精细化治理，支持温暖的人文社区和精神。

2. 未来社区的数字化场景

以社区大脑、社区数字化运营中心等为代表，近年来人工智能在社区治理这个领域不断发展。5G、人工智能、物联网、无人驾驶这些新技术概念让社区这个一直沉浸在电子政务、电子安防、摄像头、大屏等传统智能设备的领域有了更大的想象空间。从房地产开发商的社区和住宅规划，到地方政府战略规划的数字化转型，无不提出建设智慧社区、数字化社区乃至未来社区。那么，社区未来发展中，有哪些数字化场景和应用？

综合来看，现有的社区数字化和人工智能技术的应用和场景主要可以分为两类：一类是面向当下，面对已知问题，用当前的成熟新技术解决痛点问题，或者运用新技术避免已知问题；另一类是面向未来，面对未知问题，探索未来技术和新模式。尽管两种情况都是综合运用各种数字技术去升级社区基础设施、运营体系以及社区管理模式，但就方法论而言有巨大差异。

传统的社区规划和设计是以空间美学主导的规划设计，以及法定体系主导的功能分区，这种传统方法使得社区规划过程中的交叉学科应用和创新度不够。在产业革命带来的新一轮社区创新治理浪潮之前，如果还未做好相应的理论准备，会导致无法适应新一轮社区空间规划需求。目前的人才教育和职业培养体系，都缺失数据科学、数字技术和专业领域的交叉应用培训，更不用说对新基建和新数字技术的实践应用理解。很少有建筑设计师或社区规划师能回答新基建与社区空间、社区治理的一系列关系。虽然规划项目中会规划智慧社区专题，但传统应用场景一般仅应用到光纤到户、无线（Wi-Fi）覆盖和传感器安装等，或单一地规划一个数据中心以示其智慧性。新一代人工智能和信息基础设施对于社区的改变不亚于一次新的工业革命，但目前的规划规范逻辑大部分来自传统信息化，因此，社区数字化规划和场景应用能力需要进一步提升。

目前，无论是政府的数字化项目，还是开发商的示范项目，大多是用成熟技术解决现有问题的，这种情况理论上而言，来源于软件工程的需求分析和响应的方法论是可以应对的。但是，软件工程的前提是需求明确，而传统部门或用户提出的是基于传统的规范和模式的业务需求，直接用新技术去响应这些需求，结果就是解决现有问题而没有产生新的创新。现在的很多项目或产品都是如此，只是通过信息化和数字化，把一部分以前由人工工作转化成机器或系统完成，确实是解放了一部分劳动力，但并未帮助传统部门实现新的运营或者治理模式。所以，这类需求一定要基于对业务本质的高度理解，帮助用户重新定义目标的可行实现路径，通常采用小规模渐进式的自下而上研发实现。

社区规划一定是面向未来的。面向未来的模式和应用场景没有现成的需求和成熟的产品，需要规划者和从业者深刻洞察技术的趋势和人性的偏好，重新定义整个社区在新技术作用下的新的生产生活模式。

社区未来发展中，绝大部分数字化场景和应用场景不只有唯一的技术解决方案，也不是科学家能在实验室决定的，而需要在真实的社区场景里试错、迭代和完善，最终成为共识。这是为什么要在社区应用人工智能技术、推进社区数字化转型的原因。建设未来智能新社区和基层创新治理的示范区和新范式，并不是不同智能产品和技术的堆砌，而是新技术和新标准的孵化器，是新产品、新应用在真正的社区场景里磨合和完善，同时也需要不断创新研发和完善治理和服务流程。将人工智能应用于社区政务、社区服务、社区安全、社区健康和养老、绿色社区等一系列基层治理场景，通过对社区各个传统应用场景的流程再造，形成未来社区从治理、服务、到产品研发、落地，到收集和分析用户数据，完善和迭代产品的闭环应用场景，同时，自然也会形成一个基于人工智能创新的数字化社区生态。本书将在第5章详细讨论社区人工智能的数字化场景与赋能系统应用案例。

4.2　社区人工智能的目的与价值

4.2.1　社区人工智能的目的

关于社区人工智能的定义到底是什么，目前业界和学界还在讨论和探索阶段。在第3.5节中，我们认为社区人工智能是一种实现社区和社区治理领域智能化的复杂系统设计、训练及方法，具有系统性、多元性和可传承性的特点。它是“人工智能+社区”的应用实践，可以构建社区治理、社区服务、社区政务、社区及家庭生活等各领域的数字化应用平台和通道。尽管大家一直试图在技术或者解决方案层面定义什么是社区人工智能系统、什么是智慧社区，但是忽略了基层治理的根本性需求，即社区治理到底需要什么样的智能，有哪些问题和挑战是以往的方法解决不了的，而人工智能又为什么能够解决这些问题。社区人工智能的存在不应该是为了颠覆现有的社区治理方法，而是要解决那些社区治理过程中还没有被充分认知的不可见问题，以及帮助社区规划者和从业者深刻洞察社区发展趋势和人性偏好，重新定义整个社区在新技术作用下的新运营模式和生产生活模式。

社区人工智能并不是通用人工智能技术在社区场景中的简单复用。社区场景中问题的碎片化、非结构化、个性化和多元化的特点，决定了社区智能化落地需要依靠计算机科学、人工智能和各类专业领域知识的深度融合。与传统的基于专家规则或机理建模的方式不同，数据驱动的社区人工智能技术的一大优势是通过基于数据中蕴含的内在逻辑和事实建立预测性分析，建立对不可见问题的科学管理方法和流程，探索复杂事物之间的关联性，并在这个过程中不断积累新的知识，形成可以持续传承和迭代的智能系统。

同时，基于现有社区数字化和人工智能技术的应用和场景的分类，通过象限图来分析社区治理中的问题，在象限图中，把问题分为已知可见问题和未知不可见问题，如图4-3所示。我们对待问题的方式既可以是等问题发生后去解决，也可以是在问题发生前去规避。

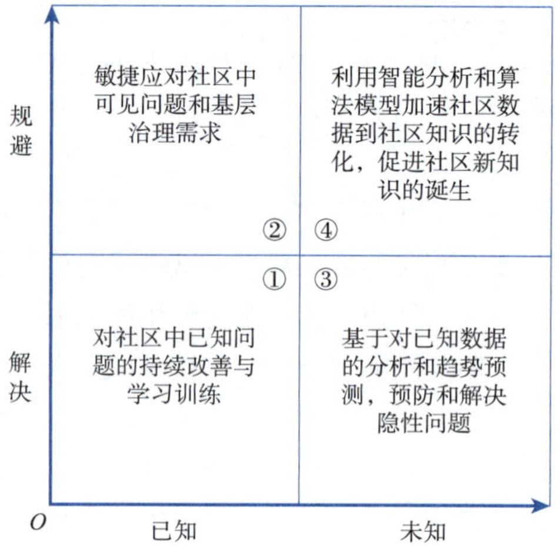

图 4-3　社区治理中已知和未知问题的处理

对于可见或已知问题，可以用成熟技术解决或新技术进行迭代更新。早期的社区信息化建设（如政务平台）和住宅社区智能化建设（如光纤到家）都是在解决和改善社区治理现代化发展中的可见问题。在这个过程中积累经验和知识，并通过对系统和过程的不断更新迭代来避免可见问题的发生。在从第一个象限到第二个象限跨越的过程中，测试测量、自动控制、统计科学、分析归纳等技术发挥了巨大的价值。同时电子政务系统的成熟应用使政府管理能够及时地采集数据、根据统计分析科学决策，使得决策被反馈到执行的速度得到提升。但是，电子政务系统与社区数字化并不能等同。

运用传统的信息输入，例如社区台账系统、监测和统计分析等手段，只能对已经发生的可见问题进行管理，或解决数据电子化保存问题，可以解放一部分劳动力，但并未帮助传统部门实现新的运营或者治理模式。并且，传统信息化建设方式对未知不可见的问题依然束手无策，而社区人工智能真正的价值应该是帮助人们去认知、预测、管理和避免这些不可见的问题。

什么是社区系统中不可见问题或未知问题？这些不可见问题又是怎么产生的？以图4-4为例，社区系统中的每一个治理环节或服务步骤会受很多因素影响，这里主要列举部分重要的因素，图中以（a_{nm}）表示各种影响因素。

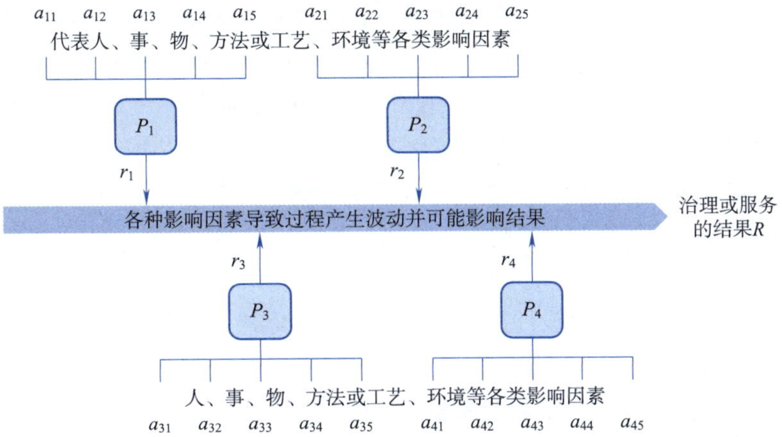

图 4-4　社区治理过程各种因素导致的不可见问题

①人的影响因素（a_{n1}）：例如各种系统或应用场景的操作人员、服务人员或受众人员等。

②事的影响因素（a_{n2}）：例如各类业务和事务流程的变化会影响最终结果。

③物的影响因素（a_{n3}）：系统中应用或使用到的各类产品和设施的差异和不同，会影响系统运行结果。

④方法等的影响因素（a_{n4}）：不同方法或流程的使用，以及新方法、新技术和新工艺的发展及应用，会使得最终结果发生差异，甚至是较大的差异。

⑤环境等的影响因素（a_{n5}）：指环境或气候等外界因素影响，环境包括自然环境、人文环境和经济环境等。

通常而言，治理和服务都会包含很多过程和环节（P_n）。上述因素（a_{nm}）都会在预期结果或目标值周围产生影响，而影响会造成治理或服务流程的中间过程质量（r_n）的波动，中间结果或过程质量的波动叠加之后会造成最终结果（R）的波动，如治理效果或服务质量的波动。在传统的方法中，利用质量控制或结果考核来管理过程，用人工分析和人为纠偏来缩小中间过程的质量与最终结果质量之间的偏差；但是，仍然有许多隐性或不可控问题没有办法管理。例如：

①有些影响因素（a_{nm}）无法被测量，或者状态透明性不够。主要包括人员操作的不一致性、所使用产品设备如传感器的性能差异、参数的偏移和环境的变化。

②有些影响因素（a_{nm}）之间的内在关联性不明确，可能造成所有因素都在管控范围内，但过程质量依然发生偏差。

③影响因素（a_{nm}）的波动对中间过程质量（r_n）影响的关联性难以被精确测量。

④革命性技术的应用和新模式的产生，会对影响因素（a_{nm}）产生重大影响，从而对中间过程质量（r_n）产生重大关联影响。

以上情况都会导致社区治理或服务的最终结果产生不可见问题或未知变化。

社区人工智能的应用目的如下：

1. 使社区中的隐性问题显性化并主动管理隐性问题

社区人工智能的应用目的之一是使社区治理过程中和系统中隐性的问题显性化，进而通过对隐性问题的管理避免问题的发生。其中的核心技术主要包括：

①主要应用于社区基础设施及环境管理等，通过预测和测量原本不可被测量或无法被自动测量的因素，从而实现状态评估与故障预测等，并通过机器视觉、模式识别、先进传感、智能控制等技术，对社区基础设施和环境实现精细化与科学化管理。

②对人的情绪进行分析，建立过程因素之间，以及与过程反馈之间的关系模型，并确立情绪反馈机制。可基于多变量过程的异常数据或反馈检测，对表达情绪的数据进行检测和辨识。同时，结合深度学习神经网络和关系挖掘等技术，进一步挖掘和分析网络中的情绪数据，以实现更精准的情绪分析和趋势研判。

③动态优化过程，寻找政策设计过程中的最优参数设定，使社区治理系统具备自动反馈和学习能力，增强系统的弹性，通过优化算法、动态补偿预测等技术实现施政支持。

2. 实现知识的积累、传承、规模化及新模式应用

社区人工智能的应用目的之二是实现知识的积累、传承和规模化应用，面对未知问题，探索未来技术和新模式。这里从社区适用性的角度了解知识在社区领域的应用。

个人的知识产生和利用效率已经不能满足社区治理的系统性和生态性要求，依靠人的知识和经验去驱动全生态系统已经达到了生产力的边界，难以使其以最优的效率运行和协同，需要向新质生产力发展和升级。因此，传统社区治理过程中，受人的经验和知识的限制，以人的决策驱动社区各个环节的系统性运行，有很大一部分的社区内在价值并没有被释放出来。这主要体现在对知识获取的速度、能力的深度、应用的规模化三个方面的瓶颈。因此，通过社区人工智能实现对知识的管理需要实现以下两个目标：

①提升知识作为核心生产要素的生产力边界，提升知识的产生，利用和传承过程效率和规模，从而获得本质的提升，推进新技术产生和应用。

②重新优化治理组织要素的价值链关系，使得整个生态链和产业链中的各个环节围绕最终居民和用户的价值以高效的协同方式为其提供服务，形成新的治理模式和产业模式。

那么在社区应用中，什么是知识？知识又应当如何被建模和管理？

我们认为知识就是社区中的对象、环境、与任务的关系和运行方式，是对比较性、相关性和目的性的抽象表达：

①知识的来源：知识和经验构建的基础来源于每一条从观测到结果、从现象到本质的样本数据，数据来源可以是历史数据、传感器的数据或者人的经验数据，这些数据都可以用一种逻辑的方式形成一种知识模型。同时，知识的来源和采集也是比较性的基础。

②知识的关系：基于比较性和相关性的分析，挖掘显性和隐性的关系。例如，社区基础设施的过程监测中有上百个传感器数据，但是从历史报警的信息，可以利用贝叶斯网络建立传感器的关系图谱，最后上百个传感器与某几个传感器有强相关性，只用特定的几个传感器的组合就可以管理所有传感器数据所代表的状态。

③知识的参考：知识的参考性可以分为比较的参考和执行的参考，也可以分为主动参考和被动参考；同时，参考也是学习的基础。如果是以结果作为参考，目的就是去定义其发生的根

本原因；如果是以过程作为参考，目的就是去寻找避免问题的途径。知识的参考性大致有三个来源，即以传感器所反映的自身状态为参考，以历史数据中的相关性和因果性为参考，以及以集群中的个体为参考。

社区人工智能在以上知识管理的三个方面能够为人们带来的跨越在于能够获取和管理更丰富来源的数据，能够对社区中更加复杂的关系进行建模，以及可以提供更广泛维度的参考和比较。以知识为核心使社区治理要素发挥最大的能力，归根结底是在精确的状态评估前提下，对社区服务、管理和控制活动进行实时的决策优化，并协同和调度相关的活动参与者进行高效率执行的过程。

其关键词分别是状态评估、决策优化和协同运行，也是实现上述价值和能力所需要面对的最大挑战：

①状态评估：要了解社区活动相关的个体和环境的实时状态，其中许多状态是不可测量的，需要利用建模的手段从可测的相关参数中进行预测，更重要的是还要对个体的需求及个体之间的相互影响关系进行精确的评估和预测。

②决策优化：要在对社区各种运行状态精确掌握的基础上，对各种可能的决策所带来的治理结果影响进行精确的分析推演，并在多目标并存的环境下充分考虑之间的权衡，实现整体目标价值的最大化。

③协同运行：这个过程要考虑在社区领域的协同运行、科学决策，以及决策分发与实施层级的关系、时间尺度和顺序相关性，并且要有一定的容错冗余能力。

知识并不是独立存在的，需要存在于某种载体中，且载体的类型决定了知识的产生和应用的效率边界。在社区的传统治理方式中，知识大多是以人的经验和管理制度为载体，通过对人的训练和持续改善的文化进行传承。在智能社区基础设施建设过程中，知识大多以设备和集成系统为载体，通过将知识固化成为控制指令和系统组织逻辑来传承。而在社区创新治理过程中，在社区人工智能技术的帮助下，知识可以通过数据和模型进行应用和传承，并通过不断从社区实体系统运行过程产生的数据中挖掘新的关系和规律来协助人们更加快速地获得新的知识。

4.2.2　社区人工智能的价值

未来的社区将面对更多不确定性和多变的环境与系统，包括环境的不确定性、组成要素（如人、事物的不确定性和治理过程的不确定性）等，因此，智能化的社区治理体系需要具备四种智能应用方向。

①面向环境的智能：感知和预测环境的动态变化及不确定性。

②面向人和状态的智能：对自身状态包括人类情绪的变化和影响性能及风险性的因素进行评估和预测。

③面向社会的智能：包括与环境中其他个体之间的配合和协同，以及从其他个体的活动中学习新的知识和经验，面向复杂社会的治理能力协同。

④面向协同任务的智能：从if...then（如果……那么）逻辑判断到what...if（如果……怎么办）逻辑判断的提升，不仅要完成计划，还要理解预测和管理所引起的不良结果，并实现完整的协同应急体系设计。

当前，社区人工智能的应用价值主要体现在社区基础设施精细化管理、社区治理和服务效率提升、社会计算驱动的社会科学研究等方面，下面分别进行介绍。未来，随着人工智能技术的发展，将会有更多领域的应用。

1. 面向环境的智能：基础设施需要精细化管理

作为数字化社区最重要的底层场景，基础设施是指城市和社区规划中相对狭义的工程性设施概念，具有无可比拟的重要性。从逻辑上，城市和社区运营和治理的基本模式和治理水平是由基础设施的运行定义的。其中，城市基础设施和社区基础设施又有所区别。

城市基础设施包括能源、给排水、通信等系统，以及环卫中的固废处理、道路交通、应急防灾等。这里，以地下管网和其结点设施作为基本的关注点。这些设施或者说管网的关键特征就是输送城市里的各种“流”的通道。“流”包括物质流、能量流、信息流等几个层次，其中物质流包括水（如自来水、雨水、污水、中水等）、燃气、供热、垃圾，能量流主要是电网供热燃气等，信息流是广义电信网络（有线、无线，包括有线电视等）。城市基础设施投资和维护成本高昂，全国每年都有数万亿市场，且事关城市的安全高效运行，但目前基本处于低效的人工管理阶段。

社区作为城市的重要组成部分和基本粒子，既拥有与城市管理一样地延伸到社区的管理基础设施，还包括更多属于民生服务类的基础设施，如垃圾分类和垃圾清运设施、养老和健康设施、残疾人服务设施等。因此，社区人工智能中边缘计算应用是未来社区的重要技术发展方向。

2. 面向状态的智能：社区治理和服务效率提升

社区人工智能对社区治理的现实影响，需要整合考虑社区服务与社区参与有机结合、多元化主体的参与。具体而言，在多元主体参与的情况下，首先，社区人工智能对社区服务的价值表现在：

①社区人工智能是社区治理和公共服务的更好的载体，社区数字化能促进实现服务型社区的转变。

②社区人工智能更有助于社区居民及其他主体的参与和服务。

其次，社区人工智能应用于数字政府对社区治理的帮助体现在：

①帮助政府提高治理效率。

②有助于节约治理成本。

③促进提高政府的决策能力。

④有利于增强居民对政府部门的信任感。

⑤便于增加政府部门与居民之间的互动程度。

3. 面向社会科学的智能：社会计算驱动的社会科学研究

社会计算（social computing）的方法论以社会科学理论为导引，并结合大数据与人工智能算法解决社会问题。通常来说，社会科学家一般多关注因果和解释性问题，计算机学家旨在提升预测模型准确率。但是，随着社会计算、计算社会经济学、计算社会学、计算社会科学等交叉学科的兴起，越来越多的学者和社会工作者都认为预测性和可解释性不再是竞争性关系，而是互补性关系。近年来，计算机科学家、物理学家与社会工作者形成深度合作，旨在共同应对社会治理和预测问题，并在基层社区领域进行了很多研究和试点，积极应对社区传统治理和统计分析方法面临的挑战，也提供了一些解决方案。尽管这些研究分支的提法各有不同，但这些涌现出来的新研究分支具有明显的共性，即都是基于大数据，运用统计力学、动态建模和人工智能等方法和技术，来获得对社会现象和规律更精准的刻画，并提出科学解释。需要注意的是，与传统社会科学相比，二者之间的区别主要体现在研究方法的发展上，而非研究问题本身。新研究分支虽然只是在研究方法和数据上有所发展，然而解决重要社会问题上，特别是应用在基层社区治理上，可以产生巨大价值。

大数据与人工智能领域专家、电子科技大学教授周涛等联合提出大数据与社会科学理论的五种研究类型：基于大数据的探索性研究、基于大数据的验证性研究、大数据与结构化数据整合下的探索性或验证性研究、基于大型互联网实验的验证性研究和基于大数据或结合结构化数据先探索后验证的整合研究。概括来说，这些研究在与理论的对话过程中往往基于大量新数据来应用新方法，从而获得有社会科学理论视角的新发现，因此，周涛等将这些研究统称为“社会计算驱动的社会科学研究”。

4.3　人工智能应用开发的要素

从计算机观点看，人工智能应用是计算机应用的一种。人工智能应用是需要开发的，且需要遵循计算机应用开发的原则。但是，人工智能应用又有其特殊性，因此在遵循计算机应用开发的原则上还有其特殊要求，即人工智能应用开发的三大要素：强大的计算力、高效的算法、大数据（也可简称为算力、算法、数据）。

从社区人工智能应用开发来看，也是基于以图4-5所示的三大基本要素进行针对性适用开发。

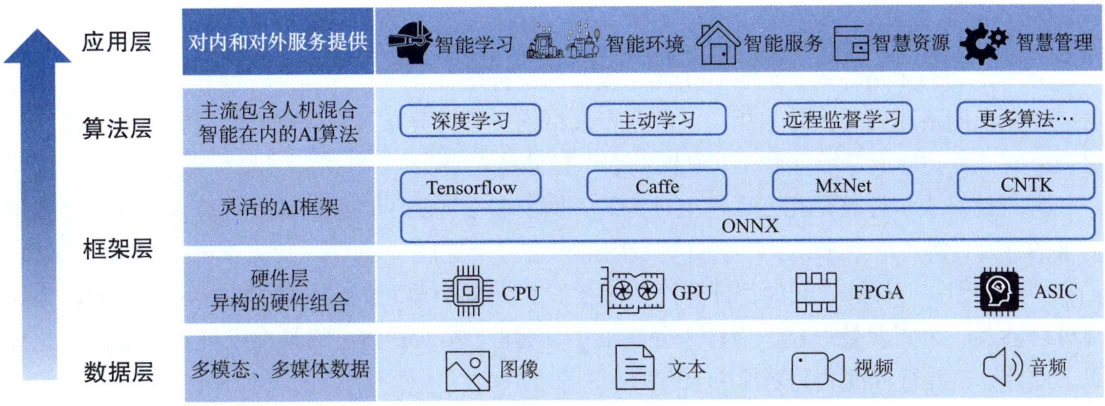

图 4-5　人工智能应用的三大要素

在图4-5中，数据层是指各类多模态、多媒体数据等，包括所列的图像、文本、视频和音频等。算力层则由各类支持人工智能大规模计算和高效算法的硬件和系统框架组成，包括计算、存储等。如图中硬件层所列的CPU、GPU、FPGA、ASIC等均是支持大规模计算的芯片类别；框架层所列的Tensorflow、Caffe、MxNet、CNTK、ONNX等，均是各类适用于人工智能算法的框架。算法层则是本书介绍的各类人工智能算法，包括但不限于图中所列的深度学习、主动学习、远程监督学习等。应用层则是基于算法、算力和数据，面向各行业领域所开发的各种应用和服务。

4.3.1 计算力

人工智能中所讨论与求解的问题都是人类顶级思维中的问题，而这些问题的解决都依赖于严谨的逻辑推理与周密的关系分析。其中，推理与分析的步骤烦琐、关系复杂，最终都依靠计算机强大的计算力才能得以解决。

强大计算力主要表示为如下四个指标：

（1）计算速度

计算速度是衡量计算力的重要指标，通常指的是计算机每秒能执行的指令数量或者每秒能完成的浮点运算次数。在现代超级计算机的性能评估中，浮点运算速度（FLOPS）是一个常见的指标，它代表了计算机在每秒内可以完成的浮点运算次数。强大计算力表示具有高速度计算力的计算机的计算能力。那么，这种高速度的量值概念是什么？例如，在2023年11月的世界超级计算机TOP500排行榜上，第一名超级计算机的运算性能每秒119.4亿亿次；第二名超级计算机的运算性能每秒58.5亿亿次。目前，我国超级计算机没有参与最新的全球排名。根据2020年11月数据，我国的“神威太湖之光”超级计算机运算性能为每秒9.3亿亿次，我国的天河二号超级计算机运算性能每秒6.1亿亿次。从中可以看出，所谓高速度的单机数量值意味着至少是在亿亿次/秒的档次上。

（2）存储容量

存储容量也是衡量计算力的指标，而强大计算力在存储容量上则表示为至少有PB~EB级的联机存储能力，这种能力仅靠单机是无法完成的，必须在网络上才能得以实现。因此强大计算力的存储容量必须建立在计算机网络之上。

（3）分布式存储与并行计算

除了上面两个指标外，还有一个至关重要的指标是分布式存储与并行计算。这表示计算力必须建立在网络环境上，并采用一定的分布式结构。所谓分布式存储指的是数据存储在逻辑上是统一的，在物理上分散存储于互联网的多个存储结点中。

并行计算表示计算是在互联网上进行的，网上多个计算结点间的并行计算也可以是计算机内部的并行计算。一般来说，一台计算机内部包含多个处理单元（如CPU、GPU、TPU等），它们在内部可作并行计算。例如，计算机“顶点”由4 356个单元组成，而每个单元中又有两个计算处理器及一个图像处理器，而每个处理器中又有8个Power9核心高性能处理器组成。由此可见，此计算机并行程度之高是前所未有的。

（4）云结构方式

强计算力最后还表现在互联网组织结构平台上。目前大多采用云平台方式，组成大规模服务器集群为中心的网络虚拟空间平台。

以上四个指标构成人工智能中强大计算力的基本要求。

4.3.2　从算法到高效算法

强大的计算力仅仅提供了基础能力，而真正起关键作用的是算法。由于人类脑力劳动中的思维活动在人工智能中表现为计算机中的算法以及由算法编码而成的应用程序，因此大脑敏捷的思维能力与严密的逻辑过程在计算机中应表现为高效率的算法。

人工智能中的所有思想、方法与理论最终只有能用算法表示才有应用的可能，由此可见算法的重要性。本节首先介绍算法的基本概念和特征等，主要包括可行性、确定性、有穷性、输入、输出五个特征，其次介绍算法评价方式，包括时间复杂性、空间复杂性等。基于此，然后介绍一下人工智能应用开发所需要的高效算法。

1. 算法的基本概念与特征

算法的概念自古有之，如数论中辗转相除法、孙子定理中同余算法等，但自计算机问世后，算法的重要性大幅提高。因为计算机中求解问题一定需要算法，只有给出算法后计算机才能执行，这种指导计算机执行的算法称为计算机算法。一般在计算机学科中所提及的算法均为计算机算法。

《计算机程序设计技巧》的作者，计算机科学家D.E.Knuth在书中总结出算法的五个特征：

①可行性（effectiveness）：表示算法中的所有计算都是可用计算机实现的。

②确定性（definiteness）：表示算法的每个步骤都有明确定义和严格规定的，不允许出现二义性、多义性等模棱两可的解释。

③有穷性（finiteness）：表示算法必须在有限个步骤内执行完毕。

④输入（input）：每个算法必有0~n个数据作为输入。

⑤输出（output）：每个算法必有1~m个数据作为输出；没有输出的算法表示算法“什么都没有做”。

这五个特性唯一地确定了算法作为一种问题求解方法的基本性质，也可以作为算法的定义。

2. 算法的基本构成要素

算法是研究计算过程的学科，因此算法的基本构成要素是“计算”与“过程”。

（1）计算

算法构成的第一个要素是计算，而计算是有单位的，称为计算单位，亦可称操作或运算。常用的运算如下：

①算术运算：包括加、减、乘、除、指数、对数等；乘方、开方；乘幂、方幂等初等运算；还可以包括一些高等运算，如微积分、线性代数、概率与数理统计等。

②逻辑运算：包括逻辑加、逻辑乘、逻辑非等逻辑运算。

③比较运算：包括大于、小于、等于等比较运算。

④传输运算：包括输入、输出及赋值等运算。

（2）过程

算法构成的第二要素是过程，主要用于操作或运算之间执行次序的控制。一般包括如下几种控制手段：

①顺序控制：在一般情况下操作按排列顺序执行，称为顺序控制。

②选择控制：根据判断条件作两者选一或多中选一的控制，称为选择控制。此外，还可作强制性控制。

③循环控制：主要用于操作或操作群体的多次执行的控制，称为循环控制。

有了这四种计算单位及三种基本控制手段后，算法的构成就有基础构件，为算法讨论提供了基础。

3. 算法的描述

算法描述的方法很多，一般常用的有下面三种：

（1）形式化描述

算法的形式化描述即主要以符号形式描述算法为其特征。常用的方法称为类语言描述，是指以某种程序设计语言为主体，选取其基本操作与基本控制语句为主要成分，屏蔽其实现细节与语法规则。目前常用的有类C、类C++及类Java等。

（2）半形式化描述

算法的半形式化描述是指符号描述与自然语言混合的方式。常用的是算法流程图，是用图示形式表示算法的一种方法。在该方法中有三种基本图示符号，用带箭头的直线相连可以构成一个算法流程，称为算法流程图。

算法流程图的三种基本图示符号包括：

①矩形：用于表示运算（或操作），其操作内容可用自然语言书写于矩形内。

②菱形：用于表示控制中的判断条件，其条件内容可用自然语言书写于菱形内。

③椭圆形：用于表示算法的起点与终点，其有关说明可用自然语言书写于椭圆形内。

最后可用带箭头线条表示控制流程执行的次序。

（3）非形式化描述

算法的非形式化描述是算法的最原始表示，一般以自然语言（如汉语、英语及数字语言）为主，也可辅以少量类语言。

4. 算法设计

在计算机程序设计中往往首先给出客观世界的问题，然后根据问题设计出相应求解问题的算法，再对算法进行讨论，接着根据算法编程，这是程序设计的整个过程。其中，算法设计与算法评价是关键的两个问题。

算法设计即构造算法的过程，在算法设计完成后即得到一个符合问题求解要求的算法。

5. 算法评价

算法评价是对问题求解所设计完成的算法进行讨论与评估，一般包括算法正确性讨论、算法的时间效率分析与空间效率分析。其中，算法的正确性是算法所必备的基本条件，而后面两个效率分析则是衡量一个算法优劣的主要条件。因为一个问题可以有多种算法，通过对算法的评价可以获得优选且正确的算法。

（1）算法的正确性

算法的正确性即是对所有的合法输入经算法执行均能获得正确的输出并同时停止执行。算法的正确性是需要证明的，一般简单的算法证明比较容易，但复杂的算法证明则需用到大量数学知识。

（2）算法的时间效率

算法的时间效率又称算法的时间复杂性，也可称为时间复杂度（time complexity），指的是算法执行所耗费的时间。它与问题的规模（即输入数据量）n有关，即算法执行所耗费时间是n的函数，可记为$f(n)$，而算法复杂度则可记为$T(n)$。

在时间复杂度中计算时间是以执行一个操作作为一个基本时间单位，这是为计算简便所设置的一个预设条件，根据这种计算方式所计算出的算法执行时间$T(n) \leqslant Cf(n)$。其中，C是一个常数，代表每个基本操作所消耗的实际时间。通常并不要求$T(n)$很准确（实际上也很难做到），而是将其分成若干个时间档次，称为阶，可用O表示，即$T(n)=O(f(n))$。目前一般设置六个阶：

①常数阶$O(1)$：表示时间复杂度与输入数据量无关。

②对数阶$O(\log_2 n)$：表示时间复杂度与输入数据量n有对数关系。

③线性阶$O(n)$：表示时间复杂度与输入数据量n有线性关系。

④线性对数阶$O(n\log_2 n)$：表示时间复杂度与输入数据量n及其对数有关。

⑤多项式阶$O(n^k)$：包含平方阶$O(n^2)$、立方阶$O(n^3)$以及k次方阶$O(n^k)$，表示时间复杂度与输入数据量n具有多项式关系。

⑥指数阶$O(2^n)$：表示时间复杂度与输入数据量n有指数关系。

下面对$T(n)$六个阶进行说明：

①$T(n)=O(1)$：此类算法的时间效率最高。

②$T(n)=O(n)$：此类算法可以在线性时间或对数、线性对数时间内完成，其效率差于$O(1)$，但也很好。

③$T(n)=O(n^2)$, $O(n^3)$, $\cdots$, $O(n^k)$：此类算法在多项式时间内完成，其效率差于前两者，但总体仍在可接受范围之内。

④$T(n)=O(2^n)$：此类算法可以在指数范围内完成。这是一种复杂度高的算法且效率极低的算法，在指数范围不限定时，计算机无法完成此类算法的计算，因此一般不选用此类算法。

整个算法的$T(n)$从低到高，阶越低，执行速度越快，所以应尽量选取低阶算法。

（3）算法的空间效率

与算法的时间效率类似，还有算法空间效率，也称算法的空间复杂性。它指的是算法执行所占用的存储空间，与算法输入数据量n有关，即它是n的函数，可记为$g(n)$。算法的空间复杂度可记为$S(n)$。

在空间复杂度中计算空间是以一个存储单元为基本存储单位，根据此种方式，一般有$S(n) \leqslant Cg(n)$。与算法时间复杂度类似，算法空间复杂度中也分若干个档次，称为算法复杂度的阶：$O(1)$、$O(\log_2 n)$、$O(n)$、$O(n\log_2 n)$ $O(n^k)$及$O(2^n)$。一般尽量选用低阶的算法，阶为O（2^n）的算法无法限定指数范围，一般不选用。

6. 算法与程序设计的关系

下面对算法作一个小结并对算法与程序设计的关系作一个结论性的表述。

①算法是研究计算过程的一门学科，它强调“计算过程”的描述与评价。

②算法中计算过程的描述是需要设计的，这种设计是框架性的而不是细节性的。

③算法可以有多种设计方案，因此需对它们作评价，并选取其合适者。

④算法可以转换成程序，然后执行程序以实现算法目标并获得结果。

⑤算法不是程序，算法的目的是设计一个好的计算过程。而程序的目标则是实现一个好的计算过程。

⑥算法与程序是紧密关联的。算法是程序设计的基础，而程序又是实现算法的目的。

7. 高效算法

高效算法是指时间复杂度与空间复杂度均低且并行性高的算法。在人工智能应用中一般都要求高效算法。

（1）高效算法的存在性和低复杂度算法选择

人工智能的所有思想、方法与理论的实现只有按照算法概念要求的方法用一组有序的计算过程或步骤表示才能得以应用。

目前，人工智能中往往很多问题虽有理论支持但是无法用算法表示，因此无法得以应用。这是人工智能应用中首先要解决的问题，称为算法的存在性问题。

在人工智能中有的问题可证明其算法存在，也可以找到算法，这些算法可以有多个，在这些算法中应选取其时间复杂度及空间复杂度较低者，作为高效算法的选择。但是，如果选取的均为指数级且无法将其限制在固定范围内，即复杂度很高的情况，则此问题在人工智能应用中是无法实现的。

在人工智能应用领域，还有很多问题尚未找到算法，而更多问题是虽有算法但其复杂度都是指数级的，因此当其变量突破一定限制后就成为不可计算的。例如，问题求解中的空间搜索算法及逻辑表示中自动定理证明算法均属此类算法。因此，在人工智能中寻找复杂度低的算法，是一项艰巨的任务。

（2）高效算法的并行性

在一般的传统算法构造中并不关注其并行性，但是，在人工智能应用中，对计算速度要求高，因此大多建立在并行平台之上，这样就要求运行其上程序的算法具有并行性。并行性提高了算法的效率，因此在人工智能应用中一般都要求将传统算法作并行性改造，以适应平台要求及提高效率。

4.3.3 大数据支持

大数据是人工智能应用开发的三大要素之一。大数据技术的普及使人类文明进入“数据文明”时代，数据价值被前所未有地释放出来。有关大数据的概念及重要性已在第2.5节详细介绍，下面从人工智能应用开发要素的角度对大数据进行说明。

①大数据主要作用于人工智能应用开发中的机器学习领域基于归纳类型的计算中，特别是在现代人工智能的深度学习中应用。此外，大数据还作用于人工智能应用开发中的新一代知识工程、专家系统的计算中，特别是在现代人工智能的咨询专家系统中应用。

②大数据建立在互联网上，构成了物理上的分布式结构与逻辑上的统一结构的数据结构组织。

在人工智能应用中，大数据与传统数据起到了完全不同的作用，人工智能应用开发中只有大数据的支持才能起到真正的效果。并且，人工智能应用需要支持各类多模态、多媒体大数据，如文本、图片、语音、视频等，而不仅仅是传统信息化平台中的单模态文本数据。

4.4　社区人工智能的数据来源与算法选择

虽然社区人工智能算法和人工智能算法相比并没有本质上的变化，但因其特殊的应用场景，在使用这些算法时仍然存在困难。对于社区数据并没有通用的算法可以直接应用，不同的方法需要针对不同的应用场景才可以被正确地应用。

4.4.1　人工智能算法的分类和常用算法介绍

算法是人工智能的重要研究方向之一。

在第3.4.3节中对机器学习方法的介绍中已经讲到，根据机器建模进行数据训练时是否已知数据的标号，可将人工智能中学习方法分为有监督学习、无监督学习及半监督学习，算法同样也可按以上方式分类，如图4-6所示。

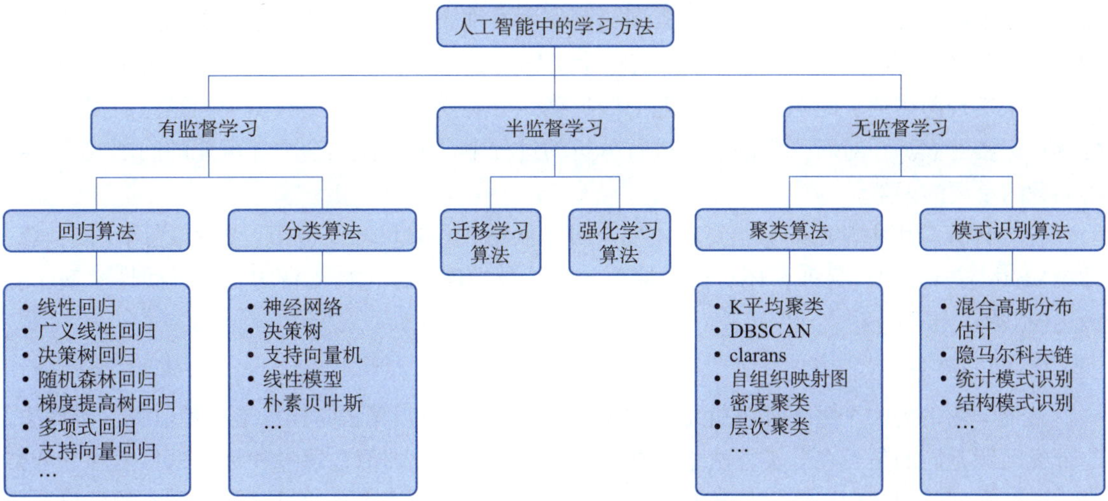

图 4-6　人工智能算法分类

有监督学习指在模型训练过程中输入的数据包含输入对象（通常是一组特征向量）及其期望值（离散的或连续的值）。根据训练，有监督学习旨在生成输入特征向量和期望值之间的关系并产生一个具有推断预测功能的数学模型，用于映射新的输入对象。在训练过程中，根据期望值的连续性又可将有监督学习分为回归与分类。回归算法中训练数据的标签为连续数值，而训练好的模型可根据新的输入对象推测出相应的期望值。分类算法中训练数据的标签为离散值，训练好的模型可将无标签的新的输入对象分成相应的类别。

与有监督学习相对，无监督学习中训练数据并不包含标签。学习的过程并非寻找输入对象和期望标签的关系，而是对输入对象中的模式进行识别。典型的无监督学习包括聚类算法和统计估计。聚类算法的目的在于将相似的输入对象聚在一起形成显著的类别；而统计估计算法利用概率及统计的原理将输入对象描述成含特定参数的分布函数或者估计输入数据之间的时间序列的关联性。

下面将按照上述算法分类，介绍有监督学习和无监督学习中几种社区常用的典型算法模型以及它们在社区数据分析中的应用。

1. 分类算法

分类算法是一种典型的监督学习算法，是根据样本的特征将样本划分到合适的类别中。顾名思义，分类（classification）就是通过一组代表物体、事件等的相关属性来判断其类别。分类是机器学习的主要任务之一，具体来说就是利用训练样本来进行训练，从而得到样本特征到样本标签的映射，再利用该映射来得到新样本的标签，最终达到将样本划分到不同类别的目的。

分类问题通常有两种：一种是二元分类问题；另一种是多元分类。对于二元分类问题，通过已有的特征属性来判断事物或者事件的类别，其产生的结果只有“0”和“1”，即要么属于该类别，要么不属于该类别。对于多元分类问题，也是通过已有的特征属性来判断事物或者事件的类别，但其产生的结果可能不止两种，而是多个类别，例如，用0~9分别表示属于十个不同的类别。

分类算法是希望获得一个估算函数 $f(\cdot)$，此时估算的结果是一系列离散值，所有可能的离散值组成了一个集合，其中每一个元素即为可能的类别。分类算法的任务就是构造这样的分类器$f(\cdot)$，使得对于输入特征向量有且只有一个类别与其相对应。在社区大数据分析中，分类算法常用来实现网络热点问题分类或问题原因追溯。分类模型利用历史数据中的热点数据和对应的热点标签建立。在对新采集的数据进行分析的过程中，分类模型会估计可能的问题或产生某类问题的重要的因素。

社会计算应用中常用的分类算法主要有神经网络、朴素贝叶斯模型、BP神经网络模型等，在第3章中已有介绍；另外，还有比较简单的常见分类算法，包括支持向量机、线性模型、决策树模型等。

2. 回归算法

机器学习的另一个重要任务就是回归（regression），回归算法同样也是一种监督学习算法。与分类问题不同的是，在分类算法中，样本标签是一些离散的值，每一种标签都代表着一个类别；然而在回归问题中，样本标签是一些连续的值。回归算法也是通过对训练样本的学习，从而得到从样本特征到样本标签的映射。也可以这么说，回归分析的目的是预测连续的数值型的目标值，接受一系列连续数据，寻找一个最适合数据的方程对特定的值进行预测。这个方程称为回归方程，求解回归方程就是求该方程的系数，求解这些系数的过程就是回归。

与分类算法类似，回归算法同样希望获得一个估算函数 $f(x)$，使得$y=f(x)$或$y\approx f(x)$，但此时估算的结果并不是离散值而是连续的数值。分类和回归最主要的区别就是输出的结果不同，定性输出称为分类，即离散变量的预测；定量输出称为回归，即连续变量的预测。

在社区应用场景中该类算法常用来进行社区人员结构评估或社区基础设施系统健康评估等。例如，预测一个人是小学生、中学生还是大学生，这是一个分类问题；预测社区人员的年龄分布，就是一个回归问题。对社区基础设施系统健康状况的评估常利用系统在健康状况下的输入和输出建立关联模型，监测时通过对比测量获得的系统输出和模型估算的系统输出来实现。

在社区领域中常用的回归算法主要有线性回归、多项式回归，支持向量回归、广义线性回归、决策树回归等算法。需要特别注意的是，逻辑回归算法虽然叫回归算法，但却是一种分类算法。

3. 聚类算法

聚类算法，顾名思义即物以类聚，将相似的物品聚为一类，是一种无监督学习算法。

聚类算法以相似性为基础对输入特征向量进行无监督的分类，使得分类后同类之间相似性大于不同类之间的相似性。由于聚类过程中并没有输入数据的标签信息，整个聚类过程只是对数据集的估算和模式识别。聚类的结果往往需要借助专家经验才能解释每个类的特性。在社区场景下，聚类算法主要用于识别数据中不同的情况反馈和对系统进行状态评估。当系统的状况条件较复杂时，在分析数据之前需要将这些不同的状况信息识别出来以便于针对不同的状况和环境建立相应的分析方法。同时，在历史数据标签缺失的情况下可以先对系统各种状况下的数据进行聚类分析识别其中的模式。系统的状况可由新采集的数据与识别出的模式进行比较获得。

聚类算法作为十大经典数据挖掘算法之一，它也是最为经典的基于划分的聚类方法，是应用最广泛的机器学习算法，在社区应用场景中该类算法可用于解决社区数据分析、模式识别、用户画像和广告推荐、新闻推送和图像分割等很多实际问题。

常用的聚类算法主要包括K平均聚类、DBSCAN、层次聚类、密度聚类和自组织映射图等。

4. 统计估计算法

统计估计是另一种典型的无监督模式识别算法。其利用统计学和概率论原理识别输入数据集的潜在的统计分布形式进行估算。数据集可表示成一个或多个分布函数的组合；数据每一个输入特征向量之间的时间序列上的相互关联性同样可以用概率和状态转换函数表示。统计估计可用来表示系统当前的状态或者系统整个的衰退过程，并能刻画数据在不同故障类型及故障程度下的分布形态。基于估算的数据分布形态，用户一方面可以加深对数据本身的理解和认知，并能对设备的运行的风险程度进行量化评估。常用的统计估计算法主要有隐马尔可夫链和混合高斯分布估计。

4.4.2　社区人工智能算法的大数据来源分析

如前所述，无论是有监督或无监督学习方法还是算法，都需要在模型训练过程中输入大量数据并进行训练，根据训练，旨在生成具有推断预测或分析功能的数学模型或者识别模型。在社区人工智能中，应用于算法和模型训练的大数据来源于社区多元化治理过程中的各类数据源。

1. 社区数据来源

在4.3节介绍过，人工智能应用需要且支持各类多模态、多媒体大数据，如文本、图片、语音、视频等，这是对数据的通用形态分类。在具体应用中，还可以从所属行业领域、采集类型、特征、时间等属性进行分类。

从行业领域分析，社区数据来源于各个行业领域，包括生态环境、产业经济、交通与市政、人文、治安、科教文卫等，这些不同来源的数据分别反映了社区的不同领域和基本面。

从采集类型分析，社区数据的主要基于以下几种类型采集：第一种是基于基本属性的数据，如社区人口数据、社区经济数据、区划和地块数据等，这些数据勾勒了社区的基本属性；第二种是物联网、传感器等智能采集的数据，如以GPS定位数据、地理位置数据、无人机遥感数据、传感器、摄像头视频采集等为主的社区空间数据，这些数据勾勒了社区的立体形态；第三种是应用系统数据，如社保数据、健康医疗数据、金融交易数据、出行数据、社区商户运营数据等，这些数据像勾勒了社区的日常运行状态；第四种是互联网数据，也可以称为互动行为产生的数据。例如获得报名、点赞、评论等，包括对各类网络数据挖掘而获取的数据。这些多元化和非结构化数据可以通过关联性进行整合，例如，评论点赞等社交数据和时间位置信息及网络日志数据相结合；定位数据和商户交易数据相结合等。

从特征属性看，社区数据特征属性大致可分为地物属性和人文属性两种。地物属性数据是基本固定不变的，即地理、位置、自然环境等数据。人文属性数据，即人为或互动生成数据，包括用户行为、经济发展、健康医疗、治安等数据。

从时间连续性看，数据还有一个必不可少属性是时间，没有时间戳的数据是无效数据。从时间轴的角度看，社区数据始终在实时变化的，带有时间戳的数据形成连续可回溯的社区数据链，勾勒出社区发展过程，描绘出社区治理过程的动态性。

2. 从社区人工智能应用开发设计的角度进行数据分类

从社区人工智能应用开发设计的角度来看，可把上述数据分为基础数据、主题数据、业务数据、共享数据、前置交换数据（过程暂存数据）等。以社区数字服务平台为例，基本包含了上述类别数据，枚举如下：

（1）基础数据

社区数字服务系统的基础数据主要是社区提供的各类服务所需的、通用的数据，其包括个人基础数据、机构基础数据、地理信息基础数据。

①个人基础数据：指社区用户的个人信息数据，其应与接入社区数字服务平台（如一网通办平台）的各部门信息系统的个人信息数据有相对的映射。个人基础数据应包括姓名、性别、年龄、出生年月、身份证号等基本信息，同时应包括社保卡号、市民卡号、家庭住址、数字电视账号、水电燃气费账号、电话号码等额外信息。

②机构基础数据：保存的是与社区数字服务平台相关的各部门、企事业单位、服务机构、公益组织等信息，其主要包括机构名称、相关业务名称、机构接入信息系统等相关信息。

③地理信息基础数据：考虑到社区数字服务平台将提供基于地理位置的服务，其基础数据中应包括地理信息基础数据。地理信息基础数据主要是指通用性最强，共享需求最大，为所有与地理信息有关的行业采用作为统一的空间定位和进行空间分析的基础地理单元，主要由自然地理信息中的地貌、水系、植被，以及社会地理信息中的居民地、交通、地域边界、特殊地物、地名等要素构成。

④三维建模基础数据：如果要实现三维数字社区和数字孪生社区，作为社区数字服务平台的底座，还需要包括社区各类实景数据和地物、建筑等建模数据，以及传感器采集数据等。

⑤基础设施和设备信息基础数据：包括社区内各类管网、传感器等设备信息、采集信息和维护信息。

（2）主题数据

社区数字服务平台数据资源库中的主题数据，主要是根据其提供服务的需求建立的数据库，其主要包括用户定制数据、用户行为习惯数据、业务流程数据等。

①用户定制数据：注册用户对于自身感兴趣的内容进行订阅的记录数据，主要包括用户编号、用户类别、定制业务类别、定制信息子类别等信息。

②用户行为习惯数据：实现主动式推送的关键数据，是用户在社区数字服务平台进行操作的日志记录，主要包括用户登录信息、用户页面浏览信息（信息所属类别、所属子类别、关键字）、用户信息更新数据等。

③业务流程数据：社区数字服务平台上提供多种网上业务办理的服务，其中有涉及多个部门的业务，需要设置在各个部门之间进行数据流转的业务流程，业务流程数据即保存各类业务的业务流程。

（3）业务数据

业务数据库，保存社区数字服务平台连接的各业务部门提供服务所需的各类数据，其根据各部门不同进行划分，每个部门的业务数据主要包括静态业务数据、过程结果数据、资讯信息。

①静态业务数据：主要是供查询服务使用的、更新频率以天为单位的、相对静态的业务数据，如教育局提供的考试结果数据等。

②动态业务数据：主要包括各类物联网设备采集的实时和动态数据，包括传感器数据、音视频数据、地理信息数据等。

③过程结果数据：与业务部门信息系统连接后，许多业务办理服务通过部门的信息系统进行处理，社区数字服务平台需要对办理某项业务的过程和办理结果进行保存，也就是业务办理的过程和结果数据。

④资讯信息：为各部门产生的与其负责业务相关的新闻、公告、政策等资讯，资讯信息将被有针对性地展示给对其有兴趣的社区数字服务平台用户。

（4）共享数据

共享数据是可供接入社区数字服务平台的部门所使用的数据的集合，它是平台基础数据、主题数据、业务数据的子集，包括大部分的基础数据、主题数据及各部门许可进行共享的一部分业务数据。

（5）前置交换数据

前置交换数据是社区数字服务平台与各部门信息系统进行数据交换时数据暂存的数据库，其中包括了所有未进行下一步处理的与部门进行交换的数据。

4.4.3　社区人工智能算法选择

前文已经介绍了人工智能算法分类，以及社区人工智能算法的大数据的来源，本节根据算法分类和数据来源情况，分析应如何选择和应用社区人工智能算法。

1. 社区人工智能算法选择需要考虑的因素和条件

社区人工智能应用在选择算法过程中，首先要考虑以下因素：数据来源、社区基础情况，群体特性、历史数据模型、专家经验以及使用场景和目标。通常根据以上因素的丰富程度给出相应的算法选择策略。

采集与获得数据时，可以采用借力学习，即利用第三方数据采集及分析设备获得更多、更丰富的数据并进行针对性分析。当数据来源很充足的情况下，可以考虑利用深度学习全面挖掘数据中的内在信息。

针对社区基础设施运行情况，当系统的运行情况比较复杂（例如，社区感知点位多样，或供热通风与空气调节系统的加热与制冷持续交替）时，在选择算法上优先考虑聚类算法对情况进行聚类并针对每一种情况进行分析；或者采用固定情境特征测试的方法，让系统定期重复在固定情境下运行并采集相应的数据，并根据数据估算系统的性能及运行情况。

另外一个方面是集群特性，如果分析的对象处于一个集群中，同时有多个相同或相似的系统也处于算法覆盖范围，就可以考虑应用相似性学习或者广度学习的方法，分析该系统和其近邻系统的关系。此外，当系统的历史数据中含有大量历史信息和相应的数据时，可以采用有监督学习的算法，用历史数据中的相关数据建立模型并对当前采集的数据进行分析。

当系统的历史数据包含较少模式信息时，多采用非监督或半监督学习的方法，只针对合适的数据建模，在学习过程中根据需要丰富模型。

专家经验也是需要考虑的因素。对社区系统认知程度的多少能帮助人们更好地了解数据或制定针对性的数据采集方案。

当对社区系统的运行状态、常见模式及业务流程足够了解时，常采用模糊逻辑一类的人工智能算法将专家经验引入社区分析模型。当监测对象的专家经验较缺乏时，需要考虑利用深度学习算法从原始数据入手进行分析，借助算法理解数据中的模式。同时，常采用集成学习的方法，训练多个人工智能模型，结合各个模型的结果给出综合性的判断和评估。

在选择了算法的大致类别后，进一步确定具体算法方面需要更深层次的分析。如图4-7所示，将所分析对象和数据根据系统的复杂度和不确定性两个维度分成四个区域，标记为A、B、C、D。在A区域，系统的复杂程度和不确定性都比较低，例如，单个社区数字系统所采集的数据，一般只需考虑用一般性人工智能算法分析数据就可获得良好的结果。在B区域，系统的复杂度不高，但是其不确定性较高，即在数据产生或采集过程中数据易受噪声或环境因素的影响。选择的算法需要考虑这些影响因素，如有必要，还可对不确定性进行估算，使分析模型能够针对不确定性进行自适应。在C区域，系统运行中受到的不确定干扰较小，但其复杂度较高，常表现为复杂条件等。所选择的算法必须具有较高的主动学习性，使其能适应不同的适配条件。在D区域，系统的复杂度和不确定性都较高，此时针对系统数据的建模比较困难，可对其进行概率估计。例如，采用朴素贝叶斯算法，或引入专家经验建立关系模型（如模糊逻辑），从而利用数据对系统状态和行为进行描述。

除考虑系统复杂度和不确定性外，在选取算法时还应考虑算法的计算速度和最终结果的准确性要求。这两个纬度在实际应用中也是重要的因素，不论在A、B、C还是D区域都需要考虑。因此，在明确几个备选算法范围后，可进一步缩小考虑的范围。如图4-8所示，根据结果准确性和计算速度的设计要求，同样分成四个区域：Ⅰ、Ⅱ、Ⅲ、Ⅳ。在Ⅰ区域，结果准确性要求和计算速度要求都不高，则对算法并没有进一步的要求。在Ⅱ区域，结果准确性要求不高但是对计算速度要求较高，此区域通常发生在对分析结果有实时显示的应用场景中。此时，一些在模型训练中能够快速收敛的、对特征矩阵准度不敏感的算法可以选择，如线性回归、逻辑回归、支持向量机等。在Ⅲ区域，结果的准确性要求较高但对计算速度要求较低，大部分社区应用场景可归为此区域，一般社区治理者希望以报告的形式获知系统的运行表现及反馈信息，并且对报告和数据的准确程度有较高要求。此时，可选择深度学习或者集成学习的算法，尽可能地利用数据中的每一个有效模式和各个模型自身的优势，以牺牲运算速度获取最大化的算法模型表现。区域Ⅳ表示对计算结果和计算速度都有很高的要求。这一般运用在需要利用数据分析的结果对系统进行实时控制的场合，例如，根据天气和车流等情况实时开放和关闭不同社区出入口，以避免拥堵实现分流。针对此区域，一些基于专家经验的，基于规则的算法则会比较适用，如模糊逻辑和遗传算法的结合等。

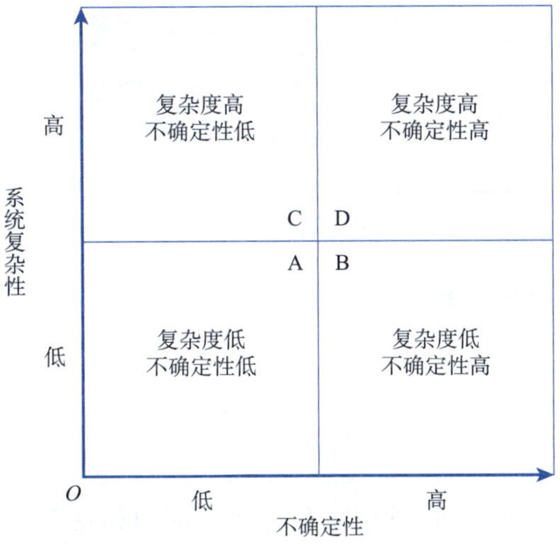

图 4-7　系统复杂度与不确定性关系

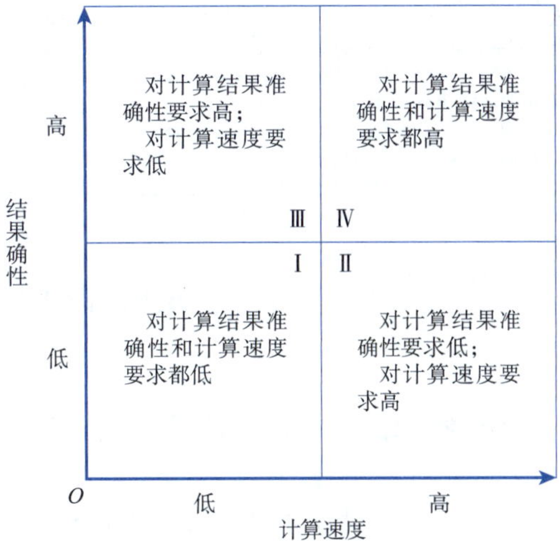

图 4-8　准确性与计算速度关系

2. 社区人工智能逐步从传统分析走向更先进算法和智能分析

当前飞速发展的人工智能技术，主要是大规模的深度学习。神经网络的三类主要形式包括：前馈神经网络（FFNN）、循环神经网络（RNN）与卷积神经网络（CNN）。其他机器学习从方法和用法类型来看，常见的机器学习算法有决策树算法，采用树状结构建立决策模型；回归算法用于对连续值进行预测；分类算法可以在事前已经知道分类情况下，对离散值进行预测；聚类算法可以事前不知道分类的情况下，对离散值进行预测；集成算法可以集成多种学习模型）；其他机器学习又分为两个重要技术：生成对抗网络（generative adversarial networks，GANs）和强化学习等。

在各类算法技术中，社区治理和社区服务所涉及的大部分行业应用仍然偏重传统的算法和分析技术，其中又以决策树算法，分类算法与回归分析三种技术的应用频率最高，社区所涉及的社区服务和社区人员管理及分析等业务是使用此三种技术最高的领域。各行业所使用的机器学习相关技术的频率，以前反馈神经网络最为普遍，其次是循环神经网络，其中又以无人驾驶（汽车）、地下管网、社区零售和电商服务使用的频率相对较高。另外，就业务功能来看，社区安全和视觉分析、自然语言处理应用、供应链与物流管理等，是应用人工智能相关技术频率最高的前几项业务功能。应用到的技术涉及 FFNN、RNN、CNN与强化学习等。

随着前述各类算法特别是神经网络等技术的飞速发展，使得社区系统可以选择更多先进算法，逐步从传统分析的应用走向更先进的算法和智能分析技术，如图4-9所示。也使得在社区治理过程中，可以使用神经网络的深度学习技术和其他传统机器学习等技术，辅助或取代传统由人完成的工作。

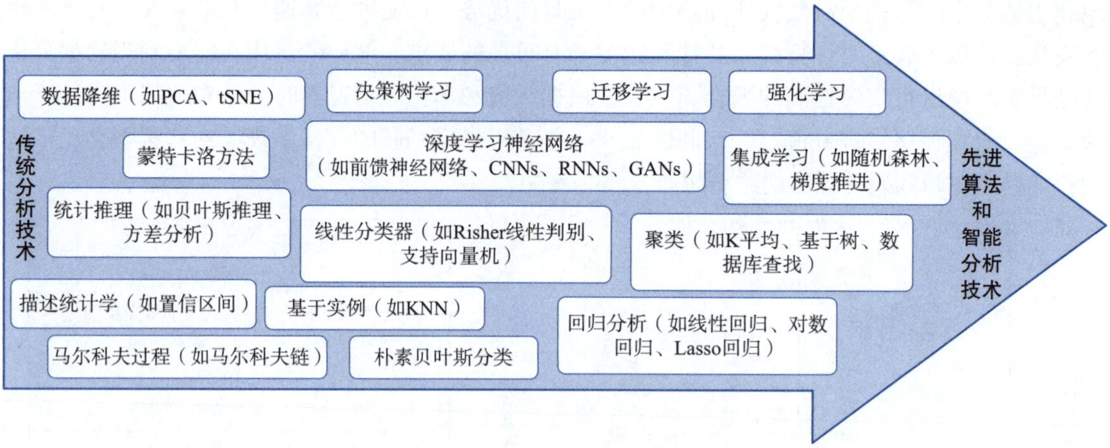

图 4-9　算法选择：从传统分析到先进算法和智能分析

4.5　人工智能+CPS：智能新社区的数字化架构

在3.4.9中，已经介绍了从智能Agent到CPS系统的演进，以及CPS系统的起源和发展。人工智能+CPS是随着人工智能结合控制论技术不断发展而逐步演化出来的新技术概念。本节将详细介绍和分析CPS在智能新社区和基层治理数字化转型中的应用，以及如何通过“人工智能+CPS”设计智能新社区的数字化架构，并整合社区人工智能所需要的各类核心数字技术。

4.5.1　CPS 系统的概念和五层架构

1. CPS 系统的概念

CPS系统可分为狭义CPS系统与广义CPS系统。

从狭义层面来说，CPS系统最早是科学家相对于物联网的一种细分化表述，指的是计算信息和物理过程的集成整合。在德国工业4.0中主要通过嵌入式计算机、嵌入式软件和通信方式对物理过程进行监测和控制，即由一个嵌入在物体中的计算或通信的芯片（内核），通过物体中内置的连接，对物理上的结构和反应进行监测和控制。这种系统具有物理过程影响信息计算、信息计算影响物理过程的交互式反馈过程，更多的是一种嵌入式系统集成的描述，也是物联网、工业自动化等领域非常广泛的应用场景。

从广义层面来说，可以从工业领域和智能制造领域推广到其他各个领域，是自动控制技术升级在各个领域的应用，是“人工智能+”各行业领域数字化的形态路径之一。自国家数字化转型战略被大力推进和讨论以来，作为自动化控制和信息技术紧密结合的典型，CPS系统即作为其实现路径被反复强调。本书着重探讨基于CPS如何实现智能新社区以及基层治理数字化转型。在这里，CPS系统被广义延伸，定义为：泛指系统、设施和软件的交互系统，既有嵌入式领域的应用，也可以通过外部叠加的系统或部件组成，通过集成应用、通信融合、云平台服务和大数据分析等，形成广义的CPS系统架构。从适合数字化转型的角度来说，是“人工智能+”的具体体现。

CPS并不是某项单独的技术，而是一个系统性的技术框架，是具有多维度的智能技术体系。以数据采集和建模为基础，并基于5层技术体系框架（也称为五层架构或5C架构）。下面进行详细介绍。

2. CPS 系统的五层架构

社区人工智能包含了各类数字技术融合应用，虽然各类技术要素的种类繁多，似乎难以进行技术选型和整合，但这些技术要素并不是没有关联而孤立地存在。我们需要将这些数字技术整合为一个充分发挥各自作用的系统架构。而CPS的五层架构就是能将人工智能所需的数字技术要素进行整合应用的核心框架。在社区生产生活过程中会产生大量的数据，而社区数字化的本质就是通过大数据、人工智能等技术手段实现社区数据中逻辑关系和知识的实时提取，并形成决策和行动，实现从解决可见问题到避免不可见问题的转变和制造知识的传承。以社区流行病防治工作为例，其中需要解决的问题包括：防治过程中，根据社区居民数和社区地理情况、建筑物特点、防护等级、任务目标，进行志愿者的配比和工作路线规划、任务分配规划和资源分配规划；根据每天的风向、气温等，提供合理的检测点位或工作点位建议。根据户数和人数，自动配比计算防疫物资或应急物资的配比量。社区志愿者并非长期固定工作人员，工作一段时间后，会发生人员变动，岗位换人后，系统就可以显示出之前的志愿者是怎么工作的，在不同的情况下要怎么处理，这样新来的志愿者就能驾轻就熟地操作设备或按流程工作，避免很多不必要的错误。至此，这个场景就算是基本做到了智能化。

不难发现，在这个过程中，智能化并不是只有大量的数据或者只做到了自动控制就能实现的，而是要搭建一个可以从数据到知识再到执行的闭环系统。李杰教授在《CPS：新一代工业智能》中提出了CPS的五层架构，如图4-10所示。可以此为基础讨论实现社区数字化的智能体系框架。

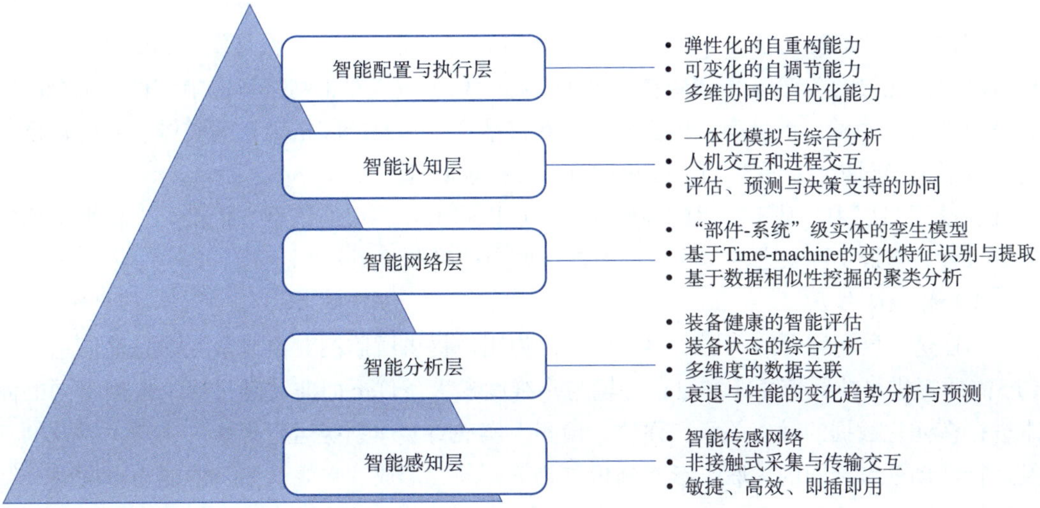

图 4-10　CPS 五层架构

如图4-10所示，CPS的五层架构分别指：智能感知层（smart connection level）、智能分析层（conversion level）、智能网络层（cyber level）、智能认知层（cognition level）、智能配置与执行层（configuration level）。具体含义如下：

（1）智能感知层

智能感知层也称为智能连接层，作为网络空间与实体空间交互的第一层，肩负着建立连通性的使命。这一层主要负责数据的采集与信息的传输，其可能的形式之一是利用本地代理在机器上采集数据，在本地做轻量级的分析来提取特征，之后通过标准化的通信协议将特征传输至能力更强的计算平台。从信息来源、采集方式和管理方式上保证了数据的质量和全面性，建立支持 CPS 上层建筑的数据环境基础。

除了建立互联的环境和数据采集的通道，智能感知的另一核心在于按照活动目标和信息分析的需求自主地进行选择性和有所侧重的数据采集。由于原始数据体量庞大、传输成本高，且其中包含大量的知识产权信息，在这一层直接将所有原始数据传输至云端分析不仅成本高昂，而且风险巨大。与原始数据相比，特征是提炼后的诊断信息、维度更小，其经过处理后可以在保留诊断信息的情况下最大限度地隐匿知识产权信息。

显然，将特征而非数据作为本地与云端的交互媒介更为合理，可以更好地保护数据和隐私信息。随着边缘计算与云运算协同工作机制的不断完善，智能感知层可以自动为复杂的预测性分析提供“有用信息”，成为网络空间的数字化入口。

（2）智能分析层

在数据导入后，需要对其进行预测性分析来将数据转化为用户可执行的信息。将低价值密度的数据转化为高价值密度的信息，可以对数据进行特征提取、筛选、分类和优先级排列，保证了数据的可解读性，包括对数据的分割、分解、分类和分析。

根据不同的场景，机器学习与统计建模的算法可以识别数据的模型状态来进行检测、分类与预测。高维的数据流将被转化为低维的、可执行的实时信息，为用户迅速做决策提供实证支持。

（3）智能网络层

网络层是整个CPS的核心，它是5C体系架构的信息交互中心，也是发挥CPS对于互联、大规模机群建模优势的关键层。cyber在这里不仅指信息，重点在于网络环境中信息的融合，以及信息虚拟空间的建模，将机理、环境与群体有机结合，构建能够指导物理实体空间的建模分析环境，包括精确同步、关联建模、变化记录、分析预测等。

在智能网络层中，基于群组的预诊断技术可以将大量相似的信息进行聚类，根据本地集群建立更符合该集群实际状态的基线，从而进行更为精确的预测分析。

（4）智能认知层

CPS在这一层将综合前两层产生的信息，为用户提供所监控对象或系统的完整信息。这一层CPS需要提供可执行信息。在复杂环境与多维度参考条件下面向动态目标，根据不同的评估需求进行多元化数据的动态关联、评估、预测，实现对实体系统运行规律的认知，以及物、环境及运行活动三者之间的关联、影响分析与趋势判断，形成“自主认知”的能力。同时，结合数据可视化工具和决策优化算法工具，为用户提供面向目标的决策支持。因此，智能认知层也可称为智能决策层。

（5）智能配置与执行层

智能配置与执行层简称智能配置层，根据活动目标和认知层中分析结果的参考，对运行决策进行优化，并将优化结果同步到系统的执行机构，以保障信息利用的时效性和系统运行的协同性。用户或者控制系统将要对实体进行干预，使其保持在用户能够接受的性能范围之内，避免无法预期的问题。这一层是网络空间对实体空间的反馈，是为用户创造价值的关键步骤。

通过上面五层架构，整个CPS系统以数据为载体，建立了实体的“数字孪生”。数字孪生能够实时反映实体系统的变化并预测可能发生的后果，警示用户同时主动作用于实体系统，避免非预期的问题，实现预测预警，为用户创造价值。在CPS五层架构中，各层着重应用到的相关数字技术，包括大数据、云计算、智能分析、网络和运维、人机交互等数字技术。其对应关系将在4.6节详细介绍，并将在第6章以社区画像作为数字孪生的社区应用案例中进行探讨。

CPS之所以能推进人工智能技术，提升社区数字化的核心能力，正是因为它将信息世界的巨大计算力和物理世界的能力有机整合为一个整体，突破了传统控制系统在时间和空间上的限制，极大地开拓了人工智能系统的应用潜能。因此，如果从CPS的五层架构这一视角来重新思考“人工智能+社区治理”就会发现，社区数字化并不能单纯地等同于实现了社区管理信息化或社区服务的透明化或者某个产品或平台应用了深度学习，这些最多只能作为CPS系统中的一个组件。要想在社区场景中真正落地人工智能技术，需要基于“人工智能+”，系统化、结构化地建立信息世界和物理世界的纽带，找到解决社区治理问题最重要的影响参数；而不是盲目地积累数据、避免以偏概全。通过智能分析和决策，最终形成循环优化。

4.5.2　智能新社区的“人工智能 +CPS”数字化架构解析与设计

将“人工智能+”与CPS系统应用于智能新社区建设，赋能基层治理数字化转型，即“人工智能+CPS”——具有人工智能思维方式和学习能力的信息物理社区系统。CPS应用于智能新社区应该与社区本身流程和特性，以及现有的信息系统相结合进行整体设计。社区现有的信息化系统更多是对行政办事、服务计划等管理类系统，而针对社区和社区系统本身的信息物理系统应用较少。造成这一现象的原因主要有以下两方面：

一方面是社区本身是一个庞大复杂的系统。一般而言，社区主要由生态自然环境、人工建设环境以及人文文化环境等三类环境构成，每一类又包含多个子系统。另外，还需要许多辅助系统整合在一起，为社区服务，形成一个相互交叉、相互配合，需要在生产生活当中相互协调、相互衔接的一个相当庞大的社区系统。

另一方面是社区治理和服务的流程及环节繁复，需要高度精细化。包括各类公共服务、绿色环保、教育、医疗、交通、公共安全等；还包括辅助系统，如养老、能源系统、公共设施管理等；其生产过程不仅包括物理过程，还包括人文过程，以及在生产生活过程中各种生活垃圾的回收利用、污染处理、能源管理等过程。这些过程与一般工业制造业（如汽车制造等）对智能化和智能设计的要求相比，要复杂得多。

以CPS建设或可控度为出发点，根据可控制系统的强弱情况，社区可以拆分为三大系统：与自然密切相关的自然生态环境系统、人工建设环境和基于社区居民及文化的人群行为。鉴于此，合理可用的智能新社区“人工智能+CPS”数字化架构，既要与社区治理与服务流程相结合进行设计建设，还要考虑生态流、信息流和物质流的内在联系，也要考虑生产流、服务流和人机的重要交互，同时，也必须与目前基层社区需要的精细化治理相结合，以解决相关问题。因此，智能新社区的“人工智能+CPS”数字化架构设计可以从以下三方面的集成度进行初步探讨：纵向集成度、横向集成度、端到端集成度。其中，横向集成度侧重于生态环境和建设环境的物质流和信息流集成探讨；纵向集成度侧重于社区生产生活和建设过程的生产流服务流集成探讨；端到端集成度侧重于生态系统及生产生活与人群行为、人机交互的集成探讨，如图4-11所示。

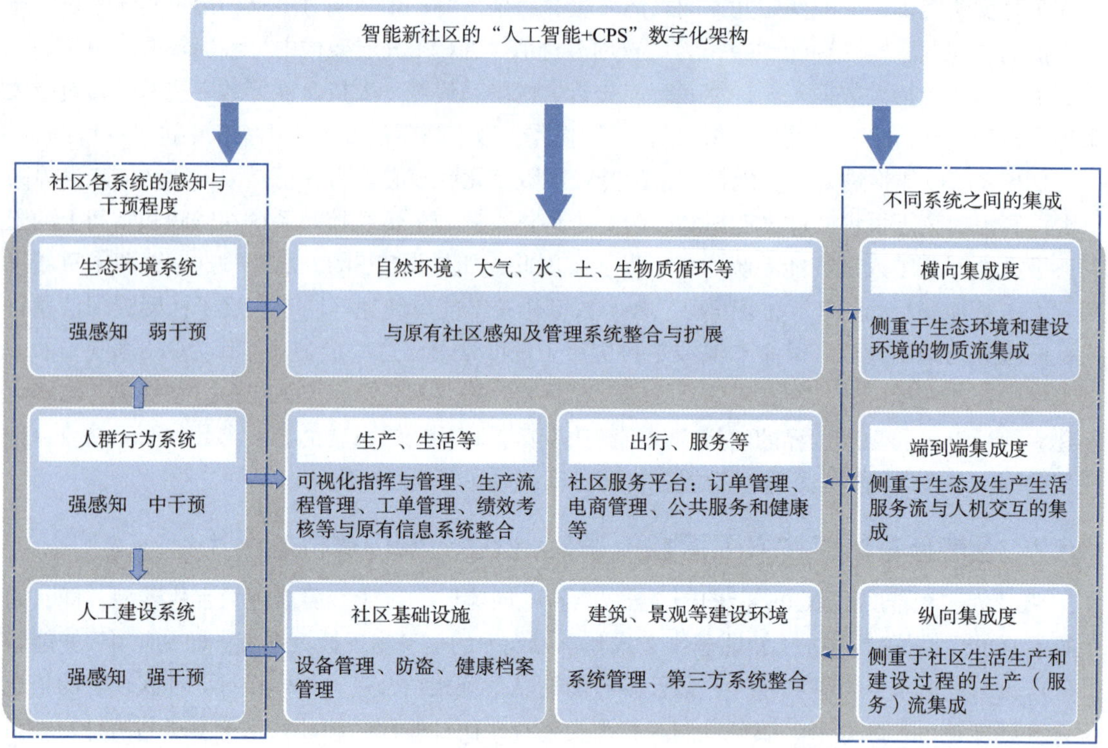

图 4-11　智能新社区的“人工智能 +CPS”数字化架构

下面首先进行社区在CPS或者可控程度下的多个视角解析，然后从其中一个应用实例出发，基于“人工智能+CPS”设计智能新社区的数字化架构。

社区作为一个生态系统，社区人工智能需要考虑到系统的需求、挑战、技术和方法的有序思维策略。这个生态系统划分出各社区建设、应用和服务场景范畴，如嵌入式人工智能设备、敏捷服务、柔性治理、物流运输、能耗预测等，也提出了在这些场景中常见但未被满足的需求，如自感知（self-aware）、自比较（self-compare）、自预测（self-predict）、自优化（self-optimize）及抗干扰性（resilience）等。同时，社区作为一个复杂巨系统，无论是为了对社区进行研究，还是更好地进行治理和服务，都需要把复杂系统进行还原和分解。例如，传统社区规划，把社区分解为产业经济、公共服务、建筑空间、绿地景观、道路交通、生态环境、市政基础设施等若干子系统进行研究和规划。从社区治理的角度来说，可以把社区分解为生态环境、社区人文、商业、住宅、基础设施与地下管道、教育文化、医疗与公共卫生、公共服务与公共安全、交通出行等各类子系统进行治理。这两种分类有对应关系却不完全相同。例如，政府职责的教科文卫，在规划视角下经常会合并为一个子系统，因为它们遵循同样的规划逻辑。而建设系统，因为是空间规划研究的核心内容，规划就会把它再进行细化：建筑、绿地、公共空间等。形成合乎自身逻辑的还原方法，是学科成熟的标志，也是设计合理的“人工智能+CPS”的智能新社区的数字化系统架构的前提。

控制论的基本逻辑是基于感知系统获取的数据，揭示结果与标准之间的差值，并采取纠正措施，通过循环反馈使系统稳定在预定的目标状态。其中，感知与控制是两个核心环节，在社区治理领域更多是感知和干预。从控制论角度思考，整个社区智能化的逻辑其实就是用人工智能为核心的数字技术方法对社区空间和实体服务进行CPS化改造。但是目前的初级智慧社区建设阶段，除了个别领域以外，大多是政务系统的信息化或者传统住宅小区智能化应用（如安防系统等），尚未到达这个阶段。

下面详细介绍一下社区的三大系统。

1. 生态环境系统

生态环境是非常开放的系统，也是一种强感知、弱干预系统。社区作为一种人工生态系统，其发展的物质和能量绝大多数来自其他生态系统，而社区生产生活所产生的排放废物，除了在本系统内分解和再利用，必须输送到其他生态系统，从而需要循环可控。社区再小，生态系统也是与整个自然生态系统进行物质和能量交换的。社区生态系统对外部系统的依赖性，也决定了其脆弱性。社区的可持续发展是最根本的社区问题之一，也是城市可持续发展的基础。自然环境、水资源、垃圾分类和降解等环保问题也是社区生态要解决的基本问题。

基于CPS理论，社区生态环境系统现有的管控或干预方式一般为：在规划阶段，即建设前期，对项目进行资源环境承载力评价以及开发适宜性评测，目前生态和空间规划常用双评价方法。评价方法可以通过多个资源、生态等关联因子的叠加分析，从定量到定性，保证新项目建设不对生态自然系统造成过大的破坏。单靠普通的书面评价方法比较简单、机械，同时难以对规划实施后果进行预测评估，所以这种方法仅能守住最最基本的底线。通过引入人工智能技术等，可以通过数据采集和分析等实现智能评价和测评。

具体的社区生态规划方案中，规划者可能会在社区内部设置各种自然廊道与板块，如风廊、水系廊道、艺术空间、绿地公园、公共服务和活动空间等，以减少诸如热岛效应等由建筑产生的对生态环境的负面影响，然而如何设置这些“生态基础设施”还没有太多翔实的科学依据，尚未充分应用到人工智能算法等相关技术。

社区是人们居住生产生活的地方，因此对生态环境的影响是复杂的，大气和水体污染，大多是在整个生态系统内复杂的生产和传递过程。社区治理过程中，随着双碳目标的提出，对生态环境的要求也同步提出，但是，目前社区调控生态环境的手段也比较有限，以减排为主。一般通过工程性基础设施来减少本地的资源消耗和污染物的产生，或者在排放前进行无害化处理。

受限于科学对于生态系统中多种大量正负反馈机制的认知水平，目前还很难建模，甚至解释其中的过程，更不用说干预。但是，随着人工智能技术发展和加持，可以有更多的技术手段保护生态环境，也可以用更低的成本进行更高密度、更实时的环境监测。同时，在实际操作要中避免篡改数据弄虚作假。例如，政府考核和污染执法主要根据环境监测设备数据，而环境监测设备的数据应通过区块链和分布式存储等技术保证真实性和连续性。一方面，更丰富的数据和更强的算力将帮助社区治理者更好地理解污染物生产和传播的规律，以及社区环境对温度、气候等产生影响、正负的反馈机制。另一方面，对突发的人为环境污染事件，治理者可以及时发现、溯源和主动干预。因此，在这个领域智能化策略是“强感知，弱干预”。

2. 人工建设系统

与自然生态相对应的是社区的人工建设环境，包括各种工程性基础设施和建筑、景观、街道等地表、地下管廊等建成环境。由于是人工建设而来，理论上这是一个完全可控的系统，属于强感知、强干预系统，也是物理世界智能化应用的重点。

例如，社区内的基础设施、水电气热等能源供给和管网系统，都是典型的可控系统，可以通过传感器及感知系统采集数据、反馈数据、预测预警，并实时控制系统，调节供给和调度资源。我们将在4.5.3节以此为例进行基于CPS架构的系统设计和讨论。

再如，社区内的建筑物也是典型的人工建筑环境，所以也是可控的。近年来，智能建筑已经是相对比较成熟的领域，许多楼宇建立了BIM（建筑信息模型）可视系统，通过楼宇自控技术实现对各种设备的调节和监测。一方面提供相对舒适的建筑人居环境；另一方面可以对建筑实现自动运维和安全管理，如对电梯进行安全控制、超过安检年限的电梯设置禁止运行条件等。通过各类无线、有线的通信方式，建筑中的末端设备设施连接到物联网，互联互通得以实现，提供安全可控、个性化的管理和服务功能，如实时在线监测、定位追溯、报警联动、调度指挥、预案管理、远程控制、安全防范、远程维保、在线升级、统计报表、决策支持等，实现对楼宇高效、节能、安全、环保的管、控、营一体化。智能楼宇CPS应用的典型代表是楼宇自动化系统（BAS），BAS通常包括暖通空调、给排水、供配电、照明、电梯、消防、安全防范等子系统。该系统能够实施自动监视并控制各种机电设备的启停，显示或打印当前的运行状态；各种设备的运行参数及其变化趋势或历史数据被自动检测、显示、打印，当参数超过正常范围时自动报警启动；基于外界条件、环境因素、负载变化情况自动调节各种设备，使各种设备始终运行在最佳状态；各种意外、突发事件都能检测到并被及时处理；大楼内各种机电设备实施统一管理、协调控制。

这类系统的智能化策略是“强感知，强干预”。通过应用如嵌入式人工智能设备、敏捷服务、柔性治理、能耗预测等，可以实现在这些场景中常见但尚未被满足的基于CPS的智能控制需求，如自感知、自比较、自预测、自优化及抗干扰性。其中特别要注意的是，抗干扰性指的是系统在发生应急情况、故障或出错时是否能够削减或吸收干扰事件影响，并迅速恢复正常的工作状态，也就是系统发生严重干扰时的承受能力。例如，若预先设定系统的冗余性与灵活性，能够使系统在严重干扰事件发生时可通过重新排期、调配等方法使系统快速恢复正常运作。在这类系统应用中需要特别注意，随着物联网向智联网的升级和发展、传感器和边缘计算等技术的成熟，以及大量智能家居产品的问世，基于传感器采集和CPS反馈控制，从而调控社区基础设施、建筑系统或家居设备运行状态的智慧式管理成为人工建设环境可控管理的新趋势。

下面以智能交通这个特定的子系统为例，看一下CPS在人工建设环境中的应用。

（1）道路交通信息采集领域

传感设备安装到机动车上，可以采集到车速、占有率、流量及车辆的详细信息（如车型、号牌、颜色等），从而得到路网的各项交通运行信息。在各种静态交通设施上，包含交通标志、交通防护设施、交通安全设施等安装电子标签或传感器，有效地解决设备信息的采集问题，交通管理部门可以方便、高效地读取网上所有设备的信息，改善信息采集和管理效率。

（2）交通安全管理领域

在无线通信和自动控制技术开发新一代汽车无人驾驶技术的基础上，行驶中的车辆可互相确认对方的位置，自动控制车辆行驶，避免事故并缓解城市道路拥堵。在交通标志、交通标线上安装电子标签，通过车载接收检测设备，驾驶员可以自动获取重要信息，如车辆经过路段的标志、标线信息等。

（3）交通指挥与控制领域

借助运营公交车辆的空间位置信息，可以推断城市道路交通流的运行状态并预计下一车辆的到达时间，提供参考信息供乘客选择出行方式和安排出行计划，并助力公交车辆的运营调度。短程无线通信技术帮助路面的民警在路口、路段控制现场的各类交通设备、设施，直接干预交通信号控制，从而协调交通流，缓解交通拥堵。

（4）电子收费管理领域

可以用于公路收费、停车收费、拥堵收费、缴纳罚款等各方面。电子标签或传感器安装在汽车上，当装有电子标签的车辆通过装有射频扫描器的专用隧道、停车场、高速公路路口、拥堵区域时，无须停车缴费，通行效率得到大幅提升。

可见，理论上交通工具本身作为机电装置完全可实现自动驾驶，道路工程也与建筑物类似可以实现比较完善的感知-控制闭环，所以交通系统是可以实现智能化改造的。但也必须要考虑到，交通的本质是人和物的运输，道路和交通工具仅仅是载体。出行行为作为人类活动系统，在更上层发挥作用。智能技术的应用和发展，使得更上层的居民出行需求、出行逻辑、交通模式几个层次会发生变化，出行需求本身变成一个最大的变量，原有技术体系需要不断升级迭代。同样，精密的模拟和模型参考值等，也需要不断升级设计、建模和测试等。比起通常认为智能技术对交通效率百分之二十左右的理论提升极限，政策是更具影响力的变量。

3. 人群行为系统

从前两类系统的介绍，能引出第三种系统：人群行为，这是一种强感知、中干预系统。虽然上述两大系统都与人群活动密切相关，但人群行为往往决定的只是系统的输入变量。还有一类系统本身就是围绕人的需求和行为的，包括社区居民和企业以及商业机构的生产、生活、出行等，又可细分为健康卫生、教育培训、社区服务和公共管理等领域。目前，大多数现有的智慧社区建设项目都集中在这些基于人群行为和需求的领域。

由于人群行为的随机性和自由度，以及受文化和道德的影响，以往对这类系统的感知和控制能力都很薄弱，尤其是个体行为，很多都接近随机现象。随着各种感知技术、分析技术的发展和大数据技术的成熟，大量人类行为可以被感知、观察并进行热点预测，通过互联网上公开的数据和言论，甚至表情符号，以及手机、手表等电子终端定位数据等，可以提供用户的情绪、观点、热点言论、位置、行为、身份标签等，基本实现了通过个体数据对人类群体行为的实时观察。在4.2.2节介绍到的社会计算所驱动的社会科学研究，即属于这一类的应用。

政务服务、教育培训、医疗卫生、零售电商等均可归为这类系统。例如，零售电商是最基本的日常商业服务场景。以智能新零售为例，社区十五分钟生活圈的提出，本质上是解决以顾客需求为核心的资源匹配和定位问题。随着各尺度空间定位、传感器和生物识别技术的成熟，以及线上电商的发展，目前已经可以实现对顾客的社区空间、店内购物轨迹甚至货品关注情况进行精确的记录，也可以通过社区多源及多模态数据对顾客进行精准分析并整合在社区画像中。基于数据感知和智能计算，可以定向推广、针对需求动态调整库存和货品陈列，提高效率，降低推广和库存等成本。这种方法虽然并非是精准的控制，但已经实现了对系统相当程度的干预。在线上流量接近饱和的今天，家居和社区作为最大的线下入口，必然成为社区服务商、开发商、物业公司和互联网公司争夺的焦点。其实核心也是竞争消费者行为和消费习惯数据，从而影响零售业未来发展。

这类系统是下一步社区人工智能的发展方向。可以说，这类系统的智能化特点或者策略是“强感知，中干预”。目前智能新社区的数字化转型所应用的绝大部分硬件投资也是用于对社区安全的监测分析，如社区的智能安防系统。这些系统的目的是凭借监测所能实现的更多是异常事件的及时响应，以及对群体行为时空规律的探索，以改善基础设施和公共服务。真正意义上对社区系统的完全控制是不可能实现的。实现社区的健康发展，乃至于居民的全面发展和幸福感提升，还是需要靠社区和居民的参与共建，逐渐改善社区服务能力。

4. “人工智能 +CPS”是智能新社区的数字化转型过程中核心应用之一

简而言之，上述三大系统的共同策略是“强感知”，这也是人工智能在智能新社区的数字化转型过程中核心的能力之所在。

社区数字化转型的研究和实践中，一直以来主要依附行政管理流程中的对应环节，如智慧医疗、智慧交通、智慧公安等。很容易理解，这样的产品与政府各职能部门相对应，也更便于被采购、被应用。然而，当进行社区治理数字化的深度研究，基于“人工智能+CPS”进行智能新社区数字化架构设计时，需要从社区治理更本质的逻辑出发，还原复杂巨系统，从而帮助我们思考社区治理未来发展的方向，把握创新研发和系统应用的节奏，探索系统孤岛的问题本质与解决方式，深入认识社区治理数字化的转型模式。

除此之外，在社区生态系统中，还必须关注在满足上述需求时所面临的挑战。这些挑战可能包括处理多数据源的问题、如何获取足够的专业知识、如何应对不同环境和设备导致的区域复杂度差异，以及确保数据质量的问题。为了避免模型受到低质量数据或专家知识不足等问题影响，需要积极应对并采取相应的措施。

社区数字化治理平台可以理解为通过基础设施和公共服务的集中供给，在空间、环境、能源等有限资源条件下实现生产效率和居民幸福感提升的复杂功能网络平台。需要解决的所有社区问题几乎都可以归结为一个共同的痛点：解决有限的基础设施和服务能力与高速增长的社区和居民需求之间的矛盾。交通拥堵、内涝、能源短缺、环境污染等体现了基础设施的动态服务能力和效率不足，住房供给、房价、教育医疗等公共设施问题体现了住房和公共服务的布局、供给量与服务水平不足。

社区感知的核心对象，一方面是以人流车流、环境污染、网络舆情为代表的动态需求信息，另一方面是代表供给的道路和基础设施的运行情况。在此基础上，数据平台和算法才能实现动态预测和供需匹配。对不同干预程度的系统，有些可以实现全自动的实时智能化干预，有些则进行长期的政策调控，还有些是人为的执法处置。

图4-12所示为智能新社区的“人工智能+CPS”应用能力分析图，是把系统拓展到感知、模拟及预测、干预及控制的整个闭环，形成一个能力矩阵。其中，强作用模块就是在智能化社区

治理中真正大有作为的领域，也就是对社区感知系统的全面建设，以及对建成环境系统的数据感知、模拟预测以及动态控制。有限作用范围部分是指可以不断推进但应深入规划的领域。

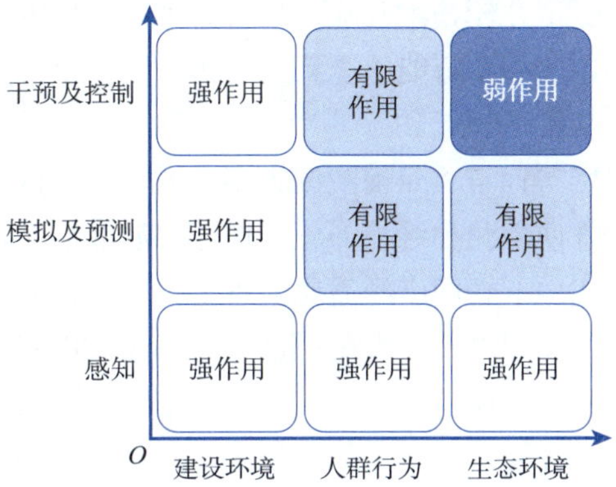

图 4-12　智能新社区“人工智能 +CPS”应用能力分析图

4.5.3　应用分析：基于“人工智能 +CPS”的社区管网设施系统架构

如前所述，CPS是一个综合计算、网络和物理环境的多维复杂系统，借助5C技术实现计算、通信与物理系统的一体化设计、有机融合与深度协作，使大型工程系统的实时感知、动态控制和信息服务得以实现，并变得更加可靠、高效、实时协同。

CPS的数字化前提是数字孪生，除建立三维模型外，目标主要是实现感知到控制的闭环。数字孪生在2.1节已介绍，它跟CPS同样是与人工智能密切相关的数字技术，都是预测和描述物理世界在虚拟世界的基本运转逻辑，即以数据为导向，万物实施计算、通信、精确控制、远程协调和自治。社区领域通常最关注的基础设施规划与建设、社区服务与管理等，虽然并非CPS驱动的工程逻辑闭环，但仍然可以用数字孪生社区来实现一些代表性应用。社区基础设施作为系统化工程，从数字孪生到“人工智能+CPS”的过程是社区工程性基础设施系统数字化转型的重要应用之一。

由4.5.2节的讨论可知，社区内的基础设施如水、电、气、热等能源供给和通信网络等管网系统，都是典型的可控系统，可以通过全网感知反馈数据实时调控供给和调度资源，是典型的强感知、强干预系统。本节将以社区的基础设施运行逻辑和总体架构为例，进行基于CPS架构的系统设计和讨论。

上述水、电、气、热等能源供给和通信网络等管网系统的核心特征就是输送社区中各种“流”的通道，如信息流、物质流、能量流等。信息流泛指广义的通信网络，包括有线、无线、有线电视等；能量流主要指电网；物质流包括水，如自来水、雨水、污水、中水等，以及燃气、供热、垃圾等。社区基础设施投资和维护成本巨大，且关系社区的安全高效运行，目前大都处于较为低效的管理阶段，需要通过人工智能技术，基于“人工智能+CPS”架构进行支撑和助力。

信息流自带信息化属性，其本身就是基于数据驱动的运维过程，可以迅速地实现智能化应用。另外，作为能量流运输管道的电网，也具备了较高信息化程度，目前，在分布式能源和新能源汽车等各种新型智能化设备的新需求驱动下，电网的各环节，包括发电、输变电、配电、用电和调度，已经普及应用智能化技术，从用户端的能源监管系统和智能电表的推广和普及情况就可以看出其智能应用情况。目前，陆续提出的新概念有能源互联网、坚强智能电网、泛在电力物联网、微电网等，经过了几轮技术升级，从数据采集到传输和控制，对电网系统提出了从芯片、终端、网络、平台走向人工智能的全系列解决方案，全感知、全连接助力实现基于全网实时数据的毫秒级预测响应和调度能力。

相对上述电网、通信管网等而言，目前我国大多数城市和社区以供排水网络为代表的地下管线位置和拓扑结构依然不方便探测和维护；管网损耗和泄漏、污染、爆炸、灾损等潜在风险巨大，维护成本高昂，第一代地下管网已经需要整体更新换代；复杂的地下环境导致管内状态数据难以监测和传输，目前的管理思路基本是通过工业仪表的思路和产品来感知和管理各类基本信息如干管结点压力、流量、流速、水质、破损、堵塞等；数据以有线传输为主，无线传输较少，管理成本巨大，数据的质量、密度、频度尚无法满足智能控制的要求。

基础设施智能化应用的方向，可以参考电网的智能化应用方向和路径。鉴于对全面CPS化的可靠性需求，进一步对“人工智能+CPS”中“人工智能+”部分提出更高要求，例如，需要在公网之外建立可靠性更高的专网，对边缘端增加智能计算要求等。因此，所产生的规模巨大的物联网和边缘计算结点、毫秒级的时延要求、边缘计算性能要求、数据安全要求、变压器断路器及储能设备等生态链的升级，促进着大规模的基础设施实体网络和算力的发展。同理，作为特殊的基础设施网络，城市和社区道路交通网络也很早就实现了分布式流量和事件监测等智能化改造，开始实现用微观感知数据智能调控红绿灯并进行全网预测和分析。例如，轨道交通网络作为相对独立和封闭的系统，很早就开始应用CPS系统实现完全数据驱动控制。

作为社区基础设施的供排水等物质流管网，虽然其物理特征、拓扑结构以及相应属性存在差异，且管理部门和学科专业亦有不同，但基本逻辑流程是相似的。例如，各种生产企业可以以管线接入端作为压力管网的结点，通过变频调压设备将不同的水源、气源、热源等稳定持续地送入相应管网。管网无论是环状还是混合等结构，都会安装传感器在关键管道结点，从而获得各种压力流量流速等指标。设施管理人员一方面可以对指标进行分析，通过异常数据预警查找事故和故障，如爆管、漏损、堵塞等；另一方面借助数学模型可以进行干预和控制，通过源头调压、沿途闸阀调节等，进行全管网的需求平衡和调节；通常会有各类增压或调蓄设备配置安装在末端或社区终端，以监测压力情况并确保终端用户管道处于正常使用，还可以通过计量仪表进行计量和计费等。

目前，虽然物质流管网的各种设备基本已实现联网并通过可编程逻辑控制器（programmable logic controller，PLC）控制，但大多数设备都是分钟乃至小时级的控制时延，一般只能在出现重大级事件时响应，日常问题无法实时精准响应，只能大致定位，且只能配以人工手段排查和经验推断。基于“人工智能+CPS”的架构进行智能化设计和数字化升级，通过大量部署分布式传感器和边缘计算结点进行数据采集，并通过地理信息系统维护完整的管线拓扑结构，可以将整个传统的基础设施网络转变成一套新的数字化基础设施。此外，加上可实时远传的用户侧末端计量仪表，结合新型管内巡检工具，从而实现全息的数字管网孪生系统。根据人工智能建模的全网动态平衡调度算法，可以毫秒级调节控制各种设备；还可以精准定位和及时干预各种管道损伤和内部异常。图4-13所示为一个基于“人工智能+CPS”的地下管网数字孪生系统示例。

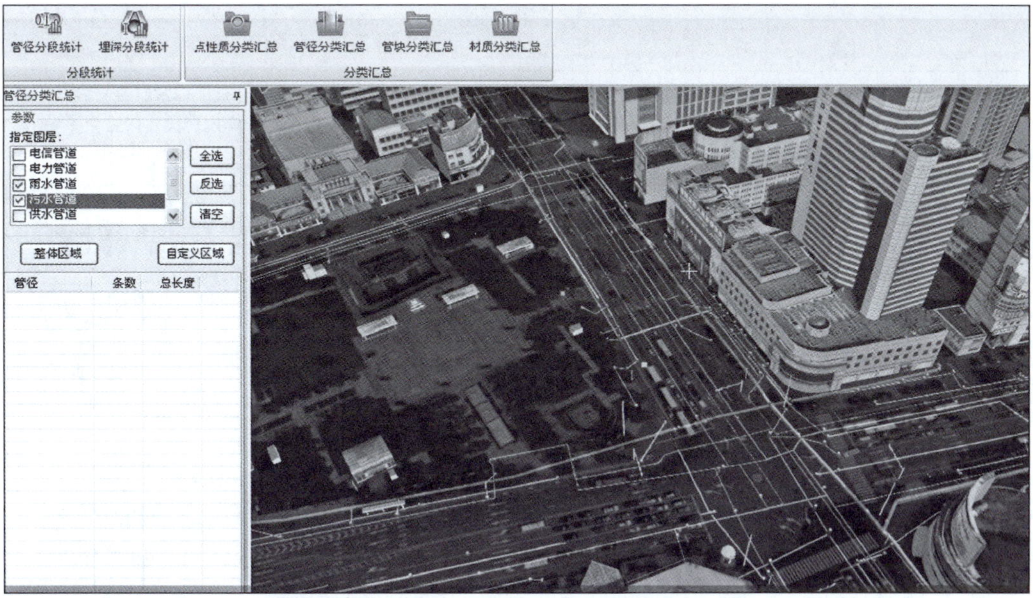

图 4-13　基于“人工智能 +CPS”的地下管网数字孪生系统示例

要实现一个地下管网数字孪生系统，仅依靠优秀的系统架构设计还远远不够，还需要综合性产品应用及技术实施。由于城市和社区的地下管网系统都很复杂，还存在各种管线内部压力和腐蚀、污染等情况，通信和传感领域的大多数常规解决方案和产品对土层和多种管壁材质都束手无策，即大多数管网领域的需求尚无成熟产品可满足，这也意味着智慧城市和社区数字化领域还有巨大的潜在市场蓄势待发。新型抗腐蚀抗污染的管道材料和结构、能够稳定通信和传输的分布式管道传感器和控制器等是真正意义上实现基于“人工智能+CPS”架构的数字化管网所需要的关键产品，也是应用前景广阔的新领域。

4.6　社区人工智能的数字技术融合应用

目前大部分社区都还处于数字化转型阶段，社区人工智能也正在起步发展阶段，应当明确其结构、方法和应用方向，以作为在社区治理实施中的框架。图4-14所示为通用的社区人工智能应用体系，通过社区智能运行中枢、社区大脑、社区物联感知系统以及基础设施等建设，将具有快速性（speed）、系统性（systematic）以及可持续性（sustainable）的人工智能技术应用于社区治理领域。此框架涵盖社区人工智能领域的基本要素，可以为社区数字化系统的优化和实施提供参考。

以前传统社区治理工作中，日常事务性工作处理占比较大，智能性工作处理占比不高，所以大部分社区事务性工作，可以用传统信息技术辅助解决。但随着社会发展，人类社会越来越复杂，个体和群体的需求更加多元化，对智能性工作处理的需求越来越高，因此对人工智能技术和数字化应用越来越多。

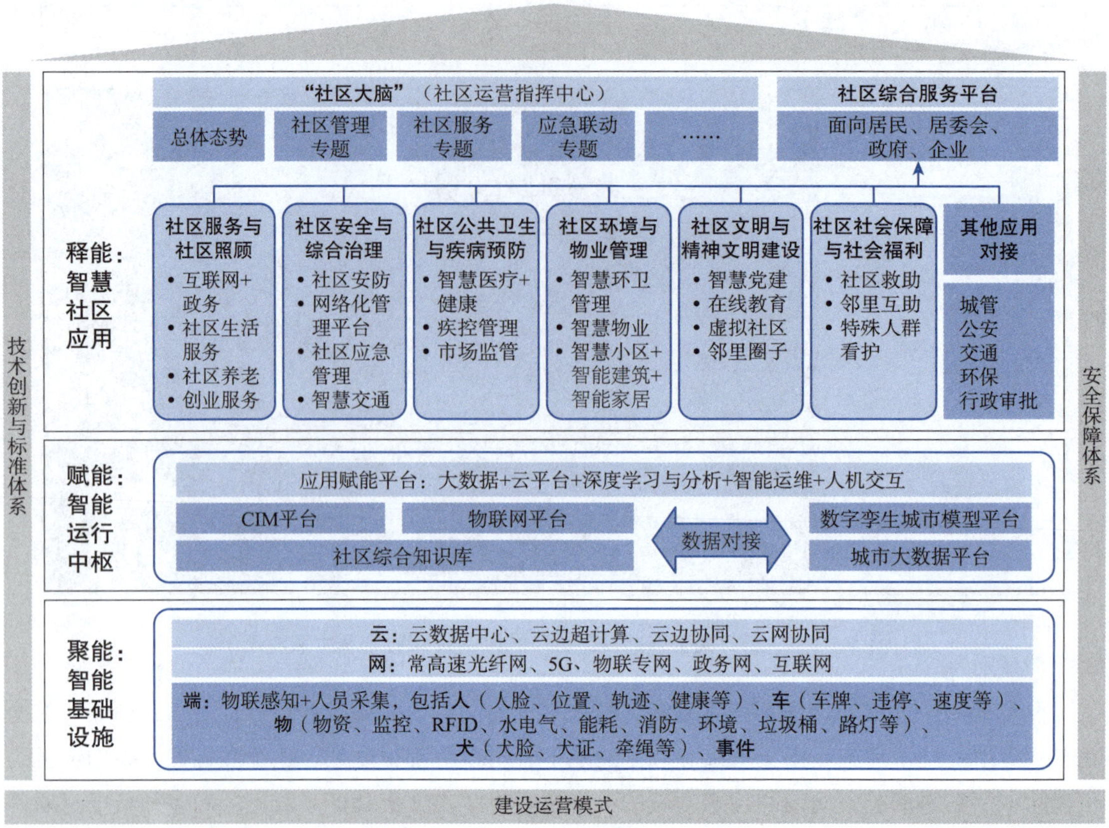

图 4-14　通用的社区人工智能应用体系

4.6.1　社区人工智能需要哪些数字技术的融合应用

在第2章中介绍了数字技术主要通过网络化、数字化、智能化的技术手段来使能行业发展和转型，大致区分了哪些是网络化、数字化、智能化的技术，并详细介绍了数字技术之间的交叉创新和综合应用。本节基于“人工智能+CPS”系统框架，综合运用了第2章内介绍过的大数据技术、云计算平台、网络技术、人工智能中的智能分析和人机交互技术等，来解决上述社区治理过程中从事务性工作处理转变到智能性工作处理的挑战。下面简单介绍这几项数字技术要素如何综合交叉运用在社区人工智能系统中，以及对应于CPS系统五层架构（也称5C架构）中的哪些层级。

1. 社区应用大数据技术

这里重点指社区大数据采集过程中所需要的技术，要解决社区大数据中面临的数据高度碎片化、数据质量差、数据离散性强等问题，对应CPS架构中的智能感知层（smart connection level）。除了实现异源异构数据的统一采集之外，还需要做到对有效数据的自动提炼，提升建模数据采集的标准化程度。另外，在对数据进行管理时，还要重点解决数据同步问题（data synchronization）。例如，在一个流程性服务过程中，末端服务或产品质量的数据需要能够与这个服务或产品在上游设计时的参数对应起来，所以必须强化数据的全面性和代表性。

2. 社区应用云计算平台

云计算目前已经有较为普及的应用，涉及各类平台技术，支撑的是 CPS架构中从智能感知层、智能分析层到网络层的功能。基于高性能与高安全的云平台与大数据处理技术，形成安全和有效的数据处理流程，是支持CPS感知层、分析层、网络层的重要依托，如图4-15所示。同样，针对边缘端计算平台，一方面需要通过硬件技术的突破来提升数据采集和计算能力；另一方面也需要拓展边缘端平台的协同控制能力，支撑传感器等设备集群和工作流程的自组织（self-organize）和自配置（self-configure）。

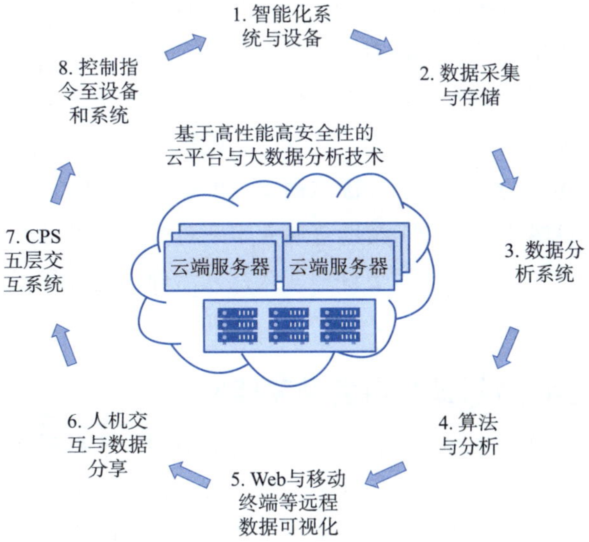

图 4-15　基于高性能高安全云平台与大数据分析技术的数据处理流程

3. 社区应用网络技术

随着边缘端与云端的广泛互联，其网络安全性愈发重要，尤其是在物联网感知端平台的反馈控制实现后，需要通过硬件架构和相应的软件机制确保被接入社区数据中心系统的安全。对于云端平台，则需要注重搭建模型全生命周期管理的架构，辅助模型的不确定性管理和社区智能的持续自学习。此外，网络和系统运维技术优化通过CPS架构中的智能认知层（cognition level）实现，重点在于对运维管理方法进行升级，从而能够将预测模型得到的知识切实转化为运维和管理决策，实现从经验驱动社区治理向数据驱动社区治理的转变。

4. 社区应用智能分析技术

对应的是 CPS架构中的智能分析层（conversion level），涉及算法的选择和应用，还涉及边缘计算的边缘终端和云计算的云端，包括边缘端的管道式分析和云端的高阶分析。一般来说，边缘终端虽然贴近现场，分析的实时性高，但是对数据处理能力和存储能力有限，难以实现集中式的模型训练和预测。因此，针对边缘计算的特点，需要探索基于采集末端实时数据流的小样本算法技术的创新，使用小数据量的实时数据流迭代式地提炼数据中的关联性，做到模型的自动优化。从另外一种创新突破来说，目前，也开始出现将高性能计算机或芯片运用于边缘端的趋势。另一方面，对于云端分析来说，跨区域、跨系统的数据融合分析，需要建立预测结果的不确定性管理体系，做到对预测偏差的控制和分析。同时，针对社区治理过程中小样本数据特点，需要探索新的建模分析方法，如半监督学习、基于时间切片（time-machine）的状态建模、基于集群对标的建模学习（peer-to-peer learning）、自适应学习（adaptive learning）、迁移学习（transfer learning）等。

5. 社区应用人机交互技术

人机交互主要是应用了智能Agent，以及物联网技术中的人机交互通信等，对应着CPS 架构中的智能配置和执行层（ configuration level）。社区智能将在很大程度上影响社区与人的交互方式。可以预想的是，未来的社区中每时每刻处理的信息量会大幅增加，如何帮助社区治理者通过直接且无缝的方式获得最有效、最相关的信息会成为一大挑战。因此，需要结合创新技术对社区场景的人机交互模式进行深入探索。例如，智能机器人或智能助手在社区人员调度时对各社区居委会人员和志愿者的智能提醒，虚拟现实与增强现实（VR/AR）在社区医疗远程诊断中的辅助、通过NLP（自然语言处理）帮助普通人实现对社区人工智能设备和服务的交互应用等。人机交互应用将帮助社区智能技术更好地融入社区治理，更大程度地对社区赋能。在后续第6.3.3节的具体应用中将详细讨论人机交互在社区治理领域的具体应用和要求。

4.6.2 社区人工智能以何种架构融合数字技术应用

需要再次强调，上述这些数字技术在社区人工智能应用中不是孤立地各自为政，而是通过交叉创新整合为一个系统才能发挥各自的真正作用。CPS 作为一种多维度的技术体系，其五层架构就是能将上述各类数字技术要素整合和融合应用的核心功能框架。这也意味着未来社区智能技术的研发道路仍然会是一个跨学科、需要多方领域知识结合，并且不断在具体实践中检验的过程。社区人工智能的这些核心数字技术要素中，能够与业务价值深度融合的智能分析技术是目前非常缺乏的，是社区智能化的灵魂。而大数据技术和云计算平台是社区智能化落地的必要条件，是智能化的载体。因为高效的数据连接和成熟的云计算平台是智能系统部署和落地的前提，是社区人工智能技术体系中不可分割的一环。此外，网络和运维优化技术是价值创造的关键，没有5G等高速可靠和稳定的网络支持，人工智能无法落地到社区末端，而运维优化技术是以智能分析技术的结果为依据，通过优化计算为用户提供决策建议和行为推荐，因而也是人工智能体系中的重要组成部分。社区不同场景，通过上述技术的应用，有着不同的特性与发展。例如，将社区内设备全部联网，可以做到智能感知、智能分析、智能网络，达到社区治理提质、增效、降碳、优化的目标价值。

例如，为使社区持续产生和更新的数据经由分类、分析，进而实现认知改善，让感知数据与场景达到无缝隙的结合，可以结合使用数据采集和分析技术，在基于云计算平台的“社区大脑”基础上，再设计和建设基于“人工智能+CPS”架构的“社区感知网络”（或称社区神经网络），如图4-16所示。社区感知网络，即物联感知综合服务，利用云计算和边缘计算等的能力整合和应用分析，以传感器为末梢，灵敏收集各方数据，在数据建立模型之后，真正做到实时预测和监控，全程精准分析社区服务流程，相对于人工操作或一般控制器，其水准更高，稳定性更强，精准性更强，响应速度更快，让社区的实时状况、异常报警、沟通协作能得到及时快速的监督及处理。

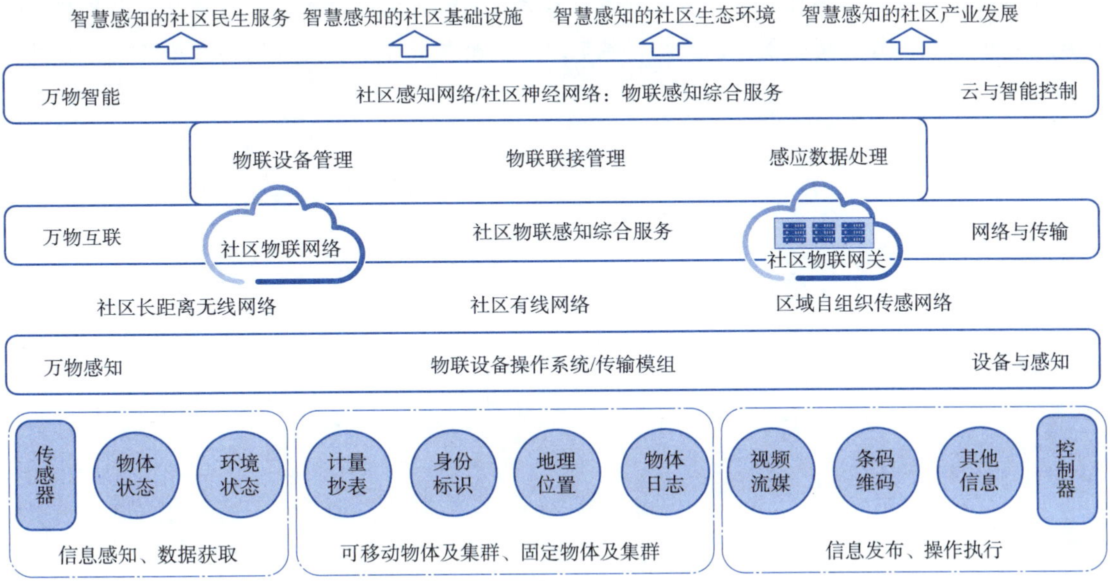

图 4-16　社区神经网络：物联感知综合服务

社区神经网络，即社区感知网络，是社区物联网技术应用，在基层治理中有非常广泛的应用场景，也是社区大数据的基础来源，借助物联网持续不断提供的海量数据，人工智能可以快速获取知识。“万物智联”是物联网的最终目标，把所有设备连接起来，仅做到了万物互联。通过CPS架构，使得社区感知网络具有智能认知和智能执行的能力，才可以真正实现万物智联，发挥出物联网的巨大价值。通过精确算法，具备了深度学习能力的人工智能应用有助于社区物联网快速落地，形成下达设备末梢的社区神经网络，上至指挥中枢的社区大脑。将在5.4.5节中将就此进行应用和案例的介绍。

“人工智能+CPS”可以作为社区人工智能的数字化架构，通过这个架构融合社区所需要的各类数字技术应用。通过分析、处理社区神经网络所产生的历史数据和实时数据，社区人工智能可以预测未来社区的发展趋势和用户习惯，社区治理流程因而变得“智慧”，从而提升服务和产品效能，使得用户体验更丰富。

小　结

本章从智能社区的前半生介绍开始，探讨人工智能在社区领域的发展和进阶，介绍了社区人工智能的目的和应用开发要素，分析了社区人工智能的数据来源和算法选择。

本章还详细介绍和分析了 CPS 在数字化社区领域的应用，以及如何通过智能新社区的“人工智能 +CPS”数字化架构整合社区人工智能所需要的各类核心数字技术。基于社区人工智能的数字技术融合应用需求，从广义 CPS 定义和架构，把智能化社区治理系统拓展到感知、模拟（预测）、干预（控制）的整个闭环，形成一个能力矩阵。从“人工智能 +CPS”应用或者说可控制程度的视角，把社区分解为三大系统：生态环境、人工建设环境和人群行为。其中前两个系统是社区数字化具有广泛应用的领域，也就是对社区感知系统的全面建设，以及对建成环境系统的数据感知、模拟预测以及动态控制。第三个系统部分也是未来具有拓展发展空间的领域。

第 5 章 社区人工智能的数字化应用与赋能系统案例

随着人工智能技术广泛应用于社区治理的各个领域，并且随着在线办公、电子商务、在线教育、在线娱乐等新的工作和生活方式快速兴起，基于人工智能的数字化生活已经成为人们向往的生活方式并且逐步成为人们的现实选择。建设智能新社区，使人工智能技术成为居民生活水平发展的重要动力，是社区数字化转型的重要内容，也为建设“数字城市”奠定了坚实基础。社区是城市职能执行的基本组织和城市组成的基本单元，也是社会的重要组成部分，智能新社区建设的兴起，必将推动全社会智能化的进程。

基于前面四章的讨论和介绍，本章和第6章将着重介绍社区人工智能的实践应用。为帮助读者更好地理解各个应用案例，本章先简单介绍人工智能应用开发的三种典型方法，也是目前公认的流派和方法，接下来讨论的实践案例也都是基于这三种方法的单独或综合应用；再介绍社区人工智能的重量级应用领域，即未来在社区治理中会有广阔发展和创新应用前景的领域；随后继续具体介绍了在社区治理和社区服务等不同领域的八个赋能案例；最后还对社区人工智能推进社区治理的前景进行了分析。

5.1 人工智能应用的三种典型方法

从人工智能技术的角度看，目前的人工智能应用开发有三种典型方法，引领了人工智能发展的主要趋势。这也是人工智能技术基础理论与应用的结合之处。

这三种典型方法分别是：

①以深度学习为主的连接主义的方法。

②以知识图谱为主的符号主义的方法。

③以机器人为主的行为主义的方法。

5.1.1 以深度学习为主的连接主义的方法

深度学习方法是推进人工智能发展进入第三个时期的关键技术方法，特别是其中的卷积神经网络方法，它通过了实际应用的考验，证明是一种行之有效的方法。

这是一种连接主义的方法，它需要以数据进行训练，最终得到一个知识模型。这也是一种归纳学习的方法，其特点是“数据+算法”。

更进一步分析，在这种方法中的数据，不仅要具“海量”性，更需要的是“巨量”性；在这种方法中的算法，主要是计算函数中的多个参数值，其复杂性较高，因此这种“数据+算法”的实现需要建立在强大计算力的基础之上。故而这种方法的标准形式是：卷积神经网络+大数据技术+强大计算力。

因此这种方法不仅需要有人工智能中的先进方法，还需要有大数据技术以及强大计算力的配合，这三者缺一不可。近年来，这三种技术都取得了突飞猛进的进步，因此助力了这种方法的实现和普及，过去多年未获解决的多种应用都得到了突破，如自然语言处理（包括机器翻译、语音识别等）、计算机视觉（包括图像识别、人脸识别等）、自动驾驶等。目前此种方法已成为人工智能发展第三个时期的标志性方法。

5.1.2　以知识图谱为主的符号主义的方法

在人工智能发展第三个时期中除了深度学习方法以外，传统的专家系统方法也得到了再次发展。在人工智能发展第二个时期中传统专家系统方法，在关键技术上做了重大的改进后，已组建成一种新的专家系统。这种新的专家系统特别适合于作为咨询类专家系统。从方法论角度看，它是一种符号主义的方法，适合于语义性的推理。这种方法的标准形式是建立在互联网上的以知识图谱为表示方法，以网络中的数据自动采集（属于大数据技术）为知识获取手段的新方法：知识图谱+大数据技术+互联网。

5.1.3　以机器人为主的行为主义的方法

在人工智能发展第三个时期中还有一种新的典型方法，即以机器人为代表的行为主义的方法。它是目前应用得最为广泛且应用产值最大的人工智能产业群。以Agent作为其技术基础，特点是大量利用感知设备及机电装置作为与外部世界互动的接口设施，在机器人内部将感知设备所不断获得的数据序列作为其输入，在经处理后以数据序列作为结果知识输出。这种方法的标准形式是：Agent+大数据技术+接口设备。

在实际应用中，往往是以上三种方法互相结合应用。例如：

①第一种方法与第二种方法的联合应用，即先通过第一种方法归纳后获得知识再通过第二种方法作演绎推理后获得最终结果知识。

②第三种方法与上面两种方法相结合后，出现“智能机器人”。

在第5.4节中将介绍八个社区人工智能应用案例，都是基于以上三种方法或三种方法的结合应用。

5.2　社区人工智能的应用场景类型

如果要对社区人工智能的应用场景进行分类，按照不同的维度可以有许多种不同的分类方法，下面介绍两种常用的分类方法。

5.2.1　基于社会发展的应用领域和功能进行划分

一种分类方法是按照大的领域功能应用，从战略高度进行划分。伴随着新一代数字技术的纵深发展，大数据、人工智能等新兴技术深刻地影响着经济社会发展以及国家治理，以数字治理为核心特征的政府数字化转型成为全球治理转型的核心议题。十三届全国人大四次会议表决通过的《中华人民共和国国民经济和社会发展第十四个五年规划和2035年远景目标纲要》中，将数字中国的业务功能应用划分为三大方向“数字经济、数字社会、数字政府”，是具有战略高度的划分。各省市还会根据此纲要中的方向及本地区特点进行具体对应和划分，例如，上海相对于以上三个方向，将数字化转型划分为数字经济、数字生活、数字治理三大方向。数字技术的普及推广与快速演进为我国政府数字化转型提供了强大的科技驱动力，数字化转型已成为我国各级政府积极顺应数字化潮流、把握数字化机遇、主动应对挑战的重要举措。

这样的分类也适用于社区人工智能的业务功能划分。从这些业务功能的场景中可以看到，社区人工智能为国家、城市和社区发展带来的业务价值主要包括节约成本、提升社区治理和服务效率、提升产品与服务价值，探索新业务模式创新，以数字化转型整体驱动生产方式、生活方式和治理方式变革，如图5-1所示。围绕这几个核心业务价值和变革领域，社区人工智能将在多个业务功能中诞生出不同的“重量级应用”，并逐渐诞生适合场景、应用协同和跨领域的社区智能应用平台，推进社区数字化转型。

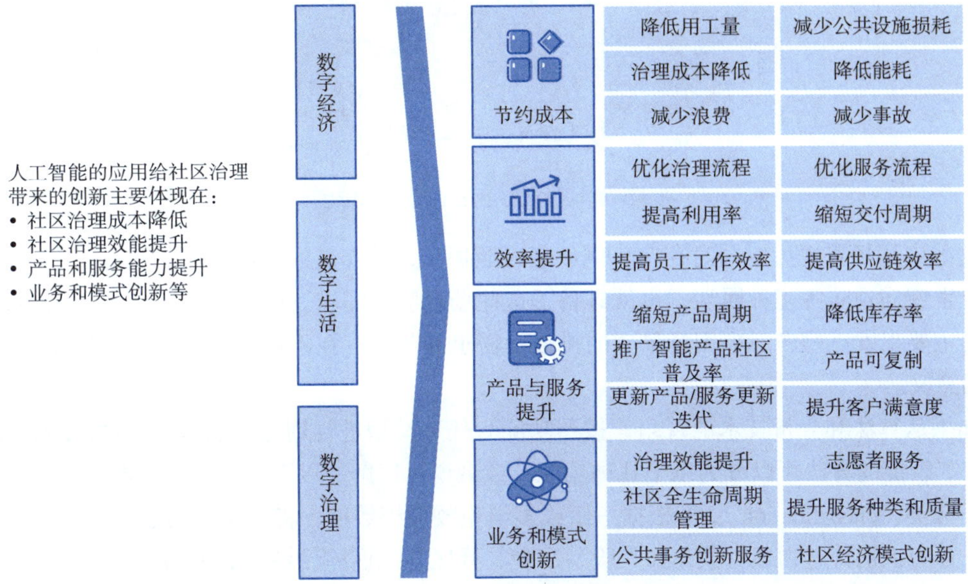

图 5-1　社区人工智能基于三大数字化转型方向的业务功能划分

5.2.2　基于社区数字化治理覆盖的维度对不同的应用场景进行分类

还有一种分类方法，也可以根据社区数字化治理覆盖的维度对不同的应用场景进行分类。图5-2所示为社区数字化治理覆盖的维度。

参考图5-2，社区人工智能应用可划分六大场景：社区服务与社区照顾、社会保障与社会福利、社区文化与精神文明、社区环境与物业管理、公共卫生与疾病预防、社区安全与综合治理。这六种应用场景对价值的倾向也有所不同，例如社区环境中的应用以低碳产品和生产过程零排放为核心，更加注重提质、增效、降本和减存；物业管理中的应用更加注重设备状态保持和人员与任务的匹配优化；社区综合治理中的应用注重在动态的任务变化中进行协同优化，不断优化使用的效率、提升任务的达成表现和降低综合运维成本；而基础设施环境中的应用则更加注重连续稳定地运行、无人值守和能效优化。

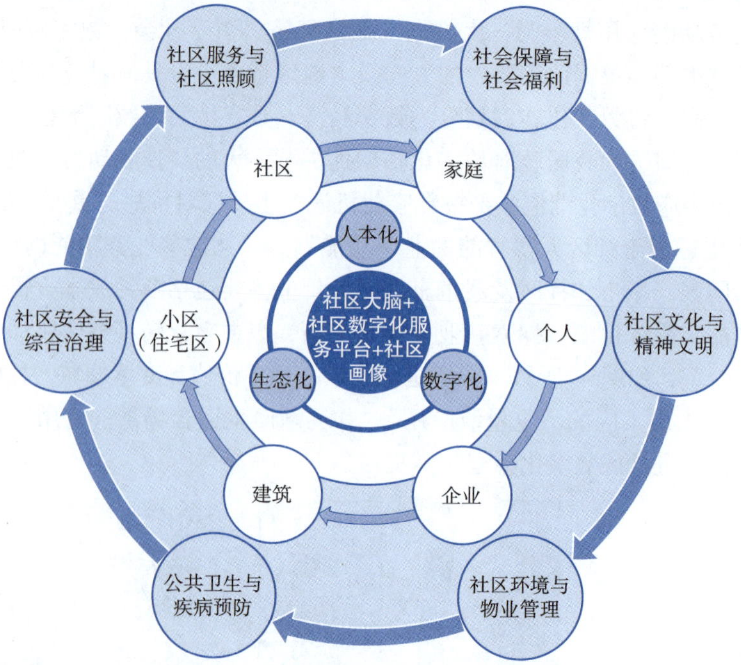

图 5-2　社区数字化治理覆盖维度

这些应用场景也可以同时存在，例如老人照护和智慧养老的应用就同时具备了社区服务和公共卫生疾病预防等多种属性，也就具备了这些场景应用需求。所以，按照以上六大场景进行划分的主要出发点是考虑应用场景中的挑战、需求和共性，在不同的对象和社区类型中有彼此借鉴的意义。

如果从算法和分析技术的视角，按照功能和任务类型进行划分，那么对应图5-2场景维度，社区人工智能的算法可以分为以下几项功能，或者说可以解决以下几类实际问题：

①分类（classification）：即根据一组或多组粗放训练数据，将新输入的数据进行分类应用，主要任务为识别特定物理对象，如人脸、车牌、社区基础设施设备产品等的图形。

②连续评估（continuous estimation）：即根据训练数据，评估新输入数据的序列值，常见于预测型任务。例如，根据各种维度的数据预测社区公共卫生和防疫情况。

③聚类（clustering）：即根据任务数据创建系统的单个类别，例如，基于个人数据的消费偏好。

④运筹优化（operation optimization）：即系统根据任务生成一组输出为特定目标的函数优化结果，如防控优化、维护优化、选址优化、工作调度优化等。

⑤异常检测（anomaly detection）：即根据训练数据或历史相关性判断输入数据是否异常，本质上可以认为是分类功能的子范畴，如社区安全管理检测、舆情预警、网络入侵识别等。

⑥诊断（diagnostics）：常见于信息检索和异常诊断问题，即基于检索需求按照某种排序标准呈现结果，如提供产品购买推荐、出现问题时的异常排查推荐等。

⑦决策建议（recommendations）：即根据训练数据针对某一个活动目标提供建议，例如，社区活动计划建议，在社区新政策讨论和预发布阶段给出决策建议等。

⑧预诊断（prognostics）：例如，通过连续评估居民健康参数，对未来可能发生的异常进行预测，即常说的治未病，包括发生的时间、治疗模式和影响。

⑨参数优化（parameter optimization）：通过建立多个控制参数之间的相关性模型和对优化目标的影响方程，结合优化算法对多个控制参数的组合进行动态优化，如社区家庭医生配置优化、检查流程优化、服务流程优化等。

以上分类方式更多的是从考虑算法能够实现什么样的功能来进行划分的，并不带有唯一针对性的明确的场景属性。或者说，在各种场景中的需求都可以抽象成以上几大类问题和目标，按照不同场景中的个性化的目标、对象和限制选择最合适的解决问题的工具，就可以满足绝大多数社区场景中的各种需求。

5.3 社区人工智能的重量级应用

在人类全面走向智能时代的浪潮中，人工智能与各领域的融合日益深入，并对传统管理模式和手段提出了新挑战。开放、跨界、协同、自控是新一代人工智能技术的主要特征，正引领着新一轮科技革命蓄势待发，也为社区治理和经济社会发展注入了新动能。社区工作者更应主动适应人工智能高速发展浪潮，给社区“植入”人工智能这个“芯片”。本节从社区各个应用场景分析“人工智能+社区治理”的重量级应用。

5.3.1 人工智能 + 社区政务

加快构建“人工智能+社区政务”的基层治理新范式，已经成为开启社区数字化治理新征程的重要手段之一。

“人工智能+社区政务”可以推动社区决策更科学高效。随着互联网和大数据的蓬勃兴起，传统社区决策面临的主客观环境日趋复杂，碎片化、去中心、无结构日渐成为真实社区的新特征，为改变过去经验式、随意性、非定量等传统决策模式，借助人工智能等新技术，通过思想观念和技术方法创新，以适应社区科学决策的新需求。长期以来，我国政府职能部门垂直互动困难，且中间层级多、信息传递速度慢，信息被过滤和扭曲的可能性大。人工智能技术的应用与发展使政府扁平化管理成为现实。政府部门依托人工智能既可以实现业务协同的智能合约，重构实现跨层级、跨地域、跨系统、跨部门、跨业务的信任和协同，也为打破各单位数据壁垒和破除数据孤岛，实现数据资源流转通畅提供了技术建构新机遇。塑造用数据说话、用数据决策、用数据管理、用数据创新的决策方法，已成为数字化治理的重要原则。人工智能的基础是数据和算法，大多数数据资源掌握在政府部门，为政府科学决策奠定了坚实的数据基础。新一代人工智能飞速发展，且在大数据和云计算的强有力支撑下提供了海量数据和强大计算能力，打破了限制人工智能发展的主要瓶颈，使得从海量政务大数据中挖掘出宝贵的知识变得可行可实操。

“人工智能+社区政务”能够推动社区的数字经济与实体经济的融合，激发社区经济活力，获得更精确的社区经济运行数据并通过已知数据进一步预测未知问题。人工智能技术有助于提高政府对行业性、系统性、区域性风险因素的甄别、感知能力，以及在风险发生时的分析、预测、预警能力。首先，人工智能技术的应用有利于促进资源配置的优化，可以帮助市场主体活跃参与，并使得各类资源充分共享，市场主体实际需求把握更加准确，市场要素自由流动配置更趋合理，产业协作水平明显提升，数字经济发展格局逐渐显现，政府和市场各就其位，市场资源配置效率持续增强。其次，人工智能为防范化解重大经济风险提供技术支持。从事后补救决策模式向事先预测防范决策模式转型升级迫在眉睫。借助人工智能、大数据等数字技术，将重大风险事件数字化、模型化，通过多源异构大数据耦合汇聚碰撞，挖掘出重大风险事件发展的潜在趋势和一般规律，增强分析研判重大风险事件，特别是通过深度分析对小概率重大风险事件的提前预测，帮助提前发现重大经济风险线索。再次，借助人工智能建立经济运行知识库，实现各类经济知识和风险信息的整合、分析和匹配，提升社区经济发展预测的智慧化和精准性水平。帮助实现社区经济从粗放型向精细化转型跨越，并有助于规避风险事件决策盲区。

“人工智能+社区政务”推动社区治理更精准和谐。人工智能在复杂社会问题研判、政策评估、风险预警、应急处置等重大战略决策方面作用逐渐显现。“人工智能+社区政务”以基层社区精细化治理为主要目标，助推社区服务实现零距离。人工智能衍生的人文关怀成为洞察社情民意的孵化器和化解社会矛盾的新动能。网格化管理、智慧化服务，责任与联动到网，管理与服务到格，网格化平台与综合执法平台有机衔接、信息共享、协同处置，人工智能更加注重提升社会治理的现代化、科学化、精细化水平，实时感知社情民意，洞察大众冷暖。同时，在社区多元治理理念重塑过程中，相关部门必须主动适应智能化治理新要求，树立共建共治共享的理念。通过充分利用人工智能深度学习构建大数据社情民意和预警研判模型，可以增强社区治理工作的动态性、精细化水平。应用人工智能技术还可以深化“互联网＋监管”的服务。以人工智能和大数据为重要支撑，提升流程的透明监督、风险预警、决策支持能力。

“人工智能+社区政务”推动公共服务更智能。通过深度学习，人工智能可以优化各类服务和审批业务流程，通过一网通办等服务，实现流程简化、时限量化、服务优化的服务目标。通过人工智能为行政审批增智赋能，行政审批变得更高效更智慧。同时，人工智能与在线政务服务应用耦合程度日益深入，智慧服务深入人心。目前，人工智能在政务服务领域的应用主要有身份验证、服务推荐、智能客服和信息处理等个性化功能。此外，人工智能助力智慧服务能力大幅提升。精准化服务逐渐成为在线政务服务的标配。通过人脸识别、语音录入等人机交互应用，人工智能借助专项业务场景语系和知识图谱，使公共服务变得更有温度，使得更多的居民从智能化公共服务受益。

人工智能技术是一把“双刃剑”，一方面，人工智能被赋予推动数字治理的重要职能，通过“人工智能+政务”实现治理范式革新；另一方面，人工智能也可能会带来法律、伦理、社会问题，后续7.3节将详细分析。即使如此，也必须给数字政府插上人工智能的翅膀，使得“人工智能+政务”承载起辅助领导科学决策、经济平稳运行、社会精准管理、政务高效服务的责任担当，成为提升人民群众获得感、幸福感、安全感的新赋能。

5.3.2 人工智能＋社区健康与养老

随着社会的进步与发展，对社区的民生服务提出了更高的要求，改进原先各部门各条线在业务职能上的分割，实现社区治理与服务扁平化的呼声越来越高。各类报告也都指出，应积极应对人口老龄化，大力发展老龄服务事业和产业，以社区数字化转型为依托，通过建设新一代养老和健康体系，包括社区养老和居家养老，促进社区健康与养老服务往智能化方向发展。目前健康和养老领域主要存在如下需求：

随着社区老龄化的发生，社区养老与健康问题逐步浮出水面，原有的健康以及养老体制以及配套服务的业务以及技术体系越来越无法适应现状，并且在可以预见的将来，相应的问题会越来越严重。

在养老方面，根据民政部的统计，截至2022年底，我国60周岁以上老年人已超过2.8亿，其中80周岁以上的高龄老人超过三千万人，他们之中多数人逐步进入半自理或不能自理状态。而总体上看，我国目前有失能老人一千多万，半失能老人两千多万，大中城市空巢家庭达到70%以上。而与之对应的是，全国养老院及床位远远不能满足需求。根据对某市某些街道的采样调查，目前整个街道，能够进入养老院的老人仅有3%，而街道与社区受限于场地、人员等关系，只能为辖区5%左右的老人提供“日间照料”服务，剩余超过90%的老人只能进行居家养老。并且，随着社会老龄化的发展，养老问题正在日益成为尖锐的社会问题与民生问题，因此《中华人民共和国国民经济和社会发展第十四个五年规划和2035年远景目标纲要》提出了要“构建居家社区机构相协调、医养康养相结合的养老服务体系”。

在此背景下，各个社区纷纷开展助老服务，大部分社区以街道办或乡镇人民政府为依托，成立了助老服务社、老年协会等社团或者机构来为老年人提供家政服务、心理疏导等帮助，同时也组织老年人进行文化、娱乐、教学活动，并且对政府采购的服务进行管理和调度等，但由于种种原因，这些机构一直被资源严重不足、管理手段落后等问题困扰，造成服务管理难以跟上，效果不佳等后果。目前很多城市老龄化严重，社区内老人比例较高，而为社区老人服务的助老服务人员很少，面对如此大的服务需求，仅仅依靠数名专职助老服务人员根本无力管理。目前很多社区配备了助老服务社，其主要服务内容是用政府提供的补贴雇佣钟点工为老人提供长短不一的家政服务。目前为老人服务社工作的家政人员并不多，由于管理力量不足，管理手段落后，主要计算工作量的方法是给家政人员发一张服务记录卡，每次服务完后由老人确认，至于服务的质量、老人真正需要的服务内容、上门服务时间是否合理均无法进行管理。

随着大城市空巢老人、独居老人的大量出现，如何保障这些老人的生活、安全以及心理健康已经成了一个社会问题，这些都推动着社区健康与养老服务往智能化方向发展。

在健康与医疗卫生方面，相关的问题也越来越突出，由于医疗资源配置不合理等原因，使得就诊与配药患者过度集中在三级医院，造成医疗质量日益下降，医患矛盾越发突出。而老人又是慢性病、老年病的最大患者群体，对医疗的需求是最大最急迫的，急需在日常生活中获得专业的健康指导、健康干预和健康管理，促进老年人延长健康生活的时间，减少去医院的次数，同时，可以通过与医疗救治部门、医疗行业管理部门、公共卫生服务部门进行联动、协调，借助“家庭医生”等新医改的政策和措施，建立社区健康服务体系，共同缓解这个突出的矛盾。

此外，社区内低保人员、残疾人员、社会优抚对象等的服务、扶持工作也需要社区管理人员投入巨大的精力开展工作。这些工作内容都亟须智能化设备和系统的支持，也意味着更多的发展机遇和应用飞跃。

通过“人工智能+社区健康”赋能社区健康，可以实现医疗保健和监护的智能化，实现家庭的远程医疗和实时动态监护。对于有老人和孩子的家庭，配备智能健康咨询系统，能够有助于保障家人的健康和安全。居民可以上网预约门诊，网上查病例和各项检查报告。更进一步，居民可以在家中将测量的血压、体温、脉搏、葡萄糖含量等参数传递给远程医疗保健诊疗团队，AI医疗助手先与居民进行在线咨询和讨论，基于大数据分析和大模型学习，进行简单判断和分析，然后交由人工医疗专家处理，既省去了居民在医院排队等候的麻烦，AI医疗助手也为专家分担了工作量，节省了时间。此外，装备了智能医疗设备的移动体验车开进社区，可以定期上门为社区居民提供健康检查、疾病预防、现场问诊分析等服务，还可建立个人健康电子档案。

通过“人工智能+社区养老”赋能社区养老，可以实现智能照护老人的生活，全方位监测老人健康状况，满足老人日常生活用品采购、家政服务、精神慰藉、理发餐饮等需求，可以通过一键按钮获得社区行业服务人员的上门服务，也可以通过服务机器人替代部分社区服务人员，解决服务人员短缺或不稳定的情况。

很多纯老家庭更盼望一种“于无声处细致入微”的关爱；就此，社区可以为很多老人家庭安装“智能感应照护系统”，包括智能床垫、门磁、烟雾感应器、燃气感应器、红外感应器等，并开发各类老人生命体征监测运用场景。这些基于人工智能技术应用的系统和产品在不打扰老人生活的前提下，能精准掌握老人在屋内的起居动态，包括监测老人的呼吸心跳等，并通过自我数据学习掌握老人生活习惯，构建起“个性化”的应对预警机制。

5.3.3 人工智能 + 基于三维社区的社区综合治理

社区综合治理是指社区各有关部门充分发挥职能作用，协调一致，依靠社区居民的自治与共治，运用科技、政治、经济、行政、法律、文化和教育等多种手段，整治社会治安，打击和预防犯罪，完善社区管理，化解社区矛盾，维护居民权益，保障社区稳定，促进社区和谐，创造良好的社区环境。

在省、地市层面，综治体系主要为政府工作者提供各类问题、矛盾、事件等信息查询、协同指挥、预警预案和工作督查等有效工作方法。而在区县及社区工作层面，综治体系侧重于社会管理综合治理日常工作的业务作业。包括数据采集、流程化的事项处理与非流程化的信息管理以及查询检索等。

基于现有社区综治信息系统建设实践，可以看到，新形势下社区综合治理对于保障人民群众的基本生活权益、调节社会矛盾关系、促进社会公平、维护社会稳定，具有十分重要的意义。进一步依托社区人工智能技术，建立数字孪生的社区平台，整理、分析、传递发布和处理利用各类政法政务信息、业务数据，使得信息掌握更全面，数据更准确，效率更快捷。

基于三维社区的综合治理主要业务内容包括：在社区大脑或综合数字平台中，基于三维社区模型，建立一个社区治安综合管理模块，用以汇总管理全社区汇总的政法信息、报表，融合数据采集、汇总、分析、交办、协调为一体。并进行整合规范运作：横向整合综治业务所属的社会管理职能部门的信息资源、业务系统部门力量和社会资源；纵向整合从社区/村（居委）到乡镇（街道）到县市（区）到地市各级职能，制定分级管理、办事程序、审批流程、统计报送等规范规则。

基于分类与预测，推进信息流、业务流、管理流的业务协同，将这三个分工协作的流程进行科学的设计、处理，贯穿于综治业务的全过程。并进行分级分层管理服务：为地市、区县主管部门提供分析决策、统计报送、信息交换、业务管理等功能。为县（区）四套班子、政法委、综治办及相关职能部门提供了业务管理、事件处置、信息共享、报表统计等功能。为镇、社区、村（居委）提供统计报送、审批办理、基础台账、业务处理等功能。强化基层服务效率，理顺基层政府和基层自治组织关系，逐步铺开社区网格化管理。

5.3.4　人工智能 + 社区安全

社区是居民集中聚居的区域，也可能会存在各类违法犯罪行为和违规不良行为，对居民的生命、财产等安全造成严重威胁，除了需要社区各单位密切协同，紧密配合，共同做好社区安全工作之外，人工智能技术在社区安全方面具有极高的应用价值与方向，例如通过计算机视觉应用，对摄像机数据进行异常行为和异常行动轨迹分析等。通过人工智能技术在社区安全领域的应用，能够积极实现社区居民对平安社区的新需求，以更高水平建设平安社区，让社区居民过上更美好、更平安的生活。

平安社区建设即通过使用智能化和数字化的手段，整合各方的资源，做好社区的安全工作，以保护居民的人身和财产安全。机器视觉技术在人脸识别上的精度突破使其迅速成为人工智能的重量级应用，围绕着人脸识别技术诞生出许多场景的应用，包括刷脸支付、智能安防、社交、公共区域安检等应用，极大地提升了人们的生活效率并改变着人们的生活方式。建设平安社区，首先需要依靠法治，同时也需要人工智能等数字技术支持。基于法治理念，强化法治思维，积极推进平安建设和法治建设深度融合，善于运用法治思维和方式深化平安社区建设。通过智能化产品和技术应用，确保社区安全，深入预测、重点排查影响群众安全感的治安问题，保障社会治安稳定和公共安全。

5.3.5　人工智能 + 公共服务

目前，大部分社区在社区整体建设、社区政务信息化等各方面已取得了不俗的成绩，特别是类似于一网通办等业务，都已下沉到基层社区，与社区服务和业务对接。但在针对社区居民公共服务的智能化建设方面，还可以继续提高和改善。很多服务业务系统的基础数据是分散的，这使得社区层面大量数据和信息资源未能有效整合，无法从更完整层面对这些数据进行智能化分析，为优化服务与决策提供有效支持，造成了很大的资源浪费。虽然目前政府信息化程度很高，但现有信息化系统以各政府部门垂直业务系统为主，支持基层社区公共服务的智能化系统较少。

虽然各地推出了行政服务大厅、政府或社区门户网站等功能，但在有些网站中的公共服务功能依然需要进一步提升：市民依然难以便捷有效地获取所需的全部信息；网站导航过于复杂或专业，界面不够便捷友好，需要更加简洁明快；需要进一步考虑对老年人的友好型使用；还未能完全实现跨部门业务办理等。另一方面，对于许多社区居民关心的信息和数据，缺乏有效的获取和了解渠道。以上这些问题，除了要更进一步将政府的服务职能切实下沉到更贴近居民的社区、村镇等基层组织中，为居民做好公共服务之外，还需要进一步推进社区人工智能技术的应用，通过建设新一代社区公共服务体系，促进社区公共服务往智能化方向发展。图5-3所示为社区服务智能化应用领域。

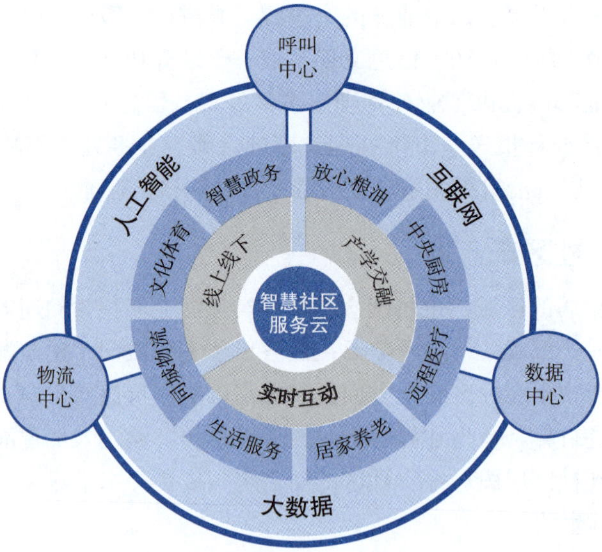

图 5-3　社区服务智能化应用领域

目前，公共服务已成为街镇和社区的基本职能之一，也是基层社区治理的主要形式之一。然而，公共服务的分散供给等问题亟须加强统筹和科学指导，社区服务的多头下沉问题还需要协调解决，社区服务办的协调整合职能需要进一步加强。因此，通过人工智能+社区公共服务的应用，可以为基层社区创新治理带来新的可能，是实现社区科学治理、精细化治理的主要工具，也是在基层社区治理中实现共建、共治、共享格局的有效方法。图5-4所示为人工智能+公共服务的主要应用方向。

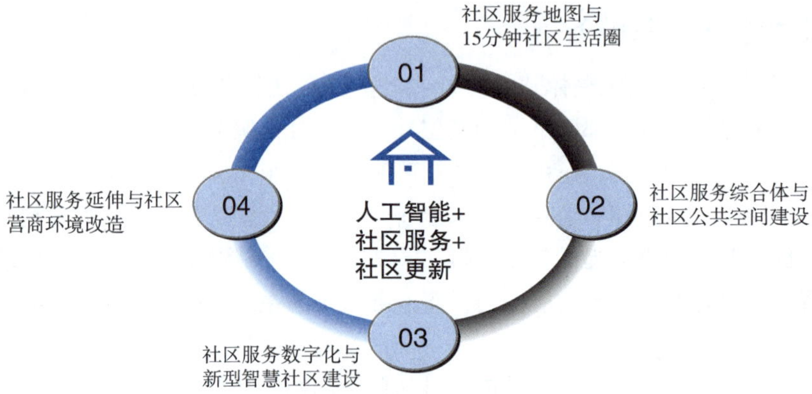

图 5-4　人工智能 + 公共服务应用方向

5.3.6　人工智能 + 绿色低碳

众所周知，气候变化是人类面临的全球性问题，随着世界各国二氧化碳排放量、温室气体猛升，对于人类赖以生存的环境和生命系统形成威胁。因此，世界各国以全球协约的方式减排温室气体，我国由此提出3060“双碳”目标，即碳达峰和碳中和目标。

碳达峰是指我国承诺到2030年，二氧化碳的排放不再增长，达到峰值之后逐步降低。碳中和是指企业、团体或个人测算在一定时间内直接或间接产生的温室气体排放总量，然后通过植物造树造林、节能减排、碳捕集、碳封存等形式，抵消自身产生的二氧化碳排放量，到2060年实现二氧化碳“零排放”。

1. 绿色社区建设与发展趋势

近年来，我国绿色社区创建工作正在统筹推进，各地建立部门协作机制，制订实施方案，统筹相关政策予以支持，吸引社会力量参与，强化技术支撑，积极选用经济适用、绿色环保的技术、工艺、材料、产品，动员志愿者、企事业单位、社会组织等多元化社会力量广泛参与绿色社区创建行动，形成各具特色的绿色社区创建模式。

绿色社区创建行动以广大城市社区为创建对象，将绿色发展理念贯穿社区设计、建设、管理和服务等活动的全过程，以简约适度、绿色低碳的方式，推进社区人居环境建设和整治，不断满足人民群众对美好环境与幸福生活的向往。到2022年，绿色社区创建行动取得显著成效，全国60%以上的城市社区参与创建行动并达到创建要求，基本实现社区人居环境整洁、舒适、安全、美丽的目标。

绿色社区创建行动，包括五大内容：一是建立健全社区人居环境建设和整治机制。坚持美好环境与幸福生活共同缔造理念，充分发挥社区党组织领导作用和社区居民委员会主体作用，统筹协调业主委员会、社区内的机关和企事业单位等，共同参与绿色社区创建。推动城市管理进社区。推动设计师、工程师进社区。二是推进社区基础设施绿色化。积极改造提升社区水电路气等基础设施，采用节能照明、节水器具等绿色产品、材料。综合治理社区道路，实施生活垃圾分类，推进海绵化改造和建设。三是营造社区宜居环境。因地制宜推动适老化改造和无障碍设施建设，合理布局和建设各类社区绿地，配建停车及充电设施，加强噪声治理，提升社区宜居水平。结合绿色社区创建，探索建设安全健康、设施完善、管理有序的完整居住社区。四是提高社区信息化智能化水平。推进社区市政基础设施智能化改造和安防系统智能化建设。整合社区安保、车辆、公共设施管理、生活垃圾排放登记等数据信息。鼓励物业服务企业大力发展线上线下社区服务。五是培育社区绿色文化。建立健全社区宣传教育制度，加强培训，完善宣传场所及设施设置，定期发布创建活动信息。编制发布社区绿色生活行为公约，倡导居民选择绿色生活方式。

在“双碳”新发展格局下，绿色社区进入低碳发展阶段，我国社会高质量发展必将带动绿色低碳社区高质量发展，绿色低碳社区高质量发展也必将进一步促进社会高质量发展。未来，低碳将重塑我国城市与社区发展新格局。作者认为，我国绿色社区新发展格局将主要体现在五个方面：一是形成新的社区低碳治理结构；二是推动新的低碳技术进步和应用；三是打造新的低碳消费习惯；四是建成安全的绿色供需关系和供应链；五是构建繁荣的绿色社区生态圈。

2. 双碳目标下社区治理的机遇与挑战

我国提出的3060目标是统筹国际、国内两个大局的重要战略决策，是对生产、消费、技术、经济、能源体系的历史性革命。国家层面高度重视碳达峰、碳中和决策部署的推进落实，多次召开会议强调重申做好低碳发展工作的重要性和必要性，各部委相继出台有关政策，低碳发展政策也将逐步从相对约束转向绝对约束。

在实现碳达峰、碳中和目标过程中，社区治理者与社区居民扮演着重要角色，承担着做绿色低碳城市的践行者、推动者、探索者、引领者，发挥社区优化和共享资源配置、服务社区经济功能，助推“双碳”目标尽快实现的责任。

“双碳”目标的确定，绿色社区迎来前所未有的发展契机，吹响了构建绿色低碳社区体系的“冲锋号”。各个社区治理主体应积极落实国家绿色发展政策，在绿色社区领域及早布局、探索前行，将双碳目标和理念下沉到社区各业态，鼓励各社区加大绿色低碳支持力度、鼓励绿色低碳产品创新、规范绿色社区服务流程、提升节能减排执行效率，建立多业态多层次绿色社区产品供给体系，为绿色社区的低碳转型发展和双碳目标达成提供更便利、更绿色的综合社区服务，绘就社区高质量发展生态文明。

作为落实碳减排目标的重要领域，我国城市和社区低碳转型势在必行，将迎来重要发展机遇。低碳发展将助推我国社区治理构建更高水平的供需动态平衡、优化用能习惯和结构、推动低碳服务和产品进社区、促进智能化升级、加快推动多产业协同、协同促进环保治理、深化绿色社区全生命周期理念，并将助力绿色社区低碳标准化工作开展。

但同时，实现碳达峰、碳中和是一场硬仗。我国绿色社区低碳转型还需要应对时间紧任务重、技术和人才等基础能力薄弱、居民消费习惯和低碳认知水平参差不齐、社区建筑节能优化仍面临障碍、绿色设计产品覆盖不足等严峻挑战。

3. 社区治理过程中降碳与脱碳路径探讨

对应国家双碳工作节点，我国绿色社区建设需要经历碳排放达峰、稳步下降、较大幅度下降、深度脱碳四个阶段。现阶段，应着重研究编制全社区治理的碳达峰及降碳脱碳行动方案。

聚焦社区现有用能及消费习惯、提高建筑与设备能效、绿色新服务和新产品替代、推进社区循环经济这四大重点方向，针对重点任务，笔者建议，我国社区治理的碳达峰、碳减排路径可以重点考虑、积极实践六个方面：一是推动绿色建筑；二是社区基础设施节能及提升能效；三是优化社区及居民用能习惯及低碳消费习惯；四是构建社区循环经济产业链；五是应用突破性低碳技术，提供社区低碳产品；六是做好社区碳足迹记录和分析，提供制度建设和政策体系支撑。此外，还应充分发挥创新及多元化参与主体在城市和社区治理中推动碳达峰、碳减排实现的重要作用。下面基于以上六个方面进行重点介绍。

（1）低碳消费

低碳消费是碳达峰碳中和的重要组成部分，社区如何助推低碳消费，为双碳目标作贡献，值得全社区全居民共同思考和努力。联合国环境署《2020排放差距报告》指出，家庭消费温室气体排放量约占全球排放总量的三分之二，加快转变公众生活方式已成为减缓气候变化的必然选择。根据国家发改委网站数据显示，从我国碳排放结构来看，26%的能源消费直接用于公众生活。中科院2021年发布的研究报告指出，工业过程、居民生活等消费端碳排放占比已超过50%。由此看来，推动碳达峰碳中和工作必须从供给侧和需求侧同时发力，相向而行。随着城市化与现代化进程的发展，这个占比目前应该更高。因此，家庭消费行为的变化能促使温室气体和碳排放减少。社区居民即是消费者，由传统的高碳消费逐渐调整为低碳消费十分必要。应加快低碳消费认证试点，进行试点推广低碳消费，设计碳足迹标签和积分制度，引导低碳消费。制定低碳消费的评估指标，鼓励居民购买低碳产品。

目前，我国碳达峰、碳中和策略大多是基于政府补贴、监管和企业供应链减排的视角，重视政府和企业两大主体的作用，但社区居民作为消费者，其低碳消费行为对碳达峰碳中和的拉动作用也不容忽视。在低碳经济发展中，政府、企业和消费者三方主体缺一不可，碳达峰、碳中和策略的实施需要社区治理者充分考虑社区居民作为消费者的策略变化与配合。

同时，还应加大媒体宣传，引导社区居民增强低碳消费的环保意识。宣传低碳消费知识，在社区内积极传播低碳消费的内涵及意义。碳中和目标的实现和每个居民都息息相关。号召居民学会做减法：减排、减污、减负、减欲、减速；随手做到及时关闭计算机、打开一扇窗、自备购物袋……就能为碳中和贡献自己的力量。

引导社区居民关注应对气候变化问题，同时让社区居民认识到低碳消费的环保效益，增强共同创建低碳社区的荣誉感和动力。

（2）低碳经济

社区应同样高度重视和支持以低能耗、低污染、低排放为基础的绿色低碳经济，推进绿色低碳服务和绿色低碳产品进社区。绿色低碳经济不仅为社区带来好的环境效益，同时还具有经济效益和社会效益，是降低碳排放的重要途径之一。低碳经济和低碳消费具有相辅相成的紧密关联性，对绿色低碳社区建设具有重要的现实意义。

目前，国家对企业降低碳排放的压力主要集中在重点行业重点企业，如电力、冶金、交通等行业。尽管如此，社区企业同样应增强低碳经济责任感，加大社区绿色服务和产品有效供给。企业在经济发展中需要立足于低碳消费的长期利益，勇于承担社会责任。在销售过程中应引导社区居民和消费者的低碳偏好，并提供足够的低碳服务与产品，满足社区和居民的市场需求。提高低碳消费产品性价比，一方面加大绿色产品生产规模，降低成本；另一方面，鼓励企业缩小低碳与非低碳产品价格差距，让社区居民获得实惠。

同样，社区需要加大扶持社区企业和商家的低碳减排投入力度，提高社区企业绿色创新能力。对社区绿色企业进行认证和扶持，运用经济、行政等措施减少企业低碳技术、资源成本，助推绿色低碳消费产品进入社区和市场。

（3）绿色建筑和节能降耗

社区的降碳与脱碳，离不开社区建筑的能源利用效率的提升，家庭和居民能源消费习惯与结构的改变与优化，提倡低碳交通工具的使用，减少城市和社区交通带来的能源需求。

关于绿色建筑的定义目前已经比较成熟，有详细规范和标准。新建社区和楼宇能满足绿色建筑标准。

目前很多社区在对老旧社区进行美丽家园建设，可以同步考虑对已建小区和建筑的节能改造和绿化改造。植树造林是碳中和的重要途径之一，社区限于面积与规划，没有大面积植树造林之地，但是利用有限空间进行绿化覆盖和扩展，是社区碳中和的好方法之一。

（4）循环经济促进社区绿色生态发展

国家发展改革委于2021年印发的《“十四五”循环经济发展规划》（以下简称《规划》）中指出：“大力发展循环经济，推进资源节约集约循环利用，对保障国家资源安全，推动实现碳达峰、碳中和，促进生态文明建设具有十分重要的意义。”

《规划》围绕工业、社会生活、农业三大领域，提出了“十四五”循环经济发展的主要任务，部署了“十四五”时期循环经济领域的五大重点工程和六大重点行动，包括城市废旧物资循环利用体系建设、园区循环化发展、大宗固废综合利用示范、建筑垃圾资源化利用示范、循环经济关键技术与装备创新等五大重点工程，以及再制造产业高质量发展、废弃电器电子产品回收利用、汽车使用全生命周期管理、塑料污染全链条治理、快递包装绿色转型、废旧动力电池循环利用等六大重点行动。

因此，社区寻找合适的循环经济模式、推进循环经济的发展时不我待。应遵循“减量化、再利用、资源化”原则，着力建设社区循环经济体系，加快构建社区能源循环利用模式，如废水和雨水的回收与循环利用等；探索家庭用能自循环模式，全面提高能源利用效率，提升再生资源利用水平，建立健全社区特色的绿色低碳循环发展经济体系，助力双碳目标实现。

4. 人工智能技术应用与社区低碳发展

通过“人工智能+绿色低碳”的应用，可以做好社区节能减排的参谋者、社区绿色发展的探索者、低碳社区规划的智囊团；可以持续针对社区绿色低碳发展、节能减排和循环经济建设问题开展专项研究，进行一系列低碳领域前沿技术研究及政策跟踪工作，提供高效数字化专业服务和有力技术支持。例如，人工智能等数字技术可以应用到社区内的碳排放核算及碳足迹管理，通过传感器采集社区碳排放监测数据，并对社区居民和产品的碳足迹进行准确、及时监测和计量。也可以通过智能化技术和平台，实现低碳设备和绿色社区管理等。

社区治理的低碳转型是一项系统工程，基于“人工智能+绿色低碳”形成有效工具和方法，并对信息技术、数字技术和能碳技术等进行融合应用，实现绿色社区可持续发展，如图5-5所示。能碳技术（energy technology，ET）是指聚焦在用户侧，贯穿能源规划设计、调度、生成、存储、使用的全流程中的一系列相关技术，以提高能源利用效率、减少碳排放来推动社会的可持续发展。通过前述技术的融合应用，可以帮助社区开展碳达峰及低碳发展行动计划，科学谋划低碳发展路线图，助力落实双碳目标达成。

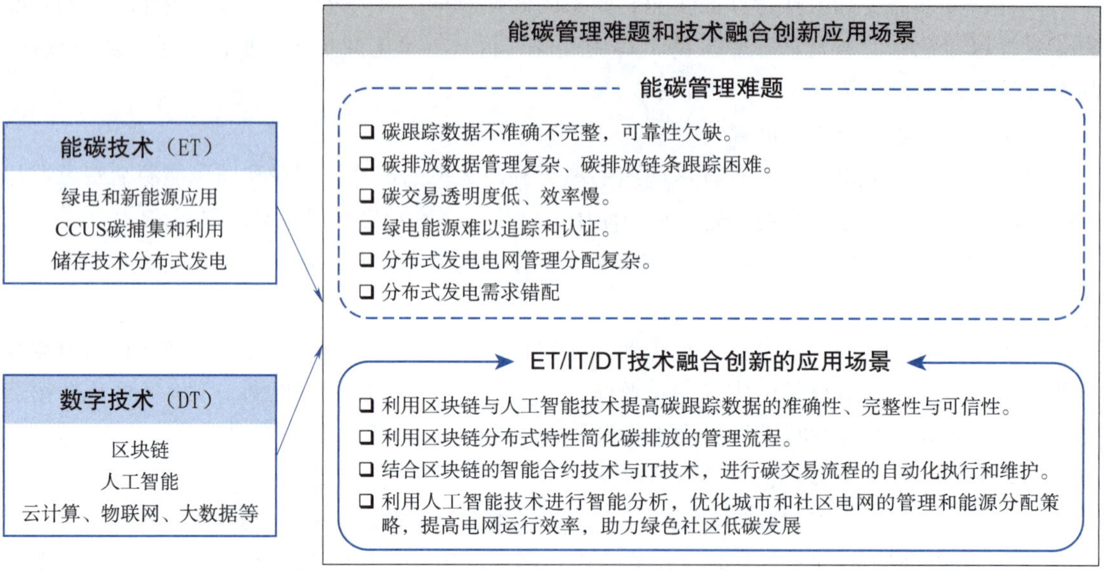

图 5-5　人工智能 + 绿色低碳：实现社区可持续发展

5.4　社区人工智能的赋能系统案例

5.3节从社区各个应用场景进行分析，介绍了人工智能在社区治理领域的几个重量级应用。

本节进一步对上节介绍的重量级应用进行实际案例分析。

5.4.1　自然语言处理应用于社区服务

在社区服务领域，人工智能技术之一的自然语言或语音处理技术具有极大的应用和发展空间，如客户服务、特殊人群服务等，例如，可以解决社区特殊人群对信息系统和智能设备操作困难的问题；除此之外还可以应用于机器翻译、智能问答等领域，下面进行介绍。首先解释一些相关概念：特殊人群，自然语言处理。

自然语言处理（natural language processing，NLP）是将人类的语言转化为机器可以理解的、结构化的、完整的语义表达，也就是让计算设备能够理解和生成人类的语言。这是机器学习和深度学习的重要实践转化之一，社区治理以及人们生活和工作中的方方面面都在应用和产生这类需求。自然语言处理的底层基于大数据、机器学习和语言学，通过语言学和相关算法进行处理。未来，自然语言处理的主要社区应用场景包括：文本朗读/语音合成、语音识别、中文自动分词、词性标注、句法分析、自然语言生成、文本分类、信息检索、信息抽取、文字校对、问答系统、机器翻译、自动摘要、文字蕴涵等方面。

其中处理的难点在于对语言的歧义性，也在于语言的不规则性，例如，错字错词、不连贯的字词、不规范的输入等很难在机器上界定；处理难点还在于知识依赖性，例如，同一个字或词会产生不同的语义理解，如橘子酒店，其中橘子又可指代水果又可指代酒店名；需要理解不同语境的难点，语境具有关联性，需要让机器学习语境使用范围和分辨情境等。

解决自然语言处理难点的途径，在于对规则方法的分析使用，这主要是语言学的范畴；还在于统计方法的不同情景应用，如N-gram离散语言模型、NLPM神经概率语言模型等的深度完善和优化以及词语的相似度、关系和映射等算法与语言学的结合；也在于对深度学习的加强，如加强循环神经网络、卷积神经网络等技术的应用和优化。随着技术的不断进步、从业人员的不断增加和神经网络数据的提升，自然语言处理将带来生活方式的深度变革，并对社会形态和治理产生深远影响。

1. 自然语言处理（NLP）在社区服务的重要对象：社区特殊人群

根据我国2017年3月1日施行的《公共文化服务保障法》第一章总则的第九条说明“各级人民政府应当根据未成年人、老年人、残疾人和流动人口等群体的特点与需求，提供相应的公共文化服务。”可知，特殊人群定义是：未成年人、老年人、残疾人和流动人口。

对特殊人群中的视力障碍人群以及阅读困难人群，如未成年人、老年人及残疾人等，自然语言（尤其是语音/语言）处理的应用，在他们操作各类电子设备和信息系统时起到了举足轻重的作用。

2. 自然语言处理与大语言模型

自然语言是人类智慧的结晶，是逻辑思维和交流的工具，只有人类才具有这种高级功能。要实现人与计算机间采用自然语言通信，必须使计算机同时具备自然语言理解和自然语言生成两大功能。

自然语言处理（NLP）是计算机科学与人工智能的一个分支领域，语言学关注计算机和人类（自然）语言之间相互作用的领域。因此，自然语言处理是与人机交互的领域有关的。其主要研究两个方面：自然语言理解，让计算机理解自然语言文本的意义；自然语言生成，让计算机能以自然语言文本来表达给定的意图、思想等。自然语言处理是人工智能中最困难的问题之一，而对自然语言处理的研究也是充满挑战和不断发展的。图5-6所示为自然语言处理相关技术和内容。

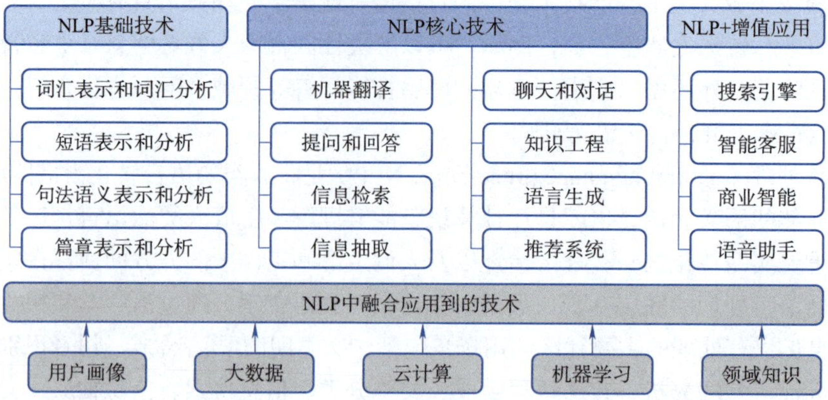

图 5-6　自然语言处理相关技术和内容

机器翻译是自然语言理解方面最早的研究工作。自然语言处理的主要任务是研究表示语言能力和语言应用的模型，建立和实现计算框架并提出相应的方法不断地完善模型，根据这样的语言模型设计有效地实现自然语言通信的计算机系统，并研讨关于系统的评测技术，最终实现用自然语言与计算机进行通信。目前，具有一定自然语言处理能力的典型应用包括计算机信息检索系统、多语种翻译系统等，以下进行简单介绍。

（1）自然语言处理的应用范围

从知识获取的产业领域角度来看，自然语言处理软件占有重要的地位，专家系统、数据库、知识库、计算机辅助设计系统、计算机辅助教学系统、计算机辅助决策系统、办公室自动化管理系统、智能机器人等，都需要自然语言做人机界面。具有文章理解能力的自然语言理解系统可用于机器自动翻译、情报检索、自动标引及自动文摘等领域，有着广阔的应用前景。随着自然语言处理研究的不断深入和发展，其应用领域越来越广泛。

①文本方面的主要应用：包括基于自然语言理解的智能搜索引擎和智能检索、智能机器翻译、自动摘要与文本综合、文本分类与文件整理、智能自动作文系统、自动判卷系统、信息过滤与垃圾邮件处理、文学研究与古文研究、语法校对、文本数据挖掘与智能决策以及基于自然语言的计算机程序设计等。

②语音方面的主要应用：主要包括机器同声传译、智能远程教学与答疑、语音控制、智能客户服务、机器聊天与智能参谋、智能交通信息服务、智能解说与体育新闻实时解说、语音挖掘与多媒体挖掘、多媒体信息提取与文本转化等，以及对残疾人智能帮助和康复指导系统等。

（2）自然语言处理应用常见的典型场景

①知识图谱：能够描述复杂的关联关系，其应用极为广泛，最广为人知的就是被用在搜索引擎中丰富搜索结果，并为搜索结果提供结构化结果体现关联。目前，很多聊天机器人中（如银行客服机器人等），也加入了知识图谱的应用。按照应用方式，可以将知识图谱的应用分为语义搜索、知识问答以及基于知识的大数据分析和决策等。在多个自然语言处理的典型应用

中，都结合了知识图谱的应用，如图5-7所示。

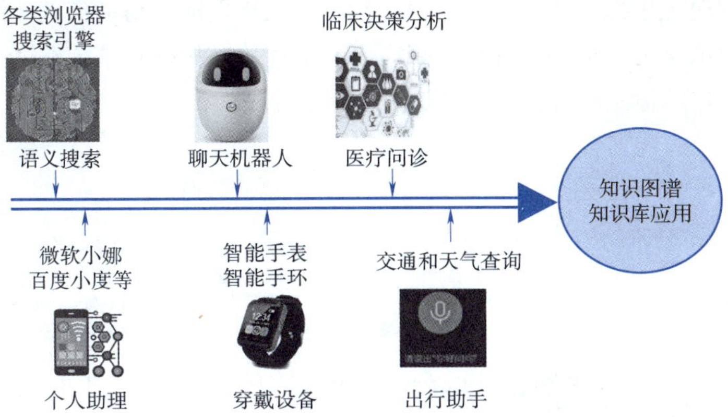

图 5-7　自然语言处理结合知识图谱应用

语义搜索利用建立大规模知识库对搜索关键词和文档内容进行语义标注，改善搜索结果，如百度等在搜索结果中嵌入知识图谱。知识问答是基于知识库的问答，通过对提问句子的语义分析，再将其解析为结构化的询问，在已有的知识库中获取答案。在大数据的分析和决策方面，知识图谱起到了辅助作用，典型应用是电商利用其订阅用户的注册信息以及消费行为构建的知识图谱反映出哪些商品很受欢迎，通过智能分析可以调整重点商品。

②搜索引擎：其基本模式是自动化地采集网页内容或其他数据来源内容，并进行解析、处理和组织，响应用户的搜索请求找到对应结果返回。每一个环节，都需要用到自然语言处理。自然语言处理技术（如词义标注、语义分析、词义表示和学习等技术）在搜索引擎中经常被使用。以百度举例，用户可以搜索“地点”“天气”等模糊需求，将直接呈现搜索结果。用户还可以搜索“如何申请养老床位”这样的复杂问题，百度都可以给出搜索结果。

正是基于自然语言处理技术，才使得搜索引擎能够快速精准地返回用户的搜索结果，几乎所有的搜索引擎中都有自然语言处理技术的应用；同时，搜索引擎在商业模式上的成功，也促进了自然语言处理技术的进步。

③聊天机器人：指能通过聊天App、聊天窗口或语音唤醒App进行交流的计算机程序，是被用来解决客户问题的智能数字化助手，其特点是成本低、高效且持续工作。例如，手机和汽车智能系统中广泛配备的百度的小度等对话机器人是一个应用场景。除此之外，聊天机器人在社区服务网站有着很实用的价值，可以充当客服角色，有很多基本的问题，其实可以通过应用智能问答系统，排除大量的用户问题，如商品或服务的质量投诉、基本信息查询等程式化问题。在这些特定的场景中，特别是会问到高度可预测的问题时，利用聊天机器人可以节省大量的人工成本。图5-8所示为聊天机器人的应用发展历史。

④机器翻译：它是自然语言处理最为人知的应用场景，一般是将机器翻译作为某个应用的组成部分，如跨语言的搜索引流等。目前有大量机器翻译软件应用，为自动化翻译奠定了基础；近年来，伴随着语音识别、机器翻译技术、深度神经网络等技术的快速发展和经济全球化的需求，口语自动翻译研究成为当今信息处理领域新的研究热点。

⑤推荐系统：依赖数据、算法、人机交互等环节的相互配合，应用了数据挖掘技术、信息

检索技术和计算统计学等技术。使用推荐系统的目的是联系用户和信息，帮助用户发现对自己有价值的信息，同时让信息能够展示在对它感兴趣的用户面前，精准推荐，用来解决信息过载和用户无明确需求的问题。最早的推荐系统应用于个性化邮件推荐系统，第一次提出了协同过滤的思想，利用用户的标注和行为信息对邮件进行重排序。

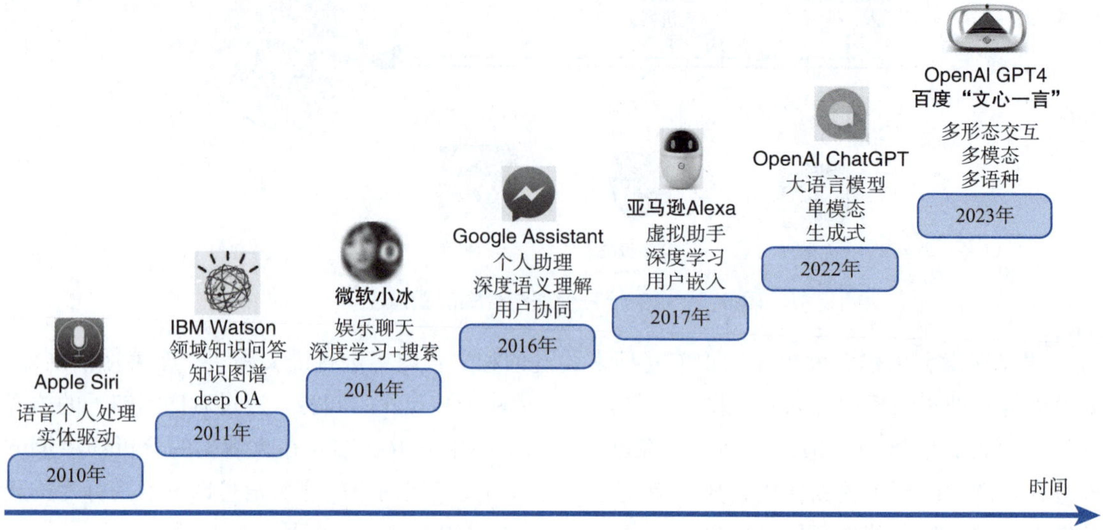

图 5-8　聊天机器人的应用发展历史

推荐系统在音乐电影的推荐、电子商务产品推荐、个性化阅读、社交网络好友推荐等场景发挥着重要的作用。在电商服务中，根据系统大数据统计与分析，可以自动推荐热销商品，使其在销售中推荐占比达到50%以上。

⑥文本分类：指根据文档的内容或者属性，将大量的文档归到一个或多个类别的过程。这一技术的关键问题是如何构建一个分类函数或分类模型，并利用这一分类模型将未知文档映射到给定的类别空间。

文本分类的应用范围广泛，不仅可以对期刊、新闻报道等不同领域的文本进行分类，还可以进行多文档分类。在社区中，文本分类技术的重要应用之一是对大量居民信息进行分类和检测。此外，对于各大互联网门户网站每天产生的海量信息，依靠人工进行整理分类不仅耗时巨大，而且不切实际，此时，文本分类技术的应用就显得尤为重要。这种技术能够大幅提高信息处理的效率和准确性，有助于更好地满足用户的需求。

（3）自然语言处理发展趋势及 GPT 大语言模型介绍

自然语言处理的关键词主要集中在计算机语言、神经网络、情感分析、机器翻译、词义消歧、信息提取、知识库和文本分析、信息检索和信息提取等领域，都是最近的热点发展趋势。特别是情绪分析，在社会计算中应用非常广泛。

随着深度学习时代的来临，在多个领域取得成果，神经网络成为一种强大的机器学习工具，从而助力自然语言处理取得了许多突破性发展，情绪分析、自动问答、机器翻译等领域都飞速发展。

然而，也由于深度学习的应用，导致在某些领域中模型很大，造成了应用的困难。大模型的典型例子是自然语言处理（natural language processing，NLP）模型，由于NLP中上下文语义关系的复杂性使得所构成的模型极为庞大。为解决此问题，对大模型的研究主要就以NLP为对象，称为大语言模型（large language model，LLM）。所获得的具体成果就是ChatGPT和GPT-4等应用。ChatGPT是大语言模型的典型应用，GPT-4是多模态大语言模型的典型应用，随着它们的发布，带来了人工智能领域很多现象级的创新发展和应用。

①单模态大语言模型及其典型应用ChatGPT。

ChatGPT是由OpenAI实验室于2022年11月开发的用于NLP中聊天的机器人。通过接口调用，用户可以向ChatGPT提出问题，接着用生成的文本作回答，可以方便地实现人机交互。其内容包括聊天，还能生成文章、咨询、回答考题、编辑文稿，提供写作提要，撰写邮件、视频脚本、文案翻译及代码等。目前ChatGPT有多个语言版本。

ChatGPT是一个大语言模型，有大参数、大数据及大算力（计算力）。拥有1 750亿个模型参数；还拥有超过万亿单词所组成的人类语言数据集；该大模型在微软Azure AI超算基础设施上训练，总算力约为每秒一千万亿次运算，运行3 640个整日。

从2023年起，多个国产的版本也相应问世，如百度的“文心一言”，华为的“盘古”等。其技术原理与ChatGPT相同，而功能也相似，比较适合于我国用户应用。

ChatGPT是具有高度学术价值及一定应用价值的NLP工具，但它仍然属于实验室产品，存在诸多不足，很多NLP中的知识尚未完备，有的甚至还尚未涉及，如安全、伦理、道德及法律等问题均未考虑到。

②多模态大模型及其典型应用GPT-4。

在人工智能中知识有多种表现形式，如文本、图像、视频、音频等，其中每一种方式称为模态，仅一种表现形式称为单模态，如仅有文本一种方式组成的是一种单模态，超过一种以上的模态则称为多模态，文本与图像两种方式所组成的方式则是多模态。

在模型中仅由一种模态表现的称单模态模型，如ChatGPT仅由文本表现，因此是单模态模型；由超过一种模态表现的模型则是多模态模型。

如果多模态模型中的“模型”是大模型，则称为多模态大模型。多模态大模型的通用性比大模型更高，即它具有从局部领域到较一般性领域的通用性以及从单模态到多模态的表现方式的通用性，因此是一种有两重通用性的通用人工智能。

GPT-4是多模态大模型的典型应用工具，它由OpenAI实验室于2023年3月发布。它是在GPT-3.5的基础上做进一步扩充而成，不仅具有ChatGPT基于NLP的文本功能，更主要的是有文本与图像的混合功能。具体如下：

- GPT-4有文本与图像的多模态功能，它输入文本+图像，输出是文本。
- GPT-4的文本功能比ChatGPT更强。它可输入25 000个文本符号，是ChatGPT的8倍，它的语言种类远远多于ChatGPT，不仅有常用的英、法、德、俄、中等语言，还有多种小语种，如斯瓦希里等语言。同时，ChatGPT中的幻想、错误等缺陷也得到了大量的改进。
- GPT-4是具有高度学术价值及应用价值的图文并茂的NLP工具，但依然属于实验室产品，目前仅能作为人类应用助手。

总之，ChatGPT和GPT-4是人工智能应用中的高度创新和突破，但均属于实验室产品，尚有很多不足。ChatGPT开创了通用人工智能，而GPT-4则进一步对人工智能通用性作出了贡献，为人工智能多重通用性指出了方向。

3. 自然语言处理在社区服务的应用案例

（1）智能问答系统

智能问答系统是将积累的无序信息、文本和语义等，进行科学而有序的整理，并建立基于知识的分类模型；通过分类模型指导新增加的语料咨询和服务信息，节约人力，提高信息处理的自动性，降低运营成本。

智能问答系统以一问一答的形式，精确地定位系统用户所需要的提问知识，通过与系统用户进行交互，为系统用户提供个性化的信息服务。例如，可以基于对网站多年积累的关于政府和企业的基本情况常见问题及其解答，整理为规范的问答库形式，以支撑各种形式问题的智能问答。方便了用户，提高了办事效率，提升了社区或企业形象。智能问答系统的主要应用方法包括：

①相关问答推送：当网站用户提出问题时，系统不仅将问题答案推送出来，而且会将与这个问题相关的知识也都推送出来供用户查询，即做到一次提问，更全面地掌握所有信息。

②热点词聚焦：系统对用户提交的业务关键词进行自动统计，并按照访问的频度进行分类和排名，将与关键词相关的业务列表自动链接，形成业务热点关键词。

③提问智能提示：用户在提问过程中，系统自动分析已经输入的内容，并给予优化补全或相关提示。

④在线客服问答：模拟在线客服人员，以系统智能客服形式替代人工客服完成相关服务内容。

⑤客服座席协助：提供在线专家客服功能，在普通客服无法回答问题时提供标准化的知识协助，帮助普通客服人员快速、准确地回答。

⑥引导式交互客服服务：通过引导交互式的服务，尽量在线解决客户常见问题。一般可以将常见问题整理成若干流程诊断型的知识，形成引导式交互。

⑦转人工客服：用户可以直接在智能在线客服服务系统连接人工客服，向人工客服在线咨询。

⑧焦点问题自动排行：对在一定的时间内，用户对知识提问的热度，系统自动汇总和聚焦，并可按照访问频度将热点知识在系统页面置顶显示；不同类别知识也按照访问频度分类，在页面知识类别栏目中排序显示。

（2）推荐系统

推荐系统可以通过社区服务平台或网站向居民提供话题、信息、商品或建议，可以帮助居民决定应该购买什么产品，帮助居民完成购买过程。个性化推荐是根据用户的兴趣特点和购买行为，向用户推荐用户感兴趣的信息和商品。现在的应用领域非常广泛，如新闻网站的新闻推荐、购物平台的商品推荐、直播平台的主播推荐、视频和话题推荐等。推荐系统可以应对目前信息过载的情况，可以更有效地对过载信息进行优化过滤。

推荐系统包含三个核心功能模块：用户建模、推荐对象建模、推荐算法。推荐系统将用户模型中的兴趣或需求信息和推荐对象模型中的特征信息进行匹配，同时使用相应的推荐算法进行计算筛选，找到用户可能感兴趣的推荐对象，然后进行推荐。

推荐系统的常用推荐方法包括：

①基于内容推荐：它是信息过滤技术的延续与发展，是建立在项目内容信息上进行推荐的，通过机器学习从关于内容的特征描述事例中采集用户的兴趣信息，而无须依据用户对项目的评价意见。在基于内容的推荐系统中，项目或对象通过相关的特征属性来定义，系统基于用户评价对象的特征和学习用户的兴趣等，考察用户信息与待预测项目的相匹配程度。用户的资料模型取决于所用的学习方法，常用的有本书之前介绍过的决策树、神经网络和基于向量的表示方法等。基于内容的用户信息需要有用户的历史数据，用户信息模型可能随着用户的偏好改变而发生变化。

基于内容推荐方法的优点是已有比较好的技术，如关于分类学习方面的技术已相当成熟。缺点是要求内容能容易抽取成有意义的特征，要求特征内容有良好的结构性，并且用户的口味必须能够用内容特征形式来表达，不能显式地得到其他用户的判断情况。

②基于用户的系统过滤推荐：协同过滤推荐（collaborative filtering recommendation）技术是推荐系统中应用最早和最成功的技术之一。它一般采用最近邻技术，利用用户的历史喜好信息计算用户之间的距离，然后利用目标用户的最近邻居用户对商品评价的加权评价值来预测目标用户对特定商品的喜好程度，系统从而根据这一喜好程度来对目标用户进行推荐。协同过滤最大的优点是对推荐对象没有特殊的要求，能处理非结构化的复杂对象，如音乐、电影等。

协同过滤是基于这样的假设：为一用户找到真正感兴趣的内容的好方法是首先找到与此用户有相似兴趣的其他用户，然后将他们感兴趣的内容推荐给此用户。其基本思想非常易于理解，在日常生活中，往往会通过亲友的推荐进行一些选择。协同过滤正是把这一思想运用到电子商务推荐系统中，基于其他用户对某一内容的评价来向目标用户进行推荐。

虽然协同过滤作为一种典型的推荐技术有其相当的应用，但协同过滤仍然有许多问题需要解决。最典型的问题有稀疏问题（sparsity）和可扩展问题（scalability）。

③基于关联规则推荐：以关联规则为基础，把已购商品作为规则头，规则体为推荐对象。关联规则挖掘可以发现不同商品在销售过程中的相关性，在零售业中已经得到了成功的应用。管理规则就是在一个交易数据库中统计购买了商品集 X 的交易中有多大比例的交易同时购买了商品集 Y，其直观的意义就是用户在购买某些商品时有多大倾向去购买另外一些商品。例如，购买牛奶的同时很多人会同时购买面包。

算法的第一步关联规则的发现最为关键且最耗时，是算法的瓶颈，但可以离线进行。其次，商品名称的同义性问题也是关联规则的一个难点。

④基于效用推荐：是建立在对用户使用项目的效用情况上计算的，其核心问题是怎样为每一个用户去创建一个效用函数，因此，用户资料模型很大程度上是由系统所采用的效用函数决定的。基于效用推荐的优点是它能把非产品的属性，如供应商可靠性（vendor reliability）和产品可得性（product availability）等考虑到效用计算中。

⑤基于知识推荐：在某种程度上可以看成一种推理（inference）技术，它不是建立在用户需要和偏好基础上推荐的。基于知识的方法因它们所用的功能知识不同而有明显区别。效用知识（functional knowledge）是一种关于一个项目如何满足某一特定用户的知识，因此能解释需要和推荐的关系，所以用户资料可以是任何能支持推理的知识结构，它可以是用户已经规范化的查询，也可以是一个更详细的用户需要的表示。

⑥组合推荐：由于各种推荐方法都有优缺点，所以在实际中，组合推荐（hybrid recommendation）经常被采用。研究和应用最多的是内容推荐和协同过滤推荐的组合。最简单的做法就是分别用基于内容的方法和协同过滤推荐方法去产生一个推荐预测结果，然后用某方法组合其结果。尽管从理论上有很多种推荐组合方法，但在某一具体问题中并不见得都有效，组合推荐一个最重要原则就是通过组合后要能避免或弥补各自推荐技术的弱点。

在组合方式上，有多种组合方式，如加权、变换、特征组合等。

（3）机器翻译

机器翻译又称自动翻译，是利用计算机将一种自然语言（即源语言）转换为另一种自然语言（即目标语言）的过程。它是计算机语言学的一个分支，是人工智能的重要应用之一。

机器翻译技术的发展一直与计算机技术、信息论、语言学等学科的发展紧密相随。从早期的词典匹配，到词典结合语言学专家知识的规则翻译，再到基于语料库的统计机器翻译，随着计算机计算能力的提升和多语言信息的爆发式增长，机器翻译技术目前获得普遍应用，为用户提供实时便捷的翻译服务。机器翻译的类别包括：

①基于规则的机译系统。

②基于统计的机译系统。

③基于人工神经网络的机译系统。

④在线机译。

（4）语音识别技术

语音识别技术也称为自动语音识别（automatic speech recognition，ASR），其目标是将人类语音中的词汇内容转换为计算机可读的输入，如按键、二进制编码或者字符序列。

语音识别技术的应用包括语音拨号、语音导航、室内设备控制、语音文档检索、简单的听写数据录入等。语音识别技术与其他自然语言处理技术（如机器翻译及语音合成技术）相结合，可以构建出更加复杂的应用，如语音到语音的翻译。语音识别技术所涉及的领域包括信号处理、模式识别、概率论和信息论、发声机理和听觉机理、人工智能等。

4. 自然语言处理（NLP）在社区服务的应用现状和未来

以下是常见的关于自然语言处理的个人应用或社区应用场景：

①老年人、有眼疾的特殊人群无法阅读的、需要声音提示的；或者年轻人阅读软件或者App文字看累了，想听一会儿有声的，点开文本朗读选择女声或者男声以及各种情景声让眼睛休息一下。

②看文章或者学习时（电子设备）碰到了不认识的外文单词或词句画线或者选中，选择翻译来对比，或者复制到其他翻译App或软件上进行释义。

③很多老年人包括年轻人，都愿意对着手机说一段话，然后被直接翻译为文字。

④请求社区服务时，服务人员或者公众号里的人工客服不在而又有些困惑急于解决，先回复机器人客服看有什么解答，也可以给出答案。

自然语言处理虽然只是人工智能的一个子领域，但无疑是人工智能行业最有挑战的内容之一，其应用仍有很多难点，还需要加强深度学习的应用，如加强循环神经网络、卷积神经网络等技术的应用和优化，实现通用大语言模型的在社区治理领域的算法训练等。随着技术的不断进步，自然语言处理将对社区居民日常生活具有重要影响，带来生活方式的深度变革，对现代社区服务的赋能毋庸置疑。

5.4.2　智能计算机视觉算法应用于社区安全

计算机视觉（computer vision）是人工智能的一个重要学科分支，它是用人工智能的方法模拟人类视觉的能力。

1. 计算机视觉简介

在人工智能中，语音识别模拟了人类“听”的能力，自然语言处理模拟了人类“说”的能力，而计算机视觉则模拟了人类“看”的能力。

计算机视觉模拟人类“看”的能力包括对外界图像、视频的获取、处理、分析、理解和应用等多种一系列能力的综合。在计算机视觉的整个模拟过程中，一般分为以下四个层次，如图5-9所示。

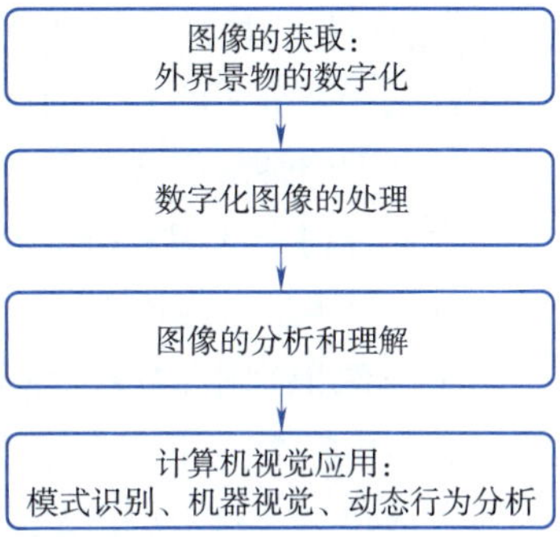

图 5-9　计算机视觉模拟过程的四个层次

（1）图像的获取：外界景物的数字化

外界景物的数字化就是将外界景物转化成计算机内的用数字表示的图像，称为数字化图像，它是由摄像设备为代表的图像传感器所完成的，这种设备可以获取外界图像。

除了摄像设备外，还有很多相应的图像传感器以实现外界景物的数字化，如热成像相机、高光谱成像仪雷达设备、激光设备、X射线仪、红外线仪器、磁共振仪器、超声仪器等多种接口设备与仪器，不仅具有人类“眼睛”的功能，还具有很多“眼睛”没有的功能，从这个观点看，计算机视觉的能力可以部分超过人类视觉的能力。

（2）数字化图像的处理

数字化后的图像可在计算机内用数字计算完成图像处理。常用的图像处理功能如下：

①图像增强和复原：可改善图像的视觉效果和提高图像的质量。

②图像数据的变换和压缩：为便于图像的存储和传输，可对图像数据进行变换和编码压缩。为减少图像处理时的巨大计算量，往往通过各种图像变换的方法，将空间域的处理转换为变换域处理，如傅里叶变换、沃尔什变换、离散余弦变换、小波变换等，以减少计算量，或者获得在空间域中很难甚至是无法获取的特性。图像编码压缩技术可减少图像数据量，节省传输和处理时间及存储容量等。压缩可以在不失真或允许失真的前提下进行。

③图像分割：根据几何特性或图像灰度选定的特征，将图像中有意义的特征部分提取出来，包括图像中的边缘、区域等，这是进一步进行图像识别、分析和理解的基础。

④图像分解与拼接：将图像中的一部分从整体中抽取出来，称为图像分解。将若干幅图像合成一幅图像，称为图像拼接。

⑤图像重建：通过物体外部测量的数据，例如摄像设备与物体间的距离，经数字处理将2D平面物体转换成3D立体物体的技术称为图像重建。

⑥图像管理：也属于图像处理，包括图像的有组织的存储，称为图像库，同时也包括对图像库的操作管理，如图像的调用、增删改操作以及图像库的安全性保护和故障恢复等功能。

（3）图像的分析和理解

图像分析和理解是计算机视觉的核心内容，主要使用人工智能中的机器学习方法。这是从现实世界中的景物提取高维数据以便产生数字或符号信号，并可以转换为与其他思维过程交互且可引出适当行动的描述。

图像的分析和理解包括图像描述、目标检测、特征提取、目标跟踪、物体识别与分类等。此外，还包括高层次的信息分析，如动作分析、行为分析、场景语义分析等。

涉及图像分析的有：图像特征提取，图像描述，图像分类、识别等。

涉及图像理解的有：图像目标动作分析、图像目标行为分析、图像场景语义分析。

在此仅讨论图像分析中的图像识别作为典型应用代表。在图像识别中使用机器学习中的浅层学习与深层学习两种方法。

①图像识别中的浅层学习方法是一种传统的方法，一般采用监督学习的分类方法。在学习过程中需要人工或专家大量参与，浅层学习方法将复杂问题分解成若干个简单子问题的序列，通过人工/自动相结合的混合方式解决。常用的算法是支持向量机、人工神经网络等方法。

②图像识别中的深层学习方法是一种新的方法，一般采用无监督/监督学习相结合的分类方法。在学习过程中仅需要专家少量参与，大多是由系统自动完成。所使用的算法以卷积神经网络方法为主。

（4）计算机视觉应用

目前主要的应用领域是模式识别、机器视觉、动态行为分析。

①模式识别：应用领域主要包括二维码识别与联机手写输入，掌纹、指纹识别，光学字符识别，遥感，医学诊断等。

②机器视觉：指计算机视觉在工业领域中的应用。将计算机视觉系统安装于任何具有一定智能的机器上，该机器即可有类似于人类视觉的能力。

③动态行为分析：应用领域主要包括智能视频监控领域、人机交互领域、机器人视觉导航、医学诊断、自动驾驶领域等。

2. 社区智能计算机视觉算法

社区智能计算机视觉算法是将计算机视觉应用于社区智能化领域。“社区”虽小，却千头万绪，首先，社区人口数据海量且动态复杂，涉及的安全管理范围十分细化，一直以来是推进“智能化”建设的难点和重点。传统管理方式难以进行有效的社区安防管控，其次，社区管理与“民生”服务息息相关。这不仅要求安全管理方面设备的技术升级，同时也更讲究将社区这个“大数据”集散地，用数字化和智能化的思路进行整体调控和管理。

为满足社区的安全管理需要，长期以来，建设视频监控系统是传统的标准智能化选择，能对随时发生的情况进行全面、及时地了解和掌握，对意外情况能迅速做出正确判断，并给出正确、快速的指挥和处理。而随着人工技术的发展，人工智能+视频监控使得社区可以从传统的影像监控进阶到通过社区智能计算机视觉算法进行安全智能分析和预警，是典型的社区人工智能应用，其通用应用流程如图5-10所示。

通过社区智能计算机视觉算法和数据挖掘，可以进一步提升和维护社区治安，达到保护重要目标场所和防止破坏的作用，及时地把一切可能发生的或即将发生的事件、案件和险情的图像资料及报警信号传送到社区综合智能分析平台，相关管理人员可以把这些危害和隐患遏制在萌芽状态，杜绝财产损失、确保人员生命安全，有效地提高社区的安全管理水平。所涉及或应用的范围主要包括社区人员及常住人口管理、社区事件管理、社区非机动车管理等，如图5-11所示。

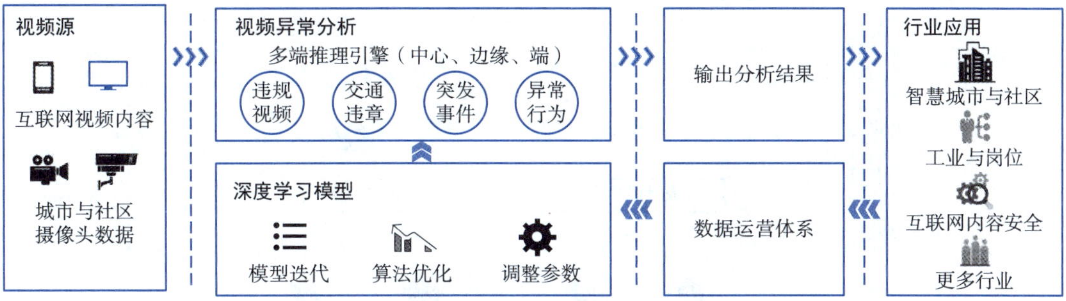

图 5-10　智能计算机视觉算法应用流程

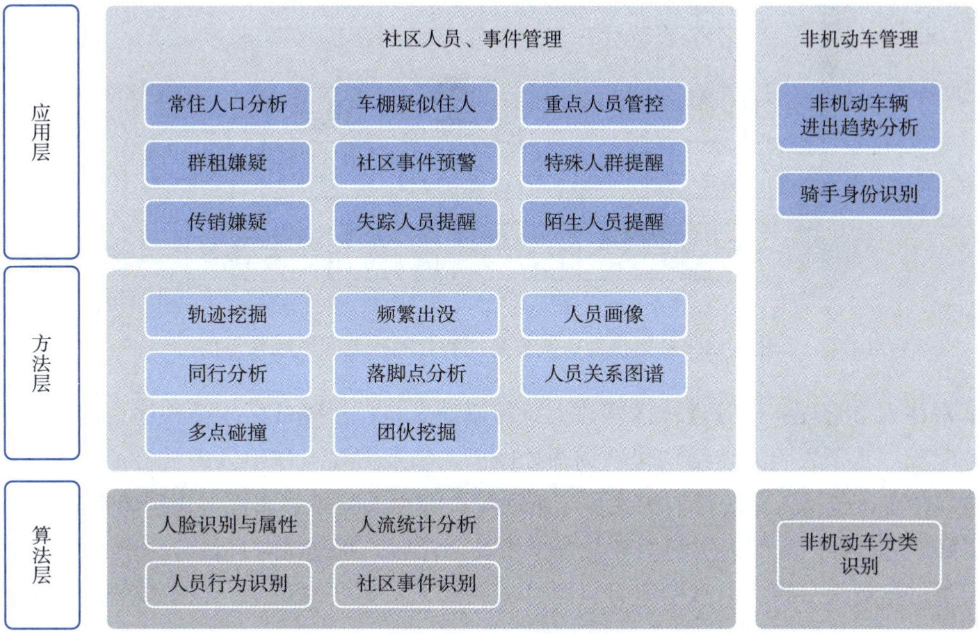

图 5-11　智能计算机视觉算法的社区应用

通常来说，针对社区的业务管理与治理，社区监控摄像头覆盖的一般场景包括：社区外围道路、社区进出口、社区道路与路口、社区楼道出入口、社区活动广场等公共区域和通道。通过对相关视频数据进行分析，可以对社区人员及常住人口、社区事件、社区非机动车等进行分析和管理。图5-12所示为一个社区摄像头覆盖范围和智能视觉应用场景示例。

3. 社区智能计算机视觉算法应用于社区人员及常住人口管理

（1）社区人员及常住人口的管理分类

①重点人群管理：重点人群管理是指管理社区周边出现敏感人员，维护社区治安与稳定，预防恶性事件发生。

利用人脸识别技术进行人像布控，即对各类需要重点关注的影像布置相关监控范围。包括对各类违法违规人员等重点关注目标的监控、跟踪、预警；通过对社区周边人员出入记录的提取分析，实现对人的深度研判，建立人车昼伏夜出、高频未登记人员模型，帮助社区安防人员实时了解周边出现的人员情况，提升社区安全。

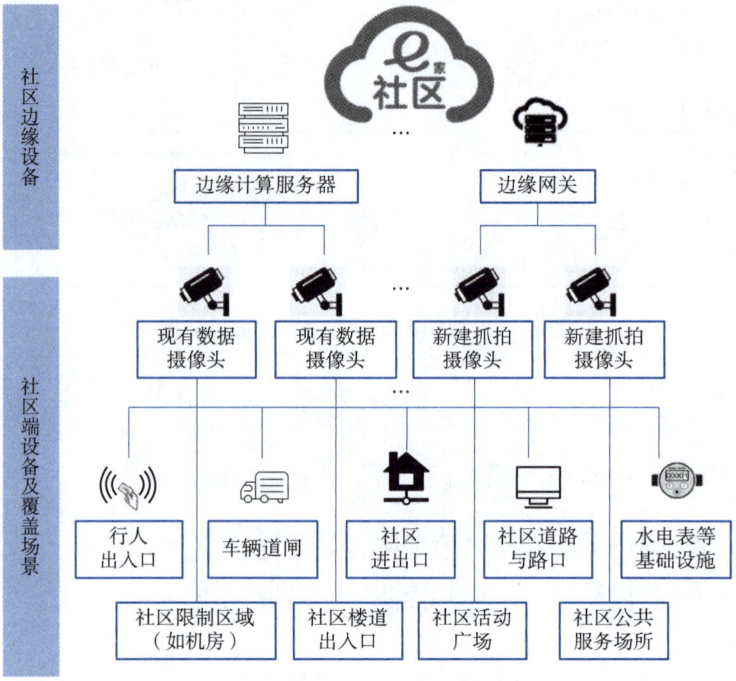

图 5-12　社区摄像头覆盖范围和智能视觉应用场景示例

②常住人口管理：指管理社区常住人口与流动人口，保障社区生活秩序，优化社区资源与服务配置。基于人脸人体结构化，刻画社区出入口及主要卡口出入人员特征，掌握社区人口结构与动态，包括人口统计、男女、年龄段等；利用人脸年龄属性，识别老年人、青少年，从而更好地进行社区老年人关怀服务与青少年安全管理；通过比对户籍与住户、租户人像库，结合人员进出频次分析，有效管理社区常住或临时人口等实时信息，以实现智能化常住人口管理。

③外来人员管理：通过外来人员管理，可以实现自动化智能管理社区人员进出状况。自动化识别分类外卖、快递等外来进出社区的人员；实现“人过留像”分类存储，通过视频结构化技术，自动抓拍进入的人员脸部特征，建立人员进出照片库，并根据分类进行管理，以方便依靠人脸识别和轨迹模型算法自动“发现”人员。

（2）社区人员结构分析

社区智能计算机视觉算法可用于对社区人员结构进行分析。常见的算法如下：

①人脸识别算法：可对重点监控对象进行人像布控，掌握进出人员身份信息，如特殊人员、高危人员，也可对常住人员、工作人员等进行布控，便于人员追踪与路径检索。

②人脸属性算法：可对进出人员属性身份进行识别，包括年龄段、性别、是否来自特殊地区人群等，便于对特定人员进行检索，如老人、孩童等。

（3）社区重点人员布防

通过以上算法的应用，可对重点人员、在逃人员、高危人员等自定义黑名单库进行实时布防。包括：

①实时检测：对布防人员进行人像实时检测。

②快速预警：对出现的人脸进行动态比对，比中告警。

③名单管理：不同性质的重点人员对应不同布防规则。

这个应用是典型的人脸识别技术在社区治理中的应用。在第2.9.2节介绍了人脸识别应用模型的基本结构与流程，见图2-15，是理论介绍；在第3.3节列举了一个通用人脸识别的详细应用步骤，见图3-2，可以视为通用人工智能的应用；本节介绍的应用则是基于通用模型，并结合实际需求的典型社区人工智能应用。这三部分介绍正是人工智能技术从理论研究到通用人工智能技术应用，再到社区（行业）人工智能应用的落地。该应用的递进流程如图5-13所示。同理，第三步也可以是其他行业或领域的人工智能具体应用。

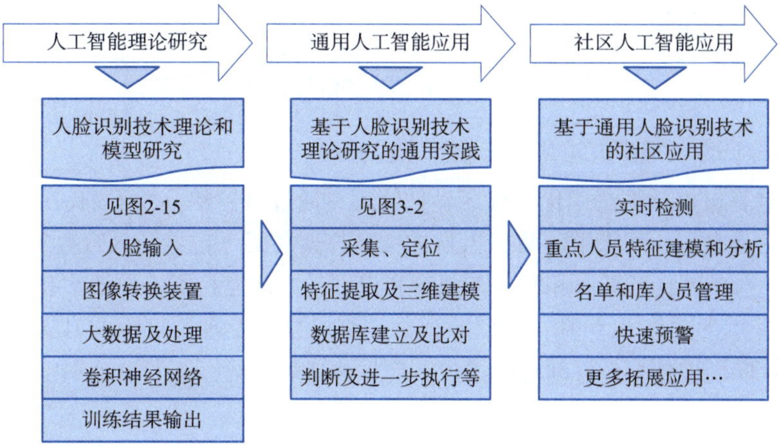

图 5-13　人脸识别应用于社区重点人员布防递进流程

（4）常住及外来人口分析

基于常住人口或外来人口的行为特征等指数，可以建立社区人口分析模型。其相应行为特征指标设计和分析流程如图5-14所示。

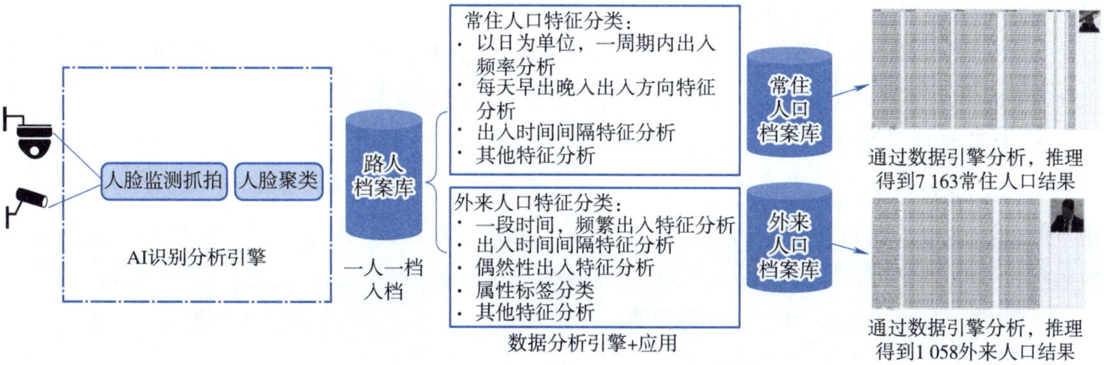

图 5-14　社区常住及外来人口分析流程

（5）人流统计应用

社区智能计算机视觉算法基于人流统计算法，通过自动识别每周、每天及每天不同时段（如凌晨夜晚等特殊时间段）的进出人员数量变化与趋势，如社区人流进出规律分布、非机动车辆进出规律、夜间人员进出规律等，从而实现智能化社区出入安全管理。社区人流统计分析如图5-15所示，其中曲线图表示不同日期及不同时间段内某出入口的进出人数统计，饼图是对某特定周期内行人和非机动车进出数量的统计汇总。可用地图定位的形式统计地点。

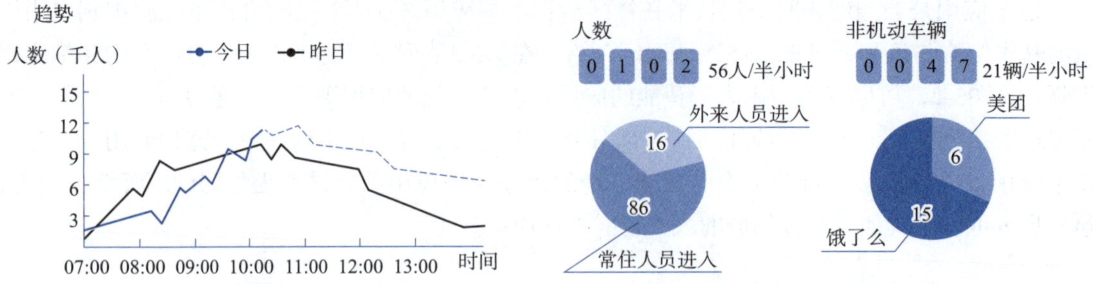

（a）曲线图　　（b）饼图

图5-15　社区人流统计分析

4. 社区智能计算机视觉算法应用于社区事件管理

社区智能计算机视觉算法应用于社区事件管理，通过对异常行为识别，可以全天24小时自动识别异常行为或态势，如人群聚集、人群冲突、打架斗殴、越界闯入行为等，对危险事件防患于未然，避免造成不良后果。相比人工观察和识别，大幅提高了工作效率和社区安全保障。

通过对特殊事件建模、学习、识别和预警，可以自动发现社区内与社区周边的违规事件等，便于社区秩序的保障与良好环境的维护，例如对违规横幅标语的自动识别与报警。

（1）社区多人聚集违规事件识别预警

多人聚集识别，指识别监控中一定的人员数量，持续聚集逗留在指定时长的事件。通常小区中出现的多人聚集现象，可能是发生了人员争吵、打架殴斗以及不良事件引起的多人围观等。通过计算机视觉下的多人聚集识别算法，可覆盖性地检测预警不良事件的发生。

（2）社区内违规广告或违规摊位识别

社区环境中，容易出现的违规宣传广告包括：未经批准的传销标旗标语和广告摊位等，对社区秩序和社区环境造成不良影响。

违规广告识别算法是通过对监控区域画面进行全图识别检测，当出现疑似违规广告图片或文字等内容时，第一时间进行事件上报，以供工作人员进行快速处置。

5. 社区智能计算机视觉算法应用于社区非机动车管理

社区智能计算机视觉算法应用于社区非机动车管理，可以智能识别外卖、快递配送人员出现的时间、地点、骑行轨迹、人员特征信息等，如图5-16所示。通过自动化记录归档抓拍与回放数据，从而可实现：

①快递、外卖、非机动车辆分类识别。

②快递、外卖、非机动车辆抓拍库及学习模型。

③快递、外卖、非机动车辆检索。

④按时段自动分析外卖、快递、非机动进出车辆数量、频次及出入规律，方便智慧化管理社区非机动停车、管理社区出入口。

⑤进出统计（数量、时间段）与趋势分析。

图 5-16　社区出入口、社区道路的非机动车管理应用

外卖、快递识别是非机动车管理中比较典型的应用，指识别监控中出现的外卖配送人员与快递配送人员，并保存结构化信息。在社区中，外卖、快递碰人碰车、外卖快递入室违法、快递车辆丢件等事件时有发生。社区通过应用计算机视觉外卖、快递识别算法，便于快速检索查询的外卖、快递配送人员出现的时间、地点、人员特征信息与类别以及画面截图与回放，使之有据可证，有利于社区管理和社区安全，如图5-17所示。

图 5-17　外卖快递识别的社区应用

数字化社区是数字化城市建设的基础单元，也是城市居民生存和发展的载体，是城市的"基础单元"，是城市智慧水平和数字化程度的集中体现。而在信息化社区进化成人工智能社区后，以数据为驱动的社区决策机制，根据实时数据和各类型信息，综合调配和调控公共资源，最终实现自动智能化、达到运作效率最优化的人工智能社区，从而智慧化城市。

5.4.3　智能可穿戴设备应用于社区照护

人工智能技术在社区健康和服务领域具有非常广阔的应用前景，相关智能化和大数据分析技术在可穿戴智能设备的应用，为社区健康管理和养老服务等带来巨大发展。

1. 智能穿戴的三个价值维度

在谈及"智能设备"这个概念时，人们理解的通常是机器、设备等，而没有把自己每天使用或者穿戴在身的电子设备理解为智能设备。随着人工智能、芯片等技术的发展，人们自身所使用的设备逐步走向智能穿戴设备，除了常用的电话、文件管理等商务电子设备，更多智能穿戴设备还可以实现健康管理、运动管理、远程监护老人儿童等功能。这些随身佩戴着的看护和记录设备，其价值意义对自己、对厂家，甚至对整个社会都具有重要意义。人工智能技术的发展，至少为智能穿戴设备带来三重价值维度：

第一层是穿戴者个人价值，可以就此获知自己的身体健康和运动数据。

第二层价值在于智能穿戴制造厂商，通过设备获得大数据收益，当然这必须经过合法途径，遵循相关数据安全和隐私保护的法律。

第三层价值维度就是借助或基于社区的相关平台，将获得某一服务而建起来的人群穿戴设备连接在一起，形成横向的社群数据，进而为这一特定人群提供健康、医疗服务。

当基于一个社区、一个单位，或者某一区域人群构建的平台全部搭建起来之时，也就可以基于此实现社会大健康和医疗救助体系网络化。

人们常说的互联网或信息连接，当前已演进成物与物之间的连接。随着物联网、智能终端、智慧平台的大力推广，特别是智能移动终端个人用户在我国高速的普及，近年可穿戴设备、机电电子设备等产品出厂前装芯片传感器，已经越来越多地与应用平台甚至个人用户关联，继而成为用户可控终端。这些智能终端之间彼此连接，进而又创造了许多意想不到的新应用和服务。这些都是传统互联网技术环境下所无法实现的。

在智能终端无处不在的今天，终端的智能价值和应用将凸显出来。无论是广义社群，还是狭义社区的社区康养服务，大数据价值都得以体现，并支持商业营运。

2. 可穿戴设备应用于社区健康与养老服务

目前多个省市均在基层社区推广开设智慧健康养老试点，整合卫健系统的全民健康信息、民政部门的养老信息、人力资源和社会保障部门的医保信息等，同时利用物联网和智能可穿戴设备等信息化技术，建设具有随时看护、远程关爱等功能的健康养老信息化管理服务体系，为居家、社区老年人提供远程健康管理、健康指导服务。

（1）基于健康管理的增值社区服务

可穿戴设备所支持的健康养老管理“智能化”体现在哪里？一方面，通过远程健康监测设备，服务对象在家中就能自行测量血压、血糖等，测量结果将直接传至后台，供社区的家庭医生团队查看，长者或家属的微信绑定后也可同步收到数据。另一方面，如果服务对象需要生活照料，相关信息也可以上传到居家养老服务平台，提供更多的社区服务，例如，对失能半失能老人平台也可以提供相应的生活照料服务。

在基层医疗卫生机构人手不足的情况下，社区护理站经评估后，也可以通过远程调配上门提供基本医疗护理服务。

（2）解决失能半失能长者就医不便的痛点

目前老年人群中，有20%以上甚至更高的比例属于失能或半失能状态，他们行动不便，外出就医成为难题；同时，基层医疗卫生机构人手紧缺，很难为居民广泛提供上门服务。

社区长者数量众多，部分社区长者在户籍居民的占比超过20%，他们对医疗服务的需求较大。根据某社区此前做过的摸查调研，了解长者需求，其中排在前三的分别为家政服务、家庭照料和康复理疗。

针对以上“痛点”，很多社区开始探索和应用社区智慧健康养老服务。例如，某街道整合了社区卫生服务中心、街道居家养老平台以及相关企业的资源，为数百名低保、失能半失能老人配备了智能可穿戴设备，联合家庭、社区、机构共同为居家养老的长者提供远程医疗监测服务，其中，高血压、高血糖病老人可通过远程健康监测设备测量血压、血糖等，后台可实时监测健康数据，他们将被纳入街道智慧健康养老管理服务。

（3）传感器及可穿戴智能设备应用于社区养老机构

目前社区养老服务主要包括社区康养中心、长者照护中心、养老院等。老年人对环境的要求比较高，因此需要特别关注前述养老家庭、养老机构以及养老场所的环境，因此，可以安装相关的环境和人体感知设备在养老机构以及孤寡、独居、空巢老人的居所内，从而对相关的温度、湿度、气体、光照度等信息进行感知。主要可以实现如下内容：

①传感器与老人及床位管理：将传感器的编号、型号与老人的姓名、床位、房间等信息加以匹配，进行设置管理。

②数据传输管理及数据接口：借助加密的特定通信协议，将相关数据包括环境信息以及老人的体温、血压、心跳等传递到服务器端。传感器子系统的数据与业务管理系统进行数据交换对接。

③传感接收器数据接收管理：设置每个传感器接收数据的对应传感器编号，老人的姓名、床位等，自动解析传感器发送的数据包。

④实现环境与健康预警：对环境的各项指标以及老人的体温、心跳、血压的正常值、报警值等加以匹配进行设置管理。一旦超过预期报警数据，系统立刻自动向医务室、楼层服务台进行报警。

（4）传感器及可穿戴智能设备应用于社区居家养老健康监护

在社区居家养老模式下，可以为养老家庭配备和应用家庭内部署便携式或微型的家用医疗检测设备，对需要监护的老年人实施实时的生命体征预警。监护的主要内容如下：

①个人心脏健康状况实时监控。借助配置心率监控终端，用户能够实时了解自己的心脏工作状态，如图5-18所示。一旦用户的心脏工作不正常，心率监控终端会实时发出声音告警。同时求救短信也可以通过心率监控终端直接向事先配置的手机号码发送。告警数据在远程心脉监控系统后台实时生成，并及时通知第三方监护人员。用户体验结束时，心脏健康程度评估报告将生成并递交客户。用户将通过电子邮件收到心电图。

图 5-18　某心率监控终端产品

利用网络地图，社区医疗机构能够实时了解远程心脉监控系统用户的心脏状况信息，能够特别标识出心脏工作不正常的用户所在的地理位置并显示告警。

②远程健康数据监测和评估。用户借助心率监控终端体验远程心跳监测和心率健康评测服务。用户首先佩戴心率监控终端，连续监测一分钟之后，终端将数据上报到后台处理系统。后台通过数据处理后，系统将于一分钟之内生成心电图以及评估报告，用户通过注册进入体验门户，能够看到当前心率与自己设置的正常心率的对比和健康提醒。具体实现如图5-19所示。

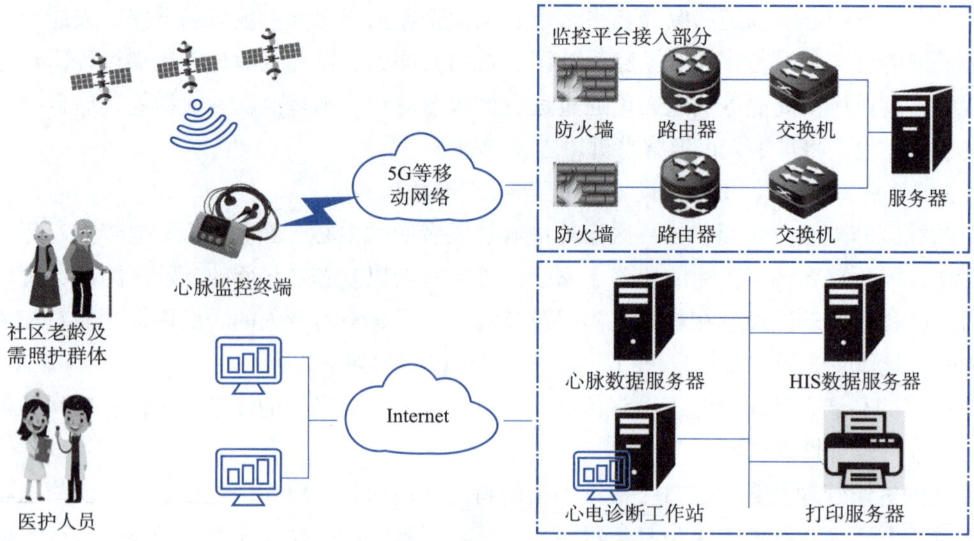

图 5-19　远程心脉监控系统网络拓扑

5.4.4　社区机器人的应用

本节介绍机器人的基本概念、基本结构与基本技术，以及社区服务机器人的应用。

1. 机器人简介

机器人是人工智能的一种应用，它是综合应用了人工智能中的多种技术，并且与现代机械化手段相结合组合而成的一种机电设备。机器人的定义可以简单概括为：机器人是一种在一定环境中具有独立自主行为的个体，有类人的功能，但不一定有类人外貌的机电相结合的机器。

（1）机器人的研究基础：用 Agent 技术指导机器人的研究与应用

从抽象意义上来说，机器人有以下特点：

首先，机器人是具有独立自主行为的个体，不是外界其他个体的附属物，或外界个体的一部分。并且，它具有自主行为，在接受外部刺激后能独立自主做出反应。

其次，机器人与环境有关。机器人是处于一定环境中的，并与环境有关。它接受环境对其的作用，并做出对环境产生的影响。

从以上两点看，机器人是Agent的一个具体表现；从学科研究方向看，机器人是一种与环境有关联的研究方向，因此它属于行为主义或控制论主义研究领域，其理论上属于Agent范畴，可以用Agent技术指导机器人的研究与应用。

从功能上来说，机器人具有人类的一定智能能力，能感知外部世界的动态变化能力，并且通过这种感知做出反应，以一定动作行为对外部世界产生作用。

（2）机器人分类

①弱智能机器人：智能处理能力较差的机器人，应用在工业领域较多，如工业机器人。

②智能机器人：具有完整智能处理能力的机器人，又称强智能机器人。

（3）机器人三原则

①机器人不可伤害人类，不可眼看人将受伤害而袖手旁观。

②机器人应遵守人类的命令，但违背第一条命令者除外。

③机器人应能保护自己，但与第一条命令、第二条命令相抵触者除外。

（4）机器人特性

①从机器角度看，一般机器能取代人类的部分体力劳动，而机器人能取代更多的工作，特别是具有脑/体结合性工作，可提高生产效率、产品质量。

②从人类角度看，机器人可不受工作环境影响，可在危险、恶劣环境下工作；不受内在心理因素影响，能始终如一保持工作的正确性、精确度。

③从机器人自身角度看，机器人在某些能力方面可以超过人的能力，主要是感知能力与行动能力中的某些方面。

④单体机器人与群体机器人：机器人是人工智能中一个独立行为主体。单个个体称为单体机器人，往往很难胜任复杂工作，这就需要多个机器人在统一的计划引导下，通过相互通信的方式以达到相互协调一致完成统一的计划。用这种方式组成的多个机器人就称为群体机器人。

（5）机器人的组织结构与工作原理

机器人的核心组织结构包括：中央处理装置、感知装置、行动装置。

机器人的工作原理（见图5-20）遵从行为主义的“感知-动作”模型表示，按一定规则活动。工作步骤如下：

①机器人通过感知装置从外部接获信息，触发机器人进入正式处理工作状态。

②机器人的中央处理装置在获取信息后进行处理，在处理后向行动装置不断发布命令，以控制、协调行为装置的工作。

③行动装置在接获命令后，通过控制器解析，并分解成若干个执行命令到执行器，最终由执行器负责执行，以达到改变外部环境的目标。

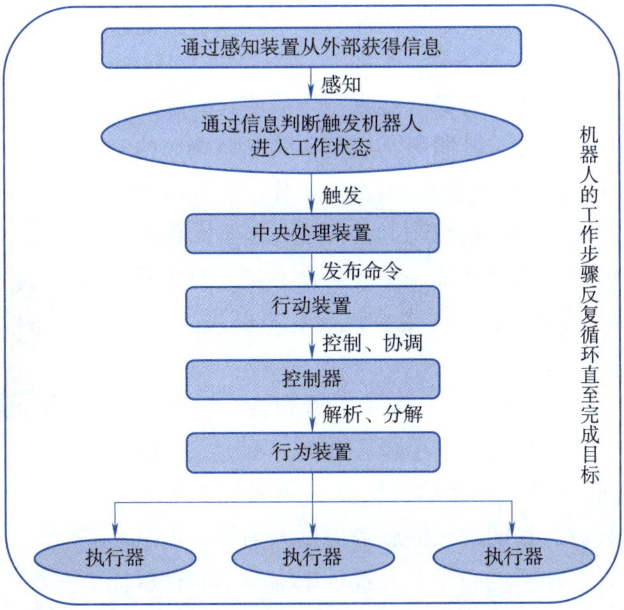

图 5-20　机器人的工作原理

机器人的工作步骤经常是反复不断循环的，直到最终计划完成为止。

（6）机器人的应用

机器人的主要应用领域很多，包括工业领域、服务领域、娱乐领域、军事领域、医疗领域、应急搜救及群体机器人应用等。

机器人首先在工业领域得到了快速发展，有很多相关应用。在自动化普及的工业时代，生产过程机会完全自动化，机器人具有高度的自适应能力，工业物联网在人工智能与物联网相结合技术（智联网，AIoT）的辅助下，实现机器智能互联，尤其在一些工业危险领域，以机器人代替人工，可以将人工智能及智联网的作用进一步发挥。在未来，工业生产进一步实现智能化，工业机器人将得到更广泛的应用。在数字技术及新基建的支持下，机器人与工业设备等将完全互联互通，并可对相关数据进行实时持续处理，从而进一步提高效率，降低成本。

在社区服务领域，机器人的使用为社区健康管理和养老服务的智能化水平带来巨大提升。同样，在银行、零售、广告、政务、餐厅、展会等垂直行业中，服务机器人也有广泛应用场景。引入服务机器人，可实现安全、便捷、准确和高效的客户身份识别，进而提供定制化的主动服务，降低了劳动力成本，提升了客户服务水平。服务机器人具备环境认知、物体识别能力，通过视觉识别出姿态、手势、面容等信息；通过语音识别、自然语言处理，基于神经网络的语义理解能力理解客户的需求；通过智能控制中枢，表达更“真实”的“情感”；此外，还可配备红外、声呐、雷达等多种传感器。

在社区照护中，服务机器人可协助服务人员对老人和残疾人提供稳定照顾，可以作为社区服务商的客服人员，目前常用的是聊天机器人。

2. 社区服务机器人的应用：远程健康监测与智能服务的试点

当前，随着人工智能、移动互联网、大数据和呼叫中心等在社区和养老领域的应用，已经从智能可穿戴设备逐渐发展到社区服务机器人的应用。通过各种传感器在机器人上的集成，一分钟检测数百项体检指标、人脸识别、远程问诊等健康和养老“智能化”服务机器人已经走进社区并逐渐普及。

服务机器人主要用于保障人类身心健康、生活便利的服务工作，它的应用面广，具有多功能性，可为多类人群提供服务。其服务类别可以囊括咨询、修理、维护、保养、清洗、运输、救援、监护等工作。以社区为结点，服务机器人可以面向家庭及单位用户提供涵盖无创检测、健康预报、健康评估、康复训练、智能居家看护、24小时紧急呼叫救助等涵盖多功能的智慧养老和综合服务解决方案。图5-21所示为某多功能机器人示例。

图 5-21　某多功能机器人示例

很多社区与企业，专注探索、实践于语音智能、社区健康、养老等领域多年，逐步构建了一个包含政府、社会、家庭的整体系统设计，是创新型的社区服务模式，关系到每个家庭、每位居民的切身利益。目前，社区服务机器人内容涵盖社区服务中心政务机器人、社区放心粮油、社区中央厨房、社区居家养老、社区智慧医疗、社区生活服务、同城物流配送、社区文化体育等多领域的数字化和机器人应用。

例如，家用机器人可从事家庭保洁工作，如扫地、拖地板、搬物等工作，也可看护老人，监视老人健康情况，一旦有事能自动报警。导盲机器人能协助盲人行走，它能不断检测路标，确定路线，绕过障碍物，指引盲人，自主行走。助残机器人能协助残疾人正常生活，帮助残疾人行走、爬楼、取物、进食、书写、洗漱等工作。聊天机器人帮助老年聊天、读报等。又如咨询、向导服务机器人，可以提供多种服务性咨询及向导服务等，并能提升服务质量。以下是社区服务机器人的部分典型应用。

（1）零距离和云服务

通过社区服务机器人，可以实现零距离服务和远程云端服务。借助人工智能技术等科技手段，发挥机器人的优势，加快构建现代社区生活服务新格局，推进社区生活服务的便利化，使得全程监护远程问诊复杂的问题变简单。

（2）无创细胞检测

据了解，已有企业研发出智能化无创细胞体检机器人，一分钟可检测数百项体检指标。数据支持加密，可以安全保护个人隐私。可以通过大数据和人工智能算法，基于对用户年龄、性别、地区等与健康关系的比对，找出老年人常见疾病的发展趋势。准确的数据和大方向的把握，可对不少老年疾病做好干预准备，使复杂的问题变得简单、方便和快捷。

（3）基于人脸识别及数据采集分析的远程问诊机器人

目前配合家庭医生的远程问诊机器人逐步在社区服务中心出现和应用。远程问诊机器人采用的新技术主要有：通过人脸识别技术识别问诊人员和社区医生；通过专科病学的大数据样本进行自动分析和学习；通过远程视频智能压缩技术，方便远程问诊机器人和社区医生远程问诊时精准看诊等。

虽然远程问诊机器人目前还无法独立做到某项专科和全科问诊，但可以有效配合社区医生和家庭，有效对老人进行远程健康和问诊服务，可以根据定期配药患者之前的药方，初步给出复诊处方的草案，经医生审核和确认后使用，从而减轻医生工作量。

（4）语音机器人支持 24 小时不间断服务的呼叫中心

在5.4.1中，介绍了自然语言处理技术在语音机器人的应用，语音和聊天机器人是24小时不间断服务呼叫中心的重要技术基础和实现手段。老人的异常情况会通过智能终端设备，如智能手表、智能拐杖等，及时传达给监护人或24小时呼叫中心，智能呼叫中心可以相应安排调度相关人员前往解决或及时给出警示。

这些人工智能技术和产品在社区的应用，可切实解决社区居民和老人日常遇到的实际问题。在智能化社区应用中，可以社区为单位、以家庭为结点，建立网格化的服务体系，最终形成社区+产业的智能化综合服务中心，并以服务中心带动数字化社区的综合管理，全面服务社区居民和老人。

5.4.5　应用边缘智能与智联网技术建设社区感知网络

人工智能的智能算法，离不开大数据分析与处理，而城市和社区精细化治理中，大数据采集一定离不开市域物联网和社区物联网建设，离不开从物联网到智联网的发展。根据第2.3节介绍的物联网概念，可以将物联网进一步理解为，是通过各类传感器或设备，如射频识别（RFID）、红外感应、全球定位系统、激光扫描器等信息传感设备，按约定的协议，把任何物品与互联网连接起来，进行信息交换和通信，以实现智能化识别、定位、跟踪、监控和管理的一种网络。

物联网在社区的应用无处不在。例如，通过人脸识别、扫码实现开启单元门；垃圾箱满溢提醒、物管在线即刻派工清理等。社区的智能化服务平台，可以包括多个板块，如物业服务、便民服务、身边商圈、公益服务等，结合物联网和人工智能技术的应用，既为住户提供了更智能、便捷、高效的生活服务，又让住户感受到了安全社区、暖心服务。

本节主要介绍基于边缘计算与智联网技术开展社区精细化治理的应用场景；通过人工智能技术与物联网结合，如何形成边缘计算与智联网，建设社区感知网络，实现数字化社区和服务型社区的构建。

1. 社区物联网落地及实施痛点

随着社区的发展，产生了很多问题：流动人口多、停车场车流量大、居民诉求日益多元化，以往的社区管理模式难以满足社区综合体要求。数字化社区借助人工智能技术、物联网技术与大数据技术等力量，实施数据应用规模化推广与落地，服务多个领域，包括民生、政府管理、综治、安防等。目前，物联网产业链诸多环节企业都开始涉足智能化社区，社区智能化产业未来的蓬勃前景值得期待。

物联网技术是非常适合社区应用的，但目前应用仍然不够普及，特别是结合人工智能应用的就更需要进一步推广。物联网包括感知层、网络层、平台层以及应用层。感知层主要由芯片、传感器、无线模组构成；网络层由通信网络构成，平台层分为应用开发平台、连接管理平台、设备管理平台及系统软件开发，囊括硬件与软件；最终的应用层由系统集成应用服务和智能终端组成，即智能门锁、门禁等智能硬件产品与软件。

物联网通过感知层数量众多的传感器，将家庭中的智能家居系统、社区的物联网系统和服务有机整合在一起，使社区各个设备之间的互联互通得以保证，社区快速具备了智能化能力，很多原本繁杂的事务能方便快捷地完成，减少了人对社区的重复性干预工作，整个社区管理也高效运转起来。社区公共空间中的一些异常，如应急通道上有违规停车、马路上的井盖被异常打开等，都可以第一时间被系统察觉并上传报警，从而及时进行任务分配和现场维护。

智慧社区中的楼宇对讲系统、智慧门禁管理、停车场管理、人行道闸系统、电梯联动、智慧安防、公共广播、智能门锁的子系统，也有大量传感器分布。传感器作为感知环境的神经末端，采集环境数据上传到云端或边缘服务器，分析分离出关键数据，以满足不同用户的不同需求。

为便于集中管理，与物联网相配套的除了前端的感知层，还需要一整套完整而全面的数据中台和物联网运营平台。借助物联网平台汇聚各种数据，通过大数据技术实现数据挖掘，采集有效信息，进而将内容推荐给终端用户。通过微信、短信等多样化信息提示方法，可以方便工作人员实时处理、跟进警报状态；与数字孪生社区应用相结合，在地图中也可以设置有门牌号，并绑定用户，发生险情时，会结合地理位置模块，发出包含精确位置信息的险情告警界面；工作人员可以掌握具体地址精确到小区楼号与门牌号，第一时间到达发生险情的位置，以排除险情。

物联网运营平台功能多样化，还可以叠加车辆管理、路灯管理、社区碳足迹等附加增值功能。例如，物业企业可以利用服务优势和其自身的用户资源，结合平台提供的各类服务与用户保持紧密联系，及时推出服务或智能家居产品的宣传和营销，如智能对讲等，创建物业服务+产品的新盈利模式，既提供给业主安全、便捷的生活体验，也符合物业管理需求。

虽然物联网很适合于社区应用，然而，如果没有与人工智能技术、边缘计算、区块链等技术结合之前，物联网的应用仍然存在很多问题和痛点，导致无法大规模推广。例如，时延性问题、协议多样化、数据格式不统一、网络阻塞以及大规模应用传感器时的网络设计和运维等问题。

2. 智联网：人工智能 + 物联网

物联网与人工智能技术相结合（即智联网），就实现了边缘计算的功能，可以实现时时收集、分析、管理、运行社区内万物状态的信息，实现数字化社区尝试解决社区治理中的实际问题，尤其是“人力所不能及、人力所无法及、人力所没有及”的问题，提升社会治理的精细度，解决社区治理中的难题。

在第2章已简单介绍过物联网和智联网概念，物联网是以互联网为核心和基础，基于互联网而进一步延伸和扩展的网络，其用户端延伸和扩展到了在所有物品与物品之间，进行信息交换和通信。

在部署物联网时，一般来说，都同时会应用开发物联网运营平台，用以对物联网设备、传感器和数据等进行管理。然而，在物联网系统的数据采集和传输过程中，大量的物联网数据可能永远都不会或无须被传输到云平台或云端处理，只适合本地进行处理，因为如果没有实时或传输有较高延时，其数据价值也将不复存在。有些传感数据的有效期很短，一旦处理延误，就会迅速无效或失效，数据价值呈断崖式下跌。因此，不是所有数据都必须上传到云平台，而且关键信息还有可能在传送过程中延误或者受到干扰，尤其是那些通过低功耗广域网（LPWAN）传输的数据。此时的最佳方案不是云计算或云平台，而是分布式计算，其特征是每个结点都有计算功能，边缘的计算能力对物联网应用来说显得尤为重要。

在物联网的末端部署人工智能应用，即边缘智能。可以说，边缘智能是边缘计算的升级版。拥有人工智能的物联网，即可以成为智联网。

3. 基于智联网技术构建社区感知网络

在数字化社区进一步发展人工智能应用后，基于感知网络获得实时数据，通过智能分析和深度学习，使社区公共资源得以综合调配和调控，最终社区实现自动智能化，达到运作效率的最优化，成为人工智能社区。这里主要介绍社区感知网络（也称为社区神经网络）构建的原理和设计。社区感知网络建设对应到CPS架构中的智能连接层和智能分析层。

人工智能与物联网技术在数字化社区中的应用是全方位的，物联网是实现数字化转型，建立智能新社区的基础，因此社区感知网络（也称为社区神经网络）的建设非常重要。没有物联网就没有大数据，而数据正是人工智能应用的基础。在未来的数字化社区建设中，物联网与人工智能的综合运用会更多样化。推进社区感知网络建设，整合碎片化信息，才能构建数字化社区，实现以人为本的服务理念，更好地为居民服务。

人工智能、边缘计算、物联网等应用以及CPS架构，可以为社区感知网络建设提供技术支撑。通过智联网技术构建社区感知网络，如图5-22所示。

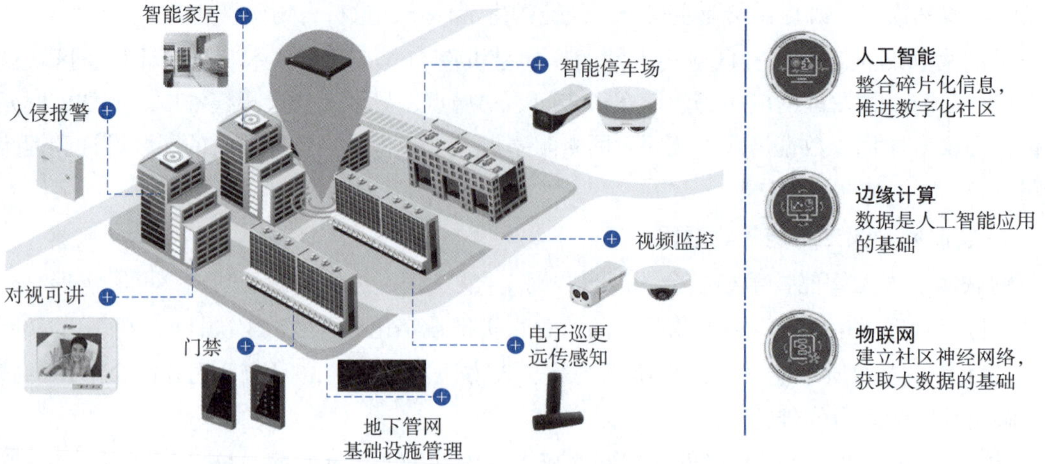

图 5-22　通过智联网技术构建社区感知网络

（1）社区感知网络的设计原理

建设社区感知网络的意义在于，可以为各类社区服务和运营提供大数据来源和技术支持，通过整合社区内外资源改善社区治理和服务的能力和水平，使社区居民直接成为受益人。社区物联网的目标是要实现物到物、物到人和人与人的互联互通。智联网在社区感知网络建设中的应用，既是社会治理创新的呈现，又能推动社会治理的理念和模式的创新。

传感器与探测技术是物联网感知外部环境和自身状态的核心，通过传感器安装和数据采集，为网络系统的处理、传输、分析和反馈提供最原始的数据。由于社区内物品和设备传输的各类信号和传感数据海量且复杂，传送距离也较短，接收终端设备种类较多，传送目的对象各式各样，需要建立一个社区物联网运营平台或管理平台来管理感知设备、处理采集数据和信息。经过过滤与中继，保留属于社区处理范围内部事务的信息，社区服务中心或相关管理机构将具体事务分类后交由各服务窗口处理，如家政服务窗口、社区安保窗口、物业管理窗口、政务处理窗口、医疗保健窗口。通过5G移动通信网络、互联网或其他专用网络将必须由社区外部组织和个人处理的事务分别传送至个人、企业、政府部门、事业单位、社会组织等。社区的主要服务机构是社区服务中心，由多个主体组成，包括社区居民委员会、物业管理公司、政府部门和事业单位派出机构、企业外设办事处、社会组织工作小组等，借助在社区服务中心内设立专门服务窗口为居民提供便捷服务。

（2）社区感知网络的功能设计

①应用于家庭服务和智能家居。社区感知网络可以应用于家庭生活，居民因而享受到便捷的智能家居和服务；室内安装的光线、温度、湿度感应装置，可以将室内的灯光亮度、温度和湿度自动调节成宜居的最佳状态；通过安装烟尘和二氧化碳等有毒气体感应器，当烟尘、有毒气体含量超标时感应器就会自动开启空气流通装置以消除潜在危险；居民可通过水、气、电表数据传送装置及时了解消费情况，并实现网上缴费；在家用电器内安置感应器并传送至智能终端（如居民的手机、计算机、遥控器等），烧水、吸尘、通风都可以实施远程操作。

②应用于社区安全防护。社区感知网络应用于安全防护，可以提供给社区居民一个安全

的生活环境：社区门禁系统应用射频识别技术，门卫询问被识别到的陌生人员和车辆并进行处理；红外探测器和监控设备安装在社区周界，以防不法分子通过其他途径进入社区；报警器安装在居民门窗上，对入侵行为发出报警信号；而且，由于物品的位置可以被追踪，还能够防止盗窃案件的发生。

③应用于社区公共服务。社区感知网络可以应用到社区内的公共基础设施和服务：对于一些在网上可以办理的民政事务，通过家庭或社区网络终端，居民进入政府部门网站，通过人脸识别等技术在对身份进行核实和提交相关材料的基础上，网上办理民政事务；政府民政部门也可以通过在社区服务中心设立服务窗口为居民办理相关事务，经由上级部门的指示后，通过物联网对事务做相应处理，从而改善政府部门办事效率，使群众生活便捷，成为建立服务型政府的试点；社区内的车辆管理、环境卫生管理、建筑能耗管理、物流管理、信息发布等其他公共事务，也可以借助智联网技术由社区服务部门负责。

④应用于社区碳排放核算和碳足迹管理。智联网技术可以应用到社区内的碳排放核算及碳足迹管理：通过传感器采集社区碳排放监测数据，以及对社区碳足迹进行准确、及时监测和计量。设备能耗管理方面，也可以通过数字化技术和平台，实现社区能耗设备、太阳能设备管理等，汇总分析设备运行、告警等数据，帮助社区的基础设施管理人员快速、全面掌控各类公共空间和建筑内设施设备的运行情况，节省运营人力，提高运行效率。

一个典型的应用于社区碳排放管理的社区感知网络架构如图5-23所示。

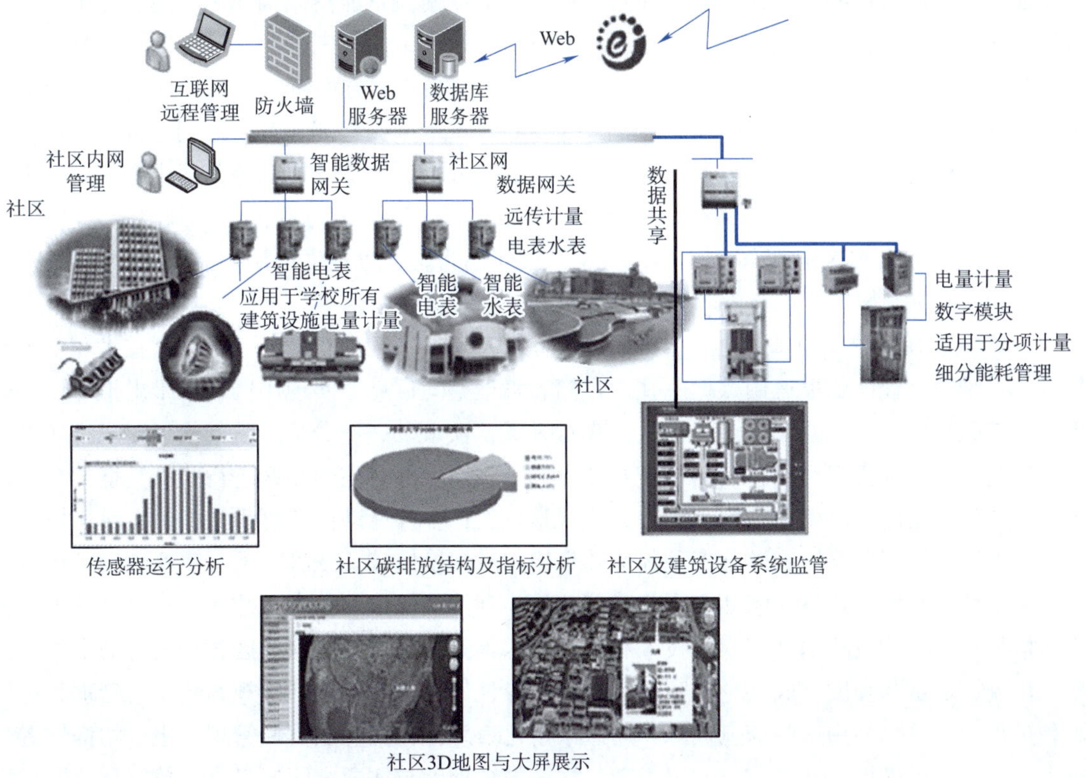

图 5-23　社区碳排放管理的感知网络架构

总之，社区内建筑和设备管理、医疗保健、远程教育、紧急事件处理等各个方面都可用到智联网。智联网技术突破了传统的管理和服务模式，也突破了传统物联网应用的痛点，是社会治理创新的体现。应用边缘计算和智联网技术建设社区感知网络，是数字化社区建设的基础，同时也能助力加强社区的智能化服务能力。

5.4.6 实景三维：数字孪生社区的空间底座

基于实景三维的数字社区是数字孪生社区的空间底座，也是社区数字化转型的重要基础。这里讨论实景三维和数字孪生在社区的应用。

2021年8月，自然资源部办公厅印发的《实景三维中国建设技术大纲（2021版）》是对于实景三维概念的解析。实景三维作为真实、立体、时序化反映人类生产、生活和生态空间的时空信息，是新型基础测绘的标准化产品，是国家重要的新型基础设施，通过“人机兼容、物联感知、泛在服务”实现数字空间与现实空间的实时关联互通，是数字孪生的重要因素和空间底座。

1. 三维数字社区建设实例

本节实例是基于作者带领团队研发的一个已获验收通过的实体项目《某区房产管理系统》进行扩展应用和介绍。

由于人们生活、工作的空间是三维的，实现真正的数字化社区的重要前提是三维实景的社区应用。三维的社区给人以更真实的感受，借助测绘技术，三维的社区给用户展现地理空间现象，能表达空间对象间的平面关系，而且它们之间的纵向关系能得以描述和表达；三维数字社区特有的功能还包括对空间对象进行三维空间分析和操作，所以三维数字社区的建设是大势所趋。建立三维景观模型以及基于此实现三维GIS，不仅在众多方面有广阔的发展前景，包括城市规划管理、规划设计、市政建设、住宅产业发展、土地监测管理、环境监测评价、地质灾害防治与城市可持续发展战略研究制定等，而且对其他分析、评价、决策等部门也有积极的现实作用。由于是基于抽象符号的系统，二维GIS无法给人以实体的本原感受，因此数字社区的建设也从传统的二维 GIS 技术转向基本以实景三维建模为主，直观地向用户展示地理空间现象，使用户如同身临其境。

三维数字社区建立的基础是三维模型的建立。基于人工智能技术、三维仿真技术和多媒体技术，三维数字社区建模运用数据库技术存储和管理空间信息，实现小区在三维虚拟环境中的重建。借助三维 GIS，可以完成抽象的二维 GIS 无法实现的一些分析，从而实现对三维场景的实时浏览。在三维虚拟空间，用动态交互的方式，人们能够对整个小区进行身临其境的全方位审视：从任何角度、距离和精细程度全方位观察场景；多种运动模式可供选择并自由切换；还可以自由控制浏览的路线和进行多种环境效果的实时切换比较。二维技术无法达到三维场景的人机交互性、真实建筑空间感和多彩的环境效果。利用现代传感技术、数字信息处理技术、数字通信技术、计算机技术、多媒体技术和网络技术等，数字社区实现社区各种信息的采集、处理、传输、显示和高度集成共享，数字化社区的各种信息资源，在社区规划建设、管理和提供服务过程中，整合利用这些信息资源。通过数字化信息，社区可以实现管理、服务的提供者与每个住户间有机连接。社区信息的提供者、社区的管理者与住户之间通过这种数字化的网络系统，可以实现实时的、各种形式的信息交互。现代网络浏览器的先进性以及多态的表现性，加上各种网络多媒体技术的应用，造就了一个丰富多彩的虚拟社区。以现实的社区为支撑，这个虚拟的社区是现实社区的发展和延伸，所以主体仍然是社区。

目前，我国大多数城市多数人口的住房已经从原来的平房变成楼房。据统计，社区规模扩大，从8 ~ 10万平方米到40 ~ 50万平方米甚至已高达上百万平方米，社区也已成城市常态。随着整个社会的经济和科学技术的发展，社区数字化已经成为发展的主流。

三维数字社区的目标是三维模型可视化和空间查询分析等，为社区画像和智能分析等做数字底座和基础，而各种空间数据的准备和地物模型的建立是进行三维数字社区可视化和空间查询分析的基础，所以小区数据的获取非常重要。真三维的空间数据（包括实体的平面地理位置、实体的高程数据）、实体的真实影像数据（纹理贴图数据）和数字高程模型等是进行三维模型构建时必备的，进行空间信息查询时还需要获得相关的属性数据。获取不同类型数据的方法是不一样的，需要根据实际情况区别对待。建立实体模型前需要获取数据，这是数字社区的核心。实现三维可视化的功能和实体真三维空间的数据查询、分析功能，从而形成数字孪生的基础底座，是三维数字社区的目标，如图5-24所示。

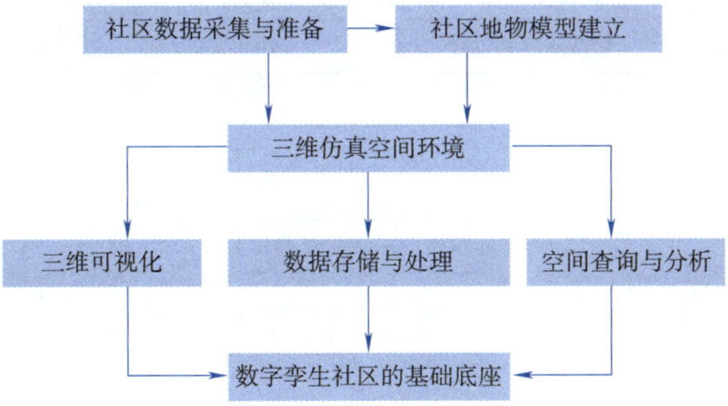

图 5-24　三维模型是数字孪生社区的基础底座

（1）三维社区数据需求

三维模型建立的关键在于数据的获取，首先应该对数据的需求进行分析，然后再获取数据。实景三维由空间信息数据体、物联感知数据和支撑环境三部分构成。图5-25所示为一个三维数字社区的建设流程，在社区中，空间信息数据体现为社区空间数据体。

①空间信息数据体：由各类空间和实体的信息及数据组成。基础数据经过实体化和集成后，形成地理场景和地理实体。地理场景包括数字高程模型（digital elevation model，DEM）、数字表面模型（digital elevation model，DSM）、数字正射影像（digital orthophoto map，DOM）、真正射影像（true digital ortho map，TDOM）、倾斜摄影三维模型、激光点云等。地理实体包括基础地理实体、部件三维模型以及其他实体等。基础地理实体包括地物实体和地理单元，可通过二维、三维形式进行表达。部件三维模型包括建（构）筑物结构部件、建筑室内部件、道路设施部件、地下空间部件等。其他实体包括其他专业类实体。

②物联感知数据：包括自然资源实时感知数据、社区物联网感知数据、互联网在线抓取数据等。自然资源实时感知数据包括通过自然资源管理业务获得的实时视频、图形图像，以及自动化监测设备实时信息等。社区物联网感知数据包括社区监控视频，车载导航、移动基站、手机信令等实时视频及图像等。互联网在线抓取数据包括在线获取的地理位置、文本表格等。

③支撑环境：包括数据获取处理、建库管理和应用服务系统，以及支撑上述系统运行

的软硬件基础设施等。获取处理系统指对空间数据体和物联感知数据进行获取、处理、融合的各系统。建库管理系统指对数据集成建库和数据库管理的各系统。应用服务系统是面向应用的服务系统。软硬件基础设施指自主可控的网络、安全、存储、计算显示设备，以及支撑软件等。

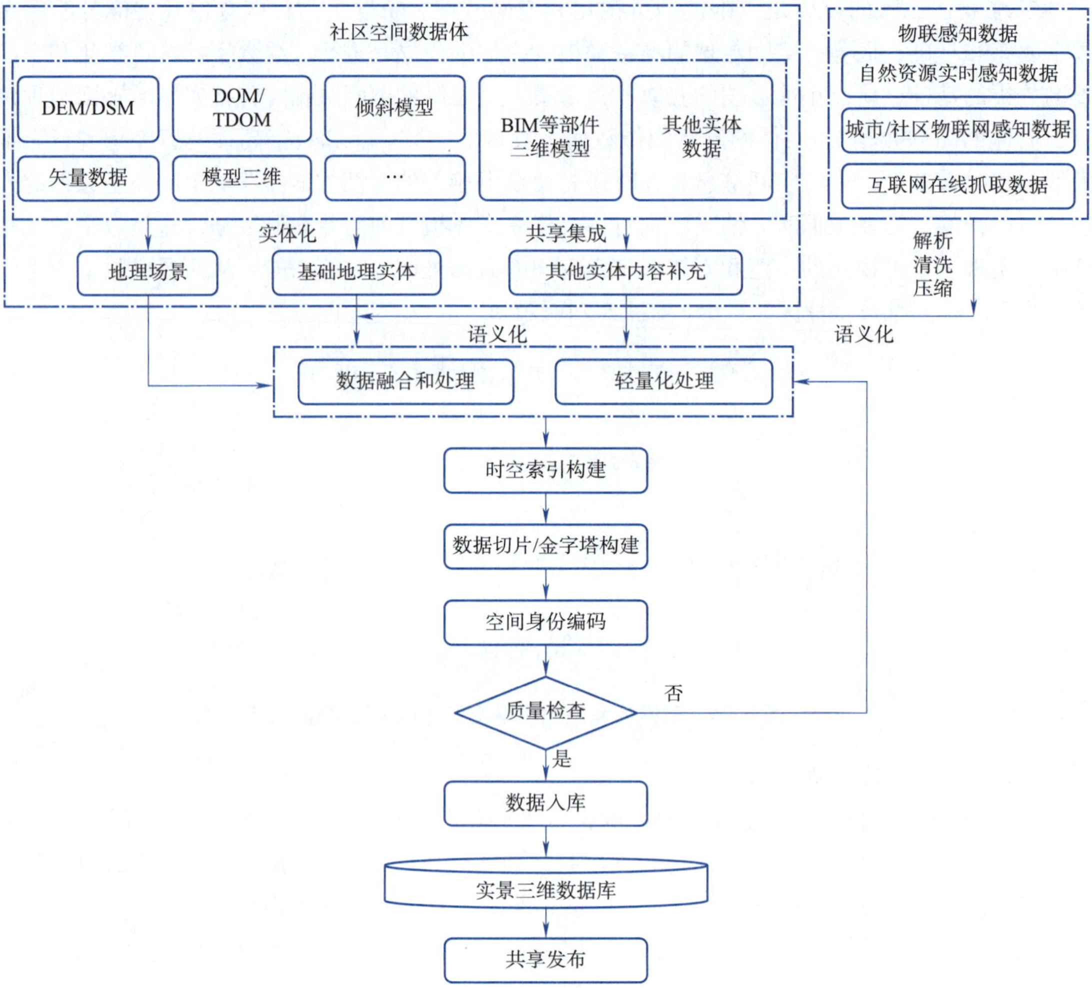

图 5-25　三维数字社区建设流程

本数字社区项目中，并未全部包含上述数据需求，进行了一定简化，图形数据和属性数据是所需要的主要数据。基本需求如下：

- 按一定比例要求的地形图，如1：500地形图。
- 建筑物设计图纸，包含建筑的三维数据信息。
- 建筑物的基本属性信息。
- 社区住户的基本信息。
- 社区的公共空间信息。
- 社区内的商户、服务中心、公益组织和物业公司等信息。
- 场景中各种公共设施、树木、路灯等基本几何数据。

- 建筑物、道路、树木、绿地、公共设施等纹理数据。

（2）三维社区数据获取

①空间信息的数据获取：三维建模所需要的数据类型非常多，空间数据和属性数据是三维数字社区的主要数据。空间数据就是表达空间信息的数据，与空间和地理分布相关，共同点是都能够确定空间位置，这些数据用来表示空间实体的位置、形状、大小及其诸多方面。获取三维空间数据的方法包括：通过无人机等航空摄影测量；结合已有的地形图和建筑图纸以获取三维信息；使用高精度激光扫描仪等。

要获取社区空间数据，先要了解社区空间的构成，三维社区的空间结构层层嵌套结构，很复杂，即若干个小区、园区及各类功能空间构成一个社区，而若干栋建筑组成一个小区或功能空间。每一栋建筑由若干个单元组成，单元不一定是实体，只表示其位置信息，若干套房屋构成一个单元，如图5-26所示。所以，收集三维数字社区的基础空间数据不仅包括投射社区内各种地物分布状况和地形情况的大比例尺地形图，而且还要收集设计图以反映各建筑物空间结构，获取这些空间数据是构建三维数字社区模型的前提。

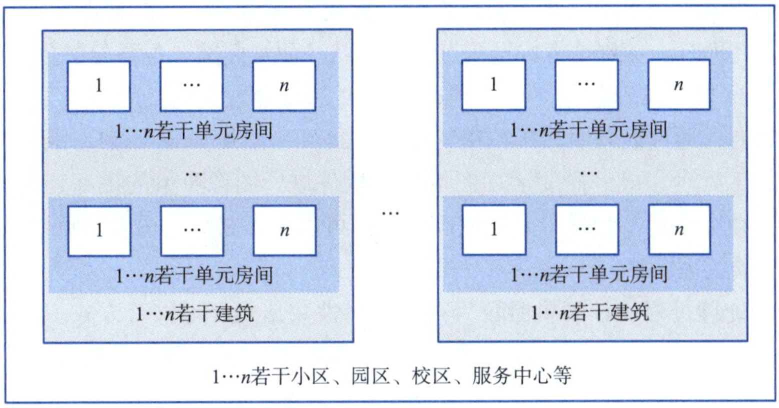

图 5-26　三维社区的空间结构

采用无人机、航空与近景摄影测量、地面移动测量等测绘技术，获取社区地形数据和社区楼房建筑的位置、形状。需要根据社区规划图和建筑图来获取具体到每个单元中每一套房屋的结构的分布情况。

②影像数据的获取：在三维可视化过程中，影像数据需要通过对实体进行贴图处理获得。贴图处理时用到的纹理数据，主要包括建筑物、建筑物的纹理、草地、树木、路灯及健身设施等纹理。真实的影像数据应用于三维空间对象建模，可用来提升三维可视化的真实感。可以通过从影像上提取、用数码照相机拍摄或者人工制作来获取真实纹理。

③属性数据的获取：各个空间实体均有其相关的属性数据，属性信息以空间实体为平台在地理信息系统中显示出来。通过数据的关联，可以在三维场景中查询图形的属性信息。社区属性信息、楼房属性信息、房屋属性信息等都是用来分析三维数字社区的属性数据。社区的公有信息属于社区的主要属性信息，如社区名称、小区或功能空间名称、地址、周边环境、开发商、占地面积等；安防信息：值班人员的值班信息；社区的服务信息：如和社区有业务往来的维修公司、中介公司的名称、地址、联系方式等信息。

建筑物属性信息包括建筑结构、面积、层数、房屋类别、建成年代、建筑物的编号等。

房屋自身属性是基础信息，一般不会变动，包括房屋的楼号、单元号、房间号、房屋用途、面积、房屋结构。

住户或业主属性是动态信息，可能会变动，包括姓名、年龄、性别、籍贯、是否户主、政治面貌、婚姻状况、户籍类型、人口数、成员编码、变动日期、身体状况、工作单位、就读学校、育龄妇女姓名、单位地址、育龄妇女身份证号码、民族等。

物业信息包括本月有线电视费、暖气费、水电费、物业管理费是否缴纳，以及住户的维修记录信息查询等。

通过某区房管局、物业公司、上门到各个社区调查等方式收集以上数据。另外，社区或功能空间的建筑图纸也可以用来查询、核实信息的真实性和准确性。

（3）三维社区数据处理

按类别不同分别处理不同类型的数据。从图形数据的角度来说，地物的类型不同具有不同的几何形状，而且在三维模型的建立中需要不同的数据格式，所以应该按需求处理采集来的数据，从而得到实验需要的数据格式。需求不同，方式也有所不同。在对获取来的图形数据和原始电子图形进行处理时，主要是将数据按点状、线状、面状归类，各自分层。

同时，还需要处理纹理数据。三维建模所需要的纹理数据的处理较为复杂，由于受到各种环境因素的影响，通过数码照相机拍摄的相片采集到的图片不能直接应用到实际的三维建模中，需要经过人工处理完成。需要运用图像处理软件进行图像质量的提高、图像格式的转化、影像纠正、图像大小的调整等操作。通过这些操作可以获得路灯、树木、草地、健身设施等地物可视化时所需的纹理图片。

属性数据的处理过程比较简单但较为耗时。属性数据的处理整合方式一般是先采集汇总，然后筛选出符合实际要求、较真实的数据。获取一般图形的属性数据是通过小区建筑图纸；通过小区所属房管局、小区物业公司、社区居委会、上门调查等方式，收集住户的属性数据。

（4）三维社区模型建立

数字社区的三维模型是实时漫游显示的关键内容，是隶属于三维GIS、三维空间信息技术、数据处理与分析部分的基本模块。三维模型的建立采用经过筛选并处理过的数据。三维场景的浏览、漫游等是用三维数字模型来实现的，以满足用户的视觉效果。同时，为了实现社区中真三维实体的信息检索功能，即建筑物的内部结构也具有详细属性信息，可以采用数据分流的方法将不同的建筑物分层分类，然后运用不同的建模方法，根据不同的需求对社区实体建模。社区中的实体模型包括建筑物、绿地、树木、道路、路灯、公共健身设施、地下管线等。这些实体通常可以归类为环境实体、建筑物实体、地下管线实体等。为了使社区场景得到真实展示，需要将社区中的环境模型添加到场景中。一般来说，根据视觉效果的差异将环境模型归为面状、点状的地物两类。面状地物如道路、绿地等，可以进行纹理处理不实施三维建模，呈现原貌即可；点状地物包括树木、路灯、健身设施等。就建筑物实体而言，需要实现对建筑物具体到房屋内部的住户信息查询，也就是三维实体内部的属性查询。

除了建筑物实体外，社区中的实体还包括环境实体，如小区道路和绿地、路灯、公共健身设施、树木、座椅、停放的汽车等。这些实体主要属于平面状和点状的地物，为了提高数据的处理速度、减少模型占用内存的空间，可简化或不对各种平面状实体如道路和绿地处理实行三维建模，而是直接赋予其纹理属性，呈现真实性即可。

对于实景三维建模而言，并不是把世界完整地搬到计算机里，事无巨细地对所有地理场景要素建模。建模的目的是要让计算机帮助进行分析和计算，这就意味着从现实世界中要有所选择和取舍。即使是数字孪生，也没有要求把一草一木原原本本地复制下来，而是把干扰计算机分析和计算的一些因素剔除，保留核心的要素。这些模型要能反映事物的本质特征，而把那些在分析计算中并无积极作用的细节和机制隔离出来，如图5-27所示。

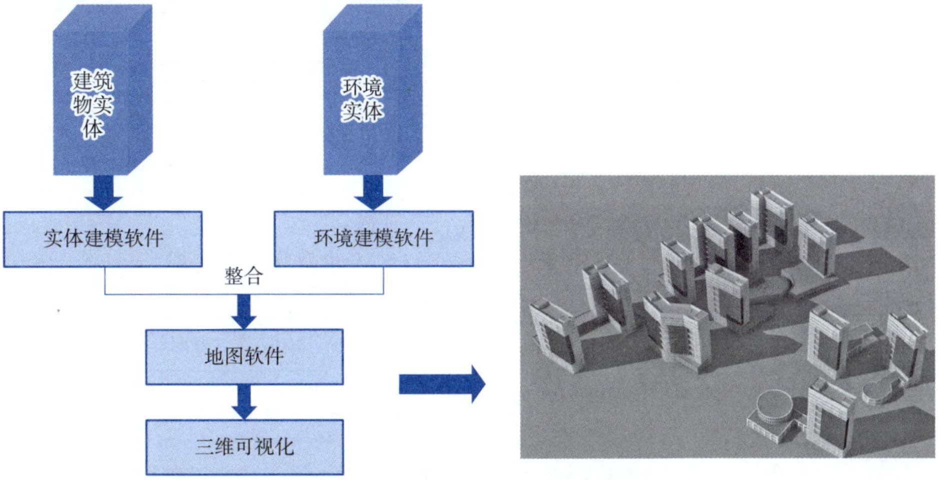

图 5-27　实体与环境模型构建

（5）三维社区的数据和数据库设计

①数据库设计：三维数字社区中的数据是核心部分，已有的社区二维平面数据、建立的社区三维模型数据等空间数据，实景拍摄的图片、社区中住户信息数据以及与小区信息相关的各种属性数据等都属于三维数字小区中的数据。因此，三维社区的建模比一般建筑建模要复杂得多，主要涉及建筑数据和居民数据及社区公共空间等数据的对应关系。通常三维建模过程中，空间数据和属性数据的关系是一一对应的，但是社区的建筑物实体具有特殊的属性，即一个三维空间具有多个属性信息，即一对多的关系，例如，一个房屋中有若干个家庭成员，所以会出现一个地理空间具有多个实体属性的情况。需要采用一种不同于以往的数据存储方式存储住户的属性信息，使其符合三维社区的特别需求。

多元且大量数据的情况下，要求可弹性扩展且高效安全的存储方式，从而更方便数据管理。一般主要以图形数据库形式和文件形式存储图形数据；以数据库表的形式存储属性数据。本项目中将数据层归类为空间数据层和属性数据层两部分。只有地理对象的空间位置和形状信息存储在空间数据层，包括二维平面数据、三维模型数据，主要在图形数据库和文件中以图形的形式存储；地理对象的属性信息存储在属性数据层，包括小区简介表、住户信息表、建筑信息表，以及和社区相关的商户信息表和物业公司信息表等，在数据库中以数据表的形式存储。

②数据转换及实现方式：为了数据的最终使用并实现其价值，对数据进行一系列的处理。数据必须转换为可以显示的有效形式。图形数据和属性数据属于三维数字社区中的数据，因此对图形数据的转换和对属性数据的转换也属于数据的转换。对于属性数据而言，主要是将数据经人工将筛选后，根据需要将筛选出来的数据录入数据库的数据表中，在数据库中统一管理数据。

（6）三维社区模型的功能设计

三维社区模型的功能设计包括数据管理、可视化、查询分析等。例如，对图形数据的管理和属性数据的管理是三维数字小区的主要数据管理，按实际情况对数据进行编辑、更新与维护；图形的放大、缩小、漫游、全图显示以及导航等功能都属于三维数字社区的三维可视化功能。属性-图形之间互相关联的查询属于数据的查询功能。当然，根据实际使用的需要，以及与其他数字技术的结合，还可以开发出更多功能，如图5-28所示。

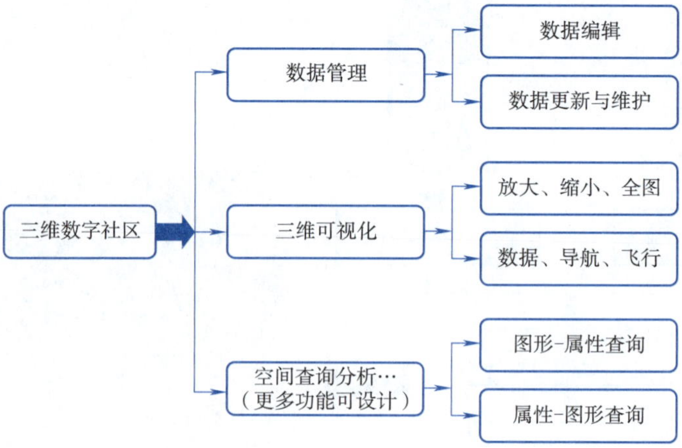

图 5-28　三维数字社区功能设计

①数据的管理：

- 数据编辑：这里对属性数据的编辑是数据的主要编辑。因为与图形数据进行挂接后，存储于数据表中的数据是可以进行动态编辑的，对整个场景的三维显示和属性的查询并无影响。
- 数据的更新与维护：小区的建筑物和基础设施虽然在短期内变动不大，但随着时间的推移，这些实体可能会发生变化，因此数字小区需要有数据更新的功能。可以通过修改数据表的字段以及记录直接更新数据，更新属性数据的变动。例如，基于图形数据的修改、建筑物、小区基础设施的增加、减少等。

②三维社区可视化：三维数字社区的基本功能之一包括三维可视化，主要有以下几个方面：

- 建筑物的显示：对建筑物根据其特点进行三维建模，在屏幕上以三维形式显示。
- 三维实体的显示：在社区场景中，导入建好的三维模型进行三维可视化显示。
- 效果生成：三维场景中载入所有的数据模型进行合成，对场景进行放大、漫游、导航、缩小等功能操作。

③三维社区空间查询分析：三维数字社区应具备空间查询功能，例如，可以实现图形-属性数据查询功能，从三维建筑物实体内部实现的查询操作，即某一建筑物中被查询的某房屋的所有属性信息将全部显示，包括所选房屋的基本信息（所属社区名称、住宅小区、楼号、房间号、单元号、房屋结构、面积、房屋用途、居住人口数及人口信息等）、所选房屋住户的基本信息（姓名、政治面貌、身体状况、年龄、性别及就读学校、籍贯、工作单位、是否家里有育龄妇女，以及育龄妇女的相关情况等）、本房屋物业信息、水电煤等能源费用、报修维修记录信息查询等。

反之，属性数据-空间数据的逆操作查询也可以进行。例如，小区中要查询居住人口在三人以上的房屋分布情况，通过设置相应的查询条件，则被查询数据的空间分布位置可以高亮显示让用户直观看到，使得空间信息得以直观展示。

2. 实景三维是数字孪生社区的空间底座

第2.1节中已经介绍过数字孪生，可以把数字孪生简单理解为在一个设备或系统的基础上，创造一个数字版的“克隆体”，也就是“数字孪生体”。随着实景三维的不断发展，成为数字孪生重要的数字空间底座。数字孪生不仅是实景三维，它与实景三维的重要区别在于，不仅针对自然实体与人造实体，更针对人、机、物三元空间的其他要素进行建模，反映它们的行为，即实时、动态。

从实景三维向数字孪生发展就是从数据向知识的转变。二者本质区别在于，数据只能代表某种特征属性，而知识代表了预测能力和决策能力。数据本身没有意义，只有与实际生产生活相结合，而且具备整体性才能产生意义。因此，从数据到信息再到知识，使得决策更加科学化、精细化，通过知识的应用还能进行智能决策。决策者对整体观和系统观的重视也更凸显知识的重要性。过去，各个系统和领域之间互相隔离，大家各自独立做系统或做研究，使得决策有一定短板，互相之间容易形成矛盾。在人工智能时代，可以依靠数字孪生、CPS系统等进行统筹和综合。

从实景三维建模到数字孪生建模，反映了数字化需求升级，实现从数据到信息到知识再到智慧。数字孪生模型与已有的各种数字应用系统（如CAD、BIM和GIS等）相比，最大的特点是融合人、事、物三元空间全生命周期实时数据持续不断的迭代优化。数字孪生模型除了精准映射通过物联网获得的表征数据所反映的物理实体特征，还要精准映射其行为规律和相互之间互馈作用的机理，尤其是许多时候由于感知手段局限所能获得的表征数据不够完备、不够精细、不够准确、不够及时，只有同时依靠模型和知识进行推断。

第6章将以数字孪生为应用基础之一的“社区画像”为例，探讨在社区中的应用。其初衷是以社区治理效能分析为主要目的，然而，即使做到极致，社区治理效能并不能无限提高，到一定精细化程度后，再提高会需要更大的成本，因为治理效能提高是综合因素的影响。所以，“社区画像”的主要目的由“治理效能提升”升级为“社区精细化治理创新”。社区治理越完善意味着治理效能越高。这样的综合整体观，就是数字孪生最大的价值。数字孪生带来的变化是促使社区治理效能持续升级，从局部最优到全局最优，从部分验证到整体验证，从显性特征到隐性规律的发现和挖掘分析。

数字孪生模型反映了不断迭代的过程。例如，社区服务中心施工，需要把多种要素全部提取出来，分析它们之间的关系，这样才能知道需要什么数据、什么技术，以及如何处理，然后才能有效地控制质量、进度、效益，才能满足居民需求。因此，对于社区而言，实景三维建模仅仅是对实体的建模。数字孪生模型则是虚与实互相不断迭代演绎的系统，是规划建设本身的演绎，从而实现深度学习和知识获取。

从三维数字社区来说，获取数据不是最终目的，数据要发挥价值，需要多细节层次的社区实景三维模型数据与物联网传感层实时感知数据的高效利用，需要数据-模型-知识集成处理技术，形成适应于社区的智能，将理论上的数据、模型与人们的知识、经验等融合在一起。

从三维数字社区到数字孪生社区的建设、推广和标准化应用，仅依靠技术应用是不够的，需要更有针对性的、多学科交叉融合的数字化、智能化、网络化，尤其是可满足社区实际需求和规模化推广的低成本、易应用的数字技术。

5.4.7 基于“人工智能＋教育”的O2O融合沉浸式教学平台

在第1章解析社区基本概念时就介绍过，教育是社区治理和发展中不可或缺的一部分，学校是社区的基本配置，而所有的学校本身即处于社区，同时自身也独立成为一个主题社区。本节基于作者带领团队研发的一个城市数字化转型项目案例进行扩展应用和介绍。图5-29所示为一个“人工智能+教育”架构体系，体现了人与社区、教育与社区的关系。

1. 基于“人工智能＋教育”的O2O融合沉浸式教学平台探索与建设目标

根据《上海市教育数字化转型实施方案》，上海要建设成为全国教育数字化转型标杆城市。形成一批高质量、可复制、可推广的教育数字化转型经验案例和示范场景。积极探索教育数字化“新环境、新体系、新平台、新模式、新评价”建设，推进教育更高层次的优质均衡、个性多元。围绕立德树人根本任务，更新教育理念，变革教育模式，以数字化支撑高质量教育体系建设。

方案提出应厚植教育数字化转型发展理念，推进5G+云网融合，推进教育信息网络基础环境全面优化。实现“一网通办”向“一网好办”转变，教育治理能力更加科学高效。通过信息化赋能教育管理与教育教学各环节，通过大数据有效支撑教育评价改革。数据驱动的因材施教更加常态化，教学模式更加灵活智能，人才培养方式更加个性多元。教育资源和服务更加优质均衡，全面支撑智能泛在、贯穿终身的学习体系。

基于上述上海市教育数字化转型的总体目标，本案例研究并建设基于“人工智能+教育”数据驱动的O2O融合沉浸式教学平台。

（1）推进O2O互动教学建设

推进O2O（线上线下）互动教学建设，探索智能O2O虚拟仿真，实现基于5G的VR/AR/MR高效管理虚拟仿真实验的O2O学习平台。平台中可管理逼真的虚拟仿真实验教学软件与过程，可将仿真实验数据详细地展现出来。学员可以分享自己的实验心得、上传实验报告，老师可以查看学员的学习过程、实验成绩和相关实验数据等，极大地提高了师生之间教与学的效率和效果。同时，平台支持学习大数据统计，支持数据联通，兼容各类WebGL标准的虚拟仿真实验教学项目，并可定制数据联通服务，实现数字化时代教学方式的多元化和多样化。

（2）人工智能＋数据驱动的智慧考试与综合评价

人工智能+数据驱动的智慧考试与综合评价，面向如体育美育等户外和O2O场景需求，通过无感知智能化采集考试过程数据，自动精准测量考试结果。开展智能巡考监考，实现考前身份验证、考中自动监考、考后记录备查等功能，助力考试公平。进行智能辅助批改，利用5G网络连接智能分析平台，分析学员知识点掌握情况，辅助教师进行学情分析和答疑辅导。利用多样化数据采集终端、大数据云平台等构建学员智能分析评价系统，以智能化手段记录学员学习情况、体质健康、艺术素养等德智体美劳全要素过程性评价数据，支持无感式、伴随式数据采集，建立学员综合素质档案，绘制成长画像，进行大数据分析，智能感知学员学习状态变化等情况，加强个人信息保护，为个性化精准教学和心理健康干预辅导等提供依据。利用5G和物联网等技术采集教师课前、课中、课后等各环节行为数据并开展关联分析，对教师的教学实绩和师德师风进行动态评价，促进教师素养全面提升。

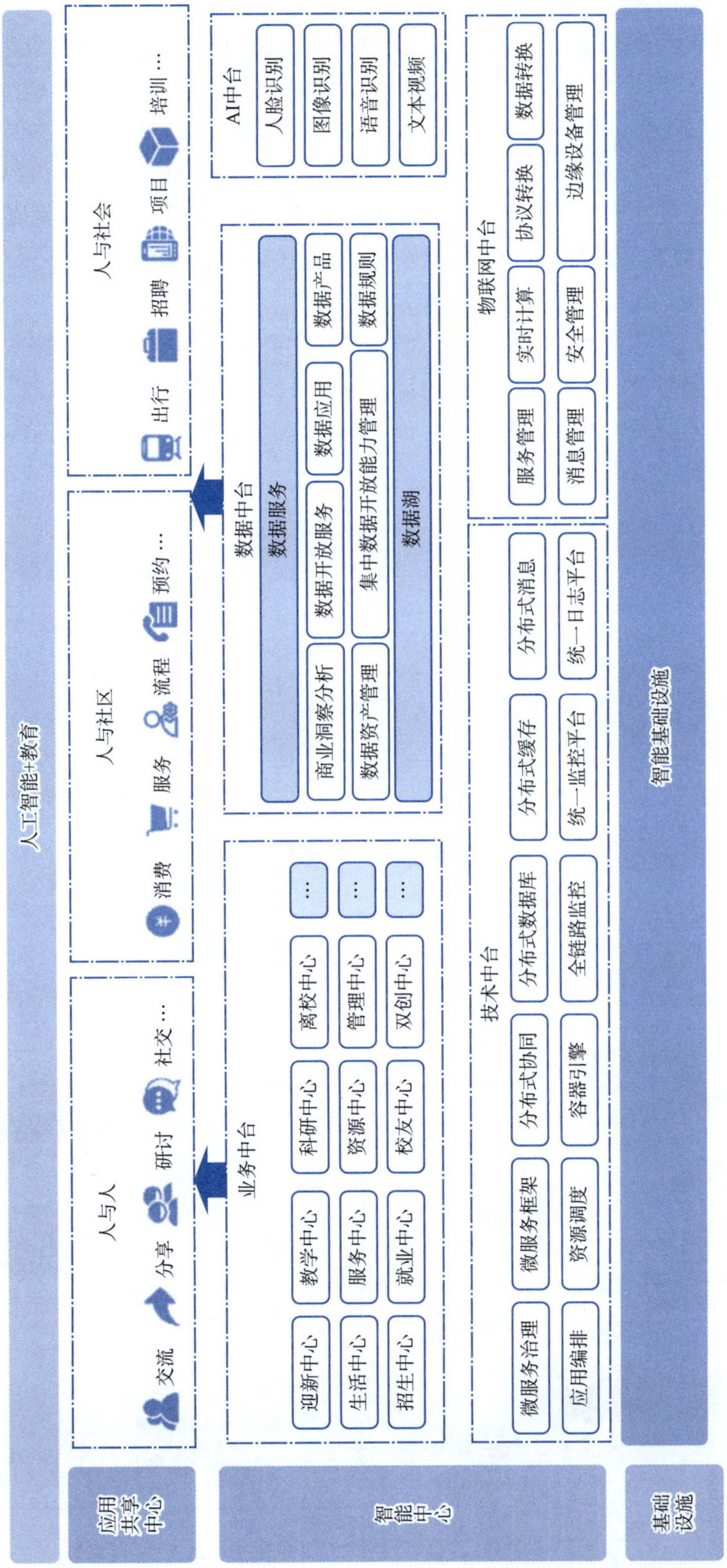

图 5-29　“人工智能 + 教育”架构体系

（3）人工智能+智慧教学环境

人工智能+智慧教学环境，通过感应数据分析、音视频智能监测，构建智慧教室、沉浸式实验室、图书馆、体育场等校内教育设施及师生活动空间的教学环境，实行精细化管理，为学员提供O2O（线上线下）预约等便捷服务，提高校园资源利用率。开展共享校园应用，在校园内的科研环境、实训环境间，基于人工智能等技术实现资源共享，打造无边界的科研实验环境，促进教学科研人员基于授权模式下快速获取交叉研究资源，合理利用实验成果。

2. 基于“人工智能+教育”的O2O融合沉浸式教学平台功能

（1）人工智能+教学实验内容门户建设

教育实验内容门户主要面向用户提供丰富的教育实验应用等各类内容资源的终端验证、存储、上传下载、应用分发、账户管理。面向用户提供分发管理、内容频道、多屏终端支持、账号管理等功能，面向开发者提供内容上传、计量模块、账号管理等功能。支持Web端、VR/XR眼镜端等多终端访问，如图5-30所示。

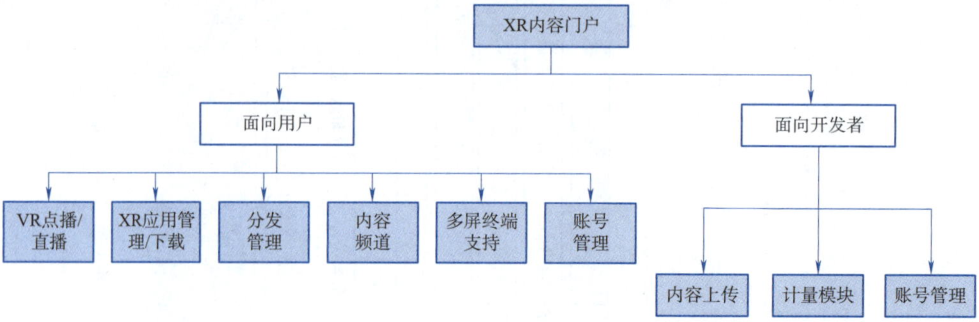

图5-30　人工智能+教学实验内容门户框架图

（2）O2O教学平台应用

该应用旨在打破地理位置与教学空间的约束，实现不同地区、不同校区、不同教室师生之间的互动教学，充分提高教学效率，加强师生之间的紧密互动，统一管理教学内容，实现优秀教学内容和优质师资的共享与沉淀。图5-31所示为平台网络架构图。

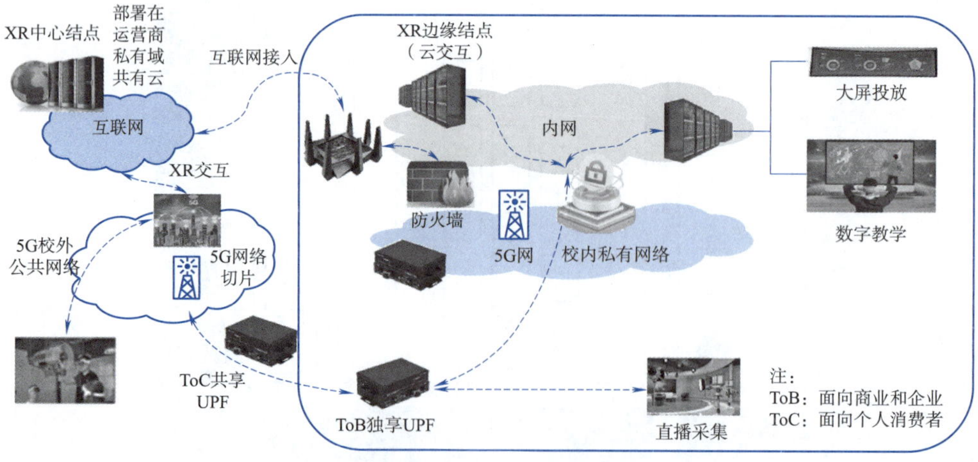

图5-31　O2O教学平台的网络架构图

（3）人工智能 + 教学实验运营管理系统

人工智能+教育实验运营平台可同时连接多个边缘云，中心管理系统同时负责对各区域边缘云进行统一调度和管理，管理所有用户和应用，并负责对所有边缘结点进行统一调度与管理，主要包括统一调度管理、边缘结点管理、租户管理、内容发布、内容审核、数据计量及网络模板管理功能。图5-32所示为一个智慧教学实验环境感知与监测实施示意图。

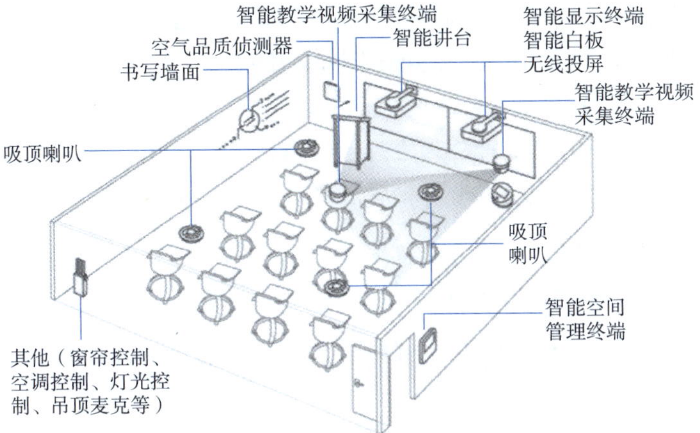

图 5-32　一个智慧教学实验环境感知与监测设计案例

（4）人工智能 + 教学云交互系统

人工智能+教学云交互是指用户通过交互设备与云端的应用进行实时互动。云交互平台主要侧重交互式体验，重点关注用户在操作过程中，感官系统在虚拟世界中所获取的反馈信息与现实世界在空间和时间维度上的匹配情况，自由度、定位精度和响应速度是其核心因素。

云交互平台主要包括云应用平台、移动终端与网络；可实现语音交互、头手弱交互、多终端交互等功能。网络架构如图5-33所示。

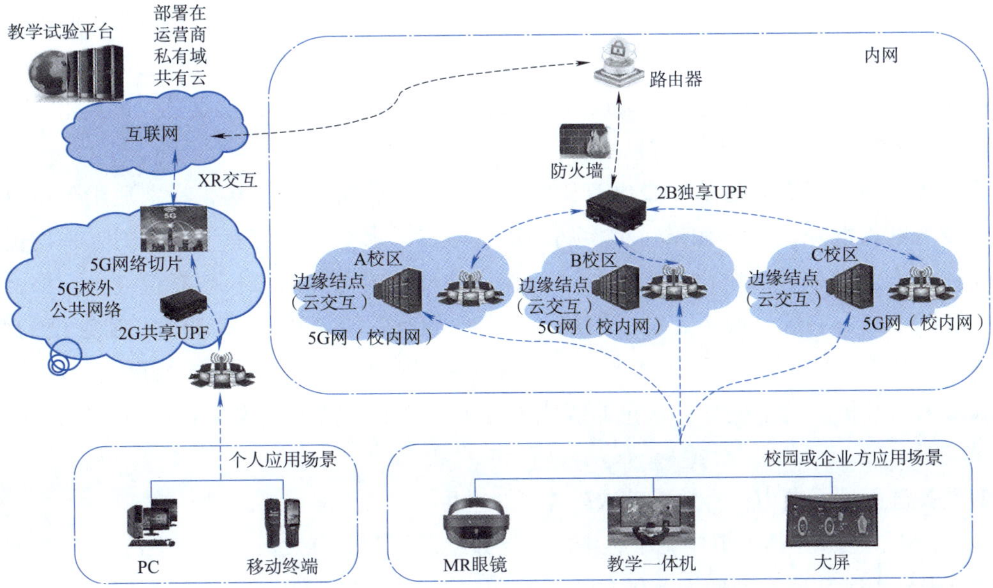

图 5-33　人工智能 + 教学云交互系统网络架构

3. 基于“人工智能 + 教育”的 O2O 融合沉浸式教学平台实践情况

本案例借助5G超高带宽和移动边缘计算（mobile edge computing，MEC）的计算能力，建设以平台为中心的O2O融合沉浸式教学平台。应用XR云平台方案，运营管理优质XR实训内容，适配多种XR终端，旨在与合作单位一起打造网络、平台、管理、终端一体化的“人工智能+教育”的O2O融合沉浸式教学平台及智慧教育示范应用方案。同时，兼顾公有云和私有云的部署模式，满足教育平台管理、资源共享与运营的业务需求，提高学习和教学效率，增加师生之间的互动与交流，优化教学与学习方式，地处不同地理位置的校区可以进行统一管理。

通过线上线下（O2O）教育平台建设，将更加促进开放式教育体系与社区的融合、校园实体与社区的融合。构建学校与企业、地方社区的信息交流渠道，推进职业教育、终身学习理念，共同搭建相关专业的产学研公共服务平台。可以作为社区数字化转型和校园数字化转型的试点和示范应用，具有良好的社会效益。

5.4.8　社区公共卫生服务与应用

本节介绍人工智能应用于社区公共卫生与防疫预测分析。该项目是由上海交大人工智能研究院、白玉兰开源研究院联合出品的开源项目。项目旨在收集、分享和可视化由上海市卫健委发布的最新数据。通过采集公开发布的各类信息和数据进行模拟分析，仿真某流行病的传播演化过程。其目的是希望该项目的仿真和分析能够辅助上海在后续阶段制定策略。本项目数据来源自Shanghai COVID-19 ReOpen项目。

项目采取了R语言工具包EpiEstim来估计某病毒有效传染数变化趋势。EpiEstim是一个开源的R语言工具包，用来估计传染病传播过程中的时变传染数，已经被应用于埃博拉、寨卡病毒、新冠病毒等流行病的传播场景中。

R_t代表人群中每个感染病例导致继发病例的有效数量。由于核酸筛查与异常复查等因素，造成每日通报的新增感染数量具备不确定性，所以R_t估计的结果值会出现不稳定性。鉴于此，EpiEstim提供了在一段时间窗内估计稳定R_t的方法，即R_t，τ，其中τ是可以预设的时间窗大小，随着时间窗τ的增大，估计的R_t，τ也会更加稳定。在本项目中，设置时间窗τ为5天。

在流行病学中，感染的基本传染数表示为R_0，是指在所有个体都易受感染的人群中，一个病例直接产生的感染人数的预期数量。

R_0指代平均有多少人将从一个患有该疾病的人那里感染该传染病，特别适用于所有人都没有免疫力的人群。例如，如果一种疾病的R_0值为18，那么一个患有该疾病的人平均会传播给其他18个人。如果社区中没有人接种过该疾病的疫苗或已经对该疾病有免疫力，那么这种传播将继续下去。一般情况下，可以使用动态变化的有效传染数R_t，来跟踪传染速度的变化。图5-34所示为某地在某个时间段内某流行病感染人数的变化分析。图中横坐标代表日期；纵坐标代表每天公开报告的案例数；黄色曲线代表五天平均值；黄色曲线及英文minhang指代闵行区数据。

假设关键衡量标准为：有效传染数R_t<1至少达两周。

从理论上讲，R_t（指人群中每个感染病例导致继发病例的有效数量）低于1，可以最好地表明疫情已得到控制并呈下降趋势。在人口众多的国家中，R_t在全体人口中可能有差异。

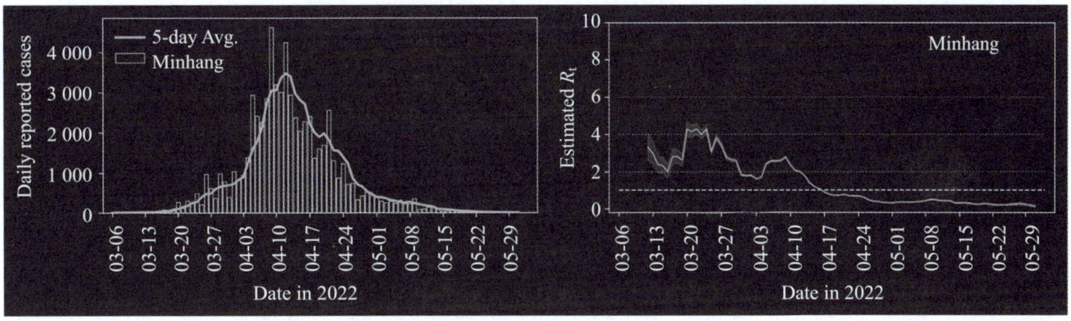

图 5-34　某地在某时间段内某流行病感染人数的变化分析

5.5　社区人工智能推动社区治理创新的应用前景

第4章结语讲到，我们需要解决的所有社区问题几乎都可以归结为一个共同的痛点：解决有限的基础设施和服务能力与高速增长的需求之间的矛盾。有限的基础设施和服务能力可以概括为生产力的瓶颈。有限的基础设施和服务能力可以概括为生产力的瓶颈。人工智能带来的创新，所要解决的生产力瓶颈在于技术要素的不可见部分，即人的知识产生和利用效率已经不能满足现在社区治理和社区民生的需求，依靠人的知识和经验去驱动的基层治理已经达到了效能产出的边界，难以使其以最优的效率运行和协同。受人的经验和知识的限制，以人的主观决策为驱动的基层治理中有很大一部分价值并没有被释放出来。

理解上述问题能帮助人们更好地认知现在不断涌现的技术概念；去理解社区治理为什么要走向数字化和智能化。正如第5.4节中列举的多个社区人工智能赋能案例，可以说明人工智能、大数据、物联网、区块链、云计算等新技术的诞生，本质都是为了提升知识生产力要素和价值交付的效率，提升社区治理能力。

作为一种影响面极为广泛的颠覆性技术，人工智能正在深刻地重构经济社会，大量行业将会面临重新定义，就业结构和社会伦理将受到冲击，政府管理、经济安全乃至全球治理都将会面临人类从未经历过的挑战，社会转型的进程将会进一步加快。

在5.4.4节案例中介绍的服务机器人，可以对社区公共服务和康养等领域的赋能，然而，随着社区机器人在服务业的广泛使用，“机器人正在抢人类饭碗”的恐慌感以及哪些行业的人工将被机器人替代，哪些人更容易或更先面临失业，成为社会的热门话题。尽管有研究机构提出，人工智能的发展将会给人类带来大量新的就业岗位，甚至超过损失的岗位，也依然无法缓解人们的焦虑。

另外，值得关注的是，人工智能的大量普及应用，涉及海量数据的安全等问题，也涉及人工智能应用的法律法规建设和社会伦理规范的调整。对于这些新生事物，人类都必须在实践中逐渐摸索，缺少现成的经验可以借鉴，需要一段学习过程，需要深入研究人工智能与社会发展的关系，把握其发展规律，促进人工智能在健康的轨道上朝着造福人类的方向发展。

很多专家学者以及专业人士对人工智能给社会带来的影响有相当警醒的认识。真正给人类带来灾难和伤害的往往不是技术本身，而是人类自身所犯的错误，即人类错误地运用了技术以实现某种不合理、非正义的利益目标。在技术发展的过程中，必须将人工智能作为单纯的工具来看待，确保必要的法规、监管和社会继续日益完善，以此来防止技术可能造成的灾难。

无论如何，社区人工智能技术在社区治理和社区数字化转型过程中的未来应用前景广阔，例如，语音翻译技术最终将使更多人群受益，让社会更多阶层人口获得实时教育、电子交易、网上投票和娱乐交流的机会与渠道。人工智能技术也将作为人类的助手，显著提高生产力和工作的效率，例如百度等企业已经推出AI助手应用。

在第4.1.2和4.2.1节中，已逐步深入介绍过人工智能技术解决问题的场景可以分为以下几类：一类是面向当下，面对已知问题，又可分为用当前的成熟人工智能技术解决痛点问题，或者运用新技术避免已知问题；另一类是面向未来，面对未知问题，又可分为用现有技术避免未知问题，或者探索未来技术和新模式，即图4-3所划分的四个象限维度。

相对应上述解决可见或不可见问题的场景，目前国内外人工智能技术和应用的发展主要集中在第一类人工智能技术，即解决“可见问题”，这一部分中的技术和应用是实现代替人完成一般性或特定的、重复性高且比较枯燥的工作。例如，近些年医学成像技术不断进步，各种医学影像包括X光、超声波、核磁共振、数字病理成像等都积累了大量医学影像数据。智能医疗影像利用这些影像数据来训练深度学习模型并进行辅助诊疗，实现了对各种癌症早期病变的智能化筛查和识别，提升阅片效率的同时也降低了人工误判。

第二类的人工智能技术，是避免可见问题区域的应用，需要完成人能做但做得不够好的任务。基于深度神经网络的翻译系统、语义理解及对话系统，在一些场景下取得阶段性成功，这标志着人与计算机之间用自然语言进行有效沟通的理论方法取得突破。将来随着上下文的语境表征和知识逻辑推理能力的发展，知识图谱不断扩充，人类将实现通过自然语言进行人机对话，更好地沟通，帮助人类避免烦琐的交互操作。例如，无人驾驶和自动驾驶技术旨在通过传感器系统感知探测周边动态环境，包括行人和车辆的移动信息，道路和交通指示信息以及实时行为和路况信息等，并可根据已设置好的目的地规划最优路线进行驾驶，有能力及时察觉并避免潜在的危险。

第三类的人工智能技术，解决不可见问题，人工智能需要实现能帮助人们了解隐性问题和不可见的机会。随着信息几何级数的爆炸式增长，如何帮助用户在不可见的信息世界用最短时间锁定最有价值的信息是一个很大的挑战。智能搜索，利用大数据环境，通过角色登记、喜好识别、内容语义理解以及信息过滤推送等功能，提供更智能化、定制化和人性化的高效信息检索服务。智能搜索普遍结合语音识别、图像识别、定位功能等，以多种形式被生活服务类智能系统广泛应用，如百度搜图、听歌识曲、高德地图、墨迹天气等产品，智能搜索帮助人解决了对不可见世界的信息掌控问题。

在此区域中另外一个任务是如何利用大数据进行潜在的风险评估。例如，在金融相关大数据中，智能化的征信风控体系的建立对于全方位的风险评估有重要的作用；在医疗相关大数据中，关联最大范围内患者的相关数据和医疗记录来辅助诊疗及健康管理。

社区人工智能技术更应该应用于解决和避免不可见的问题，只有这样才能实现社区治理的创新突破，实现社区治理向智能化和数字化转型。

小　　结

社区精细化治理的需求不断升级，推动和促进了社区人工智能的发展，以及与多种数字技术的融合应用，“人工智能 +”已经成为社区数字化转型的最佳通道，也是智能新社区发展的重要方向。

本章首先介绍了人工智能的三种典型方法，随后介绍了人工智能在社区的应用场景类型。围绕社区治理核心业务价值和创新领域，社区人工智能将在多个业务功能中诞生出不同的重量级应用，本章介绍了社区“人工智能 +”的六类重量级应用，未来还将不断诞生更多适合社区场景、应用协同和跨领域的社区“人工智能 +”的应用，推进数字化转型。本章还通过不同案例进行介绍和佐证，围绕人工智能赋能社区治理创新的不同应用场景展开多方位分析。

在案例中特别介绍了智联网技术在服务型社区中的应用智联网（AIoT）即人工智能物联网（AI+IoT），指的是人工智能技术与物联网在实际应用中的落地融合。得益于 AIoT 的发展，未来社区的数字化场景正不断走进人们的生活。

本章还介绍了人工智能如何应用于解决和避免社区可见问题，以及如何发现、解决及避免不可见问题。目前，需要解决的生产力瓶颈在于技术要素的不可见部分，即人的知识产生和利用效率已经不能满足现在社区治理和社区民生的需求，依靠人的知识和经验去驱动的基层治理已经达到了效能产出的边界，难以使其以最优的效率运行和协同。受人的经验和知识的限制，以人的主观决策为驱动的基层治理中有很大一部分的价值并没有被释放出来。这主要体现在对知识获取的速度、能力的深度、应用的规模化三个方面的瓶颈。

第 6 章 从数据到知识：基于人工智能的社区画像实现治理效能评估

人工智能研究的出发点是知识，凡是包含或带有知识的，都属于智能系统。传统的数字系统结合智能系统，即两种系统的融合，是新一代数字技术的应用。数字技术起源于信息技术，其进一步发展，也离不开信息技术作为前提。

同时，随着智能化应用的逐渐增多，如何评估社区治理智能化的水平和成熟度，如何应用人工智能技术进行社区治理效能评估，也是目前重要的研究方向。目前我国关于社区治理智能化的成熟度和绩效评价的理论研究尚处于初级阶段，还没有完全统一标准的评价方法。因此，为了有效地规范社区智能化过程中的资源配置，提高现有资源的利用效率，对社区智能化应用本身的评测和社区治理效能进行有效测评的相关探索和应用已越来越多。

本章是人工智能技术的集成应用于基层社区治理的一个综合案例讨论，是集成了前几章介绍的概念和技术的集成案例应用。首先，介绍针对社区信息化和智能化建设应用本身的绩效评价标准，主要针对自上而下的社区智能化建设与管理的一种评估方法；其次，介绍了基于数据采集和分析技术的社区治理效能评估系统，从而实现对社区整体治理效能进行有效测评，主要是针对自下而上的社区自治组织和活动的一种评估方法；最后介绍了基于人工智能技术和数字孪生的社区画像，即社区数字孪生系统。这三部分的案例介绍正是循着2.1.1节所述的数字技术主要发展脉络的三个阶段：信息技术、数字技术、新一代数字技术，基于社区基层治理的应用需求和功能架构进行讨论，看社区信息化到社区人工智能的三个发展阶段：从数据到信息再到知识的应用过程。

6.1 社区数字化转型的基础能力成熟度评价

准备引入人工智能技术和应用、推进数字化建设的社区，需要先对自身的基础能力成熟度水平有清晰的判断和评测。社区应该对自身的技术成熟度定期进行评估，以评估向智能化转型的成熟度，以及与人工智能技术和应用供应链管理相匹配的能力。成熟度模型是对现有社区治理数字化系统和智能化转型进行描述的重要工具。成熟度一般可以被定义为事物发展的状态，意味着从最初阶段到立项阶段的演变过程。目前在社区智能化领域尚未有通用的衡量标准出现。自2012年起，上海、北京等城市相继启动智慧社区建设，开启了社区智能化和数字化的推进与转型。国内外都已经有了多种智慧社区建设的探索，但侧重点各有不同，部分国外的智慧社区建设主要以绿色能源、环境保护为主；我国智慧社区建设既考虑了社区绿色生态的发展，同时也着重于提升社区服务能力为主。由于国情不同，国外的建设经验仅有一定的借鉴作用，更需要进一步自行探索和创新。智慧社区也好，智能新社区也好，都属于前沿事物，尚无统一标准，本节介绍一些现有的评估标准。

随着各城市相继启动和落地智慧社区建设，为了设立社区信息化或智能化水平成熟度衡量标准，各地均推出智慧社区的评价指标体系，用以衡量社区是否具备智慧化条件的指标。现有的成熟度衡量标准通常更多的是对信息化程度的衡量，虽然未涉及全面而深度的智能化，但是，信息化是智能化的前提之一，信息化的成熟度评估对智能化的实现具有重要意义。以下简要介绍几种衡量社区智能化程度的方法，为社区智能化转型提供基础判断方法。

6.1.1　智慧社区智能化水平评价方法

本节介绍的是智慧社区智能化水平评价方法，是中国电子工业标准化技术协会发布的T/CESA 1135—2021团体标准《智慧社区智能化水平评价方法》，该方法遵循开放、公平、透明、协商一致和促进贸易和交流的原则，按照在全国团体标准信息平台公布的《标准制定程序文件_CESA》制定。可以作为社区智能化水平的评价参考，有利于推动基层社区在转型数字社区，进行智能化评价时统一评测标准。

该方法规定了智慧社区智能化水平的评价内容与评价过程，制定了智能化水平等级定义与判断方法；为智慧社区中主要部署的智能化系统软硬件系统、智能服务水平等级评定提供一致性、公正性的评价依据；适用于智慧社区开展智能化水平自诊断；适用于第三方测试机构实施智慧社区智能化水平等级评定等。

该方法从社区管理软件系统评价指标取值标准、社区基础建设评价指标取值标准、社区智能服务评价指标取值标准等方面设计了衡量标准，并可以通过所设计的评分方法、计算方法和定级方法对社区智能化水平进行定级。

这样的尝试，有利于推动智慧社区智能化评价指标走向统一化、规范化，可以推进智慧社区通过智能化水平提升走向新型数字化转型。

6.1.2　智慧社区建设的评价指标体系

本节介绍另外一种评价方法，即智慧社区建设的评价指标体系。随着各城市相继启动和落地智慧社区建设，各地均推出智慧社区的评价指标体系，用以衡量社区是否具备智慧化条件的指标。早在2014年住建部推出了《智慧社区建设指南（试行）》，其中也涉及了评价指标体系设计，该评价指标体系覆盖了四大维度，包括智慧设施、智慧治理、智慧服务、智慧生活等，简单介绍如下。

①智慧设施：遵循总体规划、分步实施、集约化的原则，充分利用现有资源，注重智能绿色、节能、节水以及室内外环境保护，注重水资源和可再生能源的综合利用，统筹社区宽带、

无线、微电网、安防监控以及各类传感器建设。

②智慧治理：在政府“重心下移、权力下放”的政策指引下，结合社区自治、社区自我管理的要求以及政府基层治理的需求，充分发挥社区便民优势与窗口作用，从方便居民办事的角度建设“智慧的治理”。

③智慧服务：遵循“需求推动、资源整合”的原则，以居民的实际需求为驱动，以开放体系推动政府公共服务资源和社会资源的整合，增强物业小区服务品质，为公众提供创新的服务，引导社区建设“智慧的服务”。

④智慧生活：充分利用智能手机、穿戴设备、智慧家居等个人信息化终端，以居民社区为结点，以主题社区为补充，为居民生活提供全方位的服务，倡导社区建设绿色低碳“智慧的生活”。

覆盖以上四大维度的智慧社区评价指标体系涉及保障体系、基础设施与建筑环境、社区治理与公共服务、小区管理与便民服务和主题社区等六个领域即六个一级指标；具体再分为23个二级指标，如总体设计、管理模式、信息基础设施等；再细化为87个三级指标，如数据、网络、组织、政策和资金保障等。同时结合我国社区发展现状，可以将三级指标归纳为26个控制项、43个一般项和18个优选项。

以上指标覆盖比较全面，在实际评测过程中可以根据实际评价社区的具体情况进行取舍。一般来说，评价指标体系的设计要遵循前瞻性、可操作性、可扩展性等原则，便于今后随着技术和治理要求的升级而扩展更新，可根据实际情况对指标体系进行补充、完善和修订。

6.1.3 基于多层次灰色评价模型的社区智能化绩效评价研究

如前所述，没有科学测评，就无法了解社区智能化建设的整体绩效水平，也无从得知社区智能化进程中存在的薄弱之处，容易造成资源浪费、重复建设等问题，阻碍社区智能化建设的总体进程。

因此，也有学者以灰色理论为基础，结合熵值法处理评价体系中各个指标的权重，通过构建社区智能化的多层次灰色评价模型来评价社区智能化绩效，尝试对我国社区智能化建设及其评价提供一定的理论指导。本节仅做概念性介绍，不详细展开。

由于社区智能化绩效评价是一个信息不完全的复杂多因素综合决策问题，评价指标既有定性指标（又称灰色指标），也有定量指标（又称白化指标），各指标因素之间本质上是一种灰色关系。灰色系统理论由我国学者邓聚龙教授于20世纪80年代初提出，当系统具有时序短、数据少、信息不完整等特点时，用这种方法进行建模与分析时具有较好的优势，因此在预测、决策、评估、规划、控制、系统分析与建模等领域得到了广泛应用。多层次灰色评价方法的计算过程可简单概括，如图6-1所示。

多层次灰色分析法比较适用于数据不完整或不充分的情况，对数据要求不苛刻，而社区智能化绩效评价属于信息不完全的复杂多因素综合决策问题，各指标之间存在着灰色关系，因此采用多层次灰色分析法进行社区智能化绩效评价是可行的。

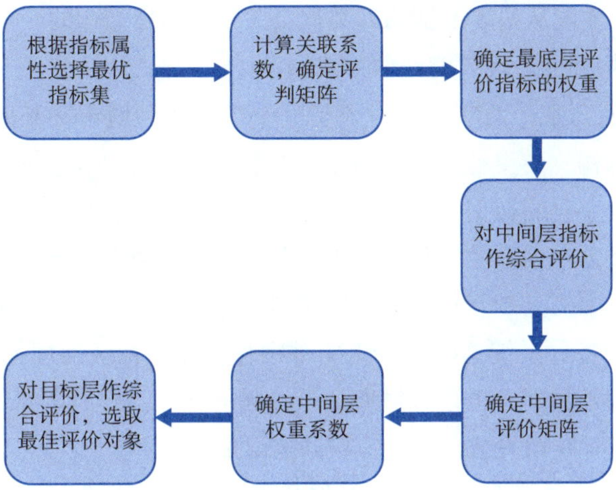

图 6-1　多层次灰色评价方法的计算过程

6.2　社区治理效能评估系统设计和应用

社区治理从整体而言，既有自上而下的行政管理和建设，也有社区居民参与和自治，都是不可或缺的部分。在6.1节介绍的智慧社区智能化水平评价方法和智慧社区建设的评价指标体系等，是针对自上而下的社区智能化建设过程中的评价体系。本节探讨社区治理中基于基层自治组织和自治活动的数据评估指标和评价体系，这是面对自下而上的社区自治组织和活动状况的评价系统，也是更为创新、更适用于人工智能和大数据分析的一种社区治理效能指标评估和分析模式。

6.2.1　社区治理效能评估系统的应用背景

社区治理效能评估系统，对应于党的二十大报告提出的“完善社会治理体系。健全共建共治共享的社会治理制度，提升社会治理效能”，是对基层社区的治理效能评估应用，是基于社区大数据与效能模型算法，对社区治理效能进行智能化分析与评估，是人工智能技术下沉社区的典型应用。

在创新社会治理的背景下，社区自治、社区服务日渐成为基层社区重要的治理工具，社区自治能力和服务能力成为基层政府治理能力的核心组成部分。面向今后一定时期的社会治理创新需要，作为社区治理工具的社区自治和社区服务，应该同相关治理理念、要素、任务等进行结合，并通过“多元化社区属性分析+社区分析工具+社区治理效能评估系统”来拓宽社区自治和社区服务更大的发展空间，发挥更好的社区治理功能。这将成为创新社区治理背景下，社区自治和服务重要的发展方向，也是社区治理效能评估系统的关注点和着重点。

此外，通过对网络数据的采集和分析，利用智能算法分析和预测舆情走向、分析社区情况和居民关注热点等，是现在人工智能技术的实践之一，即社区人工智能应用是实现治理的一种工具和手段。从基层社区治理的角度看，人工智能等数字技术为基层社区治理带来的创新，既是一种赋能机制，更是一种推进、助力机制。人类在自然科学领域的发明和成果在社会学和更多领域得到创新应用，才能从根本上推动人类社会关系和治理结构的变革和优化。

1. 社区数字化重构社区治理效能评估方式

随着数字化时代的到来，数字技术对人类的生活方式、城市和社区治理、企业运营实现了全方位、智能化的重构，使得社会趋向数字化，数字趋向社会化。对于社区治理者和居民而言，必须要面对社区数字化的转型，而社区居民自身信息和行为的“数字化”是首当其冲需要面对的。作为社区居民，在当今数字化趋势下，每个人从日常生活到工作内容到每日行程，从邮件或信息往来到朋友圈的点赞互动，从新闻浏览记录到步数记录和足迹地图，几乎每个人的衣食住行等行为都在被各种系统精确记录走向数字化；作为社区治理者（如小巷书记），他们的决策和管理行为既基于数据，也被数据所记录；同样，数字政府意味着政府的每个流程、每项决策、每个文件及其所有相关结点都成为数据被记录。

社区数字化的转型，意味着数据的多元化和多模态。如果说在信息时代的初期，与社区居民及成员相关的主要数据还都由政府保存和管理，那么随着科技进步至今，企业、各类机构和社会组织等掌握的社区各类数据，可能已经和政府的数据规模不相上下。所以，企业数据可以和政府数据互相印证。例如，电商交易量可以和社会零售业总额交叉检验，自媒体则成了主流媒体不可缺少的补充，并记录了大量影音数据，并且这种趋势将随着社会治理的精细化日趋明显。

社区治理参与方的多元化意味着数据越来越公开化。目前，信息公开已成为一种常态和标准流程，不能公开的信息也需要明示理由，并逐渐从信息公开走向数据开放。而企业、社会组织、新媒体等的数据更活跃、更原生、更倾向于公开。信息和数据来源的多样性也倒逼着数据公开：如果某一数据源不开放数据，而这一数据又是公众所需要的，其他来源的数据将会逐步替代这一数据源。

因此，社区数字化的发展使得社区治理效能评估方式得以重构，从传统的人工记录和主观考核，走向通过数据和分析进行智能评估和全方位考核。

2. 以数据为基础实现社区治理效能评估精细化

数据的多元化和多源化，使得数据具有更好的透视性，也使得数据分析愈加精细化和科学化，可以数据为基础，实现社区治理效能评估精细化。

社区分析工具基于社区治理角度所进行的数据采集，来源多样且具有大数据样本的特征，基本不受人为因素影响，能够客观、全面地挖掘出数据的本质。同时，智能化工具的多样性使得所采集的数据和分析的结果具备可验证性。即使某个数据模型计算不够准确或出错，或人为地对数据分析过程施加了不当影响如调整权重等，也可以通过第三方系统，从其他数据源进行分析比对和验证，如官方统计的社区人口情况可以跟物业、社区电商等所拥有的数据比对，或者与区块链等新技术结合防止数据作假。可以互相印证数据分析结果的可靠性及真实性，以数据为基础获得最大共识，得出真实的社区治理效能评估结果，这也是本章既要讨论自上而下地从管理角度出发的社区智能化评估方法，也要讨论自下而上地从自治和服务角度出发的社区治理效能评估方法的原因。

而大数据、人工智能、区块链等数字技术是获得真实数据、科学结果的前提，可以实现数字化社区治理效能评估。即以数据为基础，实现科学、精细、规范、标准的社区治理效能评估系统。

当然，采集和应用社区大数据既要防止数据隐私泄露、数据歧视等问题，持续进行数据治理，也要纠正“多数错误”。

6.2.2　社区治理效能评估系统

实际上，社区治理的智能化实现并不容易，需要应用到相关人工智能技术，例如深度学习、知识图谱等；也需要普及性教育来引导社区居民对新技术的接受和应用。人工智能可以代替部分人工工作，例如，无人机、智能导航、服务机器人等，那么在社会治理领域，如何基于大数据和人工智能技术实现社区治理的效能评估系统呢？这是研究社区治理效能评估系统的起因。

在社区治理效能评估系统中，结合人工智能应用，把社区的各种活动数据、基础信息、行为数据和知识、法律法规等输入给系统进行学习，使得系统对社区治理的标准体系、对社情民意等相关条目条例的知识储备具有相对完整性、准确性、一致性，并基于从多源的社区数据抽取、分析得到的数据和特征，通过机器学习和建模等，提供比较准确的评估结果，从而实现不断学习、实时更新、多维透视的评价方法和系统。

同时，系统的评价方法和评价结果也可以形成一种制约，这种制约不仅是对治理者的也是面对全体社会成员和参与方的。因为系统评估方法可以实现标准化和数字化，从而使得社区治理效能评估结果科学、一致和公正。

本节介绍的社区治理效能评估系统，是由作者带领团队自主研发的，对社区治理、社区服务、居民参与自治或服务情况和状态的大数据实时采集和智能分析系统，具有较为普适的参考意义。

1. 社区治理效能评估系统设计需求

社区居委会、各类公益和服务组织在大数据平台或手机应用端发布社区活动和社区信息、进行社区调研和走访，获得居民实时反馈的需求数据或社区活动参与数据，可以通过以上居民真实与动态的数据以及社区传感器数据进行采集和分析，对社区治理工作进行效能评估。

社区居民和志愿者通过微信公众号或手机App报名参与活动或进行评价反馈、需求反馈等，并可通过微信公众号或App申请成为志愿者，参与各种公益活动获得积分，可以公益积分兑换奖品，共同参与社区自治和社区微更新。通过效能评估系统，以及传感器采集的数据和手机端应用，即可吸引更多居民参与自治成为志愿者，并为志愿者建立“时间银行”，把今天作为志愿者贡献出来的时间存储到未来获得服务。

社区治理效能评估系统基于一张图、四个社区模型（即感知社区、健康社区、温暖社区、共享社区），实现社区创新治理，实现重点区域特殊人群管理（如残疾人、老年人等）、社区自治、社区共建、社区互助，并建设了社区效能评估系统的大屏展示系统。研发本项目，一方面是设计与加强对基层社区治理的大数据分析模型，并且根据居民反馈和活跃的指征分析潜在需求，更好地为居民提供社区服务，打造智能新社区；另一方面降低了街镇社区基础数据采集与管理复杂性，使得数据获取及服务流程监督更加灵活和高效。

2. 社区治理效能评估系统研究目标、面向对象及规划等

（1）研究目标

本系统研究目标是以提升社区治理和公益活动管理效率、社区需求精细化分析、居民参与社区自治、社区活动信息公开和政策解释等为基本服务内容，以建设基于人工智能的社区治理效能评估系统为核心，有效整合社区和公益服务资源，提高小区自治程度，提高民生服务水平为目标，推进社区创新治理。

（2）使用对象

本系统的使用对象包括：

①针对社区工作者和第三方公益及服务组织（如居委会工作人员和社工等）：提供社区活动和服务发布、投票等平台。

②针对社区居民和志愿者：提供活动报名系统（微信公众号对接和App均支持）。

③针对社区走访工作者：提供社区分析工具、社区走访和调研的电子化版本，通过走访实时采集数据和信息，掌握社区基础资料，以及社区居民和基层社区治理者的一线需求。

（3）规划内容和计划实现的功能

基于前述研究目标，本系统规划实现以下内容：

①建设活动发布系统：实现各居委会、志愿者组织、社工组织、第三方组织的统一活动发布系统，可以与各居委会微信公众号对接。本系统实现社区统一活动发布和汇总平台，有独立展示和分析系统。可以对接社区分析工具，实现活动统计、分析和对比功能，并实现对服务或活动反馈和评价功能，基于治理效能评估指标，对自治活动和社区服务进行反馈和评价，从而实现对社区治理工作效能评估。

②手机端应用：实现社区居民和志愿者通过下载手机App，通过App或微信公众号参与活动、服务、签到等；同时，通过获取到的居民及志愿者参与活动服务、签到、积分等数据信息，可以筛选和分析出各类活动服务的参与情况和特征，根据分析结果，可以更好地提高和完善社区活动质量和种类。

③实现社区分析工具、社区调研电子问卷的发布和数据采集分析功能，并实现对活动和服务进行反馈和评估等功能。

④通过智能算法，对社区治理效能进行建模和分析，并进行展现。

根据以上规划的内容，希望实现社区治理效能分析和评估的以下各项功能，并实现展示系统及演示中心，如图6-2所示。

3. 社区治理效能评估系统建设情况和已实现功能

历经数年在基层社区的实践应用，本社区治理效能评估系统得到持续的完善，在推进社区资源有机整合、居民共治共建共享互助过程中，以数字科学和智能科学为基础，给予基层社区相当程度的支持，助力社区工作者获得与实现创新社区治理的方法。本系统的部分功能介绍如下：

（1）统一的社区活动和服务云平台

实现了统一的社区活动和服务发布和管理、时间银行与积分商城、基层自治活动管理、投票功能等。整体架构如图6-3所示。

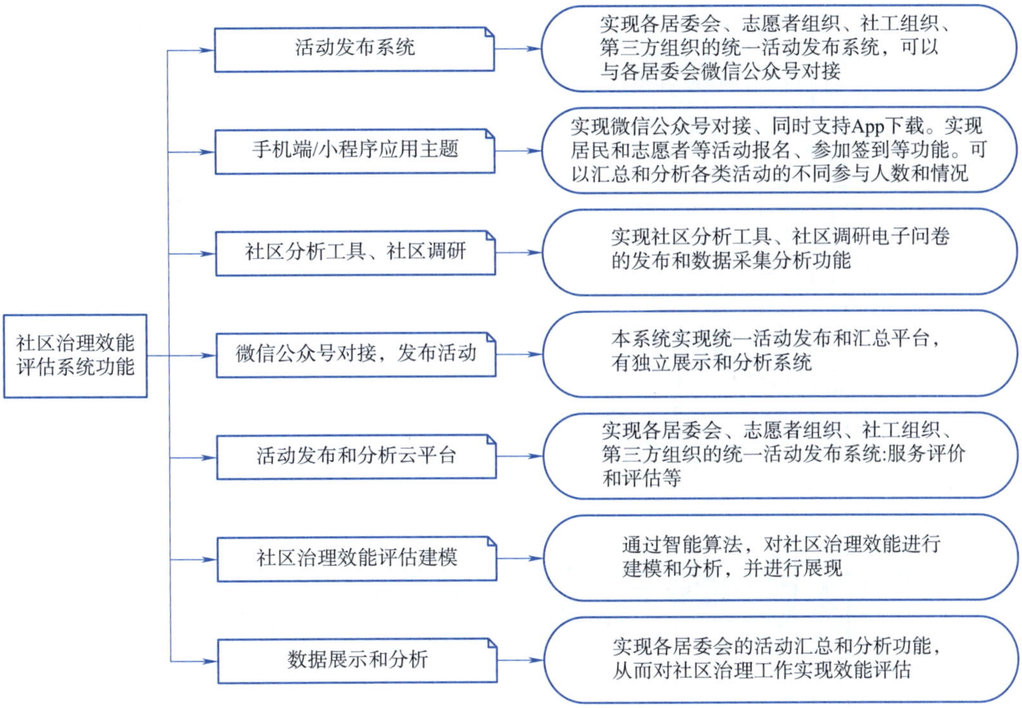

图 6-2　社区治理效能评估系统的功能

社区治理效能评估系统的云平台登录首页如图6-4所示。

①活动管理：主要包括社区活动、公益活动、健康驿站、社区食堂等功能。社区活动/公益活动：通过发布各类不同的社区/公益活动，使居民参与到社区中，提高社区活跃度；健康驿站：可以发布健康服务相关信息供居民查看；社区食堂：可以每日发布不同的食谱，供居民查看，如图6-5所示。

②积分管理：主要包括积分标准、积分查询和积分统计等功能。积分标准：通过设立不同的积分标准，鼓舞和奖励居民参与到社区活动中，增加社区黏性；积分查询：查询居民积分，并且适当情况下调整居民积分，尽可能地保证公平性；积分统计：汇总积分数据，为大数据分析提供基础数据。

③积分兑换：主要包括商品类目、礼品展示、公益商城、爱心商城、兑换确认等功能；积分兑换设计的目标是为了让居民共同参与社区自治和社区微更新，通过积分来兑换居民心仪的商品，从而提高社区活跃度，打造全民参与的社区氛围。居民通过参与活动、每日签到等获得积分后，换取礼品。商品类型分为公益商品和爱心商品，公益商品面向全类型居民，爱心商城主要面向特殊人群，如残疾人等，如图6-6所示。

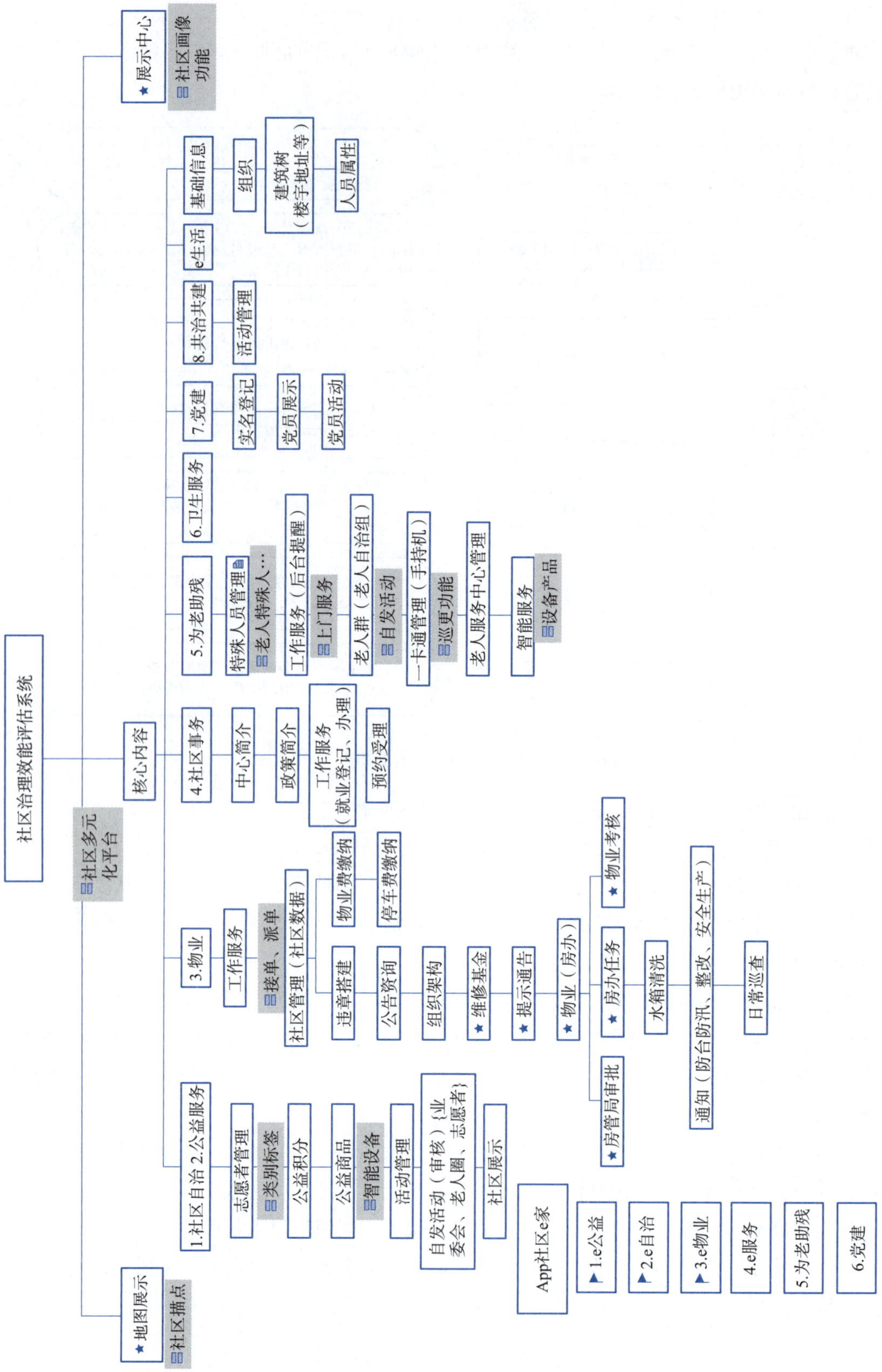

图 6-3 社区活动和服务云平台整体架构图

图 6-4　积分兑换

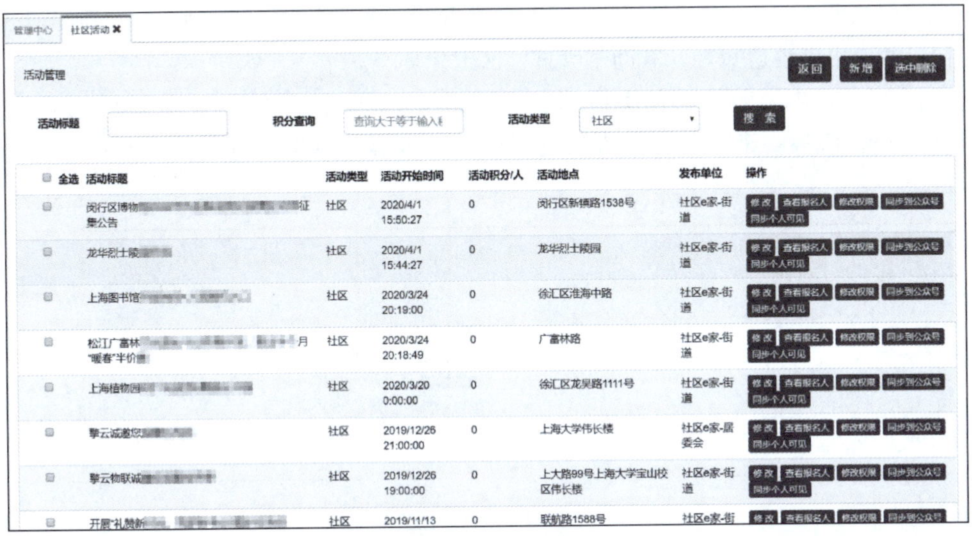

图 6-5　活动管理

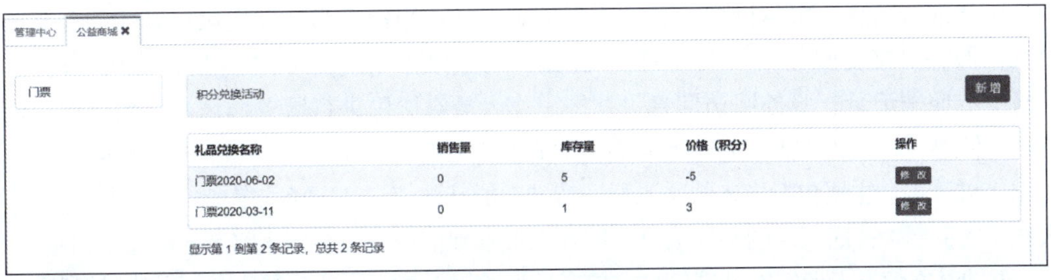

图 6-6　积分兑换

④基础资料：主要包括居委会管理、居委会工作人员、志愿者审核、社区用户、志愿者名单、更改资料审批、小区管理、居委会行政架构等功能；本模块的功能主要是便于社区工作者

管理工作人员、查看社区用户、更改社区用户基本审批信息等。

⑤公告通知：主要包括问题反馈、公告通知、用户咨询等功能。问题反馈：居民可通过微信公众号或者手机App对社区问题进行咨询，社区工作人员就该问题进行回复和反馈；公告通知：通过发布公告和通知，告知居民当下有哪些新政策和信息等；用户咨询：居民可通过微信公众号或者手机App向社工发起提问，社工实时解答，如图6-7所示。

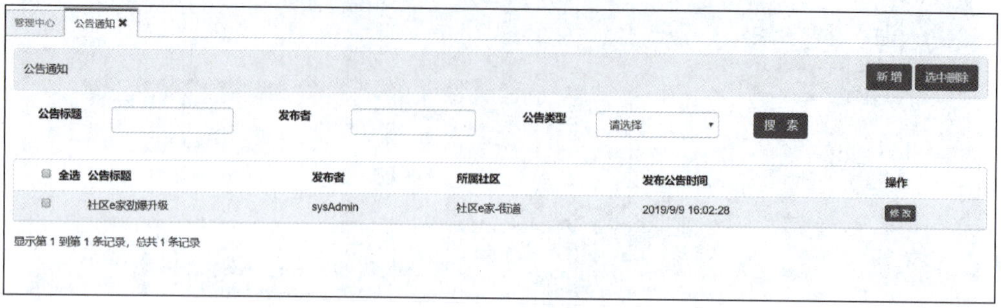

图 6-7　公告通知

⑥垃圾分类和清运：主要是垃圾箱分类管理功能。通过相关传感器实现，在地图上进行垃圾箱定位，并发出满溢通知等，有助于管理社区卫生环境。

⑦公益配送：主要包括配送类目和配送物品等功能。配送类目：设定配送的标签，使居民按需求选择服务；配送物品：发布配送的具体内容，供居民查看信息并参与，如图6-8所示。

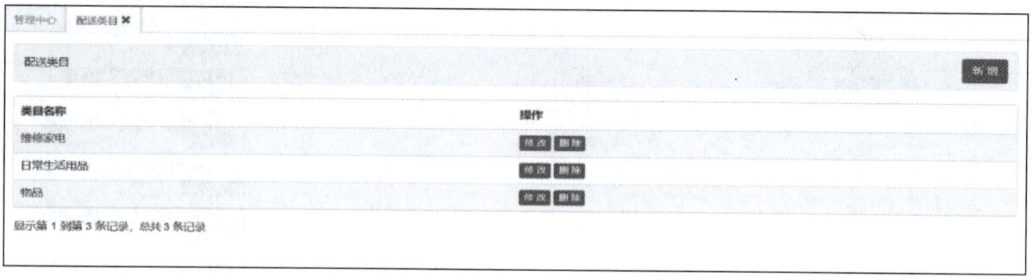

图 6-8　公益配送

⑧服务场所管理：主要包括服务场所组织架构、服务场所信息、服务签到信息、上门照护信息、服务回访信息、服务机构信息。服务签到信息：当社工为居民提供社区活动和服务时，居民前往服务点接受服务，从而生成相关记录；上门照护信息：社工为居民提供上门照护服务，将生成照护记录；服务回访信息：社区工作人员对居民进行服务回访，将生成回访记录；服务机构信息：社区工作人员可以登记好该社区所有的服务机构信息，如图6-9所示。

⑨人群管理：主要包括导入特殊人群、特殊人群基础信息、老年人基础信息等功能。导入特殊人群：批量导入特殊人群的基础信息；特殊人群基础信息：单个导入特殊人群基本信息，查看特殊人群的基本信息；老年人基础信息：单个导入老年人基础信息，查看老年人基础信息。

⑩劳动驿站：主要包括劳动保障、创业政策、办事指南、办事直通车；该模块功能主要是提供给社区工作人员发布就业信息，供居民查看。

⑪帮助与支持：主要包括问题反馈和帮助支持。当社区工作人员或第三方组织发现系统问

题时，可以通过该功能发起反馈，系统维护人员将快速解决并反馈给发起问题的人，如图6-10所示。

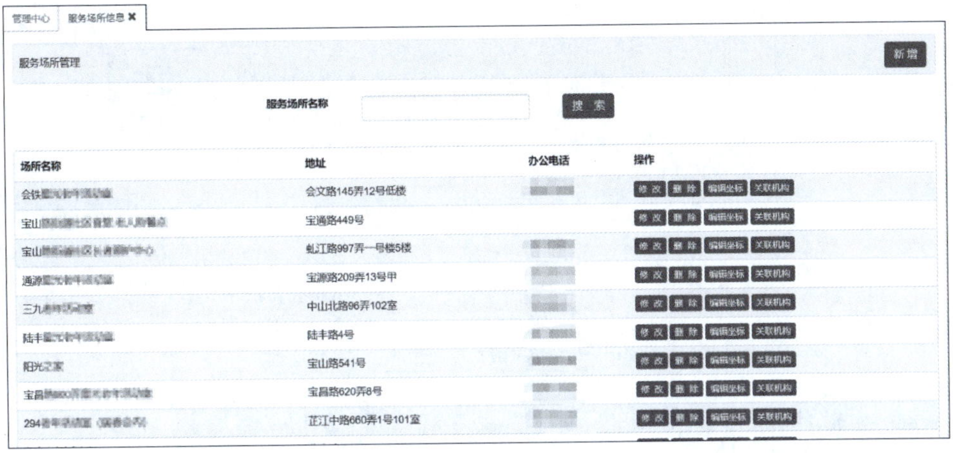

图6-9　服务场所管理

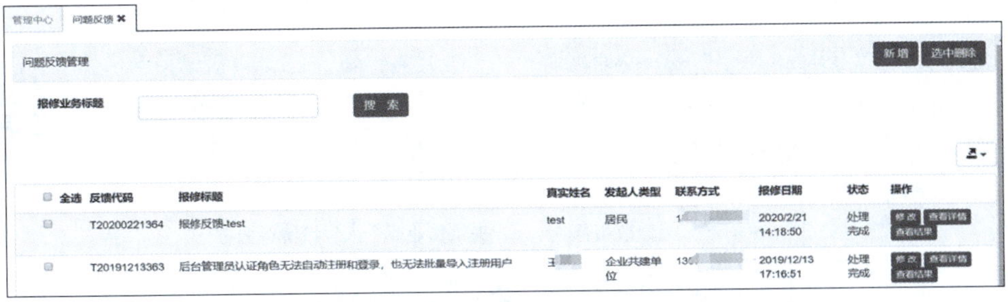

图6-10　帮助与支持

⑫审批：主要包括预约服务审批和流程审批等，可查询、查看详情、审批，如图6-11所示。

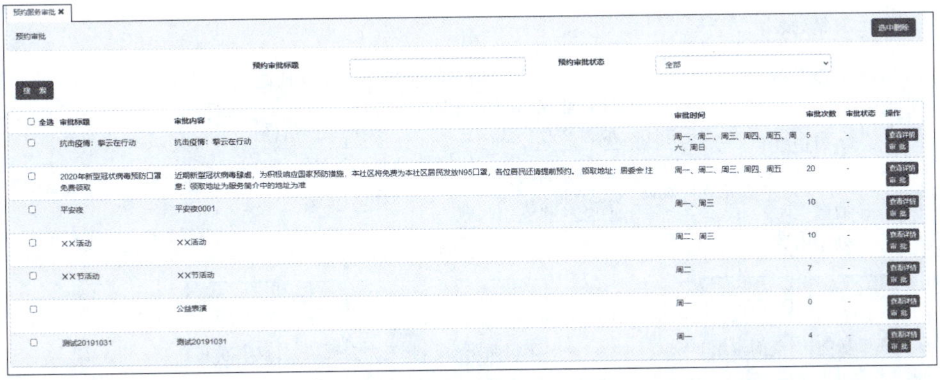

图6-11　审批

（2）移动端应用“社区e家App”参与活动服务及签到等

与社区治理效能评估系统云平台相配套有“社区e家App”移动端应用，其架构图如图6-12所示。

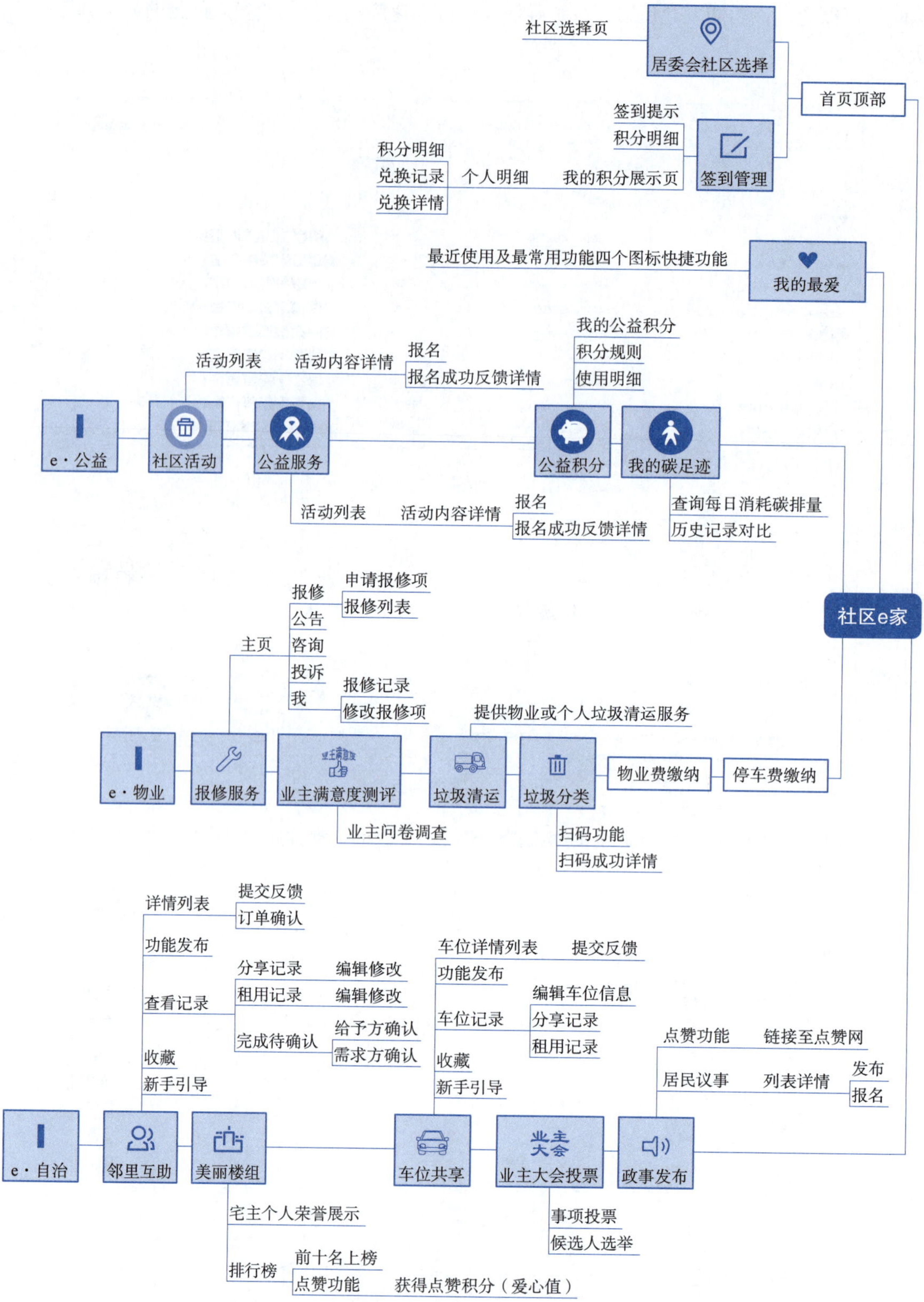

图 6-12 “社区 e 家 App”架构图

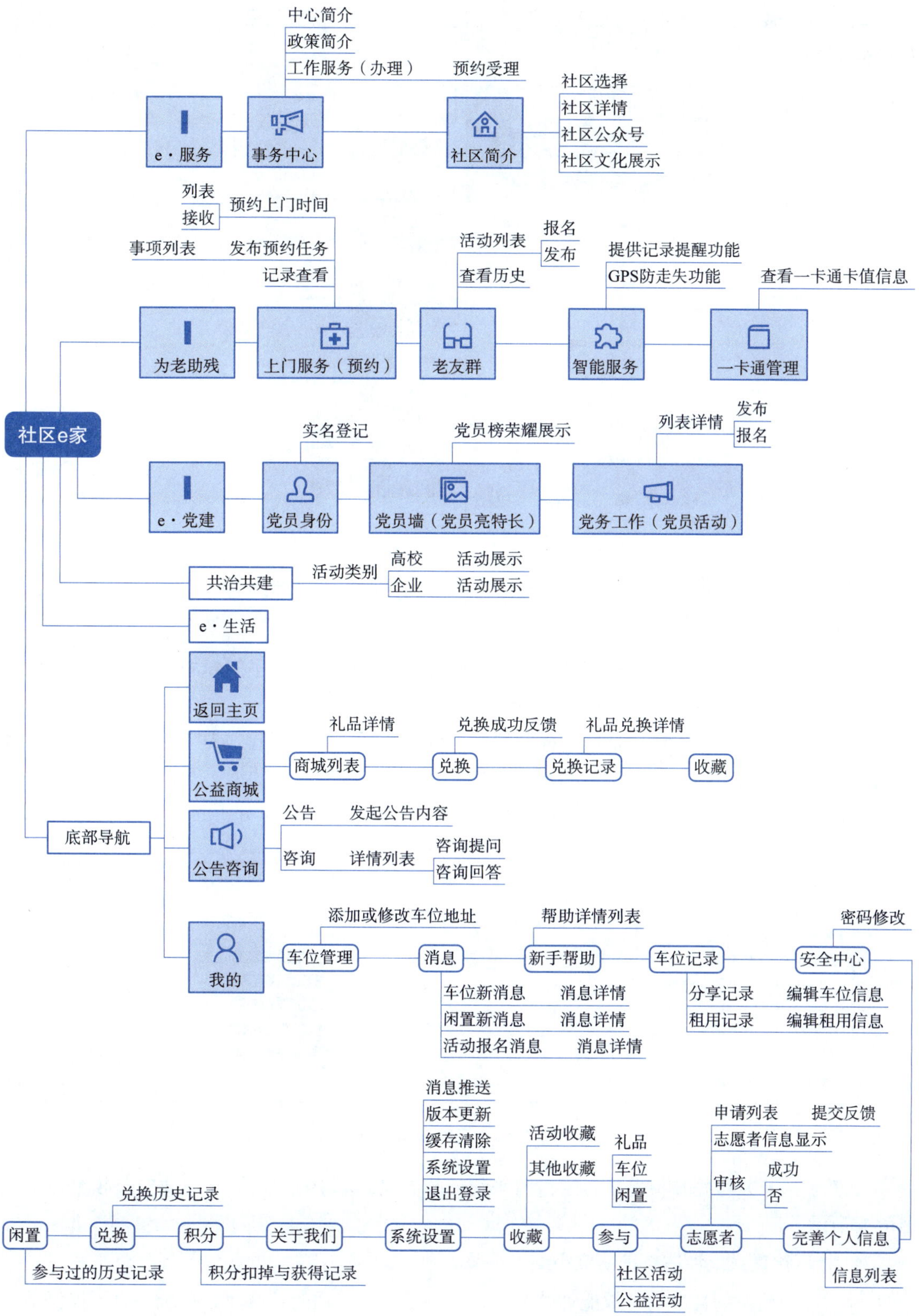

图 6-12　“社区 e 家 App”架构图（续）

居民可在微信公众号或通过二维码下载安装移动端应用“社区e家”App，并使用相关功能，如图6-13所示。

图 6-13　“社区 e 家 App”手机应用参与活动服务及签到

（3）初级社区画像应用

初级社区画像应用初步实现了社区基础属性分析、社区调研电子问卷的发布和数据分析等功能，可以作为后续基于人工智能的社区画像数字孪生应用的基础。

①问卷调研管理：主要包括问卷提交情况、数据分析、发布问卷。提交情况：即发布到微信公众号或者手机App的问卷，统计居民填报数据，填报情况汇总分析；发布问卷：设计并发布问卷，供居民参与；图6-14所示为在云平台查看问卷调研数据汇总分析的界面。

管理中心　数据分析

选择题数据分析

调研问卷名称	操作
上海市社区服务基本情况调研问卷	填空题分析　选择题分析
上海市社会组织参与社会服务创新与发展调研问卷	填空题分析　选择题分析
“不忘合作初心 继续携手前进”主题教育活动问卷调研	填空题分析　选择题分析
【疫情防护】体温和外来申报	填空题分析　选择题分析
【疫情防护】体温和外来申报	填空题分析　选择题分析

显示第 1 到第 5 条记录，总共 5 条记录

图 6-14　问卷调研分析

②数据采集及数据建模分析：通过对采集到的数据，基于社区分析工具进行建模分析，如图6-15所示。

4. 社区治理效能评估系统研究小结

经过多年研发的社区治理效能评估系统，并不是一个普通的社区政务系统，也不仅仅是一般的网格化管理平台，其创新点是基于社区创新治理视角下的大数据和人工智能应用，在顶层架构设计时考虑了社区多元化参与和多元化诉求等内在关联性，因此设计了符合社区多元化主体参与的多系统多通道，同时底层服务和数据又互相关联连通。优势特色是以基层社区为单位进行活动和服务发布，社工发布的活动、公告、服务等所有内容，都是以基层社区为单位的，不同街镇和居委会发布的内容各自独立，这个特点与市场上目前现有的通用预约和活动流程不同。

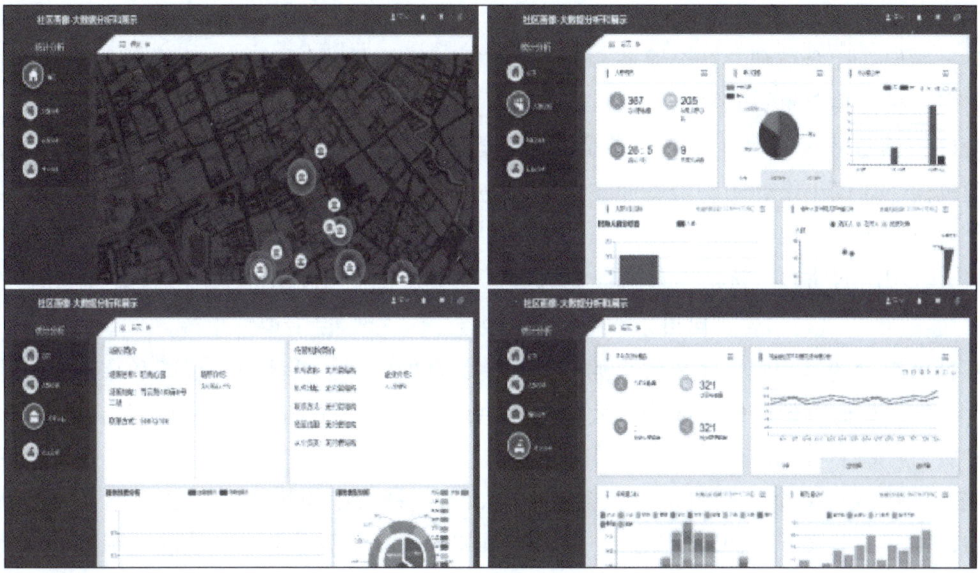

图 6-15　数据采集及数据分析

系统中各个模块和应用内部互联互通、数据共享，起到了互补和相互呼应的作用；兼顾考虑到了各方使用诉求，包括居民、社区管理人员，特别是为社团和公益组织服务人员提供了服务平台，保障了社区创新治理的多元化参与诉求。这是保障社区多元化关联方参与社区治理和社区服务的重要后盾之一。

本系统可以实现各基层社区的活动汇总和统计分析功能，从而对基层社区治理的服务流程和环节实现效能评估，并可以配套对接大屏系统等实验和演示中心。可以作为基于人工智能的社区画像数字孪生应用的基础和组成部分。同时，也实现了基于互动行为的社区自治数据评估指标设计，下面进行详细介绍。

6.2.3　基于互动行为的社区治理数据评估指标设计

随着新型社区体制的建立和不断探索，以及社区治理体制的改革，我国城市基本建立“区-街道-社区”三级治理体系，科学划分街道办事处、社区职责范围。街道办事处主要承担行政事务，社区主要承担服务基层群众和群众自治事务。同时，以网格化管理为引领，重点推动警务、城管、文化、卫生、民政、劳动社保等各方面力量进社区；推进社区多元化力量参与；推动网上行政审批服务平台向社区延伸，将网上公众办证业务前移到社区；探索推行社区工作人员社会化聘用制，以及社区群众、群体机构参与的治理效能评估办法；做大社区公共服务、市场化服务和志愿服务体系，增强居民自治和服务功能。

因此，需要仔细规划在社区治理效能评估系统中，基于互动行为的社区治理数据评估指标应该如何设计。下面基于在某地某街道进行的社区治理效能评估试点的案例进行简单分析，可以帮助大家了解社区中不同的自治组织、服务机构、社区活动、社区服务和组织方式，以及会呈现什么样的指标形态。

1. 基于互动行为的社区治理数据来源：社区自治与社区服务

在设计基于互动行为的社区治理数据评价体系和数据采集时，需要首先考虑社区中自上而下的社区建设和社区管理如何与自下而上的社区自治与社区参与相融合，社区如何实现自体良性循环，如何在社会福利、社会服务、环境保护、社区空间规划和经济发展、社区文化建设等领域实现社区公共产品的提供。

社区自治是社区治理过程中不可或缺的环节。社区中包含许多社会组织和居民自治组织，如公益机构、居民小组、团购群、业主大会、物业群等，依据社区自组织发展成熟度程度不同可以分为不同阶段，也可以根据组织覆盖人数的多少进行大中小型自治组织的划分。在每个阶段，其所表现出的能力、特征以及表现形式也有明显的差异和特点，需要进行合理评估。

2. 通过社会组织和居民自治组织行为互动数据建立社区自治评估指标

在社区自治的过程中，需要解决的问题之一就是如何评估社区公益组织和自治组织的成熟和适合程度，如何有效评价社区购买公共服务的有效性，只有精准评估了政府购买社会服务项目，才能了解哪个项目更有效、更值得投入。

当社区中拥有多个公益组织和社会组织时，这些社会组织每年在社区可以自发举办上百场活动，并有线上线下多种沟通渠道。这就涉及如何智能化对活动进行追踪、跟进和评估，所以，社区治理效能评估系统开始试点将活动及服务过程的追踪进行全面网络化和智能化。通过社区治理效能评估系统相应功能及配套的“社区e家”App设计和应用，以此进行过程数据的收集和分析。下一步根据社区自治和社区服务维度，建立相应的社区自治与共建的指标，如图6-16所示。

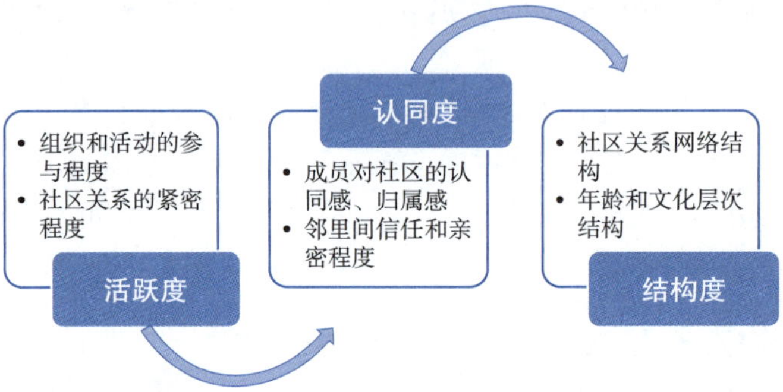

图6-16　社区自治与共建的指标维度

（1）社区自治的评估指标设计

通过“社区e家App”应用，可以获得社区自治和社区服务的数据和情况，通过数据采集、评估和算法应用，形成一个正向的循环反馈，即系统在数据采集后进行智能分析，向社区工作人员提供更多反馈和支持，并能初步评估出优秀和高效的公益组织和服务机构，给予它们更多的正向鼓励和支持，最后形成有效的循环和反馈机制。

评估业务流程设计如图6-17所示。

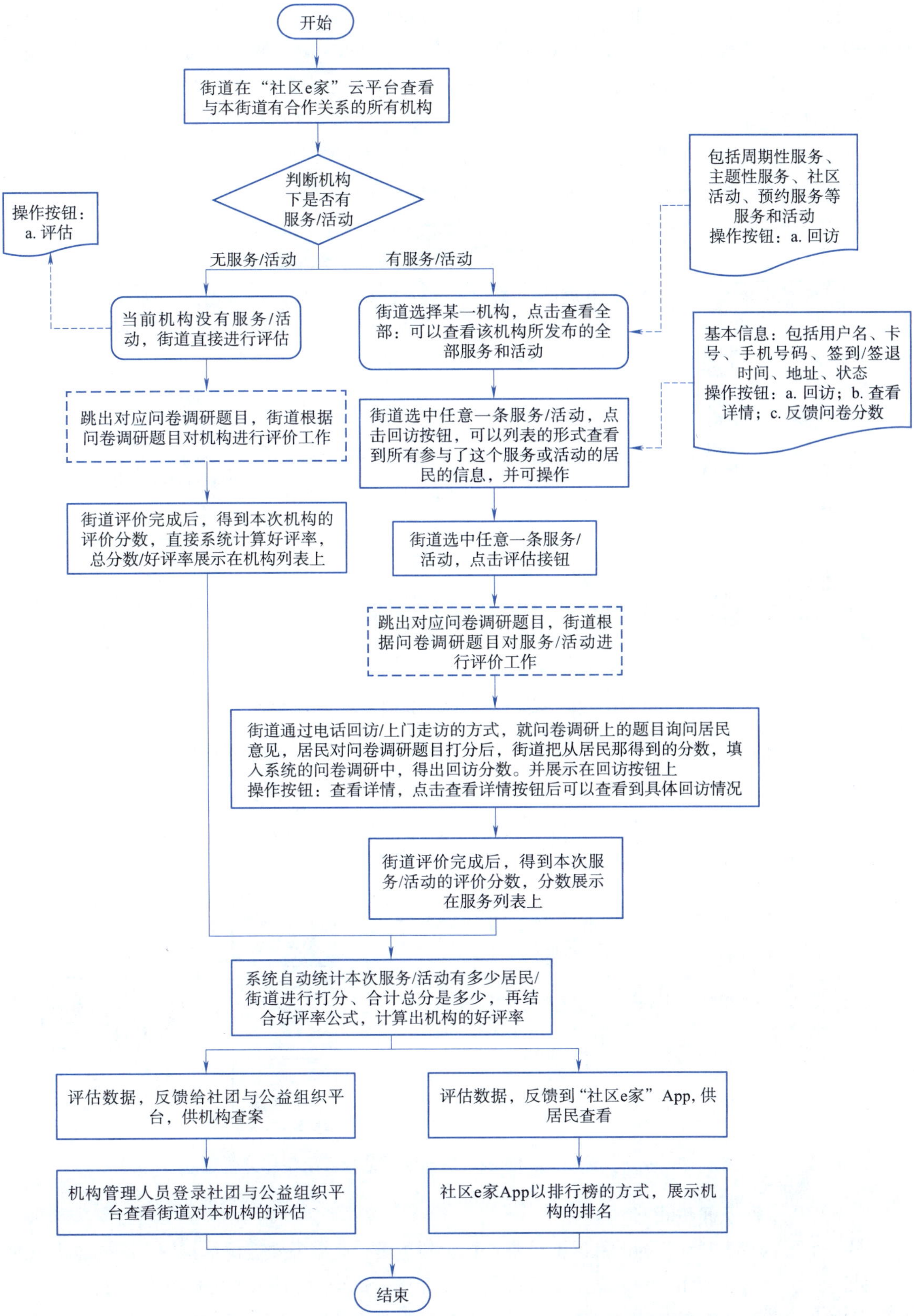

图 6-17　基于活动与互动的社区自评估业务流程设计

通过“社区e家”App和系统应用，可以获得过程数据，进一步可以通过数据分析前述图6-16中设计的各维度。系统内所有数据资料都会根据要求存储，可以保证工作或沟通过程留存记录及原始数据等，以便溯源。用户使用App、扫码或刷卡的过程就是投票和指标采集过程。参与活动对象的每一次扫码或刷卡就是一次互动和数据采集，即指标数据评估来源。通过关键环节的过程资料和关键数据采集，可以基于活动情况、参与情况、沟通频率、沟通内容、社会网络等进行相关分析。设计相应社区自治的评估指标如图6-18所示。

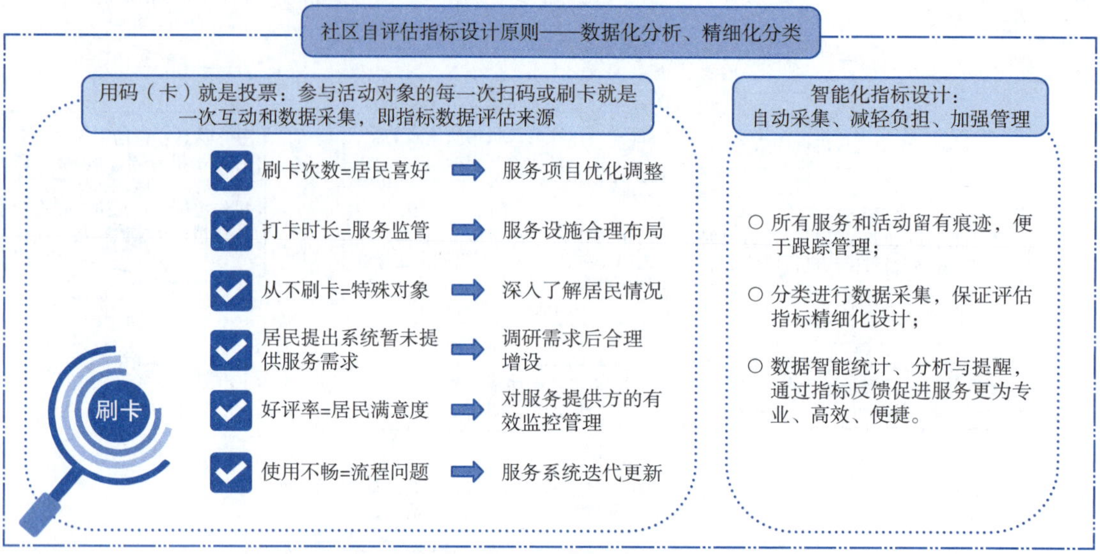

图 6-18　基于活动与互动的社区自评估指标设计

同时，根据即时通信群（如App留言区、微信群等）所留下的活动留言和反馈信息收集数据，进一步进行词频分析，包括涉及满意度、幸福感、社区归属感等的词频。基于对词频的分析，也可判断热点事件的群体认知度和舆情情况。基于网络交流沟通的社区自治评估指标的数据采集和分析流程如图6-19所示。

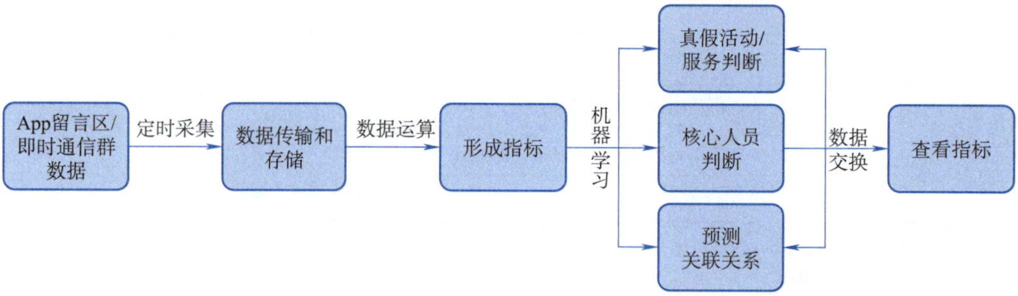

图 6-19　基于网络交流沟通的社区自治评估指标采集和分析流程

（2）社区服务评估指标设计

另一个可以基于互动行为的社区治理数据评价指标是社区服务效能评估指标，同样也可以通过“社区e家”App（以下简称App）应用进行采集评估。这个App让人们能够在每一次活动或服务过程中实现考评，改变之前在服务完成后再以专家为主的考核，而变成在每一次活动或服务中实现定量考核，每一位参与者都可以进行评估，留下360度全方位的评分资料，实现智能化分析。

在每一个参与者下载并能够使用App应用之后，每一次活动及服务进行或结束后，都可以在App中发照片，进行评分和说明，系统将就评分进行计算，然后服务者或辅导者也可以进行说明或反馈，回访者可就评估及反馈给出建议，这样就可以为社区服务进行智能化汇总分析，如图6-20所示。

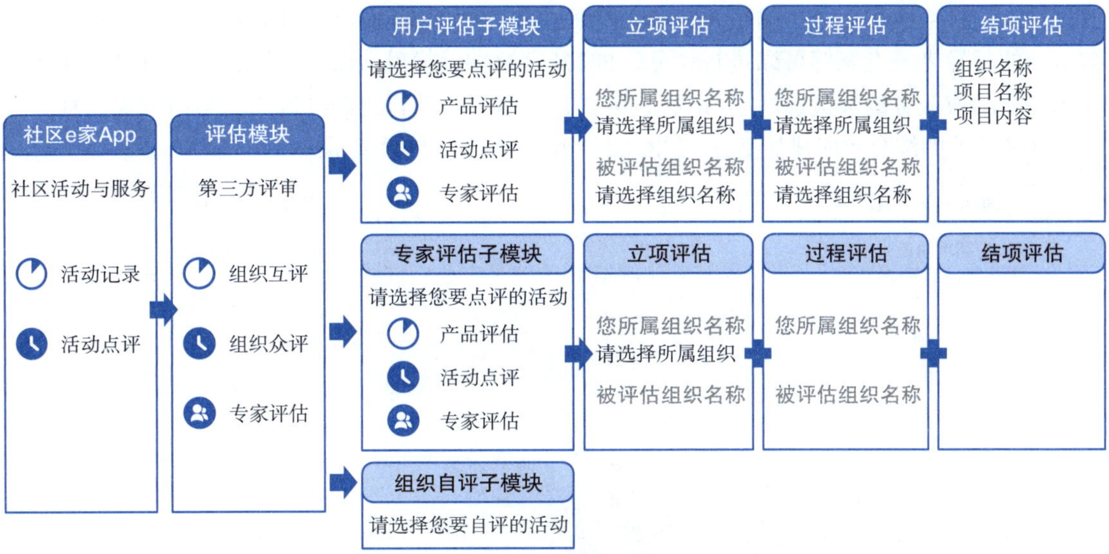

图 6-20　“社区 e 家”App 服务评估系统

社区可以查看本社区下的所有服务机构、社团与公益组织，即与社区有合作关系的机构、社团与公益组织；且社区可以对这些服务机构、社团与公益组织直接进行评估和打分。评估方式可以选择任意机构、社团与公益组织，根据自评测表、居民问卷调研、专家评估等多方对机构、社团与公益组织进行评估，可选择立项、服务过程、结题或评估等多种评估模型，并得到该机构、社团与公益组织的总体分数，即该机构、社团与公益组织的效能评估分数。图6-21所示为云平台中机构服务及活动评估查询界面。

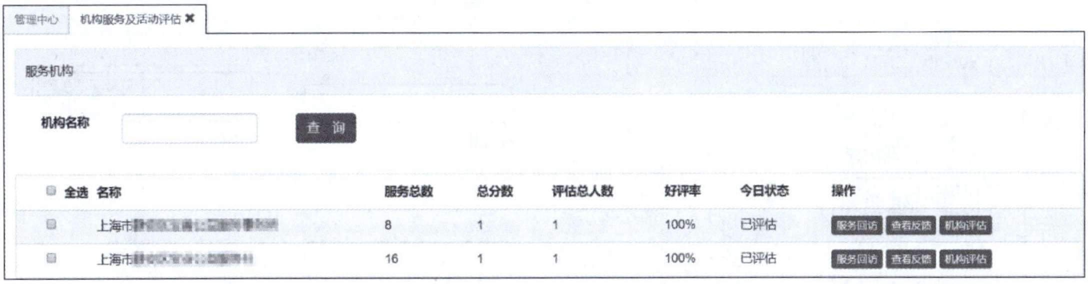

图 6-21　机构服务及活动评估

社区还可以查看到和本社区有共建合作关系的机构、社团与公益组织开展的周期性服务、主题性服务、社区活动等；并且，可以查看具体活动具体的报名人、签到人、服务人员等与活动和服务相关的所有信息。同时，社区可以对社团与公益组织开展并已经结束的服务和活动进行回访和简要调研。回访方式包括，选中机构已完成的服务项目中的某几位居民进行电话回访或者上门回访，通过评估指标、评估模型计算式计算出该机构、社团与公益组织的总体服务效能情况。

社团与公益组织的管理人员可以查看社区对本机构的评估情况，如社区对哪几项活动/服务进行了评估。

居民可以在“社区e家”App中查看到机构的效能评估评分，即排行榜。

以上即得到360度评估。首先，指所有参与者使用App对活动或服务进行打分，这是90度评估；其次，社会组织有经验的组织者和志愿者可以进行组织间互评，即180度评估；再次，参与活动的辅导者或专家等可以进行评分，即270度评估；然后，由组织进行自评打分，从而实现每场活动或服务的360度评估。最后，可以得到基于互动行为的社区内社会组织参与社区服务与社区自治的综合效能评估指标。图6-22所示为360度评估模型示意图。

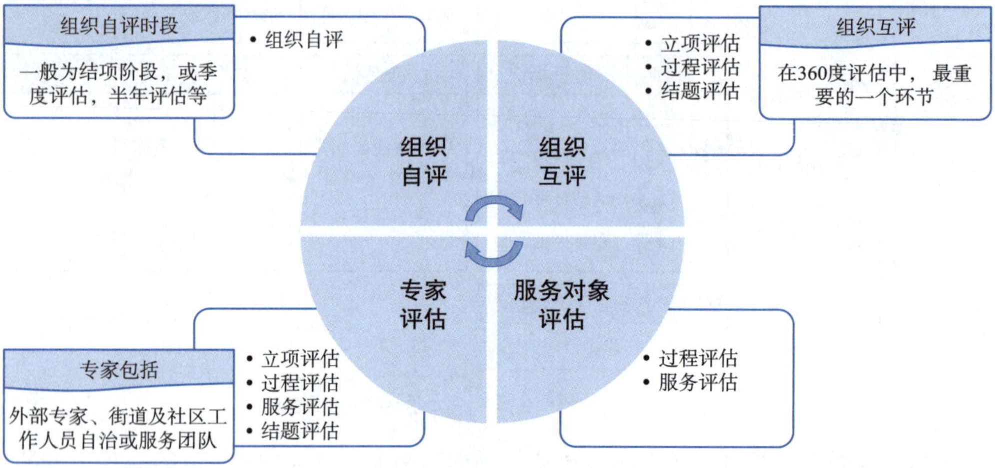

图 6-22　360 度评估模型示意图

在图6-22中，每个模块均可以细分设计进行360度评估。图6-23以图6-22中“组织互评”模块的使用方法为例进行细化设计。

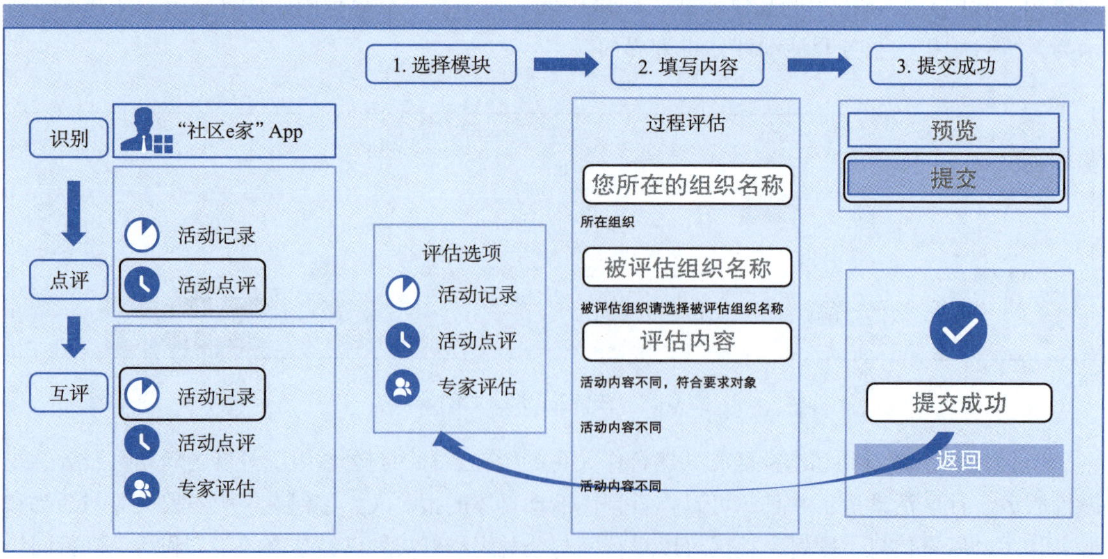

图 6-23　组织互评的 360 度全方位评估实务操作

同理，上述基于互动行为的评估指标设计同样可应用于微信、微博等公共社交网络。

总体而言，在社区治理中，通过提供社区服务，发动社区自治，实现居民参与，并与社区多元参与方共同协商；再借助大数据与人工智能技术作为智能化手段，使得参与的过程数据变成有效的评估指标，使得居民参与、社区自治和服务过程真正获得有效评估，从而推进社区治理智能化及社区治理效能评估智能化的实现。

6.3　精细化治理：从效能评估系统到基于人工智能的数字孪生系统社区画像

目前，社区治理还没有公认的标准模式，不同地区或国家的社区治理模式也各不相同，无法照抄。无论是自上而下的社区行政管理，还是自下而上的社区自治力量，都无法回避社区治理过程中所存在的矛盾、冲突或偏失等问题。导致这些问题的有多层次原因：首先是由于社区系统的复杂性、体制机制和文化等差异所导致；更深入一步来看，共同的痛点就是要解决有限的基础设施和服务能力与高速增长的需求之间的矛盾；其内在本质正如同第5.3节介绍的，是因为人的知识产生和利用效率已经不能满足当前社区治理和社区民生的需求，依靠人的知识和经验去驱动的基层治理已经达到了效能产出的边界，难以使其以最优的效率运行和协同。

人工智能等数字技术的应用就是要使这些可见或不可见的问题及矛盾得到最大化解决，实现资源利用的最优化、效率公平的最大化、利益主体的协同化等，实现社区精细化治理。本节将从社区精细化治理的目的和特征出发，介绍基于“人工智能+CPS”数字化架构的社区画像数字孪生应用（简称社区画像），介绍其具体技术要素、设计和应用，以及它与社区精细化治理的关系等，实现从社区治理效能评估智能化到基于人工智能的社区画像数字孪生应用。

6.3.1　精细化治理是社区创新治理的新阶段

社区治理是社区政府与其他组织和市民通过一定的协作、互动机制共同参与管理社区、促进社区发展的一种现代化的社区管理方式。完善基层社区治理对维护整个社会的安定有序，促进社会发展起着重要的基础性作用。

随着社会发展和转型的深入，居民以及多元化主体参与社区治理与建设的意识增强、数量和种类增多、需求多样，传统基层社会治理模式治理成本高而效果不佳，社区治理理论与方法也需要随着经济、社会、技术的发展而不断演进。随着大数据、人工智能等新一代数字技术的发展，逐步实现了社区数据海量增长、信息对称性和透明度提高、数据传输可以实时共享，社区治理正向智能化和数字化转型，如网上议政参政平台、政府数据公开以及智能新社区构建等，这使社区治理进入精细化治理的创新阶段，以实现对社区治理更加规范化、精准化和智能化。

社区精细化治理的目的不是让社区更便于管控，而是让社区成为一个具有自我适应能力、多元协同能力、柔性运作能力、智能服务能力的“有机生态体”。

社区精细化治理具有以下特征：

①社区治理的粒度更细，治理单元从行政区划或地理区划向社区任意主体细化。同时，社区自治组织在法律规定范围内的权利得到更充分展现，社区自治能力增强。从过去以群体为主

向个体为主的精细化治理发展。

②传统的层级式社区治理结构被打破，社区治理的主体是多元化的主体，包括党和政府、居民自治组织、社区社会组织、驻区单位和社区居民等，这使得治理结构由单向的层级治理走向多结点的网络结构，传统行政管理过程中的主客体关系被弱化，形成多元化参与主体的共治格局。走向人人参与、万物互联、虚拟与现实交互的社区精细化治理。

③逐步增加了多渠道的资源投入方式，从中心化资源分配模式向分布式协同治理模式过渡。社区充分利用资源，各决策单元根据社区治理的整体目标、资源约束和数据分析，基于智能算法进行资源优化配置，为社区居民提供良好的社会服务。优化解决社区治理中可能出现的问题，实现社区自适应能力。

④基于人工智能的精准化和智能化的决策体系，使社区治理的预测和决策更加全面和精准。体制和制度的改革为居民参与提供了制度途径，数字化赋能为居民参与提供了制度途径，因此居民表达需求的渠道更加通畅，其决策权、选举权、选择权等得到更好的执行。同时，由于数字技术的加持，使得整个系统更加稳定可靠，社区治理的不确定性风险更低。

6.3.2 从社区治理效能评估系统到社区画像

从社区治理效能评估系统到基于人工智能和数字孪生的社区画像，正是基于让社区成为一个具有自我适应能力、多元协同能力、柔性运作能力、智能服务能力的“有机生态体”的目标，对社区基层治理的应用需求和功能架构进行讨论，实现从社区数据应用到知识应用的过程。

社区治理理念是原有社区管理或管控理念的升级，在社区利益整合、资源分配模式上有了很大的转变，它强调社区多元化主体的对话、协调、合作，以实现资源的最大利用、参与方合作多赢。第5章详细介绍了人工智能赋能社区的多个案例，在6.2节详细介绍了智能化的社区治理效能评估系统，因此，通过前述社区治理的各种智能化应用以及社区治理能力的智能化评估系统，可以有效实现社区画像的应用，从而在基层实现自查、互查、反馈、修正，保证社区一般能力在正常运行的基础上；开拓社区多元参与、守望相助的协同氛围，挖掘潜在的、核心的精细化治理能力。

基于前述第5.3节和6.2节所介绍的各个系统或应用内所获取的社区大数据，可以建设和实现完整而清晰的社区画像。通过对社区画像的分析、可视化描述及人机交互应用，可以使社区治理向更细粒度、更高协同度的精细化模式转变。可以说，精细化治理模式为社区治理提供了新理念和新的解决方案，社区画像是实现社区精细化治理的重要手段，在社区精细化治理过程中扮演着重要角色，高度嵌入社区的建设、治理与发展过程中，不仅仅是社区各部门、各领域运行状态的直观、形象描述，而且也是社区决策与治理的有效工具。

社区画像应用了第4章提出的“人工智能+CPS”社区数字化架构，既包括社区系统各要素的神经网络，也包括社区系统能量流动的全息影像，同时也交互了现实与虚拟空间的应用，是基于人工智能的社区数字孪生系统。社区画像的研究具有很好的理论与应用前景。理论上，将不断打破现有社区学、社会学、管理学等学科的研究框架，对社区空间、社区机理、社区形态、社区结构等概念与内容都将进行重新定义。应用上，将对社区问题、社区关系、社区运行模式等都将产生颠覆性的改造。当然，构建社区画像并非一蹴而就，它依赖于信息网络、人工智能、新能源材料等新技术的进步而迭代发展，目前的社区画像主要基于社区大数据技术对社区特征、运行状态的多维展示，在社区智能服务方面还不够；即使在社区服务中的应用，也仅局限于社区数字化平台的可视化展示与人机交互，当前的应用还远未能达到高度嵌入人们日常生活、构建数字孪生社区与智能化社区的目标，因此，社区画像还有待于进一步发展，有很长的发展道路与很大的创新空间。

6.3.3　基于人工智能的社区画像算法模型和人机交互

第4章中介绍过人工智能应用开发所需要的三大要素，相应对照到基于人工智能应用的社区画像构建，也对应三个关键要素：社区大数据、社区智能计算模型、社区边缘计算能力。此外，在社区画像的这一特定应用中，还有第四个很重要的关键要素，是基于可视化与可对话的人机交互能力。社区大数据是构建社区画像的基本要素，是社区数字化的基础及其运行过程的结果产出；社区智能计算模型基于数据进行学习从而获得知识，并进行知识挖掘，是对社区生态圈进行深入认知、全面诊断的工具；社区边缘计算能力则为数据和算法提供基础算力保障；可视化与可对话的人机交互能力可以提供多元化多维度的社区画像展示和应用，提供给社区居民直观感受和简单使用，例如自然语言处理等就属于人机交互应用，目前ChatGPT就是自然语言处理中基于人工智能生成的创新，具有相当高的智能水平，也非常适用于社区画像的人机交互和对话。本小节介绍以上四个技术要素在社区画像中的具体应用，并重点探讨基于人工智能的社区画像模型算法和人机交互应用。

1. 社区大数据

数据源于基层社区。社区大数据同样是伴随着计算机和互联网技术的发展而成长起来的，只有强大的数据存储和计算能力，才能支持社区画像的实现，支持社区精细化治理的实现。而网络化、数字化、智能化是真正实现社区画像在社区治理领域价值的最佳方式，因为数据的采集、数据的交换、数据的应用都离不开它们的支持。通过数据，能够将社区中分散化碎片化的人、事、物资源有效整合、集约管理与调度；能够挖掘出复杂表象下的基础规律，实现对社区更深入全面的洞察与预见；能够使社区治理摆脱信息的不对称性与延迟性，以较低的运营成本与实时交互速度实现人、事、物及环境等因素的组织化、系统化与功能化。社区作为城市的基础单元，是社会治理和国家治理的起点，社区数据的开发与利用是城市数字化转型的重要标志。数据生态系统在本质上是复杂和动态的，并受到监管要求和技术限制等其他因素影响。对此，通过系统观察这些因素之间的相互交叉和相互作用，可以确定政策设计的关键结点，从而通过有针对性的政策干预赋予用户权力并产生最大影响。

在4.4节已经详细介绍社区大数据来源，下面从数据的行业领域、采集方式、特征属性、时间特性等几方面分别进行介绍，通过图表进一步分析其在社区画像中的应用维度，如图6-24所示。

①来源于各行业领域的数据，可应用于下文介绍的社区画像中的生态域建模，这些数据涵

盖了从生态环境到产业经济、文化教育、卫生安全等多个领域，反映了社区在不同领域的多维生态特征。

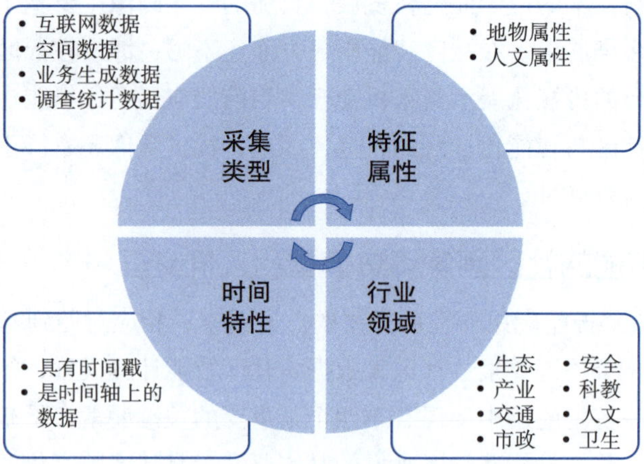

图 6-24　社区数据的四个维度

②来源于互联网、立体空间、业务系统、调查统计等各类社区数据，如交易数据、出行数据、视频数据等，定义了社区的基本属性和日常运行活动状态，可应用于下文介绍的社区画像中的资源域建模。

③具有地物属性和人文属性的数据，可应用于物理孪生、行为孪生、数字孪生的建模等。

④时间特性是各类数据的共同属性，所有数据都必须具有时间戳，上述数据也可以交叉应用在不同域内，从而实现可以追溯的社区数据链和社区的发展轨迹，通过社区画像展现社区精细化治理的动态过程。

社区画像是基于人工智能的数字孪生应用。从人工智能应用角度来看，可把上述数据分为基础数据、主题数据、业务数据、共享数据、前置交换数据（过程暂存数据）等，基本包含了上述介绍到的各类数据。

2. 社区智能计算和算法模型

高效算法是人工智能应用开发的要素之一，应用在社区治理领域，则体现在社区智能计算应用。作为社区数据开发与利用的重要方式，基于多种社区人工智能应用和算法模型等，可以实现对社区多元化非结构数据的整合、计算、建模和仿真，从而构建出具有内在逻辑和具象反馈的社区画像应用。基于第4.4节中介绍过的社区算法，社区智能计算应用包括各类智能分析、神经网络、静态或动态建模等方面。

（1）智能分析

社区从传统基于人工的统计应用向基于机器学习的智能分析发展，可以应用到第3.4节中介绍的各种知识获取方法，包括统计学方法、深度学习和神经网络等，并可以参考第4.4节介绍的人工智能算法进行智能分析。基于统计学方法，如聚类分析、回归分析、相关性分析、时间序列分析等方法，可以对社区大数据建模分析。基于机器学习与深度学习、神经网络等数据挖掘技术，可以对社区业务数据、网络数据、传感器采集数据等大数据进行挖掘和深度学习，发现隐性问题和潜在价值，获得相应知识，从而对社区人口、经济、发展、历史、资源等进行深入分析、价值挖掘以及预测趋势。

（2）社区神经网络计算

神经网络在社区的应用非常广泛。可以通过运用复杂网络分析等方法挖掘社区生态系统与社会网络的特征，以此对社区的资源配置、空间布局及发展模式进行优化。例如，可以通过应用空间均衡模型对社区进行相关建模。空间均衡模型是一种静态模型，可用于城市和社区规划、区域发展、国土整治等领域。通过建立和应用空间均衡模型，可对特定地域范围内的经济社会发展进行科学分析和预测，为制定合理的发展战略和政策提供依据。空间均衡模型主要研究地域范围内的经济活动和资源配置。这里的“空间”不仅指地理范围，也涉及政策、制度、市场等因素的作用范围。在不同的空间范围内，资源分配和经济活动的方式和结果会有所不同。空间均衡模型的研究内容之一是研究生产、消费、投资、贸易等各类经济活动在特定空间范围内的运行规律，以及这些活动之间的相互关系和影响。空间均衡模型的研究内容之二是资源分配，涉及土地、资本、劳动力等各类资源的合理配置，以及如何通过有效的资源配置来促进经济发展和提高社会福利。

因此，可以通过空间均衡模型建立土地开发模型、地价与房价模型、信息交互模型、出行选择模型、交通可达模型、个体或企业选址模型、环境影响与治理模型等，分析社区的宏观经济、人口、就业等结构，还可以对社区空间进行一体化建模。

此外，还可以通过对社交媒体中用户行为数据的社会网络分析与建模，可以对社区居民行为关系、集聚效应、文化特征进行深入分析；更进一步，与上文其他业务单元的模型相结合，可以对社区不同主体和单元之间的关联关系和结构体系进行分析，为社区服务优化、空间设计与资源配置提供辅助决策。还可以从计算的视角分析研究社区治理，通过概念、模型、性质、证明，以及通过程序观察、推理和评估相关模型所展现的性质和特征，探索社区内相关现象的机制、原理和原因。

空间均衡模型是一种静态模型，可以通过建立一系列方程求解并获得均衡状态下的最优代数解，但无法揭示时间变化的规律性问题。

（3）社区动态建模

社区还可以进行动态模型，也称为模拟仿真。动态模型无法求出代数解，但可以通过动态模拟，分析系统在一定时间内的变化和发展规律。例如，元胞自动机（cellular automata，CA）是一种时间、空间、状态都离散，空间相互作用和时间因果关系为局部的网格动力学模型，具有模拟复杂系统时空演化过程的能力。它是社区动态仿真的重要应用方法，可以在不同领域（如空间尺度等），进行精细化治理模拟，通过演绎社区的相应变化，模拟出全局性、复杂性的社区发展情况。

还有一种代理人基模型（agent-based model，ABM）的动态仿真应用，可对社区中可移动、具有决策能力的智能代理主体（AI agent）属性特征及其之间的交互行为进行仿真建模，研究在一定时间内居民、政府、企业等社区主体的决策行为、博弈过程及发展规律。

3. 社区边缘算力

社区算力，即社区计算能力，一般体现为社区计算中心或数据中心，应趋向基层化和边缘化，基层社区应统筹规划建设数字化中心。数据是源于基层社区的，但目前基层社区缺乏或没有数据中心，边缘算力不够，无法存储完整数据，导致数字化程度偏低。

基于前文介绍的社区边缘计算的概念和应用，围绕基层社区数字化转型的痛点，在统筹建设城市一网统管和一网通办的过程中，将数据中心和业务中心基层化、边缘化，即下沉和落地到基层社区，打造基层社区计算中心（也可称为基层云数字化中心），为基层治理提供数字化赋能。基层社区数字化中心的实体可以统一建设或托管在集成的数据中心，但是使用和管理应该落在基层社区，以激发基层社区数字化创新和转型的活力与积极性，普及社区人工智能应用。

通过基层数字化中心整合、接入和汇集相关数据资源到统一的城市数据中台，可以为政府各管理部门和业务部门的工作提供底层数据支撑。同时，建设统一的城市技术中台，集成人工智能、融合通信、统一认证、时空信息、视频融合等各类底层技术能力，为基层治理各项业务的智能化和数字化转型提供技术支撑，提升基层数字化能力。

4. 智能人机交互：从可视化到可对话

基于未来社区计算中心提供的强大算力、海量社区数据、有效社区计算模型，以及多种社区智能系统的应用，可以进行社区画像底层构建，并进一步实现社区可视化、可对话的人机交互应用。

可视化是社区画像的重要技术手段之一，可以有效地将社区数据和知识进行整合并转化为直观形象的视觉表达。基于三维建模、数字孪生等，可以实现从二维到三维、从静态到动态、从时间到空间的深度展示。从而能使数据与知识以更加友好、直观的形式呈现给社区居民，降低了居民对复杂系统和复杂事务的认知理解门槛，协助居民能够最大限度地参与到社区治理中。它所具有的直观生动的视觉效果，可以深化对数据内在逻辑的认识，可以清晰直观地理解社区各要素之间的交互关系和动态发展过程，对社区发展进行多维度、多尺度的评估与预测，为社区治理与政策制定提供直观参考。当前，可视化技术已经被广泛应用和整合在社区画像建设中，成为社区大脑（即社区指挥中心）的标配。通过可视化人机交互可以实现社区治理的实时监测、动态控制、在线管理，既对人群行为、经济发展、社区文化、市政建设、民生服务、产业升级、资源环境等数据进行多层面展示，也通过数据仓库和计算模型，将这些数据在不同应用场景下进行综合呈现。

然而，仅仅是可视化技术还没有真正实现智能人机交互，还不具备很强的学习性。基于可视化，继续实现智能人机可对话，则是社区画像未来的发展方向。基于生成式人工智能（AI generated content，AIGC）的大语言模型应用，可以实现具有一定智能、道德和情感能力的人机对话，并基于大语言模型帮助人们完成一定工作，结合到社区应用中，可以实现治理模式的创新。因此，这样的智能人机交互模式不但是数据及其计算结果的呈现方式，而且成为一种智能治理手段，实现“人与社区、环境”实时互动、互构的动态开放系统。基于人机互动可以进行可视化动态推演、交互式探讨，探索新的价值点，提升分析与决策的洞察力。

最近，OpenAI的智能聊天机器人ChatGPT已点燃了人工智能的一场革命，引领了生成式AI与大语言模型产业的发展。5.4.1节已经介绍了基于自然语言处理的智能聊天机器人应用案例，它在基层社区治理和服务中有非常广阔的应用前景。

这是一个现象级创新，引领着企业不断在AIGC领域创新并深度探索智能人机交互模式。

智能人机交互在社区的应用，是将数据和信息，经过计算和建模，包括自然语言处理和智能视觉处理等，再到知识学习、智能治理的提炼与升华。在这个过程中，数据分析、知识挖掘、人机交互是社区画像的基础。社区不仅包括物质组成，还有人文内涵，智能人机交互技术可以通过视觉和声音呈现出社区的人文内涵，展示出社区的历史、人文和特征等，将个体与群体的行为特征、社会属性进行结合；将人工与自然的开发过程、演进脉络进行真实复现；将实体与虚拟的空间分布、时序结构，进行数字化呈现，展示出立体透明层次丰富的社区景观。随着人工智能、VR、AR和5G技术的普及，社区画像的智能人机交互形式从可视化走向可对话，并将更加多元化。

6.3.4　社区画像设计与数字孪生应用

本小节基于第4.5节讨论的智能新社区的“人工智能+CPS”数字化架构分析和设计社区画像系统。

首先需要明确，基于人工智能的社区画像应用，并不是一个单一的平台或系统，而是以社区治理过程的各个系统，如政务平台、社区服务平台、物业平台、社区大脑感知系统以及社交网络平台等为数字基石，通过分布式接口和统一数据标准，将所获取的数据经过数据处理、挖掘分析、知识提取、建模计算等一系列复杂的系统处理过程，基于所设定的学习和知识模型，获得社区画像的数字孪生输出，并通过可视化可对话的人机交互等方式呈现。基于人工智能的社区画像应用，也是通过整合、协调社区运行中的各生态系统、业务部门、功能单元的资源，以数据为基础，通过人工智能辅助社区运营者进行智能化预测和科学化决策以及精细化治理的过程。

社区画像可以基于“人工智能+CPS”数字化架构，从生态域、资源域、信息物理社区空间实现等三方面进行设计与应用。社区生态域体现着社区的各生态、环境与产业单元的功能和关联关系；对应于CPS，可以理解为社区的物理实体空间。社区资源域是社区画像应用的数据基础，将社区的现实资源基于数字化应用转换成数据资源，并通过对数据的挖掘与学习，获得可应用的知识；对应于CPS，可以理解为社区的信息赛博空间。信息物理社区空间是通过物理孪生、行为孪生、数字孪生三个层次构成，即对社区实体进行孪生，对社区行为进行孪生，从而形成数字孪生。综上所述，从生态域、资源域、信息物理社区空间实现这三方面相互关联、映射、集成，并对应于CPS五层架构，形成完整的基于“人工智能+CPS”的社区画像，如图6-25所示。

1. 生态域

本书第1章即介绍过，社区是生态圈构成的生态系统，生态系统中包含多种社区功能和产业领域的呈现，如生态环境、产业经济、交通、能源、人文、安全、科教、卫健等，它们既作为社区这个生态系统的不同表征维度，也反映社区的不同维度。对应于CPS，可以理解为社区的物理实体空间。

随着社区走向科学化精细化治理，其分工也更趋于功能与专业细分。社区作为一个复杂巨系统，如果继续按传统方式进行管理或信息化建设会导致很多局限性，其复杂生态系统内的众多子系统的功能叠加与优化未必能促进社区系统的优化，且任意要素的增减都可能会引起蝴蝶效应，对其他子系统和要素配置产生关联影响。

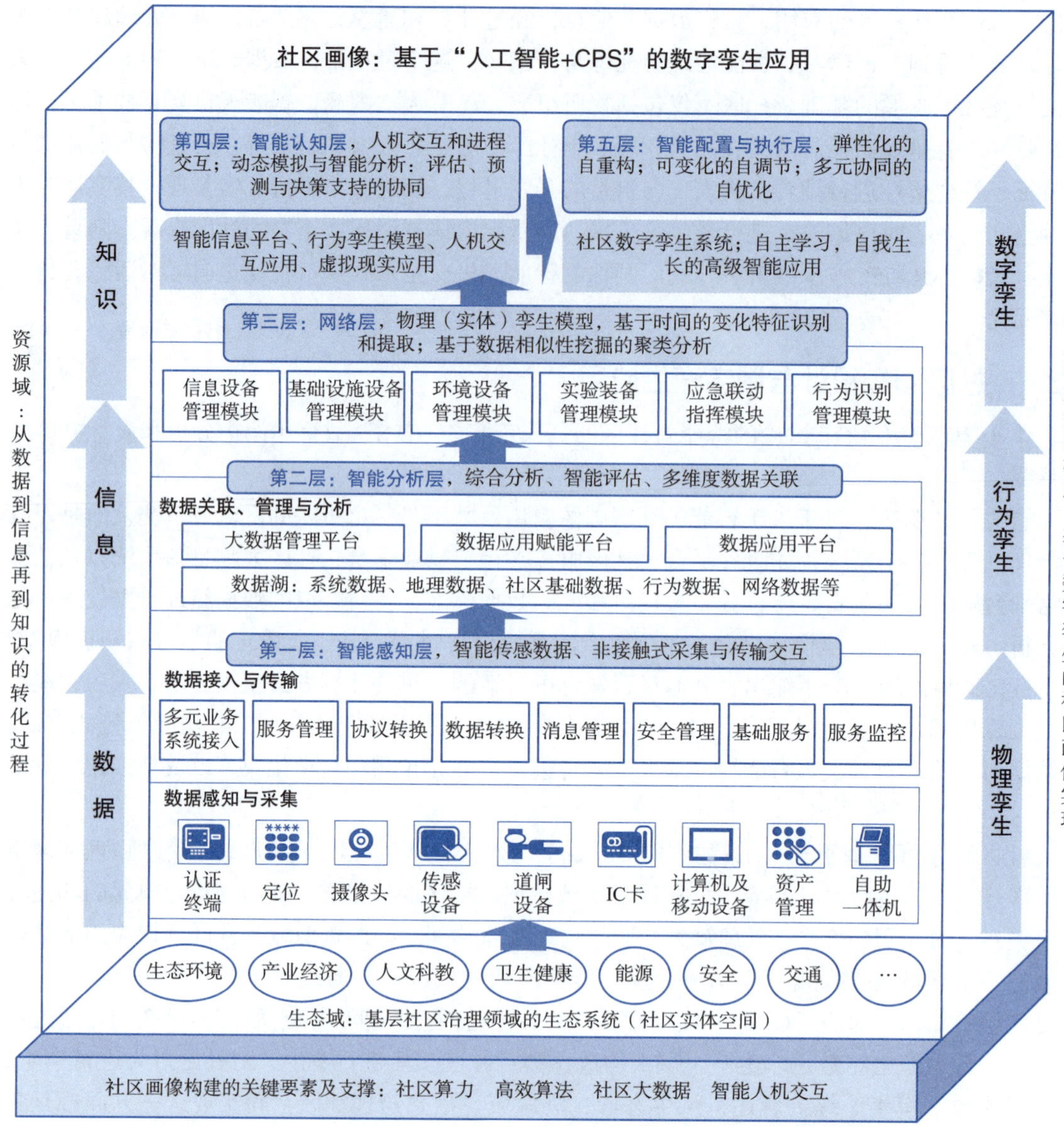

图 6-25 社区画像：基于“人工智能 +CPS”的数字孪生应用

可见，作为复杂生态系统，社区需要实现多元协同治理，以支撑社区治理的创新。多元协同是基于数据、信息、知识的迭代、集成与共享，是社区画像应用的基础；各功能单元与业务部门系统分布式运行，并接入统一的社区数据中心或社区大脑，提供社区治理各个领域的数据支撑。为实现数据整合与共享，各类多元及异构数据应在底层逻辑上实现整合与共享，但在应用逻辑上可以分开，形成松耦合结构，这样可基于多源多模数据对社区进行全面的分析与建模，按需求实现多元多维展示，构建社区画像的完整系统，并能够提供精细化、科学化和现代化的决策依据，从而实现多元协同，支持精细化治理。

社区创新治理模式，是从传统的以“解决问题”为主的资源集中式治理模式，转变为科学的以“预测及避免问题”为主的协同分布式治理模式。分布式既体现在技术架构层面，也体现在各个生态子系统作为社区这一复杂巨系统的构成要素，是分布式运行的，但又相互关联、相互作用、功能交叠，呈现出多层次、多形态、非线性的特性，共同推动社区的发展与演化。以社区服务中心选址为例，这个过程不仅涉及社区规划、人口结构及社区文化等因素，还涉及民政、文化、医疗等领域，需要协调规划，既要满足社区特殊业务需求，也要保证社区治理的全局性和系统性。因此，要实现社区治理的精细化目标，要考虑整个社区的协调性与全局性，需要基于大数据与智能算法实现社区相关系统的自适应与自调节，保证系统的精确性与可靠性。

2. 资源域

社区资源域的应用主要是为了将现实资源映射成数据资源，并实现从数据到信息再到知识的转化。社区拥有众多资源，诸如自然和人文设施、品牌和无形资产等可以归为现实资源。数据资源是现实资源在信息系统中的映射。对社区运行过程中各系统生成的大数据，通过分布式和标准化接口进行处理，提取出数据中有价值信息。数据是社区画像的基础要素，数据资源是社区精准化治理的核心资源。对应于CPS，可以理解为社区的信息赛博空间。

数据仅通过传统信息化系统进行表达，仍然无法满足社区精细化治理及社区画像的复杂应用，难以满足智能社区治理的需求。基于人工智能的社区画像不仅限于数据呈现与信息描述，还应当通过数据挖掘等深度应用来实现知识获取和知识学习，预测出社区运行规律及发展趋势。在第3章中已详细介绍过知识的应用，作为其在社区中的应用，应着重基于社区治理的实际需求，定义有效算法和模型，建立社区各个领域的知识图谱，实现知识融合；并可基于生成式人工智能等技术，将社区治理的概念、实体与知识图谱相结合，构建大模型知识库。例如，对于社区公共服务，可以通过知识图谱等人工智能技术建立起实时、智能的咨询服务以及信息反馈平台。

3. 信息物理社区空间实现

在生态域和资源域实现数字化后，基于“人工智能+CPS”的5C架构以及数字孪生应用等，可以设计出信息物理社区空间，实现社区画像。其实现过程包括三个步骤：首先是反映物理空间的物理孪生或实景三维建模；其次是反映社区互动行为、动态社会网络和人文情况的行为孪生；再次是将物理孪生与行为孪生融合起来的信息空间，即数字孪生，从而实现社区画像。

①物理孪生：即对社区的土地、道路、建筑、基础设施、自然生态环境、空间规划及其他物质资源进行实景建模，可以是二维或三维实景建模，以后者应用更优。通过对社区动态数据进行采集和建模，可以对社区基础设施等资源与物理空间进行优化配置、规划决策提供支持。这是实现社区画像的最基本功能及应用，任何社区画像与治理都是以物理孪生建模与空间规划为支撑，是实现社区精细化治理的底层数字基石，可以称为社区“实体建模”或“数字底座”。目前实景三维建模在社区物理空间规划与治理中的应用已经有成熟的研究，在5.3.3中已有介绍。例如，在社区大脑、环境监测和道路出行等领域都有比较成熟的应用。

②行为孪生：即对社区中居民和人群互动行为的关联分析。基于互动行为的数据包括社交网络数据，如微信、微博及网站、社交论坛等；通过互联网数据对活动出行、购买偏好等进行用户画像；基于电商网站的数据，对社区15分钟经济圈进行画像；基于地理信息、社区基础设施运维信息，对社区基础设施和环境进行画像；基于社区图书馆、博物馆等文化场所的各类信息和访问记录，对社区文化或社区软实力进行画像。这些专业领域的画像应用已经越来越普

及。在6.2节中专门介绍了基于互动行为的社区治理效能评估指标设计的案例，可应用于此进行行为孪生建模。社区是一个生态系统，除了建筑和景观的物理实体，还包含人及各种生命体、历史和文化，因此在实现第一步对社区物理空间进行实景建模后，在此基础上实现第二步即行为孪生建模，从而获得实时、动态、多维的社区行为和人文景观，对于社区画像的构建具有重要意义。

③数字孪生：这是社区画像实现的第三步，前两步物理孪生与行为孪生是构建社区的现实空间或称物理空间；通过虚拟现实、社区计算以及模拟仿真，构建出一个映射现实世界的虚拟数字空间；而后，基于“人工智能+CPS”的5C架构，将现实空间与虚拟空间融合起来，最终构建出一个实时动态的数字孪生社区。

数字孪生社区不仅要针对社区的自然实体与人造实体建模，还要针对人事物等多元要素进行建模，实时动态反映其行为，也可以反映其背景、意义与功能等内在特征，可以进行实时交互、体验与操作。数字孪生社区既可以理解为实体社区在虚拟空间的映射状态，也可以视为支撑社区精细化治理的复杂综合技术体系。数字孪生社区可以创建面向未来的社区画像，是基于“人工智能+CPS”实现社区实体空间、社区治理行为、社区数字信息融合的系统。从人工智能的角度来看，物理孪生和行为孪生是数字化的实现，获得了数据和信息，可以在实体建模后对街道、建筑及任意物体外部或内部进行标注，并实现对实体的搜索和分析；而数字孪生社区是在物理孪生和行为孪生之上的知识层，还可以利用建模工具或虚拟现实及增强现实（AR/VR）等工具将虚拟影像插入现实环境，未来可以向元宇宙方向发展。社区中的传感器和智能设备等，它们的摄像头和传感器采集并汇聚大量的社区数据，成为社区画像的真实和实时数据来源。

6.3.5 社区画像是实现社区精细化治理的数字赋能

如果说社区治理是对社区建设、社区管理或社区规划的升级发展，那么社区精细化治理则是对社区治理模式的创新。社区精细化治理使社区成为具有自我适应能力、多元协同能力、柔性运作能力、智能服务能力的有机生态体。

社区感知单元通过边缘智能和数据采集，并通过通信网络和传感神经网络，基于标准和规范进行传输和存储。传感末端的任何反馈或动作，都能及时反馈边缘计算中心及社区大脑等中台系统，并可同步给其他单元进行自适应调整，保证社区整体生态有机平衡。

社区精细化治理的整个过程可以基于人工智能应用，通过社区画像来呈现。将“人工智能+”与CPS系统结合应用于社区数字化转型和智能新社区建设，即“人工智能+CPS”——具有人工智能思维与学习能力的信息物理社区系统架构，可以实现社区画像。CPS系统应用于数字化社区治理，应该与社区本身流程和特性以及现有的信息系统相结合进行整体设计。

社区画像是实现社区精细化治理的数字赋能，在实现精细化治理过程中起到重要的作用。

1. 社区画像是基于“人工智能 +CPS”架构的社区数字孪生系统

社区画像是基于“人工智能+CPS”架构的社区数字孪生系统，能够将社区系统中资源禀赋、关联网络、空间布局、历史演化、能量流动、约束条件等进行全程、全景和全息的映射，展现出一个完整的社区有机生态体。

2. 社区画像是有效的协同运作工具

通过实时的数据、信息和知识共享，以及在此基础之上的计算建模，清晰地展示出社区治理过程中各影响因素之间的关联关系与传导效应；同时，基于更友好的可视化人机交互，为社区各运作单元的分布式协作提供有效的协同运作工具。

3. 社区画像能促进居民参与社区治理

内容丰富、形式多样的社区画像既可以为社区居民提供更便捷的生活服务；同时，也可以使社区居民以更全面、系统的视角和更便捷灵活的方式参与社区治理。

4. 社区画像推动人工智能在社区治理中的广泛应用

社区画像作为社区系统的数字孪生应用，本身即基于人工智能应用，因此可以通过对社区系统发展中不可复现的问题（如交通规划、环境污染、疾病传播等）进行仿真模拟，并进一步应用人工智能技术实现适用于社区治理的知识积累、模型设计和算法学习，对社区治理中风险进行预测和预警，降低社区治理的风险。

5. 社区画像是实现社区精细化治理的重要方式和途径

社区画像能够以数字化形式和仿真形态综合展示一个社区的历史基因、人文环境、地缘特性、资源禀赋等，可以为构建良好的社区服务和形象提供支撑。可见，社区画像是实现社区精细化治理的重要方式和途径，能够推动社区创新治理的发展。

小　结

本章主要介绍了社区治理效能评估系统与社区画像应用，也是前 5 章所介绍内容的整体集成应用范例分析，从而实现社区人工智能的核心价值。从社区治理效能评估系统到社区画像的应用，是实现从数据到知识的应用。

本章探讨了社区治理效能评估系统，并剖析其在社区精细化治理中的实现方法与作用机制，并进一步分析了基于互动行为的社区治理数据评估指标。

本章还探讨了基于“人工智能 +CPS”数字化架构的社区数字孪生系统，即社区画像。对其所必需的社区大数据、社区智能计算和社区边缘算力等技术要素进行梳理，并指出要实现社区画像。基于可视化、可对话的人机交互应用也是关键要素之一。

本章对社区画像在社区精细化治理中的应用现状与发展趋势进行了分析。社区画像在社区精细化治理中的应用，是以人工智能技术和数据为核心，整合社区各功能层面、各部门资源，进行前瞻性预见、科学化决策、精准化治理以及面向未来的社区创新治理过程。

社区画像正是对社区精细化治理的赋能以实现前述各项能力，为社区精细化治理提供了思路，探索了实践方法。

第 7 章 践行者的思考：人工智能推动社区治理创新

本章既是全书的收官篇章，也是展望篇章。将对前六章内容进行系统性回顾、总结并基于践行者的视角进一步深度思考。本书通过对基层社区治理领域的深入研究，提出了基于“人工智能+”的多种社区重量级应用，以实现精细化和科学化的社区治理。结合人工智能与大数据等新一代技术，讨论如何将社区内人、事、物和环境状态实现从数据采集到信息提炼，到知识学习，再到智能决策。尝试解决社区治理中“人力所不能及、人力所无法及、人力所没有及”的问题，通过数字化转型实现智能新社区，提高社区治理的精细度，通过创新破解治理难题。

可以预见，通过科学研究的引领、数字技术的交叉应用和融合，人工智能必将推动人类社会实现创新式发展。

7.1 人工智能助推社区治理创新的挑战和路径

人工智能技术的应用，为国家、社会和城市自身管理构建了新模式，在社区应用中，推进社区智能化发展，可以提高社区治理能力。社会和社区规范有序是人们实现美好生活的共同愿望，人工智能应用到社区治理是实现这一目标的重要手段。人工智能技术可以创新社区治理，提高政府和公众之间的信息透明和对称性，及时预测和感知突发舆情；实现社区治理走向精细化和多元化，智能预测和报警公共安全事件。例如，智能安防的视频结构化和生物识别技术极大降低犯罪率，提高公共服务效率和覆盖率，这些都是人工智能技术在社区治理中发挥重要作用的表现。当然，人工智能技术应用到社区治理过程中，也要解决其和固有社会伦理规范的冲突、数据使用的隐私保护等问题。

智能化与社区治理精细化具有双向赋能的逻辑关系和良性互动作用，人工智能等数字技术是手段，精细化治理是目标，社区是生态系统和应用平台。通过“人工智能+社区治理”实现社区治理智能化、实现基层治理数字化转型，能够降低社区治理的成本，满足社区居民的个性化多元化需求，提升社区决策的科学化水平，强化对社区治理的监督和效能评估，推动社区治理的机制创新。通过将人工智能技术和智能化应用等应用到社区治理的目标体系、组织架构、体制机制、制度规范之中，解决面临的瓶颈问题，从规划设计、数据共享开放、新基建完善、智能化人才培育以及数据安全和数据隐私等方面助推社区治理智能化与精细化。

7.1.1　人工智能助推社区治理创新

1. 通过优化和再造流程降低社区治理的成本

社区人工智能并不是通用人工智能技术在社区场景中的简单复用。社区场景中问题的碎片化、个性化和多元化的特点，决定了社区智能落地需要依靠大数据、区块链、人工智能等数字技术和行业知识的深度融合。社会治理主体还要注重成本与效率的理念，智能化以数据精准细化、执行标准统一规范为特点，能对复杂问题进行简化归类，简单问题进行流程化、流程问题进行定量化设计、定量问题数字化，从而实现精准优化流程。通过人工智能技术和产品，推进社区可公开领域的数据开放，实现数据共享，打通数字鸿沟，提升社区治理协同配合的效率。很多原来需要大量人力物力支撑的社区服务，通过借助智能化应用即可实现全要素、全过程、全覆盖、全时段的智能治理，从而实现降本提效。

2. 通过精准识别应对社区治理的多元化诉求

随着社会的发展，居民的需求越来越多样化和个性化，满足居民的个性化需要是社区治理智能化的重要目的之一，但针对社区多元化诉求，传统的管理手段和方式往往是均质的、标准的、规模化地提供社区公共产品，因为提供个性化的公共产品成本巨大。社区人工智能基于对大数据的分析和建模，可以高精度实现从总体到部分、从点到面、从量到质的全面的系统分析，依托智能算法和知识学习等，能够精准识别社区居民的个性化和多元化需求，有针对性地提供差异化、多样化的社区公共服务。

3. 通过数据整合提升社区治理决策的科学化水平

智能化具有自适应、自学习、更新速度快等特点，可对大数据进行智能分析，做到用数据说话，避免主观决策。通过智能化应用，获取社区管理的数据，将纷繁复杂的多源异构数据快速处理成具有决策价值的有效信息，通过挖掘不同来源、不同格式的数据，进行关联性分析，为社区治理决策提供更加科学、全面、客观的依据。特别是在风险与应急管理的要求与背景下，针对社区面临的不确定风险，将仿真模拟、预测、分析技术引入社区应急管理与风险防范，能够实现高度不确定性和高度时间压力下的快速分析决策。

4. 通过数字孪生提高社区安全和公共服务水平

随着社区人工智能技术的应用和推广，社区居民在医疗、教育、交通等多个领域享受到了科技带来的进步。通过数字孪生社区及人工智能技术，可以建立智能预警系统模拟出公共安全事件以及台风、地震等自然灾害的发生轨迹以及未来动向，最大限度地减少事故和损失的发生。而社区服务中心的综合服务机器人将变成虚拟的智能办公大厅，可办理房地产过户、公积金、水电费、车辆违章等一系列流程化事务，同时，社区公共服务领域与居民私人家庭中已经存在各种智能设备为居民带来各种便利。

5. 支持多元合作推进社区治理协同化

就社区治理协同化而言，基于社区的开放性、复杂性、高变动性等特点，传统社区治理方式面临许多困境，而依托智能化的社区治理，能够推动社区各部门、社会组织、居民及其他主体的多元合作。人工智能可以赋能组织再造、机制创新、多元主体协同、社区公众参与的多维功能，社区治理涉及多元主体的利益，需要多元主体协同参与，更需要社区治理体制机制的协同和创新。智能化通过深度分析进行信息整合、通过深度学习进行流程优化，能够改变信息不对称的情况，让居民更加及时、合理地参与到社区自治中，从而推进制度创新与社区治理创新；可以直接应用于民智的收集、汇总、整理与分析，从而产生直接的治理效益，帮助社区治理者充分调动多元主体参与社区治理的积极性，促进社区治理更加精准、精细、科学、法治和专业。

6. 通过绿色低碳推动社区治理生态化

在我国社会走向生态文明建设的时代背景下，社区建设凸显的环境整治思维和生态发展理念，推动社区治理开始了生态化建设。一方面，从低碳、绿色的理念入手，社区治理的生态性需要实现自然资源的最大限度利用。自动化控制、算法的精确计算等技术的实现为降低能耗、节约资源开辟了全新的路径。

另一方面，从共享、发展的理念出发、社区治理需要充分利用已有资源，如社区共享经济便是智能经济形态的一种直接体现。共享经济依托互联网共享平台，可以通过区块链技术实现可信共享，供给方在短时间内把物品的使用权让渡给需求方，使社会已有资源得到最真实、最有效的使用。这种新的经济形态让商品的价值属性得到最广泛的使用，而由于使用成本的降低，也能最大限度地满足消费者多样性需求。

7. 基于人机交互及数据可视化等技术推进信息公开及推动社会治理法治化

随着行政行为的程序、方式和结果更多地被公开，公民更容易监督政府运作链条上的各项决策。这就要求社会治理应始终沿着为公众服务的方向前进，把法律放在社会治理的上位。

对此，需要推进社区治理法治化。公开透明是社区治理精细化和法治化的要求，也是社区居民的重要诉求。智能化具有数据、信息、图像等即时互动功能，有利于社区治理的可视化、数据化和即时化，有利于公众、社会组织、媒体等对社区治理精细化进行全过程监督。社区人工智能应用能有效实现数据开放，促进社区治理的公开透明，强化社会力量监督；同时，企业、社会组织和居民也可以通过智能终端设备，参与社区治理，推动社区自治，提升居民的参与意识和社区认同。

随着社会和技术发展，法律也需要在不断的实践中被修改和完善。这就要求立法过程中充分关注社会形势的变化、关注民情导向。过去，在处理舆论与突发的社会形势时，法律较难应对这一变化中的要求。如今，有效的算法推理以及大数据建模可以将技术规则与人的行为规范合二为一。基于大数据采集与智能分析，治理者能够及时掌握社情民意，运用量化的方法分析意见类别并透析深度原因，从而发挥法律的更大作用。同时，人工智能系统可以使社会治理活动的执行与监督更加客观与高效，避免不受制约的权力产生腐败。例如，当一些程序化文件的审核流程完全由人工智能系统进行操作时，权力寻租的空间将被压缩到最低限度。

总之，社区治理为人工智能应用带来了新视角，而人工智能也可以从很多方面助推社区治理创新，社区治理者既要主动适应人工智能科技发展大势，也要认识到当前创新社会治理面临的困境，通过将最新的人工智能等数字技术应用到社区治理和服务中，进一步提升理念、完善机制、创新方法，将基层社区治理提升到新水平。

7.1.2　人工智能助推社区创新治理的挑战和完善路径

从发展趋势上看，人工智能技术越来越深入人们的生活，并在社区应用中呈现出深度学习、多元融合、共享开放等新特征。这为社区治理带来了新机遇，有利于社区公共事务治理的精准性与持续性。但人工智能技术仍处于不断发展过程中，依然面临着技术发展不确定、算法黑箱、数据不安全等风险。因此，既要顺应人工智能的发展大势，把技术进步与社会治理现代化相结合，重视人工智能对社会治理的推动作用，面对社区人工智能应用的新挑战并寻找完善路径，还要防范人工智能可能给社区治理带来的新风险。

1. “人工智能 + 社区治理”需要规范设计与统一标准

“人工智能+社区治理”需要规范设计与统一标准。近年来，以人工智能推进社区精细化治理方面的创新涌现出许多试点，亟须提高统一规划和系统组织。如果管理制度不健全，将面临标准规范不统一，信息数据安全性需要法律进一步支撑等挑战。可能导致社区智能化过程中的规划、建设及运维等环节碎片化，以及社区治理过程中决策、执行、监督、评估等各环节互相脱节，例如，数据采集格式和规范不够标准化；对数据开放共享的要求不明确，导致部分数据未开放或未全部开放，基础数据更新不及时不系统。

因此，需要进一步完善与强化“人工智能+社区治理”的顶层设计。

首先，应推动社区治理与大数据、物联网、云计算、人工智能等数字技术的深度融合。传统手段和方式已经很难回应社区的多元化诉求，尤其是社区中存在的不确定性问题和系统性风险，其解决方法需要借助人工智能应用和数字技术为载体，实现社区治理的风险感知和精准预测。

同时，要拓展居民、社区社会组织等利益主体参与社区治理的智能化机制。在第6.2节中已介绍相关应用案例，以居民需求为中心，围绕社区治理的痛点、难点和堵点等问题，依托智能化终端，吸引社会组织、企业、居民积极参与社区的决策、执行、监督、评估、问责等，开展大数据分析，回应公众需求，实施满意度测评，提升服务能力。

另外，还要构建社区运用智能化提升精细化的量化指标和实施路径。社区治理智能化不仅要有立法保障、战略框架和实施路径，更要注重对社区治理智能化的监测、评估，设计科学的评价指标体系，引入社区治理效能评估，可由第三方独立进行，以评估促进社区治理智能化水平提升。

2. 社区信息数据公开、共享机制需要进一步健全

数据的可得性和易用性是智能化的基础，是推进社区治理精细化的前提。尽管社区的公共数据量大、面广、价值密度高，但由于技术标准不一致，面临的挑战包括：安全责任不明晰、利益不协调等原因导致的数据分割和数据垄断；信息公开、整合、共享不够，数据库和业务系统各自独立，信息孤岛、盲点和数据冲突的情况仍然存在，而社区工作人员需要制作多本台账提供各类数据，却缺乏数据使用权。

完善路径包括构建统一高效、互联互通、安全可靠的数据共享交换系统，推动高效和安全的社区大数据采集机制，鼓励社区各类主体对数据进行深度开发和增值利用。首先，推进数据

开放。通过有序开放激活数据的市场价值和社会价值，为社会组织、企业、居民参与社区治理提供渠道和条件。其次，推进数据共享。打通数据鸿沟，提升社区治理的效率和水平，加强社区社会组织、居民对社区治理的监督。推动一站式、全流程、全覆盖的服务体系以及一网通办和协同应用等。进一步推进多元化参与方之间的数据共享平台，建立社区治理的智能化共建共治共享机制，以数据开放共享推动社区治理的创新。

3. 应用“人工智能 +CPS”，推进新基建设施全面覆盖

要推进社区的精细化智能化治理，还需要进一步建设社区感知系统，围绕社区治理的公共管理、公共安全、公共服务部署智联网，建设社区智联网的边缘计算能力，实现对社区事件、设施、空间、人等要素的即时感知、数据化、可视化管理、大数据分析和智能化治理。目前，面临的挑战和问题是传统网络信息基础设施如光纤等建设比较成熟和重视，但很多社区智联网技术的基础设施还比较薄弱，尤其是覆盖社区治理重点领域和对象如管网、安全、环境、应急等方面的智能感应设备还应进一步加强，需要建设以物联网技术为基石的智能感应设备，形成市域或社区智联网覆盖面。

因此，需要完善新基建网络实现全面覆盖。应依托互联网和5G等基础网络设施，建设社区“感知系统”。围绕社区治理中的“公共管理、公共服务、公共安全”，形成覆盖社区的感知网络，将传感器采集到的数据汇聚到社区大脑，及时发现社区治理中发生的风险隐患，为社区治理智能化提供支撑；同时，基于“人工智能+CPS”的社区数字化架构，深入打造社区大脑和社区画像应用。数据只有通过智能化分析，才能服务于社区治理的决策、监测、分析、预警和控制等，基于“人工智能+CPS”架构设计，对汇聚的数据进行结构化、自动化、标签化加工，避免数据重复、浪费低效，实现社区治理全生命周期的可视化、数据化、可分析、可预测和可控制。

4. 建立数据保护政策，应对数据安全风险的挑战

虽然我国新兴技术和产业发展迅速，但在操作系统、基础硬件等智能化基础技术方面还相对落后，在基础软件平台、智能分析的技术产品等方面仍处于初级阶段，国产大数据存储、数据库及数据处理技术等方面有明显差距。具体到社区治理智能化方面，主要有数据容灾备份系统比较脆弱，信息同城异地备份缺位，信息安全支持保障水平和风险防范能力有待提升，隐私保护与数据安全需要进一步加强，还急需加强社区数据安全的风险防控。

完善路径包括积极建立数据保护政策、发展隐私计算技术、加强网络安全等，应对数据安全风险的挑战。

①建立数据安全等级保护制度。发展隐私计算技术，加大对涉及商业秘密、个人信息和隐私等重要数据的保护，完善数据信息的采集适用制度。

②建立健全信息安全防范、监测、通报、响应和处置机制。建立数据安全抽查机制，实施不定期的抽查，评估社区管理部门的数据安全保护措施和能力，建立应急处理和追溯惩罚机制。

③加强网络安全要求和技术，落实各类网上业务系统以及网络建设的等级保护、安全测评、应急管理等基本制度。

④建立健全数据安全保护相关技术和管理要求，加强设备进网审批、许可证年检等监管环

节，对社区治理的数据安全实现常态化的监管。

5. 完善“人工智能 + 社区治理”的人才制度和组织能力

“人工智能+社区治理”需要大量既掌握管理、法律、经济等专业知识，又具有互联网思维和人工智能技术专业的人才。但目前从事社区治理的主要是行政管理、社会工作类专业人员，普遍缺乏既具有社区治理专业知识、能力，又掌握人工智能技术的复合型人才。表现为研发领域缺乏高端的大数据、物联网、人工智能等技术人才；政策设计环节缺少拥有社区治理的丰富经验，同时掌握新兴数字技术的人才；甚至，不少街镇从事信息化管理的技术人员很不稳定，专业性不够，有的单位甚至缺人，严重制约了社区治理智能化的水平和能力。而世界发达国家和城市的社区治理都集中了很多信息化、大数据、人工智能领域的专业人才，通过参与数据开发利用、社区智能化项目进行创新创业，服务社区治理精细化，拓展智能化社区产品市场。

完善“人工智能+社区治理”的人才制度和组织能力的途径主要包括：

①培养专业的社区数字化转型团队，强化大数据、人工智能、物联网等专业人才的引进力度，设立专门人才发展基金，用于社区智能化人才的引进、培养和激励。

②注重对社区智能化人才的激励考核，设计科学的薪酬激励政策和考核监督机制，完善量化考核方法。

③社区人工智能的人才培养需要理论学习、实践平台以及产业发展融合三位一体。完善社区智能化人才的培训机制，提升社区数字化人才的操作技能和实践能力。

④求优秀且稳定的多元化参与方。探索与高校、企业、信息化管理部门等联合培养机制，采取挂职、轮训、交流等合作方式。

⑤寻建设基于全局思维和创新理念的组织能力创新，按照统筹布局、突破关键、以点带面的方式，稳步推进组织能力创新。

⑥不断提升社区工作者的知识水平和技能水平，形成高素质的人才队伍和丰富的知识储备，以适应新质生产力的发展需求。

人才制度和组织能力是实现社区数字化转型，走向智能化的重要基石，下面将对社区智能化治理的人才制度和组织能力的构建进行详细分析。

7.2　构建社区数字化转型的组织能力

社区实现真正的数字化转型，不只局限于人工智能等新技术的应用与实施，还需要基层社区的发展规划和战略、人才、组织模式以及商业模式的协同转变。当前，组织模式在追求数字化转型时，面临的最大挑战便是寻找、培训和留住合适的人才。

基层社区数字化转型，既涉及基层社区政府自有数字化团队的人才培养和组织建设，也涉及多元化合作方与参与方的数字化人才团队选型和培养。这些方面的人才缺一不可。

基层社区组织在越来越重视核心人才培养的同时也面临着巨大的成本压力，根据我国著名招聘网站的年度薪资报告，大数据、人工智能等先进技术人才的薪资水平远高于传统IT 人才，尤其是在智能算法、大数据领域更为突出；能同时具备行业领域行业知识和人工智能技术的人才匮乏。并且，社区人员编制和预算有较大缺口，导致目前社区数字化人才招不到、招不起、留不住的困境，如图7-1所示。

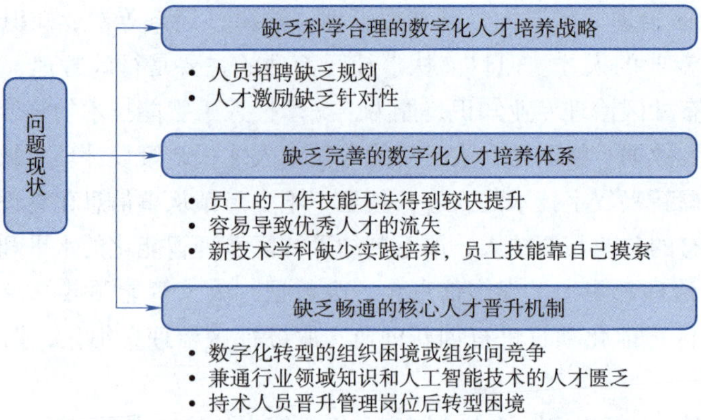

图 7-1　数字化转型人才的培养和组织问题现状

人才是公认的国家和社会最重要的软实力之一，也是新质生产力发展的关键因素。人才的缺乏甚至会掣肘基层治理数字化转型的进程。目前，数字化发展战略为我国各类组织、高校和企业未来培养人才指明了方向。

7.2.1　培养专业的社区数字化转型专职团队或志愿者团队

社区智能化和数字化转型是触及社区创新治理的核心任务之一，以智能化、数字化思维能力新建一种社区治理或建设模式的高层次和系统性转型。前文在社区智能化转型的基础能力成熟度评价的介绍中，讲到从四个维度六个领域来评价，涉及大数据技术、智能算法及分析技术、云计算平台技术、运营技术等四个技术层面。

社区可以从“提升社区民生服务”和“创新治理模式”两方面出发，对应于上述技术领域，加快构建社区智能化和数字化能力，着手建设社区数字化转型专职团队和志愿者团队，为即将到来的数字化转型做好准备。

社区智能化转型基础成熟度需要多个层面来进行评价。相应地，专业人才队伍建设和评价是必不可少的，社区也应当具有一个标准的评价指标来进行人才的分级和评定。从业人员懂得运用数字技术去解决社区治理问题很重要，但还需要懂得相关交叉领域知识。例如，优秀的社区数字化人才既需要懂通信和智能算法等知识，又需要了解社区治理等领域专业知识。

社区人工智能要从场景出发了解社区治理和社区服务中真实的痛点，因此理论和实践的融合是人才培养的关键。高校要走出去，去寻找更多的场景和数据。社区和企业要打开门让研究和实践人员走进来，通过实践去解决社区中的问题，从而形成专业和高效的志愿者团队。

7.2.2　寻求优秀且稳定的多元化参与方

社区创新治理离不开多元化参与，同样，社区智能化之路也离不开多元化主体参与和共同建设。以多元主体参与、治理创新驱动、组织持续发展为目标进行组织能力的持续建设和提升。

首先，促进社区智能化的多元主体参与，以及社区发展共同体的形成。社区智能化的多元主体参与，主要包括：社区或基层政府信息化专职管理部门和技术实施部门、各职能管理部门、社区居民和服务受众、社区企业和服务提供商等。

充分挖掘居民等服务受众的智能化和数字化需求，以及开发潜力，引导和鼓励具有一技之长的居民成为志愿者，或作为合作参与方参与信息化应用开发实践；可以合理利用社区企业和服务提供商资源力量，营造社区内外良性互动共融的智能化多方参与生态。

信息化管理和技术部门或企业，是参与实施社区智能化的重要组织，应具备全局视野，具有主动服务的姿态、创新思维和强执行力，把握长期和阶段性社区数字化发展的重点方向，为社区管理业务之间、管理与服务之间做好信息化统筹、协同和技术平台支撑。

社区治理是以提升社区服务能力为主要目标之一，把提供泛在便捷的智能化社区服务作为社区数字化转型能力构建的切入点和牵引点，建立以服务覆盖面、服务质量、服务公平性为基准的智能化服务建设评价原则。建立完善从居民、物业到社区服务中心等的多级智能化服务内容和服务标准，倡导服务的小微化和碎片化改造，坚持基于服务入口的服务汇聚，不断提升社区服务质量与应用体验。

社区数字化和智能化是基层社区治理创新的助推剂和主载体。使用大数据、人工智能技术推动社区治理由凭传统、凭经验向科学化、精细化、智能化的转变。高度重视数据资源这个未来发展的战略性资源的储备和应用。形成全社区凭数据说话、凭数据考核、凭数据决策的浓厚数据文化氛围。在大数据基础上构建科学智能的决策模型，力求推进社区在综合治理、考核管理、公共服务、资源配置、人才引进等重点领域取得突破性的创新。

此外，多元化的参与更需要重视组织能力的持续发展，社区人工智能发展和数字化转型是一个持续积累、持续演进过程。应秉承持续性发展思维，包括：保持发展规划和工作方法的延续性；确保资金投入的常态化；确保数字化人员队伍的稳定性；激发组织的创新活力，形成可靠的成果转换和自我造血机制。

7.2.3　基于科学化和创新理念的组织能力创新

要进一步实现社区数字化转型，建设和提升社区人工智能的技术和能力，社区智能化工作要以科学化和创新理念作为核心，以统筹规划全局、攻克关键问题、以点带面推进的方式，基于以下五方面推进组织能力创新。

1. 夯实智能化新型基础设施建设

以需求导向、服务民生、全局联动为基础，选用先进且稳定的技术和产品，统筹规划社区智能化新型基础设施“云、网、端”的建设与应用。

2. 创新社区智能化支撑环境建设

配合社区未来发展的定位，提升智能化对社区领域的智慧支撑，以智能化推动社区形成服务特色。推进在线服务规模化常态化，创新数据驱动的社区治理效能评价，提升社区治理团队智能化素养，完善线下创新学习空间建设，保障职业和技能培训的智能化支持服务。

3. 完善智能化公共服务体系建设

在这方面，社区智能化综合服务体系、流程化办事服务体系、平台化信息基础服务体系已经初步建立。未来要充分发挥社区综合服务的系统效应，为社区居民提供同质化公共服务，为社区治理赋能。

4. 驱动社区治理创新的大数据建设

在社区治理体系方面，社区治理工作初见成效，然而，社区数据治理工作尚在起步阶段，以数据提升社区治理和科学决策水平成为社区共识。应该支持社区长期持续开展数据治理，以及组织优化、资源配置、人才引进、绩效考核等重要工作，提供源源不断的数据支持。

5. 推动社区人工智能学科融合与产业发展

社区的定位不仅仅是为社区居民服务，更应该打造开放性社区，成为产学融合的人才培养和实践基地。为研究人员、各类企业人才、社区工作者及社区数字化转型技术人才提供持续支持与合作。以数字化、人工智能技术和能力作为黏合剂，促进“人工智能+社区治理”跨学科合作；从信息化服务社区工作过渡到人工智能应用支撑社区资源协同共享；积极整合社区内外资源，创新社区智能化实践，致力于打造“人工智能+社区治理”应用研究与实践高地。

在人才培养方面，我国各高校除了在基础科研领域投入大量资源之外，目前还格外注重产学研的融合和产业型研究人才的培养，也更需要对学生进行跨界培养。社区工作领域所需要的人才和毕业学生，不仅需要很强的科研创新能力，也需要接受系统的产品化与市场策略训练，形成优秀的产业能力和社会工作能力。

7.3 人工智能应用中的伦理道德与风险防范

人工智能领衔的第四次工业革命在深度改变全人类的生产生活方式之时，也给人类社会带来了难以预计的技术和伦理风险。作为一门几乎可以全方位应用的学科，人工智能技术本身不仅会带来新的全球性问题，同时一些传统的全球性问题也会随之嬗变。如何应对这些挑战和风险，是世界各国和社会各界的共同课题。某一个国家或单位单凭一已之力都不可能完成这一任务，需要共同努力，从而凝聚人类智慧，防患于未然，及时预见并有效消减人工智能的负面作用，使人工智能朝有益于人类的方向发展。

7.3.1 人工智能对社会治理的影响

随着人工智能技术的行业应用不断发展和进步，逐渐成为推动各行各业转型升级的重要因素和动力。党的二十大报告提出“完善社会治理体系。健全共建共治共享的社会治理制度，提升社会治理效能”“完善网格化管理、精细化服务、信息化支撑的基层治理平台，健全城乡社区治理体系”“加快推进市域社会治理现代化，提高市域社会治理能力”。要创新社会治理、提升社会治理效能，必须通过智能化的方式加以赋能。从人工智能发展大势中挖掘巨大的价值，引领社会治理进入一个全新的智能化时代，已经成为实现社会治理现代化的现实需求。人工智能技术的发展正在重塑现实社会，带来社会治理领域的新变革。人工智能既是社会治理的工具，又是社会治理的对象。人工智能技术发展及广泛应用将带来新的社会治理、法律规范及伦理规约问题。

人工智能对社会治理的影响既有优势和好处也有风险和挑战。从有利于社会治理的方面而言，人工智能能够为推进社会治理智能化提供强有力的技术支持，有效破解信息碎片化等难题，促进决策科学化；可以统筹分配各类政务资源，促进服务高效化；可以有效提升监管体系效率，促进精准化。为社会治理提供全新的技术和思路，将人工智能运用于社会治理，能够有效推动社会治理实现协同化、智能化、生态化和法治化；也是降低治理成本，提升治理效率，减少干扰最直接、最有效的方式。

然而，在人工智能发展取得阶段性成果的同时，随之而来的伦理道德挑战和风险也应运而生，人工智能内含的技术和社会双重属性及其矛盾将会越来越突出。除了数据隐私和伦理道德问题，信息茧房、就业替代、算法偏见等问题也成为社会普遍关注的焦点。就业替代是指人们的就业机会因人工智能的发展和应用被机器人机器设备等替代或减少。信息茧房是指人们在信息领域习惯被兴趣和关键字引导，从而失去对外界的整体认知的情况。算法偏见是指程序中可能包含的设计者、开发者或数据的偏见。由于算法是基于已有数据的机器学习或深度学习，而已有数据的产生是基于人或机器行为，所以数据本身就有可能包含歧视，从而导致算法给出的决策依据同样包含着偏见。特别是掌握数据和信息优势的平台或大型企业，有可能利用数据垄断，对消费者和客户实施隐藏信息和价格歧视，需要进一步完善法律政策体系。

因此，如何建立完善的人工智能治理体系，引导人工智能健康有序发展，成为当下关注的话题。特别需要指出的是，与工业、农业等领域不同，社区人工智能的应用会涉及大量个人隐私数据，这些数据所触发的道德伦理风险，或者因盗用大批量个人数据所带来的巨大风险要远远高于农产品溯源等数据泄露的风险。所以，社区治理中人工智能的应用需要特别注意和防范道德伦理问题和风险治理。

7.3.2　人工智能应用中伦理道德与风险的防范路径分析

人工智能时代的社会治理即运用物联网、大数据、机器学习、算法推理等技术，重构社会生产和社会组织的关系，促进党和政府的公共权力与社会组织和公民权利之间的协调合作与发展，使治理水平与治理能力更加优化。面对日益激烈的智能科技竞争和人民日益增长的美好生活需求，需要实施人工智能发展战略将我国创新治理能力的提到新高度。

1. 在社会治理的同时，应当注重对人工智能等数字技术本身的有效治理

社会治理涉及的领域、主体和社会组织等纷繁复杂，其中存在的社会问题和矛盾也林林总总。人工智能时代，应当从宏观和整体的视角来探究社会治理智能化面临的问题与挑战，在创新社会治理的同时，应当注重对人工智能等数字技术本身的有效治理，需要特别说明的是，这里两个治理的概念并不相同，所面对的主体也不相同，前一个治理的主体是社会，后一个治理的主体是人工智能等技术本身。

对人工智能技术发展所带来的伦理道德等风险治理是基于多方利益相关者合作协调、资源共享的一体化治理模式。这一方面要求国家行为体自上而下的垂直式治理，如构建全社会领域、跨各部门职能的人工智能资源共享平台，从而在大数据分析基础上达到对人工智能风险的全面把握和有效防范。另一方面，还可以整合国内外社会的组织力量进行协同式横向治理，可以广泛吸引公益组织和非营利机构（如智库、科研机构、人工智能企业等）深度参与。设立专业组织，在人工智能治理中进行协调和引领，提供国内外社会多元主体参与讨论人工智能发展问题的平台，为人工智能可能出现或已经出现的问题和挑战提供更深刻理解并优化政策思路，对人工智能的发展进行有效约束和引导，促进人工智能的价值观与人类社会价值观保持一致，从而构建人工智能安全体系。

2. 加强国际合作，完善人工智能技术多元治理机制

应大力推动人工智能领域国际合作。通过强化国家间的交流协作，在全球范围内共同构筑人工智能风险监控和管理体系，降低人工智能潜在风险，确保人工智能安全、可靠、可控。技术和资本在不同国家间分布的极化特征，推动了人工智能治理结构中国家权力的两极分化。近年来，美国等发达国家推行本国优先的保护主义等，这在很大程度上动摇了人工智能全球治理的合作根基。如何缩小人工智能发展带来的地域差距，更公平合理地分配财富，使整个国际社会更和谐稳定，不仅需要发展中国家的奋起直追，更需要防止人工智能治理领域寡头垄断地位的形成。可行的方针就是完善多元合作治理，推进技术先进国与技术落后国、发达国家与发展中国家在平等的基础上以友好合作的态度开展深度对话。

近年来，我国人工智能发展的先发优势正在加速形成。我国的治理现代化模式是以人为本，特别是应用在社区治理过程中，从社区中具体的人的角度，形成社会共识和有效的沟通、变革机制，为人工智能时代的社会治理提供了可供借鉴的中国道路和中国方案。

3. 构建法律法规、伦理规范和政策体系及协调机制

人工智能规则治理的形式主要体现为旨在约束人工智能引发社会风险的相关法律法规、伦理规范和政策体系。首先，在人工智能规则制定方面，既要保证立法机构与专业知识共同体的有效联动，也要保证自然科学家和社会科学家的协同合作。其次，需要弥合分歧，达成共识，制定跨国条例。人工智能带来的影响是全球性的，要实现对人工智能可能产生的风险进行更加精准的预测，从而采取有效的治理措施，需要不同国家之间协同合作，制定跨国界和跨文化的治理规则，以使全球人工智能治理规则具有普适性。

人工智能在为人类的生产组织方式和生活方式带来巨大变革的同时，也将在经济结构、社会秩序、道德伦理等方面产生长远而深刻的影响。因此，我国学术界和企业界都在关注如何建立完善的人工智能治理体系，引导人工智能健康有序发展，如何通过法律法规促进新技术规范发展。

社会已达成广泛共识，应建立和完善智能社会的法律政策体系，加强人工智能开发和应用的顶层设计；尽快制定人工智能产业的安全标准，推行安全认证制度；建立健全人工智能的监管体系，防止人工智能被非法利用或偏离正常轨道运行。以人工智能为代表的新一代数字技术创新在使社会变得更加开放和透明的同时，也对保障信息安全和个人隐私提出更大挑战，需要我们认真应对。

4. 建设和完善我国人工智能治理体系，促进新技术规范发展

2021年9月，国家新一代人工智能治理专业委员会发布了《新一代人工智能伦理规范》（以下简称《伦理规范》），旨在将伦理道德融入人工智能全生命周期，为从事人工智能相关活动的自然人、法人和其他相关机构等提供伦理指引。通过《伦理规范》可以更好地协调发展与治理

的关系，确保人工智能安全可靠可控，推动经济、社会及生态可持续发展，提出了增进人类福祉、促进公平公正、保护隐私安全、确保可控可信、强化责任担当、提升伦理素养六项基本伦理要求，同时，提出人工智能管理、研发、供应、使用等特定活动的18项具体伦理要求。新一代人工智能伦理规范为深入贯彻《新一代人工智能发展规划》，细化落实《新一代人工智能治理原则》，增强全社会的人工智能伦理意识与行为自觉，积极引导负责任的人工智能研发与应用活动，促进人工智能健康发展提供了框架与行动指南。

无疑，《治理原则》的落地与实施还需要从多个层面推动，如伦理道德、政策法规、法律立法等。而八条原则如何进一步细化为可供操作的伦理规范，还需要在多元和广泛参与下、在人工智能的演进过程中不断进行调整，进而逐步上升为政策制度。在此基础上，通过政府及产学研各界乃至公众的参与互动，最终推动人工智能法律出台。

需要加强引导社会公众关注人工智能安全、参与人工智能风险治理。一是促进公众适应智能社会和接受智能机器；二是加强智能教育与引导工作转型；三是树立与智能机器共存的意识。同时，他还提到，人工智能治理必须重视解决智能风险、智能偏见与智能失权问题，避免技术失控、决策失当、公众社会治理积极性下降等问题的出现。

要对人工智能形成理性认知。对人工智能技术的开发和应用，应以符合人类价值观和伦理道德为前提。其次，开展人工智能治理体系建设应具备超前性。应加强前瞻性预防，明确人工智能技术研发应用的合理边界，切实防范利用人工智能进行非法活动。一方面，要对人工智能进行技术评估，在考虑人工智能经济效益的同时，也要考虑其可能导致的难以逆转的社会、环境后果；另一方面，可通过道德嵌入和外在的法律规范进行约束性引导。

在发展中规范、在规范中发展，是未来人工智能治理机制的方向。既要避免过度干预以致阻碍人工智能科技产业的发展，又要根据发展中的具体问题进行针对性治理，做出积极防范。

7.4　探索“人工智能 + 社区治理”创新模式

7.4.1　“人工智能 + 社区治理”推进社区治理创新

随着社会主要矛盾向人民对美好生活的日益增长的需求和发展的不平衡与不足之间的矛盾转变，社区治理存在着许多新的内涵、新的问题和新的特点。人工智能是人类创造的机器智能，是人类理论、方法和技术的延伸和模拟。随着人工智能时代的到来，探索“人工智能+社区治理”新模式的应用，可以促进社区治理的创新和发展，走向精细化和科学化，更好地解决新形势下社区治理中的新问题。

1. 通过“人工智能 + 社区治理”模式进一步提高治理的有效性

人工智能作为科学技术进步的产物，作为人类社会生产力提高的具体表现，与社区治理相结合，对社区居民的生活和生产方式产生了重要影响。

在社区公共生活领域，人工智能极大地提高了居民的生活质量。例如，外出时，居民可以选择各种智能出行模式，如共享单车，智慧公共交通，或者通过智能地图自驾，并提供相应的智能分析和建议，使人们能够在最短的时间内到达目的地。同时，大数据分析可以为居民出行提供实时路况，帮助居民做出正确的道路选择。此外，人工智能可以准确预测天气状况，提醒人们提前准备，进一步提高人们的生活质量，节省人们的出行时间。

在社会经济领域，人工智能的出现满足了消费者对产品和服务日益多样化的需求，特别是智能支付模式的出现，极大地促进了公众消费。同时，多样化的智能支付模式也可以与医疗系统、交通系统等有效对接。例如，居民可通过智能终端进行商品选购、通过VR/AR技术进行试衣或产品体验，通过智能支付进行付费、打印发票，缩短采购时间，节约商户人力成本，进一步提高社区商业和服务水平。

随着人工智能的不断创新和发展、“人工智能+社区治理”模式的初步探索，智能技术也走入社区服务和治理，如智慧养老、人脸识别、语音识别系统等。这些社会公共服务手段和方法与人工智能密切相关。目前，许多社区人工智能技术已经进入公共服务领域，并进一步提高了社会治理的效果。例如，很多社区在井盖上安装了包含传感器的电子标签。该应用能够对井盖下的流量进行有效的监测，如果井盖移位、缺失或水位异常等，传感器会将异常传送到社区大脑或社区平台实现自动报警，相关管理部门将能够及时处理。再如，人工智能也被应用到道路交通和社区车辆出入监控中。通过人工智能提供的大数据分析，可以调整交通灯的长度，进一步提高车辆的交通效率。

在“人工智能+社区治理”过程中，可以积极利用各方面的优势，进一步提高社会治理的有效性。人工智能在社区治理过程中的作用主要集中在公共管理和公共服务层面。服务、法治、标准和精细成为社区创新治理模式的标签。在人工智能时代，社会治理体系也将发生重大变化。社会治理的主体不仅包括政府组织、社会组织和经济组织，而且社会个体也可以参与社会治理，进一步增强社会治理的政治认同和凝聚。

2. 人工智能助力提升社会治理和公共服务水平

人工智能技术的应用使得社区智能治理应用不断延伸，带来巨大的社会效益。在人工智能技术的驱动之下，社区创新治理时代将加速到来。除了依赖前沿的人工智能软硬件技术，社区治理更需要理念创新。一是治理过程所应用技术从传统信息化向数字化、智能化过渡，让系统的逻辑判断能力得到提升；二是从孤立发展到整合规划，打破‘数字孤岛’，实现互联互通；三是将公共服务延伸到社区的各个角落和任意主体，真正做到以人为本。

在医疗领域，人工智能也让更多患者看到了战胜病魔的希望。深度学习算法可帮助完成更高通量的基因测序，尽早提示健康风险；智能诊疗可在更大样本的基础上建立病症模型，帮助医生判断病情；医疗影像识别能够辅助医生筛查医疗影像，让“读片”更加精准高效；人工智能家庭医生在常见病治疗和慢性病护理方面，将有效填补医疗服务资源的不足；对于偏远地区和基层医生来说，人工智能也将成为他们的得力助手。

目前，很多社区服务中心或事务受理中心都上线了各种综合服务机器人，这些机器人虽然外观设计有所不同，但通常都设有语音、视觉、触觉等多类型交互入口和中英文双语会话模式，可帮助用户查询社保卡、交通卡、旅游、住宿等多种实用信息。与市政系统打通后，这款城市综合服务机器人还将变成虚拟的智能办公大厅，可办理房地产过户、公积金、水电费、车辆违章等一系列流程化政务，通过“一窗受理、集成服务、一次办结”的服务模式，通过智能办理方式协助实现一网通办的目标。

毫无疑问，人工智能对生活的影响与日俱增，覆盖领域正加速扩展并不断深化。人工智能的广泛应用将助力提升社会治理和公共服务的水平，带来巨大的社会效益。

7.4.2　“人工智能 + 社区治理”创新应用的探索方向

社区治理是城市治理的一部分，社区数字化是城市数字化的末梢，更难于城市数字化建设。这些需求都要求有真正意义上的社区智能化场景规划能力去响应，例如智能算法的选择和建模、网络和接口的统一、数据采集的标准、云平台的应用等。

“人工智能+社区治理”是一种综合创新应用，包含社区规划、基层治理、社区服务、数字技术领域等综合应用。社区规划是对社区空间里各种要素的统筹安排，社区规划一般侧重实体空间要素，主要从建筑和空间规划角度对现代社区空间进行全面的设计和研究，但建筑和空间是静态的。随着社区的发展，需要再结合社区治理和人工智能等数字化技术应用，综合考虑空间要素和数字技术要素。社区数字化场景设计需要结合基层实际治理过程中的情况，以及数字化转型需求，从社区服务到基层治理，从环境发展到人文生活，需要从整个社区系统的运行逻辑去综合分析。社区治理和服务等场景规划中的关键环节或技术要求，是社区智能化在实践中需要持续探索的方向。

1. 对基层社区治理复杂性的理解

基层社区要素之间具有复杂的关联和互动，牵一发而动全身，无法用还原论思维直接简化，因此，多次介绍过社区是开放的复杂巨系统。类似于社区规划的设计，解决基层治理复杂问题需要关注事物的关联性和动态性，把社区里的各个系统、各个部门综合起来考虑。

本书之前已经介绍过传统智慧社区，各类系统绝大多数是不同部门主导建设的，具有各行业垂直特征，形成不同数据孤岛。但其实各个系统里的各种数据可以互通互相提供服务，数据孤岛的情况导致了大量的重复建设，尤其是重复的数据采集。各系统之间的共性需求没有统一的规划，共享和汇聚的困难会在各个环节体现，尤其是各类数据的统筹。因此，需要深入理解基层社区治理的复杂场景，例如，社区感知网络采集所需要的传感器，就要梳理社区安全、服务、环保、卫生等各个系统的场景应用中数据采集和使用需求，归并指标和空间部署的共性因素，并探讨每种数据对其他系统的可能价值，以进行有效数据整合和接口统一。

2. 对技术与空间的互动关系的理解

创新的技术无疑对空间会有重塑的力量，绿色能源、无人驾驶和各类数字技术等都是类似可以影响社区形态的技术。正在普及的自动驾驶和人工智能技术等都可能会成为引发社会变革的创新技术。

首先，需要理解并识别社区中可变的和不变的要素，从技术的视角去观察技术对各种社区要素可能带来的改变；进而，再规划随之而来的社区空间更新和治理变革。例如，对未来社区进行前瞻性规划，对社区服务和共享空间的主导设计就不能按照目前的规范来配置照护设施和公共空间，更多要考虑到未来人口变化或服务需求增加，以及社区空间紧张之后的智能化和弹性化改造方式。如果还用目前空间改造逻辑而非共享的逻辑去测算未来社区的需求，就可能会出现极大的偏差。所以，基于长期规划的远景，应该是公共系统变革和占用面积、组织方式的变化等。这也对应了社区治理场景复杂性，即每个变量的变化带来的都会是一系列连锁反应。

3. 对数字技术的创新应用

社区数字化转型离不开数字技术、ICT技术的综合应用，而各类数字技术交叉融合创新，尤其是着眼于长远的流程数字化转型和再造，更需要多种跨领域技术和创新研发，这对任何领域背景的从业人员及研究人员都是巨大的挑战。云计算、物联网、传感器等技术对信息技术公司来说可能是擅长领域，但若涉及复杂无线需求（如5G的应用），就需要通信技术和企业的综合支撑。在第5.4.7节的案例分析中专门介绍了基于5G的数字化校园应用案例，就是数字技术和5G通信网络的综合创新应用。

然而，在更多社区治理的数字化场景中，涉及更全面的材料、工控、能源甚至生化等专业领域，即使每个领域所应用的技术未必非常复杂，但集成应用仍然存在巨大困难。例如，在4.5.3中介绍的基于“人工智能+CPS”的地下管网监测系统，对其系统内部的堵漏监测可以应用具有三维形态感知能力的管道探测机器人等新产品，但目前产品形态较为初级，综合成本非常高，难以大批量推广。其技术难点并非在产品的技术创新，而是由于涉及技术领域非常广泛，对研发团队的行业背景和专业领域要求高，导致很难实现成熟和低成本的产品和解决方案。在社区基础设施改造领域，这类需求需要进一步研发和创新应用。

4. 对社区数字化的深刻理解以及对数据的安全应用

在第4.4节详细探讨了社区数据的主要来源，来自从描述用户与人群行为的互联网到描述物体与设施的物联网，从各种独立传感器到社区集成传感网，从传统设施被动采集到数字化设施主动上传数据等，这些数据的获取是将物理世界映射到信息世界的数字基石，也是基于信息世界先验性测试再反馈改造物理世界的逻辑基础。基于这些数据将在信息空间里呈现一个全息的数字孪生社区，可以把主要社区场景从实体空间复制到其中。

通过数据重新描述和解释社区，是社区数字化转型的第一步，也是贯穿整个社区生命周期的主题。数据是智能的前提，没有作为训练样本的海量数据的采集，就没有对各种社区系统规律的识别，更谈不到预测和调控；数据是场景的线索，各种应用和产品之间靠数据交换建立有机的联系，丰富的互操作来自充分的跨系统数据打通；数据是数字化治理的推动力，可以看到，数据作为一种新型生产要素，其价值及影响力不言而喻。

可见，智能化的基础是数字化，知识和信息的载体都是数据。在推进数据应用的过程中，既需要推进数据开放共享、也需要提升数据资源价值、更需要加强数据资源整合与安全保护。在7.3节已经详细介绍数据的开发利用、价值挖掘、互通流动等生产活动同样给数据安全或个人信息保护带来了巨大的挑战，可能伴随着危害国家安全、公共利益或个人隐私权益等一系列风险。在数字化发展的同时，还需要逐步重视数据安全与个人信息保护。无疑，开放共享而又保护隐私的健全的数据生态，是数字化社区创新治理模式的重要前提。

5. 对社区基础设施运行规律的理解

数字化社区本质上是指社区在运营过程中借助创新技术体系赋能，从而实现满足人民美好生活的追求，而从技术属性去定义数字化社区的关键在于新的基础设施体系。本书在第2章详细介绍过数字技术的交叉创新及在社区的应用，这是支持所有社区规模形态和运营管理模式的根本。

数字社区与人工智能时代的万物互联，着重点是整个社区的基础设施及新基建体系的实时反馈和在线可控，而并不仅仅是智能家居中各种电器的互联互通，也不仅仅是物业服务的设备管理。经过数字化技术赋能，所有地下管线都可以升级为智能化设备，自身具备通信与感知系统，获得数据采集、传输和反馈控制能力，使社区的基础运行更加安全高效和韧性。这种全要素覆盖的立体化社区感知和控制网络，其精度和覆盖会远超过现有系统。原本依靠人工巡检、凭主观经验指导的操作成为以人工智能控制为主的新社区数字底座，在其中高效运行的各种数据算法及其感知能力，更接近数字化社区的本质。

由于社区基础设施大多数属于隐蔽工程，投资巨大但又不容易直接看到，所以很容易被忽视。目前，社区的水电气热管网和能源供给方式，在效率和安全、节能、环保等特性上，还有巨大的提升空间，重要提升手段就是依靠新基建建设，以及材料和化学、生物、绿色能源等新技术去改造现有系统，以支撑更加可持续发展的社区形态。

6. 以人为本的基层社区治理场景的构建能力

作为“人工智能+社区治理”的探索和创新方向，首先是以人为本，要关注居民追求美好生活品质的提升，也要关注基层治理精细化和现代化。社区是城市治理的基本单元，也是城市品质发展水平的标志，更是人民美好生活需求的重要载体。

社区治理的目标是围绕社区全生态系统的服务需求，以人本化、生态化、数字化为价值导向的新型城市功能单元。构建以邻里、教育、健康、创业、建筑、交通、低碳、服务和治理等多个场景创新为重点的集成系统，打造有归属感、舒适感和未来感的创新型和服务型社区，促进人的全面发展和社会进步。

可见，社区规划的本质是统筹各种资源解决社区问题，数字技术类似于空间规划设计方法，是解决问题的工具。目前一些初级形态的智慧社区项目，更多是简单集成各类高科技产品，还没有真正考虑未来社区或社区治理场景的需求。例如无人驾驶产品，示范较多而实际应用较少。在数字化社区应用中可以设计为解决社区内快递送货等特定短途交通问题的工具，也可以设计为智能定义路线的垃圾回收车等。在新一代数字化社区建设升级中，还可以结合社区景观和人行道设计的慢行系统再造、服务于老人或特殊人群的多层次短途接驳体系建立等，有效改善社区痛点。

7. 对社区居民多元化需求的理解

数字化社区的规划与建设，目的是服务于居民，以满足人民美好生活向往为根本目标。在考虑空间规划为主的时代，有环境行为学和人体工程学等学科和工具作为辅助规划手段。但在数字化场景中，人的主观体验和获得感、幸福感的量化描述和评价并没有相应的方法论。因此，围绕社区居民多元化的服务需求，以居民为核心，多元主体的全面参与和反馈更新是“人工智能+社区治理”的应用得以成功的基本保障。

随着社会转型发展，社区生活和服务中诸多亟待解决的问题也日益凸显，居民多元需求日渐增多且不同。例如，重房地产建设轻人文关怀，邻里关系疏远，缺少文化交流载体；托幼入幼难，优质教育资源稀缺，覆盖人群少；社区医疗资源需要进一步拓展，养老设施与服务缺失，健康多元化需求难以满足；停车难、公共交通出行不便等。“人工智能+社区治理”的探索和应用，就是要为这些久而未解的难题寻找解决方案。

8. 对社区经济和发展规律的认识

数字经济的发展离不开社区经济，未来数字化社区多种创新场景的长期实现，需要合理的商业模式。不同场景下都会有相应受益方或付费方，有些可能具有隐藏性或重叠性，需要进一步分析才能看清各个角色。随着社区发展，治理场景可以分为市场主导的社区运营或称社区营造，以及由政府主导的社区治理两个大方向。前者通常是市场化的方式实现收益，对于基础设施则是特许经营与市场定价和政府补贴等经济手段相结合。对社区设施进行数字化转型后，未来将实现在线可控可运营的模式，这样，以数据运营驱动社区运营的逻辑一定会催生出新的社区运营商业态，这也许是一种创新的商业模式。

在社区治理领域，政府为了提高效率而提高数字化水平，通过购买服务或直接付费采购等是常用的合理方法，但其绩效的评估并非易事。本书在6.2专门讨论了社区治理过程中，涉及居民满意度、归属感、幸福感等这些看似主观的情绪，以及群体传播过程中的认知反应，如何通过社区治理效能评估、社区画像等方式以量化数据来描述和评估。随着社区的治理完善和经济发展，社区政府对数字化产品的支付意愿也会从能直接盈利和容易见效的交通、安防等领域，发展到更精细化科学化的管理颗粒度，提升市民更微观的体验和幸福感，社区的安全性和舒适性也会进入一个新的发展阶段。

以上讨论的创新应用的探索方向，需要跨学科的综合视野，单一团队或单位可能无法具备完整综合能力，从而更需要一种面向这些领域的开放型心态和综合型思维。需要越来越多的社区从业者投入这个新的领域，响应巨大的市场需求，重新定义社区规划、社区治理和社区服务学科。

7.4.3 “人工智能 + 社区治理”的实践方法

在人工智能参与社区治理的过程中，如何进一步提高人工智能在社区治理中的利用效率，避免无序竞争和资源浪费？在具体实践过程中，应对国内外相关理论和案例进行分析和经验学习。将人工智能引入社区治理，实现“人工智能+社区治理”，需要遵循一定的理论框架和技术标准。在此基础上，还要制定符合社区治理的数据安全、信息处理、数据共享、数据质量和数据伦理的相应行业技术标准和伦理标准，并采用先试点后推广的实践方法。通过实施和完善相应的行业规范和行业标准，进一步降低人工智能的技术风险。

“人工智能+社区治理”将与人们最基础的生产生活更加紧密地结合在一起。因此，在社区治理创新的进程中，人工智能的引入应首先进行试点，并在积累一定经验后有序地进行。例如，在社区治理数字化转型和建设过程中，可以建设决策前的调研系统，社区相关负责部门通过实时交互、信息统计、数据调查和反馈等方式，预测各类决策制定是否能满足社区居民群众的实际需要，并科学地对决策的修改和调整。在此基础上实现的应用或服务，更容易为广大居民所接受。此外，还可以建立数据分析和决策系统，实现执行结果的反馈和修正等闭环链路。

7.4.4 引导“人工智能 + 社区治理”更好地服务社区造福居民

作为新一轮科技革命和产业变革的重要驱动力量，人工智能正在深刻改变人类的生产生活方式，通过人工智能技术创新所催生的各种新应用也在不断结合到各行各业。未来，人类与智能机器将长期共存并成为一种常态，因此，应该积极引导“人工智能+社区治理”的良性发展，其应用的目的是更好地服务社区、造福居民，而不是管理和限制社区居民。

在人工智能应用过程中，也要高度重视人工智能技术对传统岗位带来的替代风险，重点关注社工、社区中低端岗位从业人员等的再培训再就业问题；发挥好政府、企业等不同主体的作用，处理好相关行业的就业保障和职业关怀等。同时，还要尽快建立起适应智能经济和智能社会需要的人才培养体系、就业培训体系和终身学习体系，提升社工素质和技术水平，满足社区人工智能发展带来的高技能、高质量社区就业岗位的人才需求。当然，人工智能技术发展存在多层次性和阶段性特征，对传统岗位就业存在一个逐步替代的过程，突发大范围替代不会集中发生。同时随着人工智能技术创新的逐步深化，也将同步产生大量新的岗位需求。人工智能将大幅拓宽市场规模和生产生活半径，简化和综合行业分工，催生众多新业态、新模式，从而创造各领域的新就业。

人工智能的快速发展，给社区治理创新和发展带来了新的机遇。为了社区居民共同的美好未来和对美好生活的向往，“人工智能+社区治理”领域参与者应坚持共创、共享、共赢理念，共同创造知识、分享技术、提供服务，在良性竞争中实现共赢。随着社区数字化转型的不断发展，人工智能已经深刻地影响了社区和居民的生产生活，在此过程中不断探索“人工智能+社会治理”创新模式，借助人工智能技术创新社区治理方式，将提升社区治理服务水平和治理效率。

小　　结

本章是全书的收官篇章，展望了社区人工智能发展的未来，讨论了人工智能应用中的伦理道德与风险防范，从实践者的角度探索“人工智能＋社区治理”新模式，并指出了其应用的难点在哪里，从实际应用、技术和伦理道德等不同的角度，将社区创新治理的未来清晰地放在我们面前。

随着人工智能技术的不断迭代和大规模应用，所衍生出的算法偏见、数据隐私、安全威胁、就业替代等问题和挑战，将不断为社区治理带来更多挑战，也将不断影响社区居民的生产生活。社区居民与人工智能在交互过程中的冲突也将增多，越来越多的伦理挑战会逐渐凸显。人工智能本质上是一种技术，是赋能工具，关键是需要引导良性应用。

未来，人类与智能机器将长期共存并成为一种常态，因此，应该积极引导“人工智能＋社区治理”的良性发展，其应用的目的是更好地服务社区、造福居民，推进社区精细化、智能化、科学化治理。

附　录

中英文及简称汇总对照索引

本表以英文全称首字母排序。

序号	中文名称	英文全称	英文缩写
1	行为主义	actionism	—
2	自适应学习	adaptive learning	—
3	阿帕网	advanced research projects agency network	ARPANET
4	代理	agent	—
5	代理人基模型	agent-based model	ABM
6	生成式人工智能	AI generated content	AIGC
7	智联网	AI+IoT	AIoT
8	异常检测	anomaly detection	—
9	建筑	architecture	—
10	人工智能	artifical intelligence	AI
11	人工神经网络	artifical neural networks	ANN
12	基于关联规则的推荐	association rule-based recommendation	—
13	增强现实	augmented reality	AR
14	自动语音识别	automatic speech recognition	—
15	反向传播	back propagation	—
16	贝叶斯	Bayes	—
17	贝叶斯定理	Bayes theorem	—
18	贝叶斯信念网络	Bayesian belief network	—
19	大数据	big data	BD
20	生物圈	biosphere	—

续表

序号	中文名称	英文全称	英文缩写
21	仿生学派	bonicsism	—
22	楼宇自动化	building automation	BA
23	楼宇自动化系统	building automation system	BAS
24	建筑信息模型	building information modeling	BIM
25	使用阴极射线管的图像显示技术	cathode ray tube	CRT
26	元胞自动机	cellular automata	CA
27	城市信息模型	city information modeling	CIM
28	类别激活映射图 / 类别热力图	class activation mapping	CAM
29	分类	classification	—
30	云计算	cloud computing	—
31	聚类	clustering	—
32	智能认知层	cognition	—
33	协同过滤推荐	collaborative filtering recommendation	—
34	通信	communication	—
35	通信自动化	communication automation	CA
36	社区	community	—
37	社区情感	community feeling	—
38	社区治理	Community Governance	—
39	社区精神	community spirit	—
40	计算机	computer	—
41	计算机辅助设计	computer aided design	CAD
42	计算机视觉	computer vision	—
43	计算机学派	computerism	—
44	连接主义	conectionism	—
45	智能配置与执行层	configuration	—
46	智能感知层	connection	—
47	连续评估	continuous estimation	—
48	控制	control	—
49	智能分析层	conversion	—
50	卷积神经网络	convolutional neural networks	CNN
51	信息（或赛博）	cyber	—

续表

序号	中文名称	英文全称	英文缩写
52	控制论学派	cyberneticsism	—
53	信息物理融合系统	cyber-physical systems	CPS
54	同步问题	data synchronization	—
55	演绎性推理	deductive inference	—
56	深度学习	deep learning	—
57	确定性	definiteness	—
58	诊断	diagnostics	—
59	数字高程模型	digital elevation model	DEM
60	数字表面模型	digital elevation model	DSM
61	数字正射影像	digital orthophoto map	DOM
62	数字孪生	digital twin	DT
63	生态系统	ecosystem	ECO
64	能行性	effectiveness	—
65	增强型移动宽带	enhanced mobile broadband	eMBB
66	进化主义	evolutionism	—
67	扩展现实	extended reality	XR
68	前馈神经网络	feed forward neural networks	FFNN
69	有穷性	finiteness	—
70	效用知识	functional knowledge	—
71	泛化	generalization	—
72	生成对抗网络	generative adversarial networks	GANs
73	地理信息系统	geographic information system	GIS
74	治理	governance	—
75	分布式系统基础架构	hadoop	—
76	分布式文件系统	hadoop distributed file system	HDFS
77	住宅自动化概念	home automation	HA
78	家庭总线系统	home bus system	HBS
79	家庭总线	home distribution system	HDS
80	住宅电子化	home electronics	HE
81	组合推荐	hybrid recommendation	—
82	如果……那么	If...then	—

续表

序号	中文名称	英文全称	英文缩写
83	归纳性推理	inductive inference	—
84	推理	inference	—
85	信息通信技术	information and communications technology	ICT
86	信息技术	information technology	IT
87	输入	input	—
88	集成电路卡（IC 卡）	integrated circuit card	IC Card
89	智能建筑集成管理系统	intelligent building management system	IBMS
90	国际通信中心组织	international center for communication	ICC
91	国际数据公司	international data company	IDC
92	国际电信联盟	international telecommunication union	ITU
93	国际电联无线电通信组	international telecommunication union-R	ITU-R
94	互联网	internet	—
95	物联网	internet of things	IOT
96	互联网协议	internet protocol	IP
97	互联网服务提供者	internet service provider	ISP
98	知识库	knowledge base	KB
99	知识图谱	knowledge graph	KG
100	基于知识的推荐	knowledge-based recommendation	—
101	层	layer	—
102	链路	link	—
103	大语言模型	large language model	LLM
104	逻辑主义	logicism	—
105	长期演进技术	long time evolution	LTE
106	低功耗广域网	low power wide area network	LPWAN
107	机器到机器	machine to machine	M2M
108	机器视觉	machine vision	—
109	海量物联	massive machine type communication	mMTC
110	混合现实	mediated reality	MR
111	元	meta	—
112	元宇宙	metaverse	—
113	思想	mind	—

续表

序号	中文名称	英文全称	英文缩写
114	关键性应用	mission-critical	—
115	移动代理	mobile agent	—
116	移动边缘计算	mobile edge computing	MEC
117	朴素贝叶斯网络	native bayes network	—
118	自然语言处理	natural language processing	NLP
119	神经网络	neural networks	NN
120	结点	node	—
121	非关键性应用	non-mission-critical	—
122	办公自动化	office Automation	OA
123	线上线下模式	online to offline	O2O
124	运筹优化	operation optimization	—
125	光学字符识别	optical character recognition	OCR
126	优化	optimization	—
127	输出	output	—
128	参数优化	parameter optimization	—
129	模式识别	pattern recognition	—
130	集群对标的建模学习	peer-to-peer learning	—
131	感知器	perceptron	—
132	物理（或实体）	physical	—
133	生理学派	physiologism	—
134	预训练	pre-training	—
135	产品可得性	product availability	—
136	预诊断	prognostics	—
137	可编程逻辑控制器	programmable logic controller	PLC
138	心理学派	psychologism	—
139	服务质量	quality of service	QoS
140	感染的基本传染数	R nought/R zero	R0
141	射频识别	radio frequency identification	RFID
142	决策建议	recommendations	—
143	循环神经网络	recurrent neural network	RNN
144	回归	regression	—

续表

序号	中文名称	英文全称	英文缩写
145	抗干扰性	resilience	—
146	机器人	robot	—
147	样本	sample	—
148	可扩展问题	scalability	—
149	自感知	self-aware	—
150	自比较	self-compare	—
151	自配置	self-configure	—
152	自优化	self-optimize	—
153	自组织	self-organize	—
154	自预测	self-predict	—
155	浅层学习	shallow learning	—
156	社会计算	social computing	—
157	稀疏问题	sparsity	—
158	快速性	speed	—
159	超级家庭总线技术进行信息管理	super-home bus system	S-HBS
160	可持续性	sustainable	—
161	符号逻辑	symbol logic	—
162	符号主义	symbolicism	—
163	系统性	systematic	—
164	时间复杂度	time complexity	—
165	时间切片	time-machine	—
166	实时性网络 / 时间敏感网络	time-sensitive networking	TSN
167	迁移学习	transfer learning	—
168	真正射影像	true digital ortho map	TDOM
169	孪生	twin	—
170	高可靠低时延通信	ultra-reliable and low latency communications	uRLLC
171	城市社区	urban community	—
172	基于效用的推荐	utility-based recommendation	—
173	价值	value	—
174	差异性	variation	—
175	种类	variety	—

续表

序号	中文名称	英文全称	英文缩写
176	速度	velocity	—
177	供应商可靠性	vendor reliability	—
178	真实	veracity	—
179	虚拟现实	virtual reality	VR
180	可视性	visualizability	—
181	数量	volume	—
182	网络	web	—
183	如果……怎么办	What...if	—
184	无线	wireless fidelity	Wi-Fi
185	智慧住宅	wise house/smart home	WH/SH
186	二维	2 dimensions	2D
187	三维	3 dimensions	3D
188	第五代移动通信技术	5th generation	5G

参考文献

[1] 徐洁磐.人工智能导论[M].2版.北京：中国铁道出版社有限公司，2021.

[2] 徐洁磐.知识库系统导论[M].北京：科学出版社，2000.

[3] 徐洁磐.数据仓库与决策支持系统[M].北京：科学出版社，2005.

[4] 李杰.CPS：新一代工业智能[M].上海：上海交通大学出版社，2017.

[5] 李杰.工业人工智能[M].上海：上海交通大学出版社，2019.

[6] 李德毅.人工智能导论[M].北京：中国科学技术出版社，2018.

[7] 马慧民，高歌.智能新零售：数据智能时代的零售业变革[M].北京：中国铁道出版社，2019.

[8] 朱频频.智能客户服务技术与应用[M].北京：中国铁道出版社，2018.

[9] 姚海鹏，王露瑶，刘韵洁等.大数据与人工智能导论[M].北京：人民邮电出版社，2018.

[10] 徐龙章.智慧城市建设与实践[M].北京：中国铁道出版社，2018.

[11] 苏尼拉.实用机器学习[M].张世武，陈铁兵，商旦，译.北京：机械工业出版社，2018.

[12] 卢奇，科佩克.人工智能[M].2版.林赐，译，北京：人民邮电出版社，2018.

[13] 冯志伟.机器翻译研究.[M].北京：中国对外翻译出版社，2004.

[14] 冯志伟.自然语言处理的形式模型[M].北京：中国科学技术大学出版社，2010.

[15] 韩家炜.数据挖掘：概念与技术[M]北京：机械工业出版社，2012.

[16] 杨露菁，吉文阳，郝卓楠，等.智能图像处理及应用[M].北京：中国铁道出版社，2019.

[17] 曼德勒维奇，斯特拉，伊德理恩.数据科学与大数据技术导论[M].唐金川，译.北京：机械工业出版社，2018.

[18] 娄岩.大数据应用基础[M].北京：中国铁道出版社，2018.

[19] 凌力.解构区块链 [M].北京：清华大学出版社，2019.

[20] 佟岩，刘娴静.社区建设与社会治理创新[M].北京：知识产权出版社，2015.

[21] 常健.社会治理创新与诚信社会建设[M].北京：中国社会科学出版社，2015.

[22] 石发勇.准公民社区[M].北京：社会科学文献出版社，2013.

[23] 李东泉，蓝志勇，徐传峰.社会资本视域下的社区治理创新研究[M].北京：中国建筑工业出版社，2017.

[24] 黄颖.城市化进程中居民消费碳排放的核算及影响因素分析[D].长沙：湖南大学，2011.

[25] 张建良，周芸，徐润生，等.智慧钢铁工厂的互联网+CPPS模式[J].钢铁，2016，51（4）：7.

[26] 张平，雷洁琼.社区服务、社区建设、社区管理、社区治理的概念辨析[J].淮北职业技术学院学报，2017，16（1）：5.

[27] 李齐，曹胜，吴文怡.中国治理数字化转型的系统论阐释：样态和路径[J].中国行政管理，2020，000（010）：44-51.

[28] 刘亚梅，武育芝.城市社区精细化治理内涵及模式研究[J].中国管理信息化，2019，22（16）：2.

[29] 杜智涛，李纲.面向精细化治理的城市画像：构成要素与应用体系[J].图书情报知识，2019，0（4）：43-52.

[30] 凌锐燕.大数据时代的社会治理精细化工作研究[J].理论研究，2016（4）：6.

[31] 周涛，高馨，罗家德.社会计算驱动的社会科学研究方法[J].高等学校文科学术文摘，2023，40（1）：121-122.

[32] 田铮."社区信息化"相关概念辨析[J].产业与科技论坛，2017，16（5）：124-125.

[33] 邹凯，杨柱，马葛生，等.基于多层次灰色评价模型的社区信息化绩效评价研究[J].情报杂志，2009，28（12）：34-37.

致　　谢

回首本书撰写过程，需要感谢的人非常多。首先应该感谢本书审稿人，南京大学徐洁磐教授。本书的选题、撰写以及相关研究内容的完成，与徐教授的方向性指引、悉心指导、热情鼓励和关怀是分不开的。徐教授还给了我许多系统性和理论性指导及建议，在撰写过程中多次与我会面讨论或电话沟通，在审稿过程中体现了非常强烈的责任心和深厚的人工智能理论功底。感谢徐教授的耐心和专业态度，在我动摇和怀疑的时候给我指引和释疑；在我困惑和停滞的时候给我鼓励和驱动。

我还要特别感谢上海市政协副主席、致公党上海市委主委邵志清教授。几年前，邵教授推荐我撰写此书，正是他前瞻性地看到人工智能等新一代数字技术与社区治理的交叉性学科研究将为数字中国、数字经济和数字社区带来巨大改变，因而热情地鼓励我选择相应的研究领域进行撰写。考虑到自己二十多年的行业从业经验，在技术创新领域、企业实践及产学研联合过程中遇到的痛点和体会，以及对传统学科和新兴学科跨行业交叉研究与应用的新想法，我决定撰写本书，希望能紧密结合企业实践，将研究内容与产业化和创新应用实际相结合。由于工作繁忙，撰写过程并不顺利，遇到许多困难，邵教授给了我巨大帮助和支持，为本书指明更清晰的方向，对题目和章节内容给出非常具体的建议。邵教授踏实的科研作风，对基础性和前瞻性研究工作的热忱以及对产业化的深入理解，让我深受启发。

感谢上海市委党校何海兵教授、华东政法大学张海副教授、上海宁远社工事务所陈强总干事等，他们多次与我共同探讨并辨析社区治理、社区营造等理念和知识，并多次邀请我参与到社区治理和营造的研讨会或实践项目中，让我对基层社区治理有了比较全面的认识和经验。在项目实施和参与过程中，我还从许多基层社区工作人员身上学到了宝贵的专业思路和工作方法，由于篇幅所限无法一一列明，唯有表示衷心和深切的感谢。

感谢擎云物联网的相关团队成员张红、黄清、王静、董海杰等。他们给予我全力支持，为本书整理和提供了大量案例内容和数据，使得本书案例具有创新性和翔实性，并且可以产业化。他们在我承受巨大压力时给了我充分的信任和毫无怨言的支持，使我能够将创业期间的各项研究内容和项目成果进行系统性整理和撰写，也给我们公司带来了核心技术能力和领先技术优势，这是作为创业者所获得的最欣慰的回报。

最后，感谢我挚爱的家人对我的理解支持和无微不至的陪伴与付出，让我能保持自己的独立精神；给我足够的信任，让我可以到处游历和学习；也给我足够的空间，让我可以专注探索未知领域，追求自己的理想和发展。工作的繁忙让我无法面面俱到照顾家庭，能够得到家人的理解和支持，能与他们一起经历生命、持续学习和成长、不断反思和自省，令我无比珍惜。

周　芸

2024 年 4 月 8 日于上海